Europäisches Nordmeer
Narvik
Abis
Bodø
Mo i Rana
Nord-Norrland
Seiten 300–313
Pajala
Nördlicher Polarkreis
Arjeplog
Haparanda
Luleå
Arvidsjaur
Piteå
Oulu
Skellefteå
Gäddede
Umeå
Örnsköldsvik
Trondheim
Vaasa
Östersund
Süd-Norrland
Seiten 284–299
Härnösand
FINNLAND
Sundsvall
Sveg
Hudiksvall
Tampere
Bottnischer Meerbusen
Mora
Gävle
West-Svealand
Seiten 266–283
Borlänge
Turku
HELSINKI
Fagersta
OSLO
Ost-Svealand
Seiten 152–173
Kapellskär
TALLINN
Karlstad
Örebro
STOCKHOLM
Stockholm
Seiten 54–149
ESTLAND
Vänern
Norrköping
West-Götaland
Seiten 242–265
Vättern
Linköping
Ostsee
Göteborg
Jönköping
Västervik
Visby
Gotland
Seiten 192–205
Göteborg
Seiten 226–241
Ost-Götaland
Seiten 174–191
RIGA
Oskarshamn
Aalborg
LETTLAND
Växjö
Kalmar
Halmstad
Aarhus
LITAUEN
Karlshamn
Helsingborg
Karlskrona
Süd-Götaland
Seiten 206–225
N
0 Kilometer
150
KØBENHAVN
(KOPENHAGEN)
Malmö

INSPIRIEREN / PLANEN / ENTDECKEN / ERLEBEN

SCHWEDEN

INSPIRIEREN / PLANEN / ENTDECKEN / ERLEBEN

SCHWEDEN

DK Vis-à-Vis

SCHWEDEN

INHALT

SCHWEDEN ENTDECKEN **6**

STOCKHOLM ERLEBEN **54**

SCHWEDEN ERLEBEN **150**

REISE-INFOS **314**

Links: *Das beeindruckende Shopping-Center Emporia in Malmö* (siehe S. 210–213)
Vorhergehende Doppelseite: *Stockholms Gamla Stan im Winter* (siehe S. 62–79)
Umschlag: *Hütte an der Küste von Bohuslän, West-Götaland* (siehe S. 242–265)

SCHWEDEN
ENTDECKEN

Stockholm, größte Stadt Skandinaviens

WILLKOMMEN IN SCHWEDEN

Elche im dunklen Wald entdecken, Berge von Krebsen essen, über das faszinierende Polarlicht staunen, auf Langlaufskiern durch die unberührte Natur gleiten: All das ist Schweden – inspirierend, unvergesslich und so beeindruckend wie die Mitternachtssonne. Was auch immer Sie dort geplant haben, unser Vis-à-Vis Schweden ist Ihr idealer Begleiter.

1

2

3

4

1 *Idyllisch: ein Ausritt am Strand*

2 *Köstliches* smörgåsbord *mit Hering und Kartoffeln*

3 *Friedliches Stockholm am frühen Morgen*

4 *Typisch rote Hütten an einem See an der Höga Kusten*

Ruinen aus der Zeit der Wikinger, unzählige Inseln mit herrlichen Stränden und Küstenstraßen zum Niederknien – Skandinaviens bevölkerungsreichstes Land ist etwas ganz Besonderes. Auch was die Kultur betrifft – Kunst, Theater oder Musik –, finden Sie in ganz Nordeuropa nichts Vergleichbares. Kein Wunder also, dass Schweden eines der glücklichsten Länder der Welt ist.

Um dieses weite Land kennenzulernen, gehen Sie am besten raus in die Natur, was Ihnen dank *Allemansrätten* jederzeit und überall erlaubt ist. Entdecken Sie also Wälder in Småland, Seen in Götaland oder boreale Plateaus in Norrland, sammeln Sie Blumen und Beeren, angeln Sie nach Herzenslust, wandern, radeln oder paddeln Sie los – die Natur ist Ihr Begleiter.

Irgendwann enden die meisten Schweden-Touren in den beiden lebhaftesten Städten Stockholm und Göteborg. Beide stecken voller Geschichte, Kultur und Charme, aber Sie können dort auch gut die innovative nordische Küche entdecken. Singen Sie ABBA-Hits in deren Museum oder rudern Sie wie ein Wikinger zu den Westfjorden.

Sie sehen, in Schweden gibt es viel zu erleben. Wir haben das Land daher für Sie in einzelne Kapitel aufgeteilt, Beschreibungen, Tourenvorschläge und farbige Karten erstellt, die Ihnen die Orientierung erleichtern, egal wie viel Zeit Sie haben. Viel Spaß!

LIEBENSWERTES SCHWEDEN

Grüne Inseln im Stockholm-Archipel, einsame, nur von Rentieren bewohnte Landschaften, Märchenschlösser, herrliche Skigebiete – es gibt unzählige Gründe, das Land zu lieben. Hier stellen wir Ihnen unsere Favoriten vor.

1 100 000 große und kleine Seen

Schweden ist ein Paradies für Schwimmer, Kajakfahrer und alle, die das Wasser lieben, das hier kristallklar ist. Spektakulär sind vor allem die Seen Vättern und Mälaren.

Vielseitiges Stockholm 2

Imposante Paläste, mächtige Kathedralen und die hübsche Altstadt prägen Schwedens Hauptstadt, die nicht nur Touristen, sondern auch Schweden selbst lieben.

3 Wandern in wilder Natur

Sehen Sie auf Wanderungen durch die unberührte Natur Rentiere, sammeln Sie Beeren oder stapfen Sie durch einen stillen Märchenwald – ein unglaubliches Erlebnis!

Nachhaltiger Lebensstil 4

Das Land legt großen Wert auf Nachhaltigkeit, klimaneutrales Reisen und Biolebensmittel und präsentiert mit Greta Thunberg die Galionsfigur der Klimarettung.

Märchenhaftes Polarlicht 5

Von Oktober bis April liefert die Natur ein sensationelles Lichtspektakel. Am besten sehen Sie die Schleier von Pink bis Grün am Himmel über Kiruna *(siehe S. 311)* oder Abisko *(siehe S. 304)*.

Wild lebende Rentiere 6

Besuchen Sie Hirten der Samen im subarktischen Norden Lapplands oder laufen Sie durch die Berge rund um Åre – überall werden Ihnen die genügsamen Gesellen begegnen.

Imposante Schlösser 7

Die Schlösser aus Mittelalter und Renaissance können gut neben den Naturschönheiten bestehen, besonders Gripsholm und Drottningholm *(siehe S. 142–145)*.

Faszinierende Mitternachtssonne 8

Je weiter Sie in den Norden kommen, desto mehr begeistert der schwedische Sommer. Von Mitte Mai bis Ende Juli wird es nördlich des Polarkreises kaum dunkel.

9 Fröhliche Mittsommerfeste

Nichts geht über ein Fest in Schweden Ende Juni. Dieser Tag ist dort ebenso wichtig wie Weihnachten und wird mit Unmengen Essen, Tanz, Aquavit und Musik gefeiert.

10 Jedermannsrecht *(Allemansrätten)*

Die schwedische Natur ist großartig, und das Jedermannsrecht ermöglicht freien Zugang zu Wäldern, Heideland und Inseln, egal ob zu Fuß, mit dem Rad oder dem Boot.

Erbe der Wikinger *11*

Schwedens altnordische Händler und Plünderer eroberten im 9. und 10. Jahrhundert neues Land, ihr Erbe lebt weiter an archäologischen Stätten wie Gräberfeldern oder Waldhütten.

Verführerisches *smörgåsbord* *12*

Auf den büfettähnlich angerichteten Tafeln reiht sich Köstlichkeit an Köstlichkeit, darunter Spezialitäten wie *kroppkakor* (Kartoffelknödel), die einfach jeden begeistern.

SCHWEDEN
AUF DER KARTE

In diesem Reiseführer wurde Schweden in zehn Regionen unterteilt, die im Folgenden detailliert beschrieben werden. Jede Region hat ihre eigene Farbe, in der sie auf der Karte eingefärbt ist.

Europa

Europäisches Nordmeer
Narvik
Abisko
Kiruna
Bodø
Pajala
Nord-Norrland
Seiten 300–313
Mo i Rana
Nördlicher Polarkreis
Arjeplog
Haparanda
Luleå
Arvidsjaur
Piteå
Oulu
Skellefteå
Gäddede
Umeå
Örnsköldsvik
Trondheim
Östersund
Vaasa
Süd-Norrland
Seiten 284–299
Härnösand
FINNLAND
Sundsvall
Sveg
Hudiksvall
Tampere
Bottnischer Meerbusen
Mora
Gävle
Turku
HELSINKI
West-Svealand
Seiten 266–283
Borlänge
Fagersta
OSLO
Ost-Svealand
Seiten 152–173
Kapellskär
TALLINN
Karlstad
Örebro
STOCKHOLM
Stockholm
Seiten 54–149
ESTLAND
Vänern
Norrköping
West-Götaland
Vättern
Linköping
Seiten 242–265
Ostsee
Västervik
Visby
Göteborg
Jönköping
Gotland
Ost-Götaland
Seiten 192–205
Göteborg
RIGA
Seiten 174–191
Seiten 226–241
Oskarshamn
LETTLAND
Aalborg
Växjö
Kalmar
Halmstad
LITAUEN
Karlshamn
Aarhus
Helsingborg
Karlskrona
Süd-Götaland
Seiten 206–225
N
0 Kilometer
150
KØBENHAVN (KOPENHAGEN)
Malmö

DIE REGIONEN SCHWEDENS

Nordeuropas größtes Land mit den Landesteilen Norrland, Svealand und Götaland bedeckt eine wunderschöne und weitgehend unberührte Landschaft. Jede Region hat ihre ganz eigene Geschichte, Küche und Kultur und lockt mit zahllosen Naturschönheiten und idyllischen Dörfern.

Seiten 54–149

Stockholm

Die Stadt, eine wilde Anordnung schöner Inseln und Atolle, ist eine ganz eigene Welt und gefühlt meilenweit von Europa entfernt. Die historische Altstadt, Gamla Stan, mit Königsschloss und kleinen Plätzen, an denen zahlreiche Restaurants stehen, ist der Hauptanziehungspunkt, die vielen Inseln bieten dagegen wunderbare Ausblicke. Die Museen in Stockholm widmen sich den verschiedensten Themen: Besuchen Sie etwa in Djurgården das Vasamuseet und ABBA The Museum oder in Skansen das älteste Freilichtmuseum der Welt.

Entdecken
Neue nordische Küche, kunstvolle Metrostationen, Museen und Musik

Sehenswert
Königsschloss (Kungliga Slottet), Stadshuset, Nationalmuseum, Drottningholm

Genießen
Eine Bootsfahrt nach Djurgården

Seiten 152–173

Ost-Svealand

Die Wasserwege des Mälarsees (Mälaren) und des weitläufigen Stockholm-Archipels erstrecken sich bis zur Ostsee. Sie verbinden die Provinzen Uppland, Södermanland und Västmanland. Mit den grünen Inseln, glitzernden Buchten, herrlichen Schlössern und kleinen Städten mit Holzhäusern sowie einem kulturellen Erbe noch aus Vor-Wikinger-Zeiten ist diese weniger bekannte Region das Kernland von Schweden. Hier erleben Sie typisch schwedische Dinge wie *smörgåsbord* mit Seafood, Radtouren zu den Schlössern oder aus der Zeit gefallene Gebäude in Uppsala.

Entdecken
Historische Stätten und kulturelles Erbe

Sehenswert
Uppsala, Stockholm-Archipel

Genießen
Mit dem Kanu auf eine unbewohnte, von Pinien bestandene Insel fahren

Seiten 174–191

Ost-Götaland

In der Region, bestehend aus Östergötland, Småland und Öland, erleben Sie Schweden, wie man es sich vorstellt: rot gestrichene Bauernhöfe, Sommerhäuser, verzauberte Wälder und spiegelglatte Seen. Fahren Sie auf dem faszinierenden Göta-Kanal, besuchen Sie in Växjö das Reich von Glas und Kristall oder laufen Sie durch die durch den schwedischen Illustrator John Bauer bekannt gewordenen Wälder von Jönköping, wo es angeblich Trolle gibt. Oder fahren Sie nach Öland, eine ruhige Insel mit alten Fischerdörfern, weißen Stränden und Leuchttürmen.

Entdecken
Glasherstellung, Fahrten auf den Kanälen, royale Geschichte

Sehenswert
Göta-Kanal

Genießen
Mit dem Rad unterwegs auf Öland

→

Seiten 192–205

Gotland

Wer in Schweden Spaß am Meer haben möchte, kommt an dieser »Perle der Ostsee« nicht vorbei. Schwedens größte Insel ist ein Ferienziel für die Schweden und voll von Strandhütten, ruhigen Buchten und fantastischen, langen Sandstränden. Hier kann man nicht anders als zu wandern, zu radeln oder Boot zu fahren. Die Hauptstadt Visby mit ihren mittelalterlichen Ruinen und schmalen Gassen hat ihren Platz auf der UNESCO-Liste verdient, herrlich sind aber auch die Sandstrände von Gotska Sandön und Hoburgsgubben sowie die Felsnadel Hoburgen.

Entdecken
Natur, Historie, kulturelles Erbe, Strände, Golfplätze

Sehenswert
Visby

Genießen
Die beeindruckenden Stalagmiten und Stalaktiten in der Lummelundagrottan

Seiten 206 – 225

Süd-Götaland

Die südlichste Provinz Schwedens mit der drittgrößten Stadt des Landes, Malmö, ist übersät von Schlössern und geprägt von der Geschichte der Wikinger und der Meere. Berühmt ist die UNESCO-Weltkulturerbestätte Karlskrona mit dem Hafen. Neben der überall spürbaren Geschichte locken aber auch viele Abenteuer in den sanften Hügelketten und Wäldern. In Skåne findet sich im weiten Ackerland eine der größten Ansammlungen von Kunsthandwerkern und Kunstmärkten Europas.

Entdecken
Essen, radeln, Schlösser und angenehmes Klima

Sehenswert
Malmö, Karlskrona

Genießen
Mit dem Kajak durch Malmös Kanäle paddeln

Seiten 226 – 241

Göteborg

Seit Wikingerzeiten ein Tor zum Meer, lockt Schwedens zweitgrößte Stadt heute mit modernen Museen, quirligen Veranstaltungsorten und Hipster-Boutiquen. Der Lage am Wasser verdankt sie das maritime Flair, eine prosperierende Schalentier-Industrie sowie Kultur und Sehenswürdigkeiten wie die am Kai liegende Barken Viking, einen der wenigen erhaltenen Viermaster. Rund um die Stadt fahren viele Schiffe auf dem Göta Älv und den Fjords, ehe sie sich hinaus auf die wilde Nordsee wagen.

Entdecken
Seafood, Craft Beer, Geschichte der Fischer und Meere

Sehenswert
Haga Nygata

Genießen
Eine Tagesfahrt mit dem Boot durch den gesamten Archipel

→

Seiten 242 – 265

West-Götaland

Während Schweden bekannt ist für sein Gespür für neue Trends, steht diese Region im Südwesten mit einem Fuß fest in der Vergangenheit. Hier finden sich Relikte aus prähistorischen Zeiten, darunter das auf der UNESCO-Liste stehende Tanum, wo in der Bronzezeit Felsritzungen entstanden. Schwedens größter See, der Vänern, und die von vielen Buchten übersäte Küste am Kattegat legen Wert auf Tradition: Zwischen den bemalten Holzhäusern auf den Inseln hat man das Gefühl, dass der Sommer niemals endet.

Entdecken
Seen, Angeln, Strände und prähistorische Funde

Sehenswert
Gunnebo Slott

Genießen
Die Felsritzungen aus der Bronzezeit in Tanum

Seiten 266 – 283

West-Svealand

Rund um die großen Seen und in den Flusstälern erstrecken sich landwirtschaftliche Nutzflächen und viel Wald. Kein Wunder, dass dort Elche, Bären und Wölfe unterwegs sind. Aber auch wenn Sie keine Wildtier-Safari unternehmen, gibt es dort viel Schönes zu erleben: Fahren Sie mit Ruderboot oder Kanu auf den Fryken-Seen oder angeln Sie am Klaralven. Besonders attraktiv ist natürlich der Wasalauf, wo jedes Jahr am ersten März-Wochenende Zehntausende Langläufer zwischen Salen und Mora unterwegs sind.

Entdecken
Rot bemalte Holzhäuser, typisches Schweden und eine großartige Natur

Sehenswert
Örebro

Genießen
Essen, trinken, feiern und mit den Einheimischen um den Mittsommerbaum tanzen

Seiten 284 – 299

Süd-Norrland

Achtung, das ist eine Region für Unerschrockene. Die schneebedeckten Berge von Härjedalen verlaufen Richtung Norwegen und bieten unzählige Möglichkeiten zum Campen und Bergsteigen, Åre ist vermutlich Skandinaviens coolste Abenteurer-Hauptstadt – und lockt im Winter mit gutem Schnee zum Skifahren oder Tourengehen. An der Höga Kusten dagegen, nördlich von Härnösand bis Örnsköldsvik, laden unzählige Inseln zu sommerlichen Ausflügen ein.

Entdecken
Einzigartige Flora und Fauna, Skifahren und Bergsteigen

Sehenswert
Höga Kusten, die Berge von Härjedalen

Genießen
Traditionelle Volksmusik und Tänze in einem Samen-Dorf

Seiten 300 – 313

Nord-Norrland

Das weite Land erstreckt sich von der belebten Ostseeküste über unberührte Wälder und Marschland bis zu den Bergen. In Nord-Norrland, der am dünnsten besiedelten Region Europas, trifft man nur auf Samen-Hirten mit ihren Rentieren oder vereinzelte Backpacker, unterwegs auf dem Fernwanderweg Kungsleden. Spektakulär sind vor allem die Nächte, wo wahlweise die Mitternachtssonne oder der von farbenprächtigen Schleiern der *Aurora borealis* überzogene Himmel die Menschen faszinieren.

Entdecken
Polarlicht, faszinierend weite und unberührte Landschaft und Nationalparks

Sehenswert
Kungsleden-Weg

Genießen
Eine unvergessliche Nacht in der Arktis im berühmten Icehotel

1

2

3

4

←

1 *Farbklecks: Fesselballons über Stockholm*

2 *Hingucker: das Sterne-restaurant Oaxen Krog*

3 *Für Sammler: Vintage-Plattenladen in SoFo*

4 *Lange Tradition: Glasbläser in Skansen*

Schwedens verschiedene Regionen bergen die schönsten Sehenswürdigkeiten, historische Orte, pulsierende Städte, eine fantastische Natur und endlose Möglichkeiten, sich im Freien auszutoben. Im Folgenden haben wir für Sie Touren zusammengestellt, die Ihnen helfen sollen, so viel wie möglich von diesem wunderbaren Land zu sehen.

2 TAGE
in Stockholm

Tag 1

Vormittags Gamla Stan liegt mitten im Zentrum der schwedischen Hauptstadt und ist ideal für einen vormittäglichen Spaziergang. Hier wurde die Stadt 1252 gegründet, die hohen Türme, senfgelben Häuser und Pflasterstraßen sind jedoch jüngeren Datums. Vorbei an Souvenirshops geht es ins Caffellini *(siehe S. 75)* auf einen feinen *kaffee* – dies ist einer der wenigen nicht so touristischen Orte. Schauen Sie in die Kathedrale Storkyrkan *(siehe S. 70f)* und dann ins spannende Nobel Prize Museum (www.nobelprizemuseum.se).
Nachmittags Laufen Sie durch Södermalm zum Café String (www.cafestring.com). Dort gibt es himmlische Sandwiches und Chai Latte in riesigen Tassen. Gefällt Ihnen das Mobiliar? Sie können die Einrichtungsgegenstände auch kaufen und gleich mitnehmen. Oder Sie machen einen Schaufensterbummel im hippen SoFo *(siehe S. 132)*, wo Sie die neuesten skandinavischen Trends sehen.
Abends Essen Sie im Urban Deli (www.urbandeli.org) – vegane Burger und *råbiff Koreansk* (Rindfleisch koreanisch) sind ein Muss. Später trinken Sie in Erik's Gondolen *(siehe S. 133)* vielleicht noch einen Cocktail, ehe Sie im gemütlichen Hotel Sven Vintappare *(siehe S. 77)* einschlafen.

Tag 2

Vormittags Zum Frühstück gibt es *kanelbulle* (Zimtschnecken) und kräftigen Kaffee im Johan & Nyström *(siehe S. 133)*. Fahren Sie dann von Gamla Stan ins grüne Djurgården etwas weiter östlich und erfreuen Sie sich an den Ausblicken. Vorbei am ABBA The Museum *(siehe S. 123)* geht es zum Vasamuseet *(siehe S. 120f)*. Das Schifffahrtsmuseum bietet gute Führungen, auf denen Sie alle Highlights sehen, auch das recht gut erhaltene Kriegsschiff aus dem 17. Jahrhundert.
Nachmittags Machen Sie in Djurgården eine *fika (siehe S. 43)* im Rosendals Trädgård (www.rosendalstradgard.se), wo die für die Speisen notwendigen Gemüse und Kräuter direkt vor Ort wachsen. Dann bummeln Sie durch Skansen *(siehe S. 125)*, das älteste Freilichtmuseum der Welt, und machen quasi eine Reise durch Schweden. Schön sind dort Festtage wie Weihnachten oder Mittsommer.
Abends Im mit zwei Michelin-Sternen ausgezeichneten Oaxen Krog *(siehe S. 124)* in einer ehemaligen Bootswerft hat man einen feinen Blick aufs Wasser und isst ganz köstlich. Zurück in Gamla Stan nehmen Sie noch einen Absacker im Pharmarium (www.pharmarium.se), wo einst die erste Apotheke der Stadt stand.

←

1 *Kopfsteinpflaster und gemütliche Cafés*

2 *Liseberg ist ein Publikumsmagnet.*

3 *Verführerisch: süße Zimtschnecke zur* fika

4 *Voller Körpereinsatz beim Eishockey*

2 TAGE
in Göteborg

Tag 1

Vormittags Frühstücken Sie gemütlich Waffeln oder Bacon im Egg and Milk (www.egg andmilk.com), einem schicken Diner im amerikanischen Stil. Im nahen Slottsskogen *(siehe S. 238f)*, Göteborgs größtem Park, mieten Sie einen Skooter, flitzen durch den Park und statten dem weltweit einzigen ausgestopften Blauwal im Museum auf dem Hügel einen Besuch ab.

Nachmittags Mit der Tram fahren Sie die Linnégatan entlang und steigen in Haga aus. Essen Sie im Caféva (Haga Nygata 5) eine kräftige Suppe mit einem Sauerteigbrötchen, ehe Sie sich aufmachen zu einem ausgiebigen Schaufensterbummel durch die umliegenden Straßen.

Abends Treffen Sie Einheimische im Le Pub zu einem klassischen »Afterwork« (bei Bier, Snacks und lebhaften Gesprächen). Gleich um die Ecke an der Andra Långgatan gehen Sie dann in einem der vielen guten Restaurants zum Essen. Später besuchen Sie das legendäre Musiklokal Pustervik. Montags dreht sich dort alles um Bier und Tischtennis. Übernachten Sie elegant im Belle Époque Pigalle (www.hotelpigalle.se).

Tag 2

Vormittags Bewundern Sie die Gewächshäuser und exotischen Pflanzen im Park Trädgårdsföreningen *(siehe S. 233)*. Zwischen Rosensträuchern liegt das Rosenkaféet, ideal für eine *fika* im Freien. Von dort ist es nicht weit zur Kungsportsavenyn, Göteborgs wichtigster Durchgangsstraße. Bummeln Sie durch die exquisiten Boutiquen oder die Galerien in Göteborgs Konstmuseet *(siehe S. 236)*.

Nachmittags Sausen Sie mit dem Lift hinauf in den 23. Stock zum Heaven 23 (www.heaven23.se) im Hotel Gothia Towers. Das dort servierte »King Size«-Sandwich – mit einer Unmenge frischester Krabben – ist mindestens so gut wie der Ausblick rundrum. Wer besonders wagemutig ist, geht anschließend in den Vergnügungspark Liseberg gegenüber *(siehe S. 234)* und probiert ein oder zwei der wilden Fahrgeschäfte aus.

Abends Wenn gerade ein Heimspiel ist, gehen Sie ins Scandinavium und feuern die Eishockeyspieler von Frölunda an. Danach essen Sie im Dinner 22 (www.dinner22.se) an der Södra Vägen zum Beispiel köstliches Rentierfleisch mit Preiselbeeren.

1

2

3

7 TAGE
an der Westküste

Tag 1
Tauchen Sie ein ins Kleinstadtleben im mittelalterlichen Halmstad *(siehe S. 262)*, dessen dänisches Schloss im frühen 17. Jahrhundert erbaut wurde. Schlendern Sie übers Kopfsteinpflaster bis ans Wasser – egal bei welchem Wetter. Stimmungsvoll im Winter, verwandelt sich der Strand im Sommer zu einem Badeparadies. Besichtigen Sie küstenaufwärts das Badehaus in Varberg *(siehe S. 263)* und essen Sie in John's Place (www.johnsplace.nu). Beim Geräusch der Wellen schlafen Sie gut im Gottskär Hotell (www.gottskarhotell.com) auf dem Weg nach Göteborg.

Tag 2
Fahren Sie früh zum Gunnebo Slott, einem riesigen Holzgebäude nur neun Kilometer außerhalb von Göteborg, und tauchen Sie ein in eine ganz andere Welt: herrliche Parkanlagen, große Räume, eine *fika* im Café. Mittags essen Sie in Göteborg in der Feskekôrka *(siehe S. 235)*, der »Fischkirche«. Probieren Sie *stekt sill på knäckebröd* (gebratener Hering auf Knäckebrot) und Västerbotten-Käse. Im nahen Stadsmuseum erfahren Sie viel über die Geschichte der Stadt, ehe Sie im Haushaltsgeschäft Välkommen Åter *(siehe S. 231)* stöbern. Abends genießen Sie frische *havskräftor och räkor* (Langusten und Shrimps) im Sjöbaren (www.sjobaren.se), dem besten Fischrestaurant in Haga.

Tag 3
Im Kafé Marmelad (Mariagatan 17) in Majorna, einem alten Arbeiterviertel, das heute sehr hip ist, serviert man Ihnen ein kräftiges Frühstück. Von dort geht es mit der Tram zum ehemaligen Kesselhaus, der heutigen Galerie Röda Sten (www.rodasten.com). Laufen Sie am Fluss entlang zurück ins Zentrum, kaufen Sie Proviant und mieten Sie ein Auto. In einer knappen Stunde erreichen Sie Marstrand *(siehe S. 253)* mit seinem herrlichen Schloss. Trinken Sie in einem der Lokale am Hafen zum Essen ein frisches Lager-Bier, während Sie die Boote beobachten.

Tag 4
Probieren Sie zum Frühstück *smörgås* (offenes Sandwich) mit gekochtem Eis und Kaviar aus der Tube (ein Muss in Schweden). Die

4

5

1 *Sonnenanbeter am Strand bei Halmstad* ↑

2 *Angebot im Feskekôrka*

3 *Schöner Bootskai in Smögen*

4 *Sonnenuntergang in Kosteröarna*

5 *Am Dalsland-Kanal*

Fahrt nach Tjörn *(siehe S. 252f)* ist landschaftlich wunderschön. Besichtigen Sie am Pilane Gravfält, einem Gräberfeld aus der Eisenzeit, die stehenden Steine und machen dort ein Picknick. Übernachten Sie im Salt & Sill (www.saltosill.se), einem schwimmenden Hotel. Mit Sauna und einem Glas Aquavit ist die Erholung komplett.

Tag 5

Fahren Sie durch die Fischerdörfer an Orusts *(siehe S. 253)* Westküste nach Lysekil *(siehe S. 250f)*. Nach einer *fika* im lässigen Café Kungsgatan (Kungsgatan 32) machen Sie eine Austern-Tour mit Orust Shellfish (www.orustshellfish.se). Knacken Sie die handtellergroßen Muscheln und schlürfen Sie sie gleich. Weiter geht's ins bunte Smögen *(siehe S. 250)*, ein Lieblingsziel norwegischer und schwedischer Party-People. Abends gibt es frischen Fisch im Skärets Krog *(siehe S. 255)* und feine Cocktails in der Pianobar.

Tag 6

Wer Robben beobachten oder schwimmen möchte, macht einen Umweg nach Väderöarna, alle anderen folgen der Straße nach Norden bis Strömstad *(siehe S. 247)* und zur Fähre zu den Koster-Inseln *(siehe S. 248)*. Gehen Sie dort zu Kosters Trädgårdar (www.kosterstradgardar.se), einem Biogartenrestaurant und Bioladen. Es locken herrlich frisches Brot, leckere Suppen und Zimtbrötchen. Fahren Sie mit Skärgårdsidyllen Kayak & Outdoors (www.skargardsidyllen.se) hinaus und halten Sie Ausschau nach Tieren rund um den Nationalpark Kosterhavet. Zurück in Strömstadt, essen Sie im Rökeriet i Strömstad (www.rokerietistromstad.se).

Tag 7

Laufen Sie Strömstads Skulpturenweg entlang, ehe Sie quer durchs Land zum Läckö Slott *(siehe S. 255)* fahren, einem der schönsten Schlösser Schwedens. Die herrliche Landschaft – weiter Himmel, dichte Wälder und tiefe Seen – entschädigt für die lange Fahrt am Dalsland-Kanal *(siehe S. 264f)* entlang. Besichtigen Sie Schloss und Park und gehen Sie am Abend ins ultramoderne Hvita Hjorten *(siehe S. 255)* zum Essen. Anschließend lassen Sie vor dem Kamin in einem ökoschicken Raum den Tag ausklingen.

1

2

3

7 TAGE
in Südschweden

Tag 1
Starten Sie im quirligen Malmö *(siehe S. 210–213)* mit Kaffee im auch bei Einheimischen beliebten Noir Kaffekultur (Engelbrektsgatan 6). Nach dem Besuch des Moderna Museet *(siehe S. 212)* schmecken Wraps im Falafel Baghdad *(siehe S. 212)* – Malmö ist auf dem besten Weg, Schwedens Falafel-Hauptstadt zu werden. Nachmittags entdecken Sie im Malmö Museum *(siehe S. 211)* die Geschichte der Stadt, und abends bekommen Sie im Bastard (www.bastardrestaurant.se) alles von der Schnauze bis zum Schwanz, serviert von tätowierten Kellnern. Im Ohboy (www.ohboy.se) am Kanal übernachten Sie entspannt.

Tag 2
Leihen Sie im Hotel ein Fahrrad, nehmen Sie Ihre Kamera und fahren Sie zum Strand Ribersborg. Der Blick auf die Öresund-Brücke *(siehe S. 213)* und den Turning Torso *(siehe S. 211)* ist großartig. Das nahe Ribersborgs Kallbadhus (www.ribersborgskallbadhus.se) ist *der* Platz zum Schwimmen oder Saunieren. Anschließend essen Sie in der Saltimporten Canteen (www.saltimporten.com). Zurück in der Stadt gehen Sie ins coole Belle (belle-epoque.se), wo es gute Cocktails gibt.

Tag 3
Nach Müsli und *filmjölk* (Trinkjoghurt) fahren Sie nach Lund *(siehe S. 218f)*, eine der ältesten und schönsten Städte Schwedens. Von der 900 Jahre alten Kathedrale mit der unglaublich hohen Decke laufen Sie zum Skizzen-Museum *(siehe S. 219)*, wo witzige moderne Kunst zu sehen ist. In Broder Jakobs Stenugnsbageri (Klostergatan 9) essen Sie ein Sandwich und bummeln dann durch den großen Botanischen Garten. Für den Abend bietet sich das Ateljé Råbygård (www.ateljerabygard.se) an, ein ehemaliger Marstall am Rand von Lund.

Tag 4
Frühstücken Sie *makrill fillet* (Makrele) auf Roggenbrot – ein herzhafter schwedischer Klassiker und gute Grundlage für die Erkundung von Skåne. In Björnstorp fahren Sie mit einem Lastenrad auf der alten Bahnlinie durch die grüne Landschaft bis nach Veberöd und zurück. Auf der anschließenden Fahrt nach Ystad *(siehe S. 221)* pausieren Sie

1 *Großartig: Malmös Rathaus* ↑

2 *Holzpier zum Ribersborgs Kallbadhus*

3 *Universität in Lund*

4 *Straße in Ystad, Heimat von Kommissar Wallander*

5 *Uralt: die stehenden Steine von Ales Stenar*

am See beim Svaneholm Slott, einer Festung aus dem 16. Jahrhundert. Fans von *Kommissar Wallander* kennen Ystads gewundene Straßen und den Ruf des Nachtwächters an der St. Mariakyrkan. Cineteket (www.ystad.se/ysvc) bringt Sie zu den Schauplätzen der Krimis. Abends genießen Sie ein fünfgängiges Menü jenseits der Fachwerkhäuser des Zentrums in der Villa Strandvägen (www.villastrandvagen.se).

Tag 5

Fahren Sie früh zu Ales Stenar *(siehe S. 221)* mit einem kurzen Abstecher zu Olof Viktors Laden (www.olofviktors.se), dann wissen Sie, warum der zur besten *fika* 2018 gewählt wurde. Machen Sie eine Führung am mysteriösen Denkmal, das als Skånes Stonehenge bezeichnet wird. Am Fuß des Hügels bekommen Sie im Kåseberga Fisk (www.kaseberga-fisk.se) *varmrökta laxfilé* (heiß geräucherten Lachs) – die Spezialität des Hauses – und ein kühles Bier. Weiter östlich leuchten die schneeweißen Dünen eines der schönsten Strände Schwedens, Sandhammaren. Nach einem Sprung ins Wasser essen Sie im Jord & Bord (www.jordbord.se) Speisen aus ganz frischen Zutaten (Reservierung erforderlich).

Tag 6

Ein *smörgås* mit *skinka* (Schinken) und Hushållsost-Käse stärkt Sie für Ihre Tour in die Vergangenheit: Erkunden Sie die geheimen Gänge im Glimmingehus *(siehe S. 224)*, einem gut erhaltenen mittelalterlichen Herrenhaus, vielleicht begegnet Ihnen sogar einer der elf Geister. Nach einer Stärkung im Schlosscafé fahren Sie zur Nordic Sea Winery (www.nordicseawinery.se) bei Simrishamn *(siehe S. 224)* zu einer Führung und Weinprobe. Abends werden Sie herzlich empfangen im Karnelund (www.karnelund.se), einem netten Lokal mit Gästezimmern.

Tag 7

Besuchen Sie ein paar Bauernläden in Skåne und wählen Sie aus: geräucherter Hering m Sjöfolket (www.sjofolket.se), Kirsch-Chutney im Orelund (www.orelund.se), cremiger Ziegenkäse im Vilhelmsdal (www.vilhelmsdal.se) – das Angebot ist groß. Zurück in Malmö essen Sie zum Abschluss in der Spoonery (www.spoonery.se) zum Beispiel Elcheintopf.

…sbord

…bord erlebt …hweden nicht …nengelernt – ein … Büfett voll warmer …nd kalter Speisen und …sd'œuvre. Machen Sie es wie die Schweden und trinken Sie einen *akvavit* als Aperitif, zum Essen kühles Bier und danach einen Kaffee zum Dessert. In der Weihnachtszeit bieten viele Lokale in Stockholm ein ganz spezielles *smörgåsbord*, das *julbord*, an, das von Fleischbällchen über Würstchen bis zu geräuchertem Lachs keinen Wunsch offenlässt.

→

Appetitlich: smörgåsbord *mit viel kaltem Fleisch und Kartoffeln*

SCHWEDEN FÜR FOODIES

Schweden hatte, was das Essen betrifft, keinen besonders guten Ruf. Doch zahlreiche innovative Köche sind gerade dabei, das nachhaltig zu ändern. Die neue nordische Küche und ständige Weiterentwicklungen haben Schweden zu einem Lieblingsziel der Foodies gemacht, das viele Überraschungen bereithält.

Erst sammeln, dann fein speisen

Gut, die schicken Bistros mit edlem Wein und gutem Service in den Städten haben ihren Reiz. Aber mit den Schweden durch Feld und Wald zu laufen und zum Beispiel mit Edible County (www.visitsweden.com/ediblecountry) die Zutaten fürs Abendessen selbst zu sammeln, das hat auch was. Einer der vier Köche mit Michelin-Stern zaubert daraus am offenen Feuer ein Menü, das am Picknicktisch verspeist wird. Herrlich!

←

Kontrolle der gerade im Wald gesammelten Pilze

Restaurants

Bastard
Von der Schnauze zum Schwanz plus selbst gepflückte Waldkräuter.
D7 Mäster Johansgatan 11, Malmö bastardrestaurant.se

Sjöbaren
Frisch gefangener Fisch, serviert im gemütlichen kleinen Haga.
C5 Haga Nygata 25, Göteborg sjobaren.se

Herzhaft: im Holzofen geräucherte Zutaten, serviert bei Ekstedt ↑

Sternekoch Niklaus Ekstedt bei der Arbeit ↑

Veggie-Magie

Die schwedische Küche ist eher fleischlastig, doch innovative Gerichte auf Pflanzenbasis werden immer beliebter. Die meisten Restaurants im Norden bieten auch ein paar vegetarische Speisen an, in Südschweden ist die Auswahl weitaus größer. Hermans *(siehe S. 137)* in Stockholm ist berühmt in der Veggie-Szene, und in Malmö bekommen Sie gute und günstige Falafel-Wraps *(siehe S. 212)*.

Neue nordische Küche

Die neue nordische Küche legt den Fokus auf vor Ort vorhandene Zutaten und hat mit der Sorgfalt in der Zubereitung die kulinarische Szene verändert. In Stockholms Ekstedt (www.ekstedt.nu) kocht man traditionell, aber mit nachhaltig produzierten, frischen Zutaten. Es wird auf Birkenzweigen geräuchert, die Salate sind mit wilden Kräutern gewürzt. Agrikultur (www.agrikultur.se) geht noch einen Schritt weiter: Der Koch lässt sich viel einfallen und schafft eine familiäre Atmosphäre.

Die Wikinger
Kleine Wikinger sind begeistert von den interaktiven Exponaten in Stockholms Historiska Museet *(siehe S. 116f)*. Im Sommer finden dort »Wikinger-Kennenlern«-Tage statt, an denen Kinder Brot backen, Wikingerspiele ausprobieren und im historischen Hof Bogenschießen können. Etwas außerhalb liegt das Wikingerdorf Birka *(siehe S. 164)*, einst ein wichtiger Handelsposten. Nachgebaute Häuser und Wikingeressen (Cerealien, Wurzeln und Beeren oder Pfannkuchen für die Vorsichtigeren) begeistern alle.

←

Ahoi! Ein Langboot liegt im schönen Wikingerdorf Birka vor Anker

SCHWEDEN FÜR FAMILIEN

Ein Land, in dem Pipi Langstrumpf geboren und der Dreipunkt-Sicherheitsgurt erfunden wurde, muss einfach familienfreundlich sein! Sie werden sehen, wohin Sie mit Ihren *barnfamiljer* (Kleinkindern) auch kommen, Sie werden herzlich und aufmerksam behandelt.

Draußen unterwegs

Hinaus in die Natur, das ist in Schweden ganz einfach. Campen Sie wild im Nationalpark Tiveden *(siehe S. 256)*, fahren Sie Kanu auf dem Vaxsjön-See oder baden Sie in Fårö *(siehe S. 200)*. Vogelfreunde lieben Hornborgasjön bei Hjo *(siehe S. 258f)*, und bei Östersund *(siehe S. 298f)* können die Kleinen stundenlang nach Seeungeheuern Ausschau halten.

←
Vogelbeobachter an Nistplätzen am Hornborgasjön-See

←
Rasante Fahrten, bei denen der Atem stockt, im Freizeitpark Liseberg

Fantastische Themenparks

Mit Begeisterung sausen die Kleinen durch Astrid Lindgrens Värld *(siehe S. 184)* und erkunden das winzige Bullerbü, folgen dem »Keiner darf den Boden berühren«-Pfad oder machen es sich in der Villa Kunterbunt bequem. Schauspieler zeigen lustige Szenen aus den Büchern und laden ab und zu auch zum Mitmachen ein. Ihre Kinder sind schon älter? Dann gefallen ihnen sicher die aufregenden Fahrgeschäfte im Liseberg *(siehe S. 234)* mitten in Göteborg. Im größten Freizeitpark Skandinaviens warten ratternde Holzachterbahnen und vieles mehr.

←
Gleißende Lichter und Weihnachts-Deko im Freizeitpark Liseberg in Göteborg

TOP 5 Preiswerte Ideen

Freifahrten
Für Kinder unter sieben bieten Stockholm, Göteborg und Malmö in öffentlichen Verkehrsmitteln.

Günstig essen
Mittags sind die Preise oft niedriger. Bestellen Sie am besten *dagens rätt* (Tagesgericht).

Praktischer City-Pass
In den großen Städten bekommt man damit häufig vergünstigte Eintrittspreise.

Gehen Sie campen
Im ganzen Land darf man überall wild campen. Rücksichtnahme ist jedoch erwünscht.

Schlafen im Hostel
Familienfreundliche Unterkünfte, gern auch mal auf einem Schiff.

Paradiesische Strände
Schwimmen kann man in Schweden überall in sauberem Wasser, auch in den Städten. Am schönsten sind jedoch die entfernteren Ecken, zum Beispiel der karibisch weiße Strand im Nationalpark Stenshuvud bei Kivik *(siehe S. 224)* oder der golden schimmernde Sand an der »nordischen Riviera« bei Piteå *(siehe S. 309)*.

←
Sand und türkisblaues Wasser im Nationalpark Stenshuvud bei Kivik

SCHWEDENS TRAUMHAFTE LANDSCHAFTEN

In Schweden findet man einige der letzten wirklich wilden Landschaften Europas: weite unberührte Sandstrände an der Ostsee und schneebedeckte Gebirgszüge im Hinterland. Lassen Sie sich von der Schönheit des Landes bezaubern.

Schon gewusst?
Der Fernwanderweg Kungsleden in Nordschweden ist 440 Kilometer lang.

Zauberhafte Inseln

Himmlische Ruhe wartet im Nationalpark Kosterhavet in Süd-Götaland, wo glatte Granitinseln wie Wale aus dem Wasser aufsteigen. Sehen Sie Kaltwasserkorallen beim Schnorcheln und genießen Sie danach frische Austern oder Hummer. Auf Gotland erkunden Sie die Lummelunda *(siehe S. 202)*, springen auf Gotska Sandön ins Wasser *(siehe S. 204)* oder erkunden Visby *(siehe S. 196–199)*.

→

Idyllisch: Küstenpfad auf Gotland; Radler (unten) *erkunden Visby*

Stille Rückzugsräume

Finden Sie *smultronställe* – den besonderen Platz, der Sie glücklich macht – in einem schwedischen Nationalpark oder Naturreservat. Folgen Sie dem Kungsleden-Weg *(siehe S. 304f)* zum Nationalpark Sarek hoch oben im Nordwesten, wo Sie inmitten der Rentierherden, endlosen Täler und schneebedeckten Gipfel inneren Frieden finden. Im Nationalpark Tiveden im Süden *(siehe S. 256)* warten Felsen aus der Eisenzeit und tolle Wanderwege. Zwitschernde Vögel wecken Sie in einem Zelt in Kärringaudden oder Mellannäsudden.

←

Großartig: milchige Seen und Flüsse im Rapa-Tal im Nationalpark Sarek

▷ Braunbären
Nur mit viel Glück treffen Sie einen Bären in freier Wildbahn. Erhöhen Sie Ihre Chancen mit den Tierbeobachtern von Wild Sweden (www.wildsweden.com). Dann sitzen Sie in einem gemütlichen Ausguck – voll ausgestattet mit heißem Kaffee, Fernglas und Kamera mit Langfokusobjektiv – und warten in Sicherheit und mit Seelenruhe auf die lustigen Gesellen.

◁ Vögel
Jeden Herbst überfliegen rund 500 Millionen Wandervögel Südschweden. Die Falsterbo Fågelstation (www.falsterbofagelstation.se) liegt genau unter ihrer Flugbahn – da können Sie sie perfekt beobachten.

SCHWEDENS WILDE TIERE

Schwedens unglaublich vielfältige Landschaft mit weiten ursprünglichen Bereichen abseits der Zivilisation bietet gute Chancen, seltene, wild lebende Tiere zu entdecken, zum Beispiel diverse gefährdete Arten wie Bären und Wölfe, Schlangen und Eulen. Vogelbeobachter kommen voll auf ihre Kosten, da Unmengen Zugvögel das Land durchqueren, aber auch die Meeresfauna ist einzigartig.

▷ Wölfe
Jahrhundertelang verfolgt und in Teilen Schwedens heute noch gejagt, gibt es nur noch ganz vereinzelt einige wenige Wölfe. Hören Sie ihr Geheul bei einer Übernachtung mit Wild Sweden (www.wildsweden.com) im August oder September – inklusive Essen am Lagerfeuer.

▽ Rentiere
Wilde Rentiere bringen hoch im Norden auch mal den Verkehr zum Erliegen. Nutti Sámi Siida (www.nutti.se) bietet das ganze Jahr über Rentiererlebnisse in Schwedisch Lappland: Sehen Sie Neugeborene auf wackligen Beinen im Frühjahr oder machen Sie im Winter eine Fahrt im Rentierschlitten.

◁ Luchse
Der hellbraune Luchs ist vor allem in der Dämmerung aktiv, aber dank seines Fells perfekt getarnt. Wenn Sie ihn beim Wandern aufscheuchen, flüchtet er meist auf den nächsten Baum, schauen Sie also immer mal nach oben. Gute Chancen, einen zu sehen, haben Sie im Schutzpark Nordens Ark (www.nordens ark.se) in West-Götaland.

Schon gewusst?

Ein ausgewachsener Elch kann eine Schulterhöhe von 2,30 Metern erreichen.

▷ Elche
Der König der Wälder, *Alces alces*, ist ein echter Riese, aber sehr scheu. Am liebsten vermeidet er Zusammentreffen mit Menschen. Fahren Sie in den Värmland Moose Park (www.moose-world.com), wo Sie viel über das Leben und die Gewohnheiten dieser Tiere erfahren und sie sogar von Hand füttern können.

Polarlicht

Die *Aurora borealis* zu fotografieren ist eine Herausforderung für jeden Fotografen – nicht zuletzt wegen der Kälte. Mit guter Ausstattung, Stativ und manueller Belichtung ist schon viel erreicht. Ein guter Platz ist von Ende September bis Mitte April die Sky Station in Lappland. Dann ist der Himmel dort besonders dunkel. Und im Regenschatten des Noulja ist der Himmel häufig wolkenlos.

→

Wintercamping unter dem Polarlicht in Kungsleden, Lappland

SCHWEDEN FÜR FOTOGRAFEN

Ob beim Einkaufsbummel, beim Insel-Hopping oder angesichts der Polarlichter – in Schweden sollte man die Kamera stets griffbereit halten. Auf dieser Doppelseite stellen wir Ihnen unsere Lieblingsmotive vor.

Küsten

An der Küste bei Skaftö *(siehe S. 251)* bläst fast immer ein kräftiger Wind, doch im Frühling erwacht hier alles zum Leben. Fotografieren Sie spätabends an einem warmen Tag. Dann leuchtet der Himmel in Rot und Pink. Die verwitterten, einsamen Felsen auf Fårö *(siehe S. 200)* sind ein schönes Motiv im Winter.

→

Warme Pastelltöne umspielen eine Hütte an der Küste in Bohuslän bei Skaftö

Lina Jonn

Die Bauerntochter und Dokumentarfotografin Lina Jonn (1861–1896) eröffnete 1891 ihr eigenes Studio. Sie erkannte die Trends des ausgehenden 19. Jahrhunderts, machte Porträtaufnahmen, aber auch Visitenkarten und Familienalben. Daneben dokumentierte sie das Landleben um sie herum, sodass man noch heute einen Eindruck von dem Schweden der guten alten Zeit erhält.

→ *Kunst in der* tunnelbana *von Hallek und Pallarp*

↑ *Im klaren, glatten Wasser spiegelt sich Gamla Stan*

Stockholm

Spektakuläre Ansichten und schönes Wetter lassen das Fotografenherz höherschlagen. Beginnen Sie am besten in Gamla Stan *(siehe S. 62–79)* mit seinen bunten Häusern und kleinen Gassen. Vom Monteliusvägen *(siehe S. 133)* erwischen Sie die Riddarholmskyrkan *(siehe S. 74)* am besten. Spannend ist auch die U-Bahn: In Stockholms *tunnelbana* schlägt das Herz der Stadt.

Mit Wanderschuhen
Die Wandermöglichkeiten in Schweden erscheinen einem schier unendlich. Laufen Sie im Nationalpark Skuleskogen *(siehe S. 288)* durch dichte Wälder, die plötzlich grandiose Blicke auf die Küste freigeben. Rund um Sälen *(siehe S. 280f)* warten gut markierte Wege von familienfreundlich leicht bis schwierig. Weiter nördlich lockt der Kungsleden-Weg *(siehe S. 304f)*, wo Sie campen oder in einfachen, aber sehr gemütlichen Hütten übernachten können.

→

Herrliche Einsamkeit: wandern über den Wolken in Jämtland, Süd-Norrland

SCHWEDEN FÜR OUTDOOR-ABENTEURER

Schwedens weite Landschaften sind ein Paradies für Unternehmungslustige - und das rund ums Jahr. Das Angebot reicht von mehrtägigen Radtouren über Campen im Freien, Angeln an Küsten und Seen bis zum einzigartigen Skifahren im Sommer unter der Mitternachtssonne. Also nichts wie raus!

Mit Gummistiefeln
Angesichts von mehr als 100 000 Seen findet jeder Angler sein Plätzchen. Erkunden Sie Jämtland mit Nordic Footprints (www.nordicfootprints.se) und angeln Sie in der Wildnis. Sie wollen nicht raus aus Stockholm? Catch & Relax (www.catchrelax.se) zeigen Ihnen die besten Plätze im Stockholm-Archipel *(siehe S. 158f)*. Infos über Angelscheine gibt es bei Svenska Fiskeregler (www.svenskafiskeregler.se).

←

Geduld ist gefragt: Angeln in ruhigen Gewässern

TOP 5 Outdoor-Erlebnisse

Wandern: Kungsleden
Laufen Sie 440 Kilometer auf Wanderwegen.

Skifahren: Riksgränsen
Skifahren im Sommer bei Mitternachtssonne.

Campen in der Natur
Überall dank Schwedens »Jedermannsrecht«.

Angeln
Reiche Beute an Küsten, Seen und Flüssen.

Segeln im Archipel
Leinen los und weg.

Mit Paddeln

Die Schneeschmelze lässt Bäche und Flüsse im Frühjahr anschwellen. Da macht das Wildwasserfahren in Kukkola bei Tornedalen *(siehe S. 310)* an der finnischen Grenze großen Spaß. Im Sommer kann man herrlich schwimmen rund um die idyllischen Koster-Inseln *(siehe S. 248)* oder Kanu und Kajak fahren auf dem warmen, ruhigen Vättern-See *(siehe S. 258)*.

Tiefenentspannt auf dem Wasser: mit dem Kajak bei Smögen ↑

Da kommt Freude auf: breite Pisten mit Blick auf Jämtland ↑

»Sportlov«

Im Februar werden alljährlich die Skier gewachst für die einwöchigen Winterferien, *sportlov*. Alles begann 1940 mit dem Ziel, Benzin zu sparen und die Kinder eine Woche nicht in die Schule zu bringen. In den 1950ern behielt die Regierung dies bei, um die Verbreitung von Erkältungskrankheiten einzudämmen. Heute sind *sportlov* eine Institution und Freude für alle Wintersportler.

Mit Ski- oder Schlittschuhen

Ja, der Winter ist lang und dunkel, trotzdem hat man viele Möglichkeiten: Eislaufen im Kungsträdgården *(siehe S. 86)* unter den Lichtern von Stockholm. Oder Skifahren in Storlien *(siehe S. 299)*, wo nahe der norwegischen Grenze schöne Pisten warten. Extremer wird's beim Eisschwimmen in Skellefteå *(siehe S. 308)* oder Eisklettern mit ISM (www.alpin-ism.com).

Umweltschutz

Schweden lieben ihre Umwelt und Natur und wollen sie schützen. Dies wird von der Politik klug unterstützt. Kleine Veränderungen zeigen große Wirkung. Also radeln auch Sie – mithilfe des Radverleihs City Bike (www.bikesharemap.com) – und recyceln Sie, was möglich ist. Die Schweden haben es bewiesen: Jede große Bewegung beginnt mit dem ersten kleinen Schritt.

←

Schnell und wendig unterwegs in Stockholm mit einem Rad von City Bike

SCHWEDENS LIFESTYLE

Die modernen Schweden streben nach einer ausgewogenen Work-Life-Balance, um nicht den Kontakt zur Natur zu verlieren, denn sie sind tief mit ihr verwurzelt. Kleine rote Häuschen auf dem Land verheißen für Sie das Paradies. Auch im schwedischen Design, das heute weltweit bekannt und begehrt ist, spielen natürliche Materialien, Einfachheit und Funktionalität eine große Rolle. Dies alles macht das Land zu einem verlockenden Ziel.

Klassisches skandinavisches Design

Snygg (gut aussehende) Einfachheit ist das zentrale Konzept schwedischer Ästhetik. Funktionale, elegante Möbel findet man selbst an unerwarteten Orten. Entdecken Sie bei der *fika* im Café String (www.cafestring.com) oder Café Asti *(siehe S. 231)* ein neues Lieblingsteil.

Nicht zu viel und nicht zu wenig

Das Wort *lagom* bedeutet in etwa »genau richtig«. Muss man wirklich noch ein zweites Auto haben? Muss man noch mehr verdienen, wenn das Leben schon *lagom* ist? Schweden machen lieber keine Kompromisse, sondern mögen es, wenn alles ausgewogen ist.

↑ *Lange Wanderungen* (unten) *in herrlicher Umgebung*

Liebe zur Natur

Viele Schweden trotzen der Düsternis der langen Winter mit frischer Luft und viel Sport. *Friluftsliv* (Leben im Freien) beschreibt das sehr gut. Machen Sie es wie die Schweden und fahren Sie zu den Fryken-Seen *(siehe S. 283)*, laufen Sie durch den Tessinparken *(siehe S. 127)* oder wandern Sie auf dem Kungsleden-Weg *(siehe S. 304f)*. Das bringt frischen Schwung für Leib und Seele.

↑ *Licht, klare Linien und ein paar Farbkleckse sind typisch skandinavisch*

Immer gut: *fika*

Die typisch schwedische *fika* ist nicht leicht zu übersetzen, gehört aber wesentlich zum Leben in Schweden. Am ehesten beschreibt das Wort eine Pause sowie den Genuss von Kaffee und Zimtschnecke. Fühlen Sie sich ein in die *fika* bei einem Plausch in einem Café oder einer Bäckerei. Luxuriös wird die *fika* mit einer Prinzessinnentorte bei Brogyllen *(siehe S. 232)* in Göteborg. Schön ist auch lesen und Kaffee trinken bei Johan & Nyström in Stockholm *(siehe S. 133)*.

→

Kaffeepause im Freien mit einem guten Buch

Traditionelle Holzhäuser
Was verbindet man sofort mit dem schwedischen Sommer? Genau: Falunrot, die vor allem in Schweden produzierte Farbe, in der die Holzhäuser gestrichen sind. Früher waren die Hütten sehr einfach ausgestattet, ganz im Sinne von »Zurück zur Natur«, doch wenn Sie heute etwa über Airbnb.com ein Sommerhäuschen mieten, dann finden Sie dort skandinavisches Design, fließend heißes Wasser und meist sogar WLAN vor.

←

Tradition: eines der geliebten rot-weißen Häuschen auf dem Land

SCHWEDENS ARCHITEKTUR

In der modernen schwedischen Architektur versucht man, funktionelle und von der Natur inspirierte Räume zu schaffen. Doch auch die rot-weiß bemalten Holzhäuser überall auf dem Land sind typisch für Schweden, genau wie majestätische Paläste und ein paar ganz ungewöhnliche Hotels. Sehen Sie selbst.

Moderne Bauweisen

Ein tolles Fotomotiv ist der im Süden von Malmö stehende Turning Torso *(siehe S. 211)*, ein atemberaubend innovatives Wohngebäude, flankiert von der Öresund-Brücke *(siehe S. 213)*. Auch das Bürogebäude Kuggen in Göteborg mit seinen bunten Terrakotta-Paneelen und dreieckigen Fenstern bringt den Betrachter zum Staunen.

→

Nachhaltigkeit und Innovation dominieren beim Bürogebäude Kuggen in Göteborg

←

Opulente Ausstattung: Schloss Drottningholm

Königliches Wohnen

Schwedens schöne Schlösser überall im Land sind ein herrliches Ausflugsziel. Bei einer Tour um den Mälarsee *(siehe S. 172f)* sehen Sie die Mutter aller schwedischen Paläste, das UNESCO-Weltkulturerbe Drottningholm, inspiriert von Versailles. Schlendern Sie durch den Barockgarten und machen Sie eine Führung durch die Privatresidenz der königlichen Familie. Deren Amtssitz Kungliga Slottet *(siehe S. 66–69)* wirkt dagegen eher streng. Hübsch sind auch die Burganlage Malmöhus *(siehe S. 211)* und Örebro Slott *(siehe S. 270)* auf einer Insel im Fluss.

←

Prachtbau aus dem 18. Jahrhundert: Schloss Drottningholm

Hotels

Treehotel

Schlafen Sie hoch oben und absolut umweltfreundlich in der Baumkrone in einem Vogelnest oder UFO.

A B2 Edeforsvägen 2A, Harads W treehotel.se

Kr Kr Kr

Utter Inn

Übernachten Sie bei den Fischen in Unterwasserräumen im Mälaren-See. Mit aufblasbaren Kanus geht's wieder an Land.

A E4 Mälaren-See, Västerås W visitvasteras.se/aktor/hotell-utter-inn

Kr Kr Kr

DAS JAHR IN SCHWEDEN

Januar

My Dog *(Anf. Jan).* Größte Ausstellung für Hunde und Hundebedarf in Europa vier Tage lang in Göteborg.

△ **Kiruna-Schneefestival** *(letzte Woche im Jan).* Berühmtes Fest mit Rentierrennen, Eiskunstlauf und vielen anderen Events.

Februar

△ **Jokkmokk-Wintermarkt** *(1. Wochenende im Feb).* Traditioneller Markt mit Rentierschlittenrennen.

Frühlings-Salon *(Feb/März).* Kunstausstellung mit Werken bekannter Künstler und junger Talente bei Liljevalchs in Stockholm.

Mai

△ **Maifeiertag** *(1. Mai).* Traditionell der Tag der Arbeiter, im ganzen Land finden Umzüge und Feiern statt.

Elite-Rennen *(letztes Wochenende im Mai).* Traditionelles und renommiertes Trabrennen mit den weltbesten Pferden an einem Wochenende in Solvalla.

Juni

Stockholm Marathon *(Anf. Juni).* Einer der zehn größten Marathons der Welt mit bis zu 21 500 Teilnehmern.

Archipel-Bootstag *(Mitte Juni).* Dampfschiffe fahren von Strömkajen nach Vaxholm.

△ **Mittsommer** *(vorletzter Fr im Juni).* Großes Fest mit Tanz um den geschmückten Maibaum.

September

△ **Kivik-Apfelmarkt** *(Ende Sep).* Zwei Tage lang dreht sich in Skåne alles um Äpfel. Höhepunkt sind gigantische Figuren, gebaut aus Äpfeln.

Erntedankfest *(Ende Sep/Anf. Okt).* Schwedens größtes Erntedankfest findet vier Tage lang auf der Ostseeinsel Öland statt mit rund 900 Events, heimischem Essen, Konzerten und Ausstellungen.

Oktober

Lidingöloppet *(1. Wochenende im Okt).* Zehntausende Teilnehmer kommen zum weltweit längsten Geländelauf.

Affordable Art Fair, Stockholm *(Mitte Okt).* Messe mit Werken Hunderter zeitgenössischer – etablierter und aufstrebender – Künstler.

△ **Stockholm Jazz Festival** *(Mitte Okt).* Konzerte an über 60 Orten in der Stadt.

März

△ **Vasaloppet (Wasalauf)** *(Anf. März).* Weltberühmter Langstrecken-Langlauf.

Internationale Bootsmesse Stockholm *(Anf. März).* Größte Frühjahrs-Bootsausstellung auf dem Messegelände in Älvsjö.

Åselenappet *(Ende März).* Der Wettbewerb im Eisfischen ist der Höhepunkt des Wintermarkts in Åsele, Lappland.

April

△ **Beginn der Lachssaison, Mörrumsån** *(1. Apr).* Schwedens größter Lachsfluss lockt Massen von Anglern an.

Konstrundan *(Ostern).* Zahlreiche Künstler in Skåne öffnen ihre Studios für Besucher.

Walpurgisnacht *(30. Apr).* Überall in Schweden begrüßt man den Frühling mit Feuern und festlichen Liedern.

Juli

△ **Stockholm Pride** *(Ende Juli/Anf. Aug).* Die Pride-Parade mit mehr als 60 000 Teilnehmern ist der Höhepunkt der Festwoche.

Skule-Liederfestival *(erstes Wochenende im Juli).* Eines der größten Sängerfeste Schwedens am Fuß des Skule an der Höga Kusten.

Stånga-Spiele *(Mitte Juli).* Die »Olympischen« Spiele in Gotland dauern fünf Tage.

August

△ **Malmö-Festival** *(Mitte Aug).* Acht Tage lang Veranstaltungen an verschiedenen Orten mit kostenlosen Konzerten und internationalen Künstlern.

Mittelalter-Woche Gotland *(Anf. Aug).* Visby verwandelt sich in eine Hansestadt aus dem 14. Jahrhundert; Turniere, Spiele und Trachten.

Way out West *(Mitte Aug).* Größtes Musikfestival der Westküste in Göteborg.

November

Gustav-Adolf-Tag *(6. Nov).* Göteborg feiert seinen königlichen Stadtgründer an dessen Todestag.

△ **Stockholm Food & Wine** *(Anf. Nov).* Größte öffentlich zugängliche Messe für Essen und Trinken im Norden.

Martinstag *(10. und 11. Nov).* Feiern zu Ehren des hl. Martin von Tours und Martin Luthers.

Dezember

△ **Weihnachtsmärkte** *(ab Anf. Dez).* Überall in Schweden. Die Märkte in Skansen und am Stortorget in Stockholm sind besonders schön.

Lucia-Feiern *(13. Dez).* Die Lichterkönigin Lucia und Begleiterinnen laufen durch die Stadt. Es werden traditionelle Lieder gesungen, und am Abend finden eine Lichterprozession und Feuerwerke statt.

1

KURZE GESCHICHTE

Schwedens Geschichte ist einzigartig. Kühne Wikinger fuhren übers Meer und betrieben Handel mit fremden Mächten. Durch Eroberungen wurde das Land zu einer Großmacht. Von Hungersnöten geplagt, blieb es in den Weltkriegen neutral und setzt heute dank seiner humanitären Bemühungen ein Zeichen.

Frühgeschichte

Die ersten Zeichen menschlichen Lebens in Schweden hinterließen in Skåne Vertreter der Hamburger Gruppe, die über die dänisch-schwedische Landbrücke kamen, um Rentiere zu jagen. Angehörige der Bromme-Kultur waren die ersten dauerhaften Siedler. Felsritzungen aus der Steinzeit zeigen Bilder von der Jagd, die aus der Bronzezeit illustrieren die Entwicklung der Landwirtschaft. Mit den Römern kamen bessere Werkzeuge und Waffen, was Fertigung und landwirtschaftliche Techniken verbesserte. Bevölkerungswachstum und Überbevölkerung zwangen die Schweden zur Expansion nach Osten.

1 *Karte von Skandinavien aus dem Jahr 1730* ↑

2 *In Vitlycke finden sich einige der größten Felsritzungen Skandinaviens*

3 *Runenstein der Wikinger*

4 *Mittelalterliche Malereien in einer schwedischen Kirche*

Chronik

ca. 15 500–13 100 v. Chr.

Hamburger Gruppe jagt im Frühjahr und Sommer in Skåne

ca. 12 000 v. Chr.

Bromme-Kultur siedelt sich in Skåne in der Nähe von Malmö an

500 v. Chr.

Eisenzeit: Schweden bauen Steinkreise und errichten Schiffsmonumente

98 n. Chr.

Der römische Historiker Tacitus erwähnt zum ersten Mal die Schweden

2

3

4

Wikinger expandieren nach Osten

Die Schweden nahmen an einigen Raubzügen im Westen teil, die normalerweise mit den Wikingern in Verbindung gebracht werden, aber deren Aktivitäten lagen hauptsächlich im Osten. Auf der Suche nach Silber und Pelzen sicherten sie Handelswege zum Oströmischen Reich und griffen Städte entlang der Routen an, um die Sicherheit ihrer Händler zu gewährleisten. Manche dienten auch als Söldner, etwa bei den Warägern, der Leibgarde byzantinischer Kaiser. Andere ließen sich in Russland, etwa in Nowgorod, nieder. Die Finnen nannten die Schweden »Rus«, woraus dann »Russland« wurde.

Christentum und Vereinigung von Schweden

Die zwei Hauptstämme in Schweden waren die Schweden – im Osten rund um Stockholm – und die Gauten – im Westen rund um Vättern- und Vänern-See. Der erste christliche König, Olof Skötkonung, vereinte sie. Über Generationen hinweg erfolgte die Konvertierung. Die Kunst der Zeit zeigt christliche und Einflüsse der Wikinger. Ende des 12. Jahrhunderts war das Königreich Schweden fest etabliert.

Steinkreise

In der frühen und mittleren Eisenzeit zwischen 500 v. Chr. und 600 n. Chr. errichteten die Wikinger Steinkreisgräber. Sie bestanden aus einer ungeraden Zahl Steine, die für die Sitze der Richter stehen. Die ungerade Zahl sollte ein Patt bei einem Urteilsspruch verhindern. Es wurden mindestens neun stets sehr hohe Steine dafür verwendet.

ca. 820
König Björn lädt christliche Missionare ein und diskutiert Konvertierung

860
Wikinger greifen Konstantinopel an

862
Der Waräger Rurik gründet Rurik-Dynastie in Nowgorod

995
Olof Skötkonung wird Schwedens erster christlicher König

1

Der schwarze Tod

Die Pest erreichte Skandinavien von Bergen in Norwegen aus. Dort hatten Arbeiter ein treibendes Schiff an Land geholt, dessen Besatzung tot war. In kürzester Zeit hatten sich Tausende Bergener angesteckt und litten unter Schwindel, Kopfschmerzen, Geschwüren und schwarzen Flecken auf der Haut. Mitte des 14. Jahrhunderts erreichte der schwarze Tod die schwedische Provinz Halland. Von dort breitete er sich weiter aus und brachte einem Drittel der Bevölkerung und auch König Magnus IV. den Tod.

Reformation

Das Papsttum hatte enormen Einfluss auf Schwedens Monarchen. Hochrangige Priester wurden eingesetzt, die Klöster und Abteien kontrollierten. Es wurden Kreuzzüge gegen die ketzerischen Finnen und die orthodoxen Christen von Nowgorod geführt. König Gustav Wasa trat zum protestantischen Glauben über, um die Macht zu bündeln. Er konfiszierte Kircheneigentum, sodass Kirchen schließen oder konvertieren mussten, und ließ die lutheranische Bibel ins Schwedische übersetzen.

↑ *Das Bild im Medeltidsmuseet, Stockholm, zeigt ein Pestopfer*

Chronik

1349
Die Pest erreicht Schweden, ein Drittel der Bevölkerung stirbt

1536
Reformation: Schweden wird protestantisch

1628
Die *Vasa* sinkt auf der Jungfernfahrt

1632
Gustav II. Adolf fällt in der Schlacht von Lützen

1654
Kristina, die Tochter von Gustav II. Adolf, dankt ab und wird katholisch

2 3

Aufstieg und Fall des schwedischen Reichs

Der Dreißigjährige Krieg (1618–1648) war ein Konflikt zwischen Katholiken und Protestanten. König Gustav II. Adolf und seine Armee traten aufseiten der Protestanten in den Krieg ein, sie drangen auf dem Höhepunkt ihrer Macht bis Deutschland vor. Doch jahrzehntelange Kämpfe und der Ausbruch der Pest schwächten sie zunehmend. König Karl XII. unterlag in der Schlacht von Poltawa Peter dem Großen von Russland und ging ins Asyl ins Osmanische Reich. Während seiner Abwesenheit annektierten Schwedens Feinde Teile des Königreichs.

Emigration in die Vereinigten Staaten

Im 19. Jahrhundert verließen viele Schweden ihr Land auf der Suche nach einem besseren Leben. In Europa revoltierten die Armen, um mehr Freiheit zu erlangen. Einige emigrierten auf der Flucht vor der lutheranischen Kirche, die meisten aber aufgrund der Lebensbedingungen. Hungersnöte wegen Missernten töteten Tausende, die Armut wuchs, keiner konnte die steigenden Lebensmittelpreise mehr zahlen. Etwa 1,3 Millionen Schweden emigrierten damals in die Vereinigten Staaten.

1 *Gustav Wasa befehligt die Truppen 1836* ↑

2 *Ein Porträt von König Gustav II. Adolf (1594–1632)*

3 *Werbung für die Überfahrt von Göteborg nach Chicago*

Schon gewusst?

Mehr als 100 Jahre (1611–1721) war Schweden die stärkste Macht in Nordeuropa.

1709
Karl XII. verliert die Schlacht von Poltawa und flüchtet ins Osmanische Reich

1814
Schweden und Norwegen vereint unter demselben König

1840er
Massenemigration in die Vereinigten Staaten

1867–1869
Missernten lösen Hungersnöte aus

1

2

Industrialisierung

Die Abschaffung restriktiver Zunftgesetze eröffnete Männern und Frauen neue Arbeitsmöglichkeiten in der Herstellung, dank der mechanisierten Landwirtschaft konnten sie sich Arbeitsplätze außerhalb suchen. Viele gingen in die Fabriken in den Städten. Die Exporte von Bodenschätzen wie Eisen, Kupfer und Holz sowie verarbeiteter Produkte stärkten die Wirtschaft, die Regierung investierte in moderne Infrastruktur. Bis zum 20. Jahrhundert war Stockholm gründlich modernisiert und verfügte über Trink- und Abwasserleitungen.

Erster Weltkrieg und Sozialreformen

Schweden blieb neutral, schloss aber Handelsabkommen mit Kriegsparteien. Die Briten verstärkten daher ihre Blockade gegen die schwedischen Versorgungsschiffe, was zu Preisanstiegen und Lebensmittelknappheit führte. Es kam zu Aufständen, die Schweden forderten Unterstützung für ihre Familien. Verbesserte Lebensbedingungen und die Einführung des Acht-Stunden-Tags besänftigten das Volk. Bei den Wahlen 1921 durften Frauen zum ersten Mal ihre Stimme abgeben.

1 *Arbeiter in einer schwedischen Fabrik* ↑

2 *Schwedischer Soldat im Zweiten Weltkrieg*

3 *Eine Anlage in Göteborg generiert nachhaltige Energie aus Wind*

Schon gewusst?

Seit der Änderung der Nachfolgeregelung 1980 dürfen auch Frauen den Thron besteigen.

Chronik

1846–1864
Zunftgesetze werden abgeschafft, jeder darf nun einen handwerklichen Beruf ergreifen

1901
Verleihung des ersten Nobelpreises

1917
Hungerunruhen; Schweden fordern Ende der Lebensmittelkürzungen

1919
Frauen erhalten Wahlrecht

1945
Schwedisches Rotes Kreuz befreit KZ-Häftlinge in Deutschland

3

Zweiter Weltkrieg und humanitärer Einsatz

Schweden blieb erneut neutral, doch aus früheren Fehlern klug geworden, schloss man keine Handelsverträge ab. Wirtschaft und Infrastruktur blieben intakt, Ressourcen flossen in humanitäre Bemühungen. Schweden unterstützte das besetzte Norwegen, und von den Nazis besetzte Länder schickten gefährdete Personen, darunter viele Juden, nach Schweden, wo sie sicher waren. In mehreren Missionen retteten Schweden Opfer aus den Konzentrationslagern. Nach dem Krieg stellte das schwedische Rote Kreuz medizinische Hilfe für Zivilisten und Soldaten im Vietnam- und Koreakrieg zur Verfügung.

Modernes Schweden

Heute ist die schwedische Wirtschaft stark dank des Exports von Autos, Medikamenten und Bodenschätzen, aber auch dank seiner Innovationen. Start-ups wie Skype und Bluetooth gehören zum Alltag, und Unternehmen müssen strenge Umweltauflagen erfüllen und nachhaltig arbeiten. 2018 legte Schweden den Vereinten Nationen einen Plan mit Zielen für eine nachhaltige Entwicklung und Umweltschutz vor.

Alfred Nobel

Der Ingenieur Alfred Nobel (1833–1896) erfand das Dynamit für den Bergbau und trug damit unabsichtlich zur Entwicklung von Waffen bei. Er war verzweifelt, weil sein Name mit Kriegen verbunden war, daher veranlasste er, dass nach seinem Tod eine Stiftung gegründet wurde, die in der Hoffnung auf eine bessere Welt den Friedensnobelpreis verleihen sollte.

1986

Die Ermordung von Premier Olof Palme erschüttert ganz Schweden

1995

Beitritt Schwedens zur Europäischen Union

2003

Schweden lehnt Einführung des Euro ab

2018

Schweden legt den Vereinten Nationen Klimaschutzplan vor

STOCKHOLM
ERLEBEN

Malerisches Södermalm

STOCKHOLM AUF DER KARTE

In diesem Buch haben wir Stockholm, wie auf der Karte ersichtlich, in fünf Bereiche sowie einen Bereich außerhalb des Zentrums aufgeteilt, die auf den folgenden Seiten genau beschrieben werden.

Schweden
STOCKHOLM
HJORTHAGEN
Tessin-
parken
Gärdet
Ladugårdsgärdet
Östermalm und
Djurgården
Seiten 112–127
Tekniska
Museet
Etnografiska
Museet
Nordiska Museet
Vasamuseet
Skansen
DJURGÅRDEN
Gröna Lund
Frisens
Park
Beckholmen
Thielska
Galleriet
Saltsjön
Fåfängan
DANVIKEN
HENRIKSDAL
FINNTORP
SICKLA
SODRA
HAMMARBYHAMNEN
0 Meter
800
N

DIE STADTTEILE STOCKHOLMS

Stockholm, die größte Stadt Skandinaviens und einflussreiche Hauptstadt, besteht aus zahllosen Inseln, die alle ihren ganz eigenen Charakter haben und deren Umweltbewusstsein seinesgleichen sucht. Die Geschichte der Könige ist ebenso allgegenwärtig wie eine kreative Kultur- und Foodie-Szene.

Seiten 62–79

Gamla Stan

Im Kern des alten Stockholm befinden sich gotische Türme, Königspaläste und großartige Schätze. Gamla Stan ist märchenhaft, ganz besonders bei Nacht. Seine stattlichen Gebäude und der Königliche Palast sind herrliche Beispiele römisch-barocker Architektur, aber auch die pastellfarbenen Fassaden von Souvenir- und Antiquitätenläden begeistern Architektur- und Design-Fans gleichermaßen. In den schmalen Straßen liegen versteckte Cafés und Coffeeshops, die geradezu zu einer *fika* mit Gebäck und Unmengen Sahne einladen.

Entdecken
Geschichte, Könige, hübsche Cafés, Wachablösung

Sehenswert
Königspalast (Kungliga Slottet)

Genießen
Fika in einem mittelalterlichen Kellercafé

Seiten 80 – 97

City

Stockholms Zentrum ist eine grüne Oase voller Parks, baumbestandener Plätze und Ufer, an denen Angler in aller Seelenruhe auf den großen Fang warten. Wer Kunst und Kultur liebt, kommt hier voll auf seine Kosten mit Opernhaus, Tanzmuseum, Kulturhaus und der Konzerthalle, in der alljährlich der Nobelpreis verliehen wird. Am späten Nachmittag sucht man am besten eine der Dachterrassen auf, wo man bei einem Cocktail das bunte Treiben auf den Straßen mit gebührender Distanz beobachten und sich auf den Abend einstimmen kann.

Entdecken
Kultur, Shopping, Blicke von Dachterrassen

Sehenswert
Stadshuset

Genießen
Karten für eine Aufführung in der Kungliga Operan ergattern und sich dann entsprechend aufbrezeln

Seiten 98 – 111

Blasieholmen und Skeppsholmen

Hier ist Stockholm besonders luxuriös und elegant: schicke Paläste, Hotels, Residenzen und ein Schloss an den Ufern, Antiquitätenläden, Galerien und Auktionshäuser im ganzen Viertel. Dazu kommen noch bedeutende Museen und kulturelle Einrichtungen: Das Teater Galeasen ist Treffpunkt der Avantgarde des neuen Skandi-Dramas, das Moderna Museet ist führend in zeitgenössischer Kunst, und das Nationalmuseum beherbergt über eine halbe Million Exponate.

Entdecken
Kunst und Antiquitäten, Geschichte der Seefahrt, Museen

Sehenswert
Moderna Museet, Nationalmuseum

Genießen
Eine Tagestour mit dem Boot durch den ganzen Archipel

Seiten 112 – 127

Östermalm und Djurgården

Die Stadtteile bilden ein Bindeglied zwischen gut erhaltenen Dingen aus der Vergangenheit und einer nachhaltigen Zukunft. Hier das Historiska Museet (Museum der schwedischen Geschichte) in Östermalm und noble Herrenhäuser aus dem 19. Jahrhundert am Strandvagen. In Djurgården dagegen am Saltsjön viel Schweden-Typisches: ABBA The Museum, Geschichten von Pippi Langstrumpf, Elche oder ein altes Kriegsschiff.

Entdecken
Verschiedene Museen und Tierwelt

Sehenswert
Historiska Museet,
Nordiska Museet, Vasamuseet

Genießen
Im interaktiven Museum aus vollem Hals mit Agnetha, Frida und den Jungs ABBA-Hits schmettern

Seiten 128 – 139

Södermalm

Von hier aus hat man die besten Blicke auf die Stadt. Södermalms Aushängeschild ist Fjällgatan, das als »Stockholms Balkon« perfekt ist für großartige Fotos von Gamla Stan und den Inseln. Lassen Sie sich nicht von den Holzhäusern täuschen, hier herrscht ein Geist der trotzigen Unabhängigkeit, und Södermalm ist voll im Trend mit coolen Cafés, kleinen Modelabeln und Unikaten wie einer Freiluft-Boule-Bar und Fotografiska, dem Zentrum für Fotografie, das neue Wege aufzeigt und auch selbst beschreitet.

Entdecken
Panoramen, Foto- und Hipsterkultur

Sehenswert
Fjällgatan, Stadsmuseum

Genießen
An einem Tag im Mittsommer im Tantolunden-Park am Ufer sitzen

Seiten 140–149

Abstecher

Rund um Stockholm warten viele Attraktionen, die man bei einem Tagesausflug besuchen kann. An einem Damm zehn Kilometer westlich der Stadt bietet Drottningholm eine heitere Abwechslung zur Hektik der Stadt. Neben der Privatresidenz der königlichen Familie finden Sie dort ein Theater, einen Park und den chinesischen Pavillon. In Richtung Osten eröffnet sich Ihnen dagegen der weite Stockholm-Archipel. Die gemütlichen roten Häuschen dort sowie die größeren Inseln Värmdö, Ingarö und Ljusterö können schon einmal zu einem längeren Aufenthalt verführen.

Entdecken
Sommerhäuser, Segelausflüge, königliche Gärten

Sehenswert
Drottningholm

Genießen
Eine Übernachtung in einem Holzhäuschen im Stockholm-Archipel

Fahrräder in einer engen, kopfsteingepflasterten Gasse in Gamla Stan

Gamla Stan

Reste des alten Stockholm aus dem 13. Jahrhundert findet man auf Stadsholmen, der größten Insel von Stockholms Gamla Stan (Altstadt). Die Insel ist ein riesiges Areal historischer Relikte, viele Sehenswürdigkeiten liegen hier nahe beieinander.

Das Königliche Schloss ist Symbol für Schwedens Großmachtstellung im 17. und frühen 18. Jahrhundert. Seine prunkvollen Säle, die Gemächer und die Einrichtung passen gut zum Bau im Barockstil. Die majestätischen Gebäude in der Umgebung unterstreichen Stockholms Rolle als Hauptstadt.

Brücken führen nach Riddarholmen mit Bauten aus dem 17. Jahrhundert und der königlichen Krypta sowie nach Helgeandsholmen mit dem prächtigen Riksdagshuset (Parlamentsgebäude).

Gamla Stan

Highlight

❶ Kungliga Slottet (Königliches Schloss)

Sehenswürdigkeiten

❷ Tessinska Palatset
❸ Bondeska Palatset
❹ Storkyrkan
❺ Stenbockska Palatset
❻ Tyska Kyrkan
❼ Stortorget
❽ Judiska Museet
❾ Västerlånggatan
❿ Riddarholmskyrkan
⓫ Wrangelska Palatset
⓬ Medeltidsmuseet
⓭ Postmuseum
⓮ Evert Taubes Terrass
⓯ Riddarhuset
⓰ Riksdagshuset

Cafés

① Café Järntorget
② Chokladkoppen
③ Caffellini Espresso Bar

Hotels

④ Sven Vintappare
⑤ Scandic Gamla Stan
⑥ First Hotel Reisen

E
F
Musikaliska
Nybroviken
Kungsträdgården
Kungsträd-gården
REGERINGSGATAN
VÄSTRA TRÄDGÅRDSGATAN
KUNGSTRÄDGÅRDSGATAN
BLASIEHOLMS TORG
NYBROKAJEN
STALLGATAN
TEATERG.
BLASIEHOLMSG.
JAKOBSGATAN
JAKOBS TORG
KARL XII:S TORG
Medelhavs-museet
Kungliga Operan
Grand Hôtel
HOVSLAGARGATAN
GUSTAV ADOLFS TORG
City
Seiten 80–97
SÖDRA BLASIEHOLMSHAMNEN
BLASIE-HOLMEN
5
Strömkajen
Norrbro
Helgeands-holmen
Strömbron
STRÖMGATAN
Norrström
Nationalmuseum
Riksbron
RIKSPLAN
12 Medeltidsmuseet
Riksdagshuset
16
SLOTTSKAJEN
SKEPPSBRON
Stallkanalen
Blasieholmen und Skeppsholmen
Seiten 98–111
Kungliga Slottet (Königliches Schloss)
1
Stallbron
MYNTTORGET
MYNT-GATAN
RÅDHUS-GRÄND
SLOTTSBACKEN
3 Bondeska Palatset
GAMLA STAN
TELEGRAFG.
SKEPPAR KARLS GRÄND
RIDDARHUS-TORGET
STORKYRKO-BRINKEN
Storkyrkan 4
Tessinska Palatset 2
6
KRÅKGRÄND
NYGRÄND
STORA NYGATAN
Nobelmuseet
KÖPMANGATAN
KÖPMAN-TORGET
BRUNNSGRÄND
GÅSGRÄND
2
7
Stortorget
SKOTTGRÄND
4
KINDSTU-GATAN
SJÄLAGÅRDSG.
BAGGENSGATAN
ÖSTERLÅNGGATAN
DRAKENS GRÄND
SKEPPSBROKAJEN
MUNKBROLEDEN
YXSMEDSGRÄND
VÄSTERLÅNGGATAN
PRÄSTGATAN
SVARTMANGATAN
Postmuseum
13
KÅKBRINKEN
STORA NYGATAN
6 Tyska Kyrkan
TYSKA BRUNNS-PLAN
8 Judiska Museet
6
LILLA NYGATAN
MUNKBROGATAN
SCHÖNFELDTS GRÄND
3
9
PACKHUS-GRÄND
TYSKA BRINKEN
Västerlång-gatan
MÅRTEN TROTZIGS GRÄND
SKEPPSBRON
Gamla Stan
LILLA NYGATAN
5
TULLGRÄND
1
KORNHAMNS-TORG
JÄRN-TORGET
SÖDRA BANKOGRÄND
CENTRALBRON
MUNKBROLEDEN
JÄRNTORGS-GATAN
Söderström
SLUSSPLAN
Strömmen
Slussen
PELIKANSLINGAN
Södermalm
Seiten 128–139
PUSTEGRÄND
7
SÖDERMALM
GÖTGATAN
0 Meter
200
N
Slussen
Maria Magdalena Kyrka
E
F

1

Kungliga Slottet

E5 Gamla Stan +46 8 402 6130 Gamla Stan, Kungsträdgården siehe Website kungahuset.se

Der prächtige Königspalast ist einer der größten Europas. Atemberaubende Räume und kostbare Juwelen sind nur einige der Highlights des Aushängeschilds der Stadt.

Die Burg Tre Kronor (Drei Kronen) wurde Mitte des 13. Jahrhunderts vollendet, aber erst 100 Jahre später als Residenz genutzt. Die Wasa-Könige bauten die Burg zu einem Renaissance-Schloss um, das 1697 bis auf die Grundmauern abbrannte. An derselben Stelle errichtete der Baumeister Nicodemus Tessin d. J. ein neues Schloss mit italienischer Fassade und französischem Interieur. Die 608 Räume wurden von den besten Künstlern und Handwerkern Europas gestaltet. Adolf Fredrik bezog das Schloss 1754 als erster König. Heute ist Kungliga Slottet nicht mehr königliche Privatresidenz, dafür eine der größten Sehenswürdigkeiten.

Die öffentlich zugänglichen Bereiche des Schlosses ermöglichen einen Rundgang durch prachtvolle Säle, die Kunstgegenstände von unschätzbarem Wert enthalten. Reichssaal und Schlosskirche sind prächtig ausgestattet. Dazu kommen die Schatzkammer mit den Reichsinsignien, das Antikenmuseum Gustavs III. sowie die Livrustkammaren.

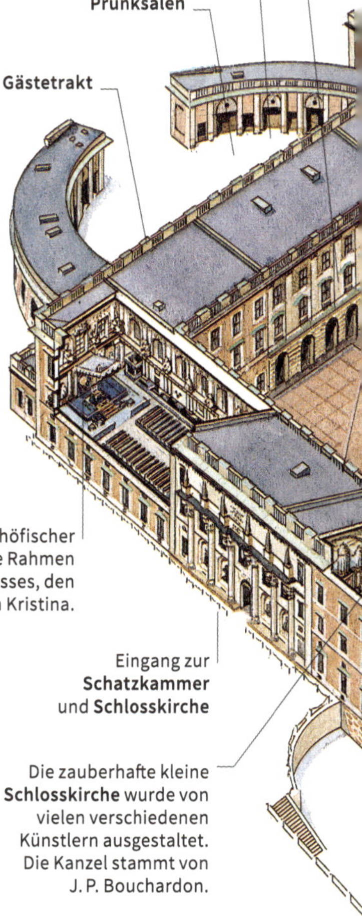

Der eindrucksvolle Palast mit seinen vielen Räumen

Ein königlicher Arbeitsplatz

Auch heute noch gibt es im Schloss Arbeitsräume, in denen das Königspaar Audienzen und offizielle Empfänge abhält, obwohl es die meiste Zeit auf Drottningholm *(siehe S. 142–145)* verbringt. König Carl XVI. Gustaf und Königin Silvia sind oft unterwegs, sie repräsentieren im ganzen Land bei wichtigen Ereignissen und statten dem Ausland Staatsbesuche ab. Der König ist vor allem im Bereich Umweltschutz aktiv, während sich die Königin besonders für behinderte Kinder engagiert.

Die Bernadotte-Räume (rechts) *innerhalb des riesigen Königspalasts*

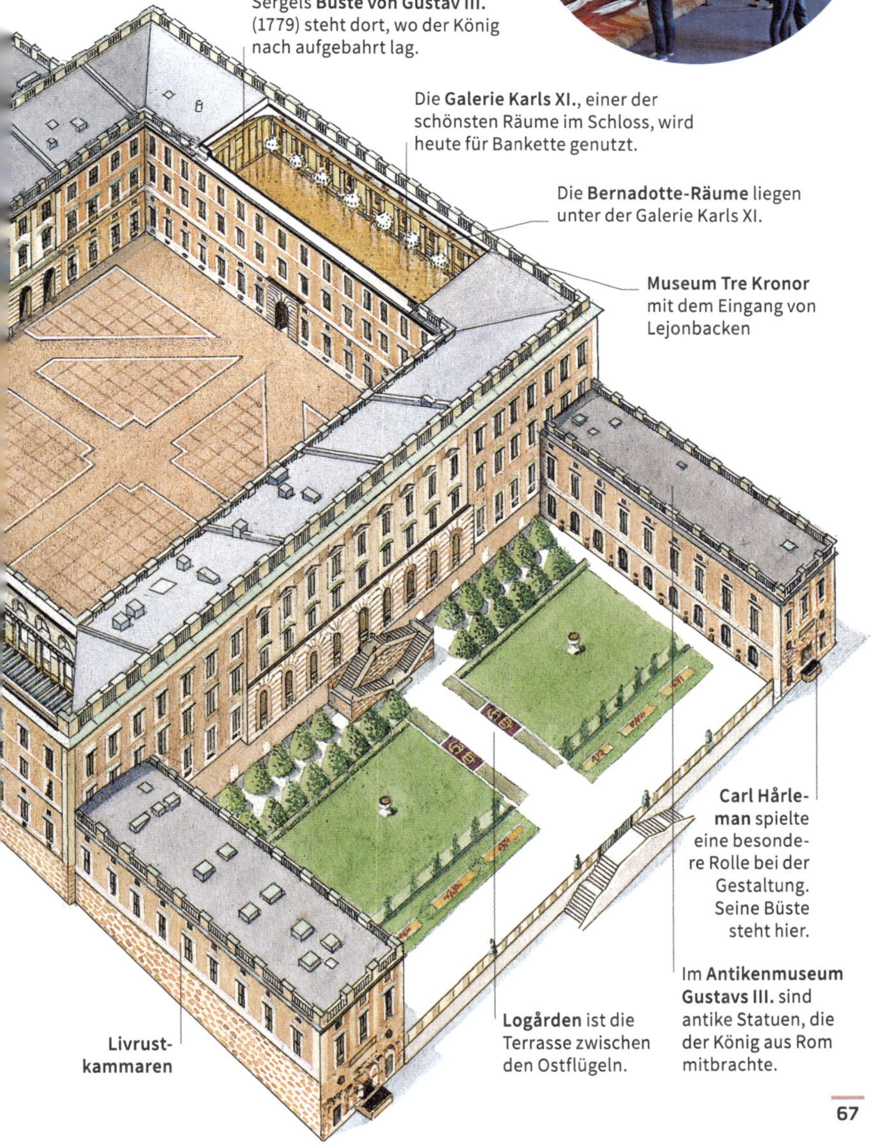

Säle

Prunksäle

Seit 1982 lebt die königliche Familie auf Schloss Drottningholm *(siehe S. 142–145)*, aber offizielle Gäste werden immer noch in den Prunksälen empfangen, und auch Staatsbankette sowie die Ehrung der Nobelpreisträger finden hier statt.

Getafelt wird bei diesen Anlässen in der Galerie Karls XI., das beste Beispiel für schwedischen Spätbarock. In den Nischen gegenüber den Fenstern sind unbezahlbare Kostbarkeiten ausgestellt. Sehr sehenswert ist auch der Salzkeller, der vom flämischen Maler Rubens mit Elfenbein und vergoldetem Silber ausgeschmückt wurde.

Das fürstliche Schlafzimmer von Gustav III., in dem der König nach dem Attentat in der Oper 1792 starb, bildet den Höhepunkt gustavianischer Eleganz. Die Türeinfassungen zum Don-Quijote-Zimmer, das nach den Mustern seiner Tapete benannt wurde, stammen von François Boucher.

Gästetrakt

Staatsbesuche wurden in einem imposanten Teil des Schlosses beherbergt. In diesem Trakt befinden sich der Meleager-Salon, in dem Staatsgeschenke ausgetauscht werden, der Innere Salon, dessen Ausstattung von den Ausgrabungen in Pompeji inspiriert ist, und der Margareta-Raum, benannt nach der Großmutter des Königs. Alle Räume des Trakts enthalten bemerkenswerte Stücke handwerklichen Könnens, geschaffen von Meistern wie Georg Haupt und Jean Baptiste Masreliez.

Schon gewusst?

Vorbild für die Galerie Karls XI. war der Spiegelsaal von Versailles.

Bernadotte-Räume

Die Suite hat ihren Namen von der Bernadotte-Ahnengalerie, die hier zu betrachten ist. Die sehenswerten Räume mit den Deckengemälden und Lüstern aus der Mitte des 18. Jahrhunderts werden zu vielen feierlichen Anlässen genutzt. In der eleganten Säulenhalle werden hohe Ämter vergeben, in dem achteckigen östlichen Kabinett, dem reinsten Rokoko-Raum des Schlosses, empfängt der König ausländische Botschafter. Hier und im westlichen Kabinett ist die Ausstattung genau so belassen, wie sie Carl Hårleman vor über 250 Jahren geplant hat.

Das Schreibzimmer von Oscar II. aus den 1870er Jahren befindet sich ebenfalls im ursprünglichen Zustand. Natürlich wurde das Schloss jeweils dem technischen Standard angepasst. So gibt es dort seit 1883 elektrischen Strom und seit 1884 Telefon.

Königliche Grandeur

Reichssaal

Die Harmonie von Rokoko und Klassizismus, die den Reichssaal auszeichnet, ist das Werk der Baumeister Nicodemus Tessin d. J. und Carl Hårleman. Der Reichssaal bietet einen angemessenen Rahmen für den silbernen Thron der Königin Kristina,

←

Golddekor, Kristalllüster und Fresken in der Galerie Karls XI.

einer der wertvollsten Schätze im Schloss. Der Baldachin, eine Arbeit von Jean Eric Rehn, kam erst 100 Jahre später anlässlich der Krönung König Adolf Fredriks hinzu. Zwei Statuen von Karl XIV. Johann und Gustav II. Adolf flankieren den Thron. Auf den Simsen sind Frieden, Stärke, Frömmigkeit und Gerechtigkeit symbolisch dargestellt.

Heute finden hier auch Sommerkonzerte statt.

Schlosskirche

Für die Innenausstattung der Schlosskirche nahm man sich viel Zeit. Die Arbeiten wurden vor allem von Carl Hårleman unter Anleitung Tessins ausgeführt. Wie schon beim Reichssaal brachte ihre Zusammenarbeit, unterstützt von ausländischen Künstlern, ein großartiges Ergebnis.

Einige bemerkenswerte Kunstwerke sind erst im Lauf der Jahrhunderte hinzugekommen. Jüngeren Datums sind sechs Bronzekronen im Stil des 17. Jahrhunderts sowie zwei Kristallkronen, die König Carl XVI. Gustaf und Königin Silvia 1976 als Hochzeitsgeschenk erhielten.

Schatzkammer

Am Fuß von 56 ausgetretenen Stufen, unterhalb der Reichshalle an der Südseite des Schlosses, befindet sich der Eingang zur Schatzkammer (Skattkammaren), in der die Reichsinsignien, die wichtigsten Symbole königlicher Macht, aufbewahrt werden. Zu wichtigen Gelegenheiten werden Krone, Zepter, Reichsapfel und Reichsschlüssel von König Erik XIV. neben dem ungekrönten Carl XVI. Gustaf aufgebaut. Das silberne Taufbecken, für dessen Herstellung der Silberschmied Jean François Cousinet elf Jahre brauchte, ist mehr als 200 Jahre alt und wird noch heute für Königstaufen verwendet. In der Schatzkammer hängt der einzige unbeschädigte Wandteppich, der den Brand 1697 überstand.

Das Museums Tre Kronor wurde auf Überresten der Festung erbaut ↑

Museen

Antikenmuseum Gustavs III.

Das Museum wurde 1794 zum Gedenken an den ermordeten König eröffnet und beherbergte ursprünglich mehr als 200 Ausstellungsstücke, die zum Großteil von Gustavs Italienreise 1783/84 stammten und später durch Ankäufe ergänzt wurden.

Im großen Raum findet man die berühmtesten Exponate, darunter die bekannte Plastik von Endymion, dem in den ewigen Schlaf versetzten Schafhirten, dem Geliebten der Mondgöttin Selene. Johan Tobias Sergel ist mit seiner Skulptur *Die Priesterin* vertreten, die von zwei Leuchtern flankiert wird und als zweitwichtigstes Stück der Sammlung gilt.

Museum Tre Kronor

Ein Highlight bei einer Schlossbesichtigung ist das Museum Tre Kronor (Drei Kronen). Es wurde 1999 im ältesten Teil der zerstörten Festung unter der Nordseite des Schlosses eröffnet. Ein Teil einer massiven Verteidigungsmauer aus dem 12. Jahrhundert sowie Ziegelgewölbe aus dem 16. und 17. Jahrhundert bilden eine einzigartige Kulisse, in der man sich die fast 1000-jährige Geschichte des Schlosses vergegenwärtigen kann.

Zwei Modelle zeigen die Veränderungen der Festung Tre Kronor im 17. Jahrhundert bis zum großen Brand. Unter den Gegenständen, die aus der Asche gerettet werden konnten, befinden sich Gefäße aus Bernstein und Bergkristall.

Livrustkammaren

Die königliche Leibrüstkammer von 1628 ist Schwedens ältestes Museum. Gezeigt werden Kunstobjekte und Gebrauchsgegenstände der königlichen Familie aus fünf Jahrhunderten. Das Museum beherbergt auch eine Reihe von Gegenständen, die Ereignisse der schwedischen Geschichte veranschaulichen. Die Krönungszeremonien werden durch Gewänder illustriert, wie sie König Gustav III. und Königin Sofia Magdalena 1766 trugen.

Die königliche Leibrüstkammer von 1628 ist Schwedens ältestes Museum. Gezeigt werden Kunstobjekte und Gebrauchsgegenstände der königlichen Familie aus fünf Jahrhunderten.

SEHENSWÜRDIGKEITEN

2

Tessinska Palatset

F6 Slottsbacken 4
Gamla Stan
für Besucher

Das Palais Tessin am Slottsbacken wird von vielen als das schönste Privathaus Schwedens bezeichnet. Es ist das besterhaltene Palais aus Schwedens Großmachtzeit im 17. Jahrhundert. Tessin d. J. (1654–1728) entwarf das Haus für sich selbst.

Der relativ schmale Grundriss des 1697 fertiggestellten Gebäudes weitet sich auf einen Hof, in dem sich ein entzückender Barockgarten befindet. Die zurückhaltende Fassade mit schönem Portal ist römischen Palästen nachempfunden, Innenausstattung und Garten verweisen auf Tessins Aufenthalt in Paris und Versailles.

Tessin, der Graf und Staatsrat wurde, ließ sich die Gestaltung seines Hauses viel kosten. Skulpturen und Gemälde stammen von denselben französischen Meistern, die das Königliche Schloss ausstatteten. Allerdings musste Tessins Sohn Carl Gustaf das Palais später wegen finanzieller Probleme verkaufen.

1773 erwarb die Stadt das Gebäude als Amtssitz für den Bürgermeister, seit 1968 ist es Amtssitz des Landeshauptmanns der Region Stockholm.

> Entdeckertipp
> **Finska Kyrkan**
> Zwei Gehminuten östlich von Storkyrkan liegt Slottsbackens ältestes Gebäude (Slottsbacken 2B-C) aus den 1640ern. Der ehemalige königliche Ballspielplatz dient seit 1725 als religiöses Zentrum der finnischen Gemeinschaft.

3

Bondeska Palatset

E6 Riddarhustorget 8
Gamla Stan
für Besucher

Seit 1949 Sitz des Obersten Gerichtshofs, wurde der Bondeska Palatset von 1662 bis 1673 im Stil eines französischen Stadthauses erbaut. Ein Jahr vor Baubeginn hatte der Staatsschatzmeister Gustav Bonde das Grundstück gegenüber dem Riddarhuset gekauft, um dort ein Herrenhaus zu bauen, von dem ein Großteil vermietet werden sollte. 1730 ging das Gebäude in den Besitz der Stadt über und diente bis 1915 als Rathaus. Danach stand es großteils leer, bis es Ende der 1940er Jahre renoviert wurde. Es wurde sogar diskutiert, das Palais abzureißen, die Öffentlichkeit sorgte dafür, dass es erhalten blieb. Obwohl man das Innere des Palasts nicht ansehen kann, ist allein das Äußere einen Besuch wert.

4

Storkyrkan

E6 Trångsund 1
+46 8 723 3016 Gamla Stan tägl. 9–16 (im Sommer länger)
storkyrkan.nu

Stockholms 700 Jahre alte Kathedrale St. Nikolai war für Schwedens Staatskirche von großer Bedeutung. Von hier verbreitete der schwedische Reformator Olaus Petri (1493–1552) seine lutherische Botschaft über das Königreich.

Im 13. Jahrhundert stand an dieser Stelle eine kleine Kirche. 1306 wurde sie durch die größere Nikolausbasilika ersetzt und über die Jahrhunderte hinweg umgebaut. Die Innenräume wurden im 15. Jahrhundert gotisch ausgestaltet. Als man 1908 während der Restaurierungsarbeiten den Verputz von den Säulen entfernte, kamen darunter die typischen roten Ziegel zum Vorschein. Aus der späten Barockzeit stammen die »Königlichen Stühle« und die Kanzel. Die Fassade wurde dem Schloss angeglichen. Der 66 Meter

hohe Turm hat vier Glocken, die größte wiegt sechs Tonnen.

Die Kathedrale beherbergt zahlreiche Kunstwerke, darunter die Skulptur *Der heilige Georg und der Drache*, eine der besten spätgotischen Arbeiten Nordeuropas. Die Skulptur links vom Altar wurde aus Eichenholz und Elchgeweih geschaffen und erinnert an den Sieg von Sten Sture d. Ä. 1471 über die Dänen.

Der 3,7 Meter hohe Bronzeleuchter vor dem Altar ist wahrscheinlich deutschen Ursprungs und befindet sich seit gut 600 Jahren hier. Einer der größten Schätze des Sakralbaus ist der Silberaltar, eine Schenkung des Diplomaten Johan Adler Salvius in den 1650er Jahren.

Die Kirchenbänke unweit der Kanzel, die »Königlichen Stühle«, wurden 1684 von Nicodemus Tessin d. J. entworfen. 1705 entstand die Kanzel über dem Grab von Olaus Petri.

Am 20. April 1535 war ein Lichtphänomen über Stockholm zu beobachten: sechs funkelnde Sonnenringe. Das Gemälde, das dieses erstaunliche Ereignis festhielt, hängt in der Storkyrkan und gilt als die älteste Ansicht der Hauptstadt. Man sieht die damals noch recht bescheidene Skyline Stockholms, die von der Kirche beherrscht wurde.

Anlässlich der Heirat von Kronprinzessin Victoria mit Daniel Westling im Jahr 2010 wurde die Kathedrale umfassend renoviert.

Schon gewusst?

Der Name Stockholm tauchte erstmals 1252 auf, als Birger Jarl ihn in einem Brief verwendete.

5

Stenbockska Palatset

E6 Birger Jarls Torg 4
Gamla Stan
für Besucher

Außen und auch innen ist Schloss Stenbock das besterhaltene Gebäude auf Riddarholmen. Es wurde in den 1640er Jahren von Staatsrat Fredrik Stenbock und seiner Frau erbaut, das Wappen der Familie ist immer noch über der Veranda zu sehen.

↓ *Die interessante Fassade der Storkyrkan im italienischen Barockstil und der Silberaltar* (links)

6

Tyska Kyrkan

E6 Svartmangatan 16 +46 8 411 1188 Gamla Stan Mai – Aug: tägl. 10:30 – 16:30; Sep – Apr: Mi, Fr, Sa 11–15, So 12:30 – 16 während Messen svenskakyrkan.se

Die »Deutsche Kirche« (St. Gertrud) erinnert an den großen Einfluss der Deutschen auf das Stockholm des 18. Jahrhunderts. Damals kontrollierte die Hanse die Ostsee, was erklärt, warum Gamla Stan in seiner Anlage der Stadt Lübeck ähnelt.

Die Gründung der Kirchengemeinde, die heute etwa 2000 Mitglieder hat, erfolgte 1571. Die heutige Kirche mit ihren zwei Schiffen wurde von 1638 – 42 als Erweiterung einer kleineren Kirche erbaut, die die Gemeinde seit 1576 genutzt hatte.

Der Innenraum im Stil der deutschen Spätrenaissance und des deutschen Barock erhielt 1672 eine zusätzliche Galerie für die deutschen Mitglieder des Königshauses. Die Kanzel, 1660 aus Ebenholz und Alabaster gefertigt, ist in Schweden einzigartig. Der Altar (um 1645) weist Gemälde und Apostelfiguren auf. Die Skulpturen am Südportal von Jobst Hennen zeigen Jesus, Moses sowie die Allegorien von Glaube, Liebe und Hoffnung.

7

Stortorget

E6 Gamla Stan

Erst im Jahr 1778, mit der Fertigstellung der Börse, erhielt der Platz im Herzen der Altstadt ein geschlossenes Erscheinungsbild. Zuvor standen an der Stelle verschiedene Bauten. Seit dem frühen Mittelalter wurde der Stortorget als Marktplatz genutzt. Früher war hier auch der Pranger, der zum Gefängnis an der nahen Kåkbrinken gehörte und heute im Rathaus auf Kungsholmen zu sehen ist.

Mittelalterliche Prägung zeigt Stortorgets Westseite, an der sich das rote Schantzska Huset (Nr. 20) und das schmale Seyfridtska Huset befinden (beide um 1655). Das Schantzska Huset ist unverändert, sein schönes Kalksteinportal zeigt ruhende römische Krieger. Wie die meisten bemerkenswerten Portale in der Altstadt stammt es von Johan Wendelstam. Auch der Giebel des Grilska Huset (Nr. 3) aus dem 17. Jahrhundert ist näherer

Entdeckertipp
Mårten Trotzigs Gränd

Steigen Sie die 36 Stufen der schmalsten Straße der Stadt wenige Gehminuten südöstlich von Stortorget hoch und genießen Sie den Blick auf die Altstadt mit den vielen Häusern.

→ *Tyska Kyrkan (17. Jh.) und die Königliche Galerie* (oben)

Betrachtung wert. Heute findet man in den mittelalterlichen Gewölbekellern Cafés und Restaurants.

Die Entscheidung, am Stortorget eine Börse zu errichten, wurde schon 1667 getroffen, aber die vielen Kriege verzögerten den Baubeginn um 100 Jahre. Baumeister war der junge Erik Palmstedt (1741–1803), nach dessen Plänen auch der Brunnen entstand. Im Jahr 1990 stellte man die Börsentätigkeit hier ein.

2001, zum 100. Jahrestag des Nobelpreises *(siehe S. 91)*, wurde das **Nobelmuseet** eröffnet. Es erklärt mit Kurzfilmen und Exponaten das Werk und die Ideen von über 700 kreativen Köpfen. Im oberen Stockwerk hält die Schwedische Akademie ihre feierlichen Versammlungen ab, eine Tradition, seit Gustav III. hier im Jahr 1786 seine Eröffnungsrede hielt.

Nobelmuseet
Juni – Aug: tägl. 10 – 20; Sep – Mai: Di – So 11–17 (Di bis 20)
nobelmuseum.se

Kostenlose Stadtführungen

Stockholm ist ideal zu Fuß zu erkunden, kostenlose Führungen beginnen in Gamla Stan. Anbieter sind u. a.: Free Walking Tour Stockholm (www.stockholmfreetour.com), Free Tour Stockholm (freetourstockholm.com); Rainbow Tours (www.freetour.com/stockholm). Es ist am besten, im Voraus zu buchen. Obwohl die Touren kostenlos sind, wird ein Trinkgeld erwartet. In Gamla Stan gibt es sogar eine Geisterwanderung (www.stockholmghostwalk.com).

↑ *Die Västerlånggatan ist Gamla Stans beliebteste Shopping-Meile*

8

Judiska Museeet

F6 Själagårdsgatan 19
+46 8 557 73560
Gamla Stan tägl. 11–17 (Do bis 20, Fr bis 16)
judiska-museet.se

Aaron Isaac war 1774 der erste jüdische Einwanderer in Stockholm, der seine Religion öffentlich praktizierte. Das Judiska Museet vergegenwärtigt die Geschichte der schwedischen Juden von der Zeit Isaacs bis heute. Es befasst sich mit jüdischer Religion, der Integration und dem Holocaust. Eine Sammlung von Bildern und anderen Exponaten gibt Einblick in Leben und Gebräuche der schwedischen Juden. Zu den schönsten Stücken gehören die Thora, der Hochzeitsbaldachin sowie die Sammlung achtarmiger Leuchter *(chanukkia)*. Etwa die Hälfte der 18 000 jüdischen Einwohner Schwedens lebt heute in der Region Stockholm.

9

Västerlånggatan

E6 Gamla Stan

Früher lag die Straße außerhalb der Stadt und verlief teils entlang der Stadtmauer. Heute führt die Västerlånggatan durch das Herz der Altstadt. Gewöhnlich drängeln sich hier Einheimische und Besucher beim Shoppen oder Bummeln. Im Norden beim Mynttorget befinden sich das Kanzleramtsbüro (Kanslihuset) und Lejonbacken, im Süden liegt Järntorget, auf dem früher die Ausfuhr von Eisen kontrolliert wurde. Daneben erhebt sich das Bancohuset, von 1680 bis 1906 Staatsbankzentrale.

Das Gebäude Nr. 7 wird seit Mitte der 1990er vom schwedischen Parlament genutzt. Die Fassade aus dem späten 19. Jahrhundert ist südeuropäisch geprägt. Haus Nr. 27 baute Erik Palmstedt, der auch Börse und Brunnen auf dem Stortorget entworfen hatte, für sich. Nr. 29 ist ein Gebäude aus dem frühen 15. Jahrhundert. Die gotischen Spitzbogen kamen bei einer Restaurierung wieder zum Vorschein.

Haus Nr. 33 ist ein Beispiel dafür, wie es im späten 19. Jahrhundert mit neuen Materialien und Techniken gelang, Schaufenster in alte Häuser zu integrieren. Auch die gusseisernen Säulen stammen aus dieser Zeit. Das Von-der-Lindeska-Haus (Nr. 68) besitzt eine majestätische Fassade (17. Jh.) und ein Portal mit Skulpturen.

↑ *Die Gewölbedecke und der Turm* (rechts) *der Riddarholmskyrkan*

10 Riddarholmskyrkan

E6 · Birger Jarls Torg · +46 8 402 6100 · Gamla Stan · Mitte Mai – Sep: tägl. 10 –17; Okt, Nov: Sa, So 10 –16

In dieser Kirche auf der Insel Riddarholmen finden die königlichen Begräbnisse statt. Innen sind geschmückte Sarkophage und alte Grabsteine zu sehen. Gegenüber dem Altar befinden sich die Grabstätten der mittelalterlichen Könige Karl Knutsson und Magnus Ladulås.

Die majestätische Ziegelkirche wurde an der Stelle der Franziskanerabtei (spätes 13. Jh.) erbaut und im Lauf der Jahrhunderte ständig vergrößert. Nach einem Brand 1835 erhielt sie ihre gusseiserne Turmspitze.

Die Kirche ist von bedeutenden Grabstätten umgeben, deren älteste aus dem 17. Jahrhundert stammen. Das letzte Grabmal wurde 1858 – 60 für die Bernadotte-Dynastie errichtet. Die Gräber enthalten die sterblichen Überreste aller schwedischen Könige von Gustav II. Adolf (17. Jh.) bis in die Gegenwart. Es gibt nur zwei Ausnahmen: Königin Kristina wurde 1689 im Petersdom in Rom beigesetzt, Gustav VI. Adolf 1973 in Hagaparken. Der prächtigste Sarkophag ist der von Karl XIV. Johann aus dem 19. Jahrhundert. Er wurde per Schlitten von den Porphyr-Werkstätten in Nordschweden nach Stockholm gebracht. Besonders bewegend sind die Gräber der Königskinder und die vielen kleinen Zinnsärge um die letzte Ruhestätte von Gustav II. Adolf und Königin Maria Eleonora.

11 Wrangelska Palatset

E6 · Birger Jarls Torg 16 · Gamla Stan · für Besucher

Von dem groß angelegten Festungsbau, den Gustav I. Wasa um 1530 errichten ließ, existiert heute nur noch der Birger-Jarl-Turm. Der Wrangelska Palatset wurde von 1652 bis 1670 als Residenz für den Adligen Lars Sparre erbaut und nur wenige Jahrzehnte später erweitert. Besitzer war jetzt Feldmarschall Carl Gustav Wrangel, der sich Nicodemus Tessin d. Ä. als Architekten nahm. Nach dem Umbau war das Palais Wrangel Stockholms größte und meistbesuchte Privatresidenz.

1693 verlor Wrangel bei einem Brand einen Großteil seiner Besitztümer. Als die Festung Tre Kronor *(siehe S. 66)* vier Jahre später abbrannte, wurde das Palais Wrangel zur königlichen Residenz. Hier legte 1697 der 15-jährige Karl XII. nach dem Tod seines Vaters den Regierungseid ab, 1746 kam hier Gustav III. zur Welt, 1792 saß sein Mörder im Verließ ein.

Heute nutzt das Berufungsgericht (Svea Hovrätt) den Wrangelska Palatset.

12 Medeltidsmuseet

E5 Strömparterren 3, Norrbro +46 8 508 317 90 Kungsträdgården Di–So 12–17 (Mi bis 20) medeltidsmuseet.stockholm.se

Das Museum erweckt das mittelalterliche Stockholm zum Leben. Hier werden die archäologischen Relikte der Stadt bewahrt. Wichtigste Fundstücke sind Teile der Stadtmauer, die um 1535 erbaut und während Grabungsarbeiten 1978–80 entdeckt wurde.

Das Museum ist großteils unterirdisch und beherbergt u. a. das 22 Meter lange Riddarholm-Schiff, das 1930 gefunden wurde und aus den 1520er Jahren stammt. Vom Eingang führt ein 350 Jahre alter Tunnel in eine rekonstruierte mittelalterliche Welt. Es gibt einen Pranger, einen Galgenhügel sowie Henkerswerkzeuge. Der alte Hafen wurde mit Kaimauer, Landungsstegen, Bootshäusern und Läden nachgebaut. Man sieht auch einen 55 Meter langen Abschnitt der ursprünglichen Stadtmauer, komplett mit einem Skelett, das dort versteckt war.

Cafés

Café Järntorget
Das charmante Café serviert Salate, Sandwiches und 50 Eiscremes. Probieren Sie auch die leckeren Waffeln.

F6 Västerlånggatan 81 cafejarntorget.se

Kr

Chokladkoppen
Gemütliches Café mit gutem Essen in der Altstadt. Die heiße Schokolade wird in Schalen serviert, ideal zum Händewärmen.

E6 Stortorget 18 chokladkoppen.se

Kr

Caffellini Espresso Bar
Das kleine Café ist bekannt für seinen Espresso. Es bietet auch leckere Backwaren an.

E6 Västerlånggatan 60 +46 7 676 6016

Kr

13 Postmuseum

E6 Lilla Nygatan 6 +46 10 436 4439 Gamla Stan Di–So 11–16 (Sep–Apr: Mi bis 19) postmuseum.se

Schon das Gebäude ist beeindruckend und erstreckt sich über ein großes Areal, das die schwedische Post 1720 erwarb. Etwa 100 Jahre später wurde mit dem Bau begonnen, wobei man Teile der existierenden Gebäude aus dem 17. Jahrhundert mit einbezog. Bis 1869 war dies Stockholms einziges Postgebäude, 1906 wurde es Postmuseum.

Briefe konnten in Schweden seit 1636 verschickt werden, ein Bild zeigt frühe Postboten, wie sie in ihrem Boot *Simpan* gegen die Åland-See kämpfen. Im Museum stehen auch der erste Postbus, der in den 1920er Jahren im Norden Schwedens unterwegs war, und eine Postkutsche aus dem Osten des Landes.

Eine umfangreiche Philatelie-Sammlung zeigt Schwedens erste Briefmarkendruckpresse und vier Millionen Briefmarken, darunter die ersten schwedischen von 1855. Ebenfalls ausgestellt sind die »One Penny Black«, die erste Briefmarke der Welt von 1840, sowie einige 1847 in Mauritius ausgegebene Marken.

Es gibt auch eine Philatelie-Bibliothek mit 51 000 Bänden und Briefmarkensammlungen sowie Computer und Multimedia-Ausstattung für die Forschung. Im Untergeschoss befindet sich eine Kreativwerkstatt für Kinder (wegen Restaurierung geschlossen). Hier können Kinder eine Postkarte erstellen, sortieren und zustellen und den Postwagen beladen.

↓ *Kinder im Postmuseum*

→ *Das Reichstagsgebäude mit beeindruckendem Blick über das Wasser*

14

Evert Taubes Terrass

D6 Norra Riddarholmshamnen Ⓣ Gamla Stan

Eine Statue von Evert Taube (1890–1976), dem beliebten Dichter, Sänger und Balladenschreiber, steht auf der Terrasse unterhalb des Wrangelska Palatset und blickt über die Wasser von Riddarfjärden, eine ideale Positionierung, war Taube doch sein Leben lang eng dem Wasser verbunden. Willy Gordon schuf die Bronzeskulptur 1990.

In der Nähe wurde 1966 Christer Bergs elegante Granitskulptur *Solbåten* (Sonnenboot) enthüllt, die einer Muschel gleicht und aus manchen Blickwinkeln wie ein Segel wirkt.

← *Der schwedische Dichter, Komponist, Sänger und Maler Evert Taube*

15

Riddarhuset

E6 Riddarhustorget 10 +46 8 723 3990 Ⓣ Gamla Stan Mo–Fr 11–12 (Mitte Juni–Aug: 10–13) Feiertage riddarhuset.se

Das Ritterhaus wird häufig als Stockholms schönstes Gebäude bezeichnet. Es steht am Riddarhustorget, Mitte des 19. Jahrhunderts das Zentrum der Stadt.

Von 1641 bis 1647 wurde das Haus auf Initiative des Reichskanzlers von den Architekten Simon und Jean de la Vallée, Heinrich Wilhelm und Justus Vingboons geplant und erbaut. Damit hatte der Adel, dessen Privilegien seit 1280 festgeschrieben waren, einen Ort, wo man sich treffen und feiern konnte.

Das Riddarhuset ist ein herausragendes Beispiel für niederländischen Barock. Über dem Nordportal ist der Leitspruch des Adels, »Arte et Marte« (»Kunst und Krieg«) zu lesen, eingerahmt von Minerva, der Göttin der Künste und Wissenschaften, sowie dem Kriegsgott Mars. Die Skulpturen auf dem Dach symbolisieren die ritterlichen Tugenden. Auf der Südseite steht *nobilitas* (Adel), flankiert von *studium* (Fleiß) und *valor* (Mut). Die Entsprechungen im Norden sind *honor* (Ehre), *prudentia* (Klugheit) und *fortitudo* (Tapferkeit).

Das Innere des Riddarhuset ist ebenso prächtig. Die untere Halle wird von einer beeindruckenden Doppeltreppe dominiert, die zum Rittersaal führt. Hier befinden sich eine meisterhaft bemalte Decke des renommierten schwedischen Künstlers David Klöcker Ehrenstrahl (1628–1698) und Riddarhusets größter Schatz, ein skulpturaler Stuhl aus Ebenholz von 1623. Die Wände sind mit Wappen bedeckt.

Hotels

Sven Vintappare
Hinter der jahrhundertealten Fassade des historischen Hauses verbirgt sich ein moderner Innenraum. Die Holzböden sind eine Referenz an die Vergangenheit, zudem wurden einige Originalelemente wie Keramikheizungen in die Suiten integriert.

E6 Sven Vintappares Gränd 3 hotel svenvintappare.se

Kr Kr Kr

Scandic Gamla Stan
In einem Gebäude aus dem 17. Jahrhundert verfügt das stilvoll eingerichtete Hotel über gemütliche Zimmer und anmutige Innenräume. Schöne Dachterrasse.

E6 Lilla Nygatan 25 scandichotels.com

Kr Kr Kr

First Hotel Reisen
Das erstklassige Hotel hat einen schönen Blick auf die Altstadt. Zu den Einrichtungen gehört eine Sauna. Reichhaltiges Frühstück.

F6 Skeppsbron 12 firsthotels.com

Kr Kr Kr

16

Riksdagshuset

E5 Riksgatan 1, Helgeandsholmen +46 8 786 4000 Kungsträdgården für Führungen und Besichtigungen der Kammer siehe Website riksdagen.se

Das Reichstagsgebäude (Riksdagshuset) und die Reichsbank (Riksbanken) auf Helgeandsholmen wurden 1905 bzw. 1906 eröffnet. In den 1970er und 1980er Jahren wurden die Gebäude restauriert und miteinander verbunden, um auf diese Weise eine neue, große Parlamentskammer zu schaffen. Die Einrichtung ist nordisch, mit Bänken aus schwedischer Birke und Wandpaneelen aus finnischer Birke, die mit Schnitzarbeiten versehen wurden. Der Wandteppich *Erinnerung an eine Landschaft* (1983) von Elisabeth Hasselberg-Olsson bedeckt 54 Quadratmeter Wand. Von einer Zuschauergalerie kann man die Reichstagsdebatten verfolgen.

Die renovierten Räume des alten Zwei-Kammer-Parlaments werden heute für Versammlungen der Regierungspartei genutzt. Im früheren Oberhaus hängen drei Gemälde von Otte Sköld (1894–1958). Im Unterhaus sind Werke von Axel Törneman und Georg Pauli zu sehen. In der 45 Meter langen Halle dazwischen hängen Wappen, einige Gemälde und Kronleuchter. Der Finanzausschuss tagt in der eichengetäfelten Bibliothek mit alten Drucken und Jugendstilleuchten.

Der alte Eingang gegenüber der Norrbro-Brücke hat noch die prächtige Marmortreppe aus dem Jahr 1905. Weitere beeindruckende Überbleibsel aus diesen opulenten Tagen sind acht Säulen, ein Boden, Stufen und Geländer in unterschiedlichem Marmor. Der heutige Eingang war bis 1976 die Haupthalle der Reichsbank. Er hat ebenfalls schöne Säulen aus poliertem Granit und einige herausragende Gemälde aus der Sammlung des Parlaments mit rund 3000 Werken.

Die Einrichtung der Parlamentskammer ist nordisch, mit Bänken aus schwedischer Birke und Wandpaneelen aus finnischer Birke.

Spaziergang in Slottsbacken

Länge 1 km **Metro** Kungsträdgården
Dauer 15 Minuten

Slottsbacken ist mehr als nur ein steiler Hügel, der Skeppsbron mit dem höchsten Teil von Gamla Stan verbindet. Hier finden die feierlichen Aufmärsche und der Wachwechsel der Hofgarde statt, ausländische Staatsbesuche gelangen von hier zur Audienz ins Königliche Schloss. Der beeindruckende Obelisk von Louis Jean Desprez steht in der Nähe der Südfassade des Schlosses. Er wurde 1799 aufgestellt und repräsentiert den Willen, Stockholm in architektonischer Hinsicht zu einer der führenden europäischen Städte zu machen.

Der **Obelisk** von Louis Jean Desprez wurde 1799 errichtet, um den Bürgern für die Unterstützung im Krieg gegen Russland 1788–90 zu danken.

Äußerer Hofplatz

Axel Oxenstiernas Palats (1653) ist ein für Stockholm untypisches Beispiel des römischen Manierismus.

Die Storkyrkan *(siehe S. 70f)* mit dem spätgotischen Innenraum ist voller Schätze aus verschiedenen Epochen.

Die Statue von Olaus Petri bei der Storkyrkan steht vor einer Tafel mit der Geschichte der Kathedrale seit 1264.

Börse

Stortorget *(siehe S. 72f)* ist das Herz der »Stadt zwischen den Brücken«. Hier fand 1520 das »Stockholmer Blutbad« statt. Der heutige Brunnen stammt von 1778.

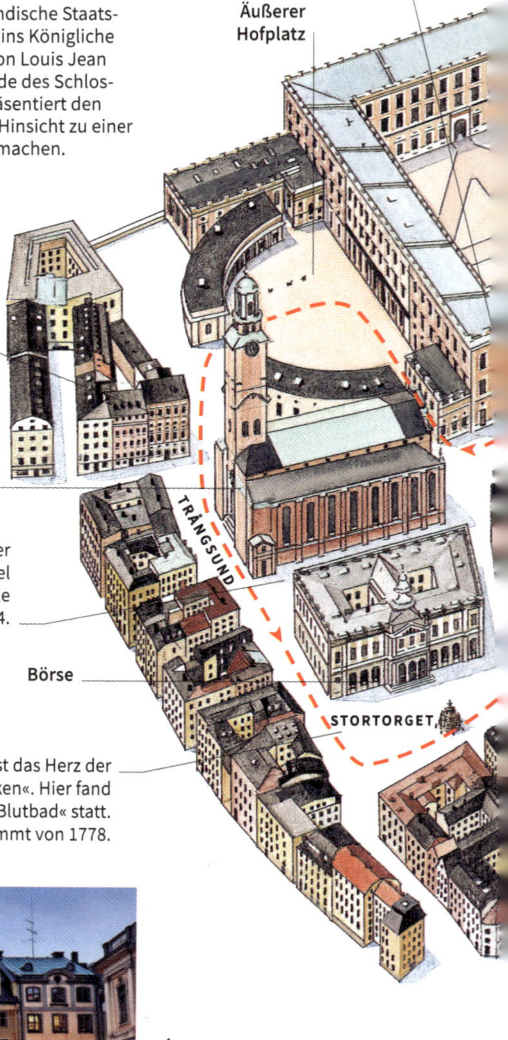

←
Den alten Platz Stortorget säumen bunte Gebäude, die am Abend schön beleuchtet werden

Die Südfassade des **Kungliga Slottet** *(siehe S. 66–69)* weist einen Mitteltorbogen und vier Statuen auf, die französische Künstler im 18. Jahrhundert fertigten.

Schwedens ältestes Museum **Livrustkammaren** *(siehe S. 69)* zeigt königliche Waffen, Kleidungsstücke und Wagen aus über fünf Jahrhunderten.

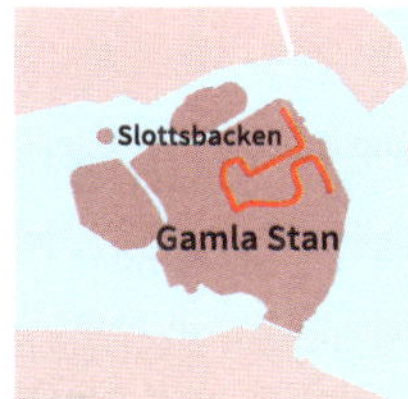

Zur Orientierung
Siehe Stadtteilkarte S. 64f

Die Statue Gustavs III. wurde 1799 von J. T. Sergel geschaffen, zum Gedenken an den 1792 ermordeten König.

Nicodemus Tessin d. J., Baumeister des Königlichen Schlosses, errichtete **Tessinska Palatset** *(siehe S. 70)* 1694–97 für sich selbst. Seit 1968 ist es der Wohnsitz des Landeshauptmanns der Region Stockholm.

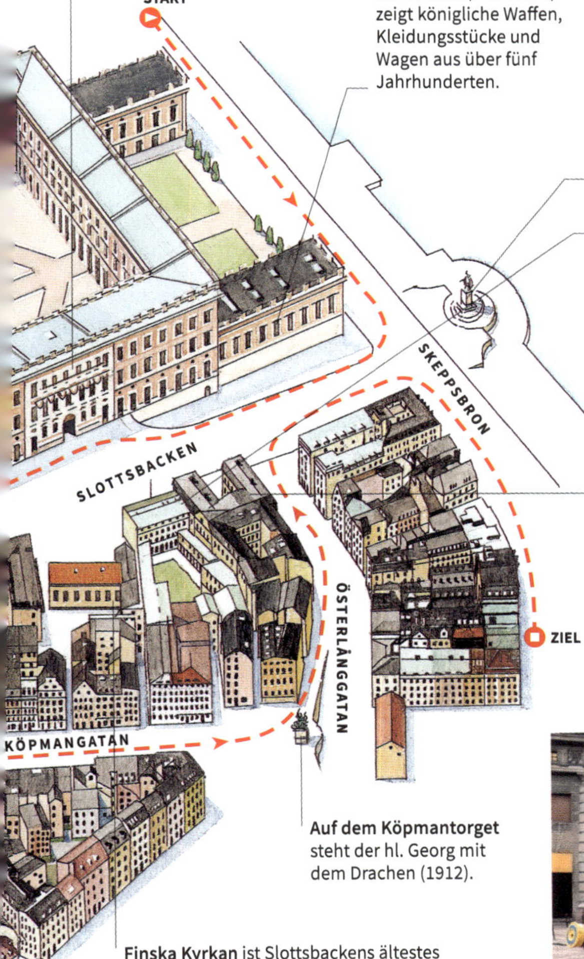

Das königliche Münzkabinett **Kungliga Myntkabinettet** besitzt die größte Münze der Welt. Sie stammt aus dem Jahr 1644.

Auf dem Köpmantorget steht der hl. Georg mit dem Drachen (1912).

Finska Kyrkan ist Slottsbackens ältestes Gebäude (um 1640). Ursprünglich diente es für königliche Ballspiele, aber seit 1725 ist es das religiöse Zentrum der finnischen Gemeinde.

0 Meter 100

N

Eine Wache steht auf dem Hof vor der Livrustkammaren

Der Glasobelisk von Edvin Öhrström auf dem Sergels Torg

City

Bürgerliche und Adlige bauten sich Mitte des 18. Jahrhunderts in dem Gebiet, das wir heute als City kennen, die ersten Häuser und Palais aus Stein. Nach dem Zweiten Weltkrieg riss man viele Gebäude um den Hötorget ab, um den heutigen Sergels Torg aufzubauen. Schöne alte Wohnhäuser wurden durch Bürobauten ersetzt.

In den letzten Jahren blühte die Gegend jedoch wieder auf und wurde zur wirklichen Mitte Stockholms, ein Dreh- und Angelpunkt für den öffentlichen Verkehr und das Bankwesen. Hier findet man die attraktivsten Kaufhäuser und Shopping-Passagen, die schicksten Boutiquen und angesagtesten Clubs der Stadt.

Die einzigartige Lage Stockholms ist auch in der City allerorts zu spüren: Oft wird man von einem unerwarteten Blick aufs Wasser, auf den lebhaften Bootsverkehr und auf die geduldigen Angler am Ufer überrascht.

A
B
C
D
2
3
4
5
6
City
CEDERSDALSGATA
NORRTULLSGATAN
SVEAVÄGEN
Vanadis-lunden
FREJGATA
S:T ERIKSGATAN
VANADISVÄGEN
GÄVLEGATAN
VANADIS-PLAN
HÄLSINGEGATAN
NORRA STATIONSGATAN
NORRBACKAGATAN
TORSGATAN
VASASTADEN
SURBRUNNSGAT
ODENGATA
Odenplan
ODENPLAN
Stadsbiblioteket 19
Rådmansgatan
KARLBERGSVÄGEN
SIGTUNAGATAN
Gustav Vasa Kyrka
NORRTULLSG.
VEGAGATAN
Observatorie-lunden
22 Observatorie-kullen
BIRKASTAN
SANKT ERIKSGATAN
GÄSTRIKEG.
ODENGATAN
Vasaparken
VÄSTMANNAGATAN
UPPLANDSGATAN
HOLLÄNDARGATAN
RÖRSTRANDSGATAN
SANKT ERIKSPLAN
S:t Eriksplan
Sven-Harrys Konstmuseum
DALAGATAN
RÅDMANSGATAN
DROTTNINGGATAN
NORRBACKA GATAN
KLARASTRANDSLEDEN
TORSGATAN
Strindbergsmuseet 9
ATLASMUREN
NORRMALM
Sankt Eriksbron
Bonniers Konsthall
TEGNÉRGATAN
WALLINGATAN
KLARASTRANDSLEDEN
UPPLANDSGATAN
BARNHUSGATAN
KUNGSHOLMS STRAND
Barnhusviken
TORSGATAN
FRIDHEMSGATAN
SANKT ERIKSGATAN
KRONOBERGSGATAN
INEDALSGATAN
GRUBBENS GATA
POLHEMSGATAN
Grubbens-parken
Barnhusbron
NORRA BANTORGET
OLOF
KLARA NORRA
6
VASAGATAN
FLEMINGGATAN
GAMLA
SCHEELEGATAN
Kungs-bron
Fridhemsplan
HUNDRA KNUTARS BACKE
Kronobergs-parken
KUNGSHOLMSGATAN
NORRA AGNEGATAN
T-Centralen
BLEKHOLMSTUNNELN
Cityterminalen
KUNGS-GATAN
KUNGSHOLMEN
Polishus-parken
PIPERSGATAN
Klara
KLARABERGSVIADUKTEN
BERGSGATAN
Rådhuset
KUNGSKLIPPAN
Stockholm C
Pontonjär-parken
BOLINDERS PLAN
Sjö
PONTONJÄRGATAN
HANTVERKARGATAN
BERGSGATAN
POLHEMSGATAN
ERICSSONSG.
PILGATAN
Kungsholms Kryka
KUNGSHOLMSTORG
Rådhuset
HANTVERKARGATAN
Stadshus-bron
Klara Mälarstrand
JOHN
NORR MÄLARSTRAND
1 Stadshuset
KUNGHOLMS-TORG
NORR MÄLARSTRAND
0 Meter
400
N
Riddarfjärden

City

Highlight

❶ Stadshuset

Sehenswürdigkeiten

❷ Nordiska Kompaniet (NK)
❸ Kungsträdgården
❹ Jacobs Kyrka
❺ Kungliga Operan
❻ Dansmuseet
❼ Arvfurstens Palats
❽ Klara Kyrka
❾ Strindbergsmuseet
❿ Medelhavsmuseet
⓫ Adolf Fredriks Kyrka
⓬ Kulturhuset und Stadsteatern
⓭ Konserthuset
⓮ Kungliga Biblioteket
⓯ Scenkonstmuseet
⓰ Hovstallet
⓱ Armémuseum
⓲ Humlegården
⓳ Stadsbiblioteket
⓴ Kungliga Dramatiska Teatern
㉑ Hallwylska Museet
㉒ Observatoriekullen

Restaurants

① Frantzén
② Östermalmshallen
③ Eskstedt
④ StikkiNikki

Bars

⑤ Brasseriet
⑥ Duvel Café
⑦ Kung Carls Bakficka

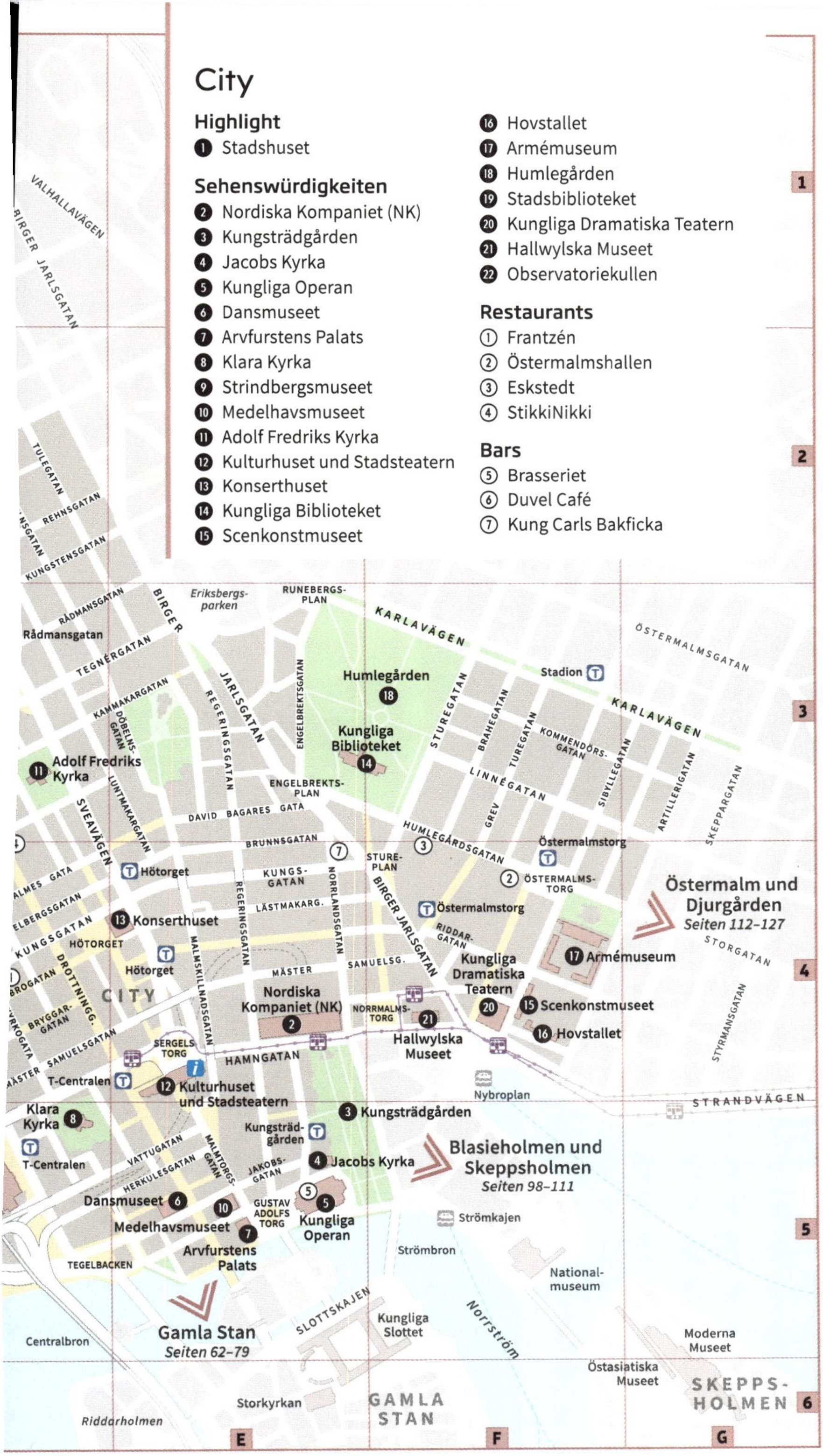

1

Stadshuset

D5 Hantverkargatan 1 +46 8 508 290 58 Rådhuset nur bei Führungen. Turm: tägl. einige Feiertage und bei offiziellen Anlässen stockholm.se/stadshuset

Das Rathaus war eines der größten Bauprojekte Schwedens im frühen 20. Jahrhundert. Es wurde 1923 fertiggestellt und ist ein Wahrzeichen Stockholms. Vom 106 Meter hohen Turm hat man einen fantastischen Blick über die Stadt.

Der Architekt Ragnar Östberg (1866 –1945) konzipierte den Bau im national-romantischen Stil, trotzdem sind sowohl Züge nordischer Gotik als auch Stilmittel der norditalienischen Schulen zu erkennen. Mehrere führende schwedische Künstler trugen zur reichhaltigen Inneneinrichtung bei. Obwohl das Gebäude nur im Rahmen einer Führung besichtigt werden kann, können Sie durch den Innenhof und die Gärten schlendern und den Turm besteigen. Das Kellerrestaurant Stadshuskällaren (stadshuskallarensthlm.se) bietet klassische schwedische Gerichte.

Schon gewusst?

Einige der jährlichen Nobelpreis-Festivitäten im Dezember finden im Blauen Saal statt.

↑ *Das Rathaus aus roten Ziegeln dominiert die Riddarfjärden-Bucht*

Fotomotiv
Rathaus bei Nacht

Die besten Fotos vom Stadshuset macht man bei Nacht von der anderen Seite des Wassers aus, indem man nach Osten zum Weg auf Centralbron geht.

Highlight

↑ *Die beeindruckenden Mosaiken im Goldenen Saal zeigen schwedische Geschichte*

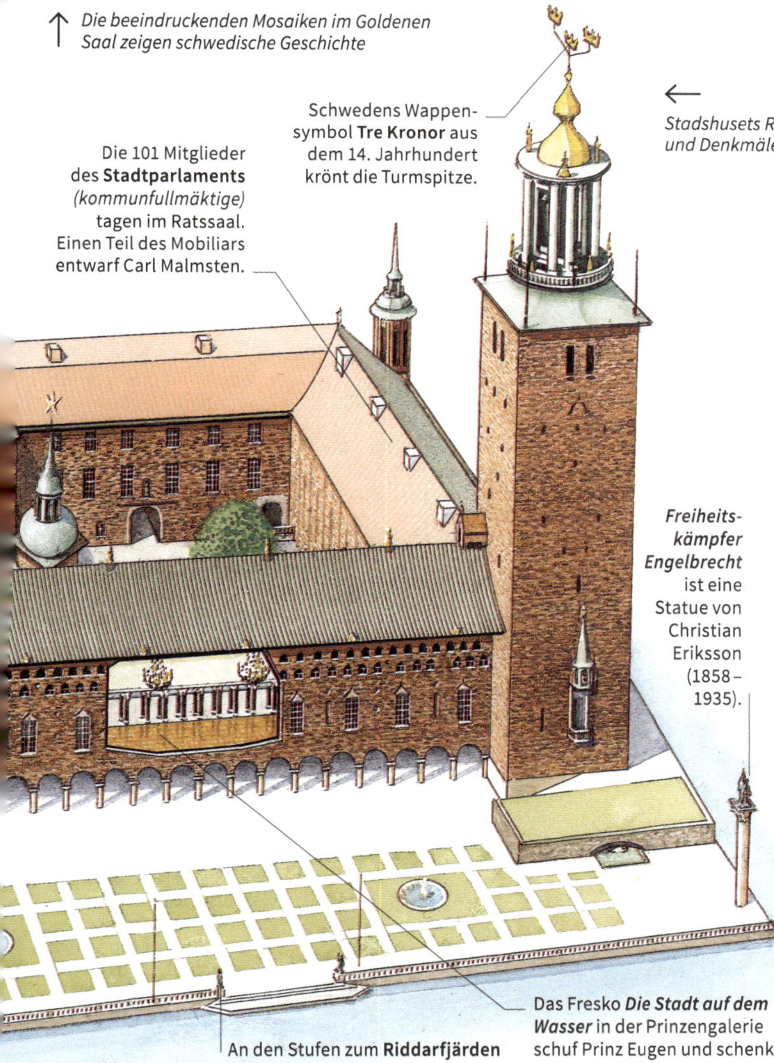

← *Stadshusets Räume und Denkmäler*

Schwedens Wappensymbol **Tre Kronor** aus dem 14. Jahrhundert krönt die Turmspitze.

Die 101 Mitglieder des **Stadtparlaments** *(kommunfullmäktige)* tagen im Ratssaal. Einen Teil des Mobiliars entwarf Carl Malmsten.

Freiheitskämpfer Engelbrecht ist eine Statue von Christian Eriksson (1858–1935).

Das Fresko ***Die Stadt auf dem Wasser*** in der Prinzengalerie schuf Prinz Eugen und schenkte es der Stadt.

An den Stufen zum **Riddarfjärden** stehen zwei Statuen von Carl Eldh: *Dansen* ist eine Frau, *Sången* ein Mann.

SEHENSWÜRDIGKEITEN

2 Nordiska Kompaniet (NK)

E4 Hamngatan 18–20 +46 8 762 8000 T-Centralen Mo–Fr 10–20, Sa 10–18, So 11–17 nk.se

Ferdinand Boberg entwarf das Granitpalais für das exklusive Kaufhaus Nordiska Kompaniet (NK), das seit 1915 von betuchten Kunden aufgesucht wird. Es machte sich mit schwedischem Kunsthandwerk einen Namen und schrieb Designgeschichte, als 1937 seine Textilabteilung (Textilkammaren) eröffnet wurde. Geschäftsführerin war die Textilkünstlerin Astrid Sampe, die führende Künstler und Designer wie Olle Baertling, Arne Jacobsen, Alvar Aalto und Viola Gråsten mit Stoffentwürfen beauftragte. Sampe führte zudem neue Stoffdrucktechniken ein.

Heute findet man hier nahezu alles – von Parfüm über Kleidung und Sportzubehör bis zu Glas, Silber und Porzellan. Aber eigentlich ist das NK, wie sein Gründer Josef Sachs sagte, ein kommerzielles und kulturelles Theater.

3 Kungsträdgården

E5 T Kungsträdgården

Der »Garten des Königs« war im 15. Jahrhundert der königliche Gemüsegarten. Während der Herrschaft von Erik XIV. im 16. Jahrhundert wurde er in einen formalen Renaissance-Garten umgewandelt. Königin Kristina baute hier im 17. Jahrhundert ein Sommerhaus (Västra Trädgårdsgatan 2).

Heute ist die Anlage, in der das ganze Jahr über etwas los ist, ein beliebter Treffpunkt für Stockholmer. Der älteste Park der Stadt wird von baumbestandenen Promenaden begrenzt mit einem modernen Springbrunnen in der Mitte. Am Ende der Strömgatan geht er in einen Platz über: Karl XII:s Torg mit der von J. P. Molin geschaffenen, 1868 enthüllten Statue des kriegerischen Königs in der Mitte. Im Kungsträdgården stehen auch die Statue Karls XIII. (1809–18) von Erik Göthe sowie Molins Springbrunnen, der 1866 aus Gips hergestellt und sieben Jahre später in Bronze gegossen wurde.

Die Kungliga Operan und das Szenenbild einer Aufführung (rechts) ↑

Im Sommer finden hier ein Food-Festival, Konzerte, Theater- und Tanzaufführungen statt, im Winter verwandelt sich der zentrale Platz in eine Eislaufbahn.

4 Jacobs Kyrka

E5 Jakobs Torg 5 +46 8 723 3000 T Kungsträdgården tägl. 11–17 (Do, Fr bis 18)

Im Mittelalter befand sich an der Stelle des heutigen Kungsträdgården eine kleine Kapelle. Die dem Schutzpatron der Reisenden, dem hl. Jakob, gewidmete Kirche sowie eine weitere wurden von König Gustav I. Wasa im 16. Jahrhundert zerstört. Sein Sohn Johann III. plante daraufhin zwei neue Kirchen in Norra Malmen, wie dieser Stadtteil genannt wurde.

Die Arbeiten an den Kirchen St. Jacob und St. Klara *(siehe S. 88f)* begannen im Jahr 1580. St. Jacob wurde 1643 als erste Kirche eingeweiht. Sie ist seitdem mehrmals restauriert worden, zum Teil ziemlich unge-

Zur Kirschblüte wird der Kungsträdgården in Rosa getaucht ↑

schickt. Dennoch sind einige Kostbarkeiten erhalten geblieben, darunter die Portale von den Steinmetzmeistern Henrik Blom und Hans Hebel.

Die Orgelfront entwarf Carl Hårleman, das Gemälde an der Westwand des südlichen Kirchenschiffs stammt von Fredrik Westin, im 19. Jahrhundert Schwedens angesehenster Historienmaler.

5 Kungliga Operan

E5 Gustav Adolfs Torg 2
+46 8 791 4400 Kungsträdgården Kartenschalter: Mo – Fr 15 –18, Sa 12 –15
operan.se

Opern werden in Schweden seit dem 18. Januar 1773 gespielt, dem Tag der ersten Aufführung im Bollhuset am Slottsbacken *(siehe S. 78f)*. Das Opernhaus wurde 1782 eingeweiht. Im 19. Jahrhundert jedoch war der Bau so brandgefährdet, dass man Axel Anderberg beauftragte, eine neue Oper zu entwerfen. 1898 übergab ein von K. A. Wallenberg gegründetes Konsortium die neue Kungliga Operan an den Staat.

Die Bemalung im Stil der Spätrenaissance ist auf das Schloss und das Parlamentsgebäude abgestimmt, an allen drei Gebäuden gibt es vergleichbare architektonische Details. Die Gestaltung des Treppenhauses mit dem Gemälde von Axel Jungstedt ist von der Pariser Oper inspiriert. Ein Porträt Oscars II., ebenfalls von Jungstedt, hängt im langen goldenen Foyer, dessen Bemalung Carl Larsson schuf. Die Flügel auf beiden Seiten der Bühne und der Proszeniumsbogen sind noch original. Erhalten blieb auch J. T. Sergels Engelsgruppe mit dem Nationalwappen über der Treppe. Ein Engel in Vicke Andréns Deckenfresko hält eine Skizze des Opernhauses in Händen.

6 Dansmuseet

E5 Drottninggatan 17
+46 8 441 7650
Kungsträdgården Di – Fr 11–17, Sa, So 12 –16
dansmuseet.se

Das Tanzmuseum befindet sich im Herzen der Stadt in einem früheren Bankgebäude in der Drottninggatan. Das Museum wurde ursprünglich 1953 zur Ausstellung der Sammlung des schwedischen Aristokraten Rolf de Maré (1888 –1964) eröffnet. Maré war ein bemerkenswerter Kunstsammler und Gründer der weltberühmten Ballets Suédois.

Das Museum erfasst alle Aspekte des Tanzes – Kostüme und Masken, Bühnenbildentwürfe, Kunst und Plakate, Bücher, Fotografien und Dokumente. Neben der Ausstellungshalle gibt es auch eine Datenbank, das Rolf-de-Maré-Studienzentrum mit Bibliothek und Archiv. Der Museumsshop bietet Schwedens größte Auswahl an Tanz-DVDs an.

Restaurant

Frantzén

Die Speisekarte von Küchenchef Björn Frantzén, ausgezeichnet mit drei Michelin-Sternen, verbindet nordische Küche mit japanischem Touch.

D4 Klara Norra Kyrkogata 26
So – Di, Mitte Juni – Mitte Juli
restaurantfrantzen.com

Kr Kr Kr

→ *Im Arvfurstens Palats residiert heute das schwedische Außenministerium*

Bars

Brasseriet
In die leckeren Cocktails kommen frische Fruchtsäfte und hausgemachte Sirups.

E5 Strömgatan 14 So brasseriet.se

Duvel Café
Große Auswahl an Cocktails, wie etwa Willy Wonka Fashioned.

D4 Vasagatan 50 So duvelcafe.com

Kung Carls Bakficka
Alte und neue Cocktails, alle aus besten Zutaten.

E4 Norrlandsgatan 28 kungcarlsbakficka.se

7

Arvfurstens Palats

E5 Gustav Adolfs Torg 1 Kungsträdgården für Besucher

Gegenüber der Königlichen Oper, auf der anderen Seite von Gustav Adolfs Torg, steht das Palais des Erbfürsten, das für Sofia Albertina, die Schwester Gustavs III., erbaut und 1794 eingeweiht wurde. Mit dem Bau war Erik Palmstedt beauftragt worden, ein Schüler von Carl Fredrik Adelcrantz, Erbauer der ursprünglichen Oper.

Das Palais ist dank der Arbeiten von Louis Masreliez und Georg Haupt sowie ihrer Schüler Gustav Adolf Ditzinger, Johan Tobias Sergel und Gottlieb Iwersson ein wahres Prunkstück des gustavianischen Stils. 1906 wurde das Gebäude vom schwedischen Außenministerium als Amtssitz übernommen.

In der Nähe steht der im Stil der französischen Renaissance gehaltene Sagerska Palatset (1894), der heute als Amtssitz des Ministerpräsidenten dient.

8

Klara Kyrka

D4 Klarabergsgatan 37 +46 8 411 7324 T-Centralen Mo–Fr 8–17, Sa 11–15, 17–19:30, So 10–17 clarakyrka.se

Bis 1527 stand an der Stelle der heutigen Kirche das Kloster St. Klara. Dann wurde es auf Befehl von Gustav I. Wasa abgerissen. Sein Sohn Johann III. gab den Auftrag zum Bau einer neuen Kirche, der 1590 vollendet wurde.

1751 brannte die Kirche ab. Den Neubau planten Carl Hårleman und Carl Fredrik Adelcrantz. Die Kanzel nach Entwürfen Hårlemans stammt aus dem Jahr 1753. J. T. Sergel schuf die Figuren der nördlichen Galerie. Ein Paar identischer Engel, ausgeführt nach Gipsmodellen

Götter und Menschen aus prähistorischen Mittelmeerkulturen stehen nahe beieinander im Medelhavsmuseet (Museum des Mittelmeerraums und des Nahen Ostens).

des Bildhauers, schmückt die Kanzel. In den 1880er Jahren wurde der 116 Meter hohe Turm hinzugefügt, den man viele Jahre von jedem Punkt der Stadt aus sehen konnte. 1904 schuf Olle Hjortzberg die Gewölbemalereien.

Musikabende finden am Samstagabend in der Kirche statt, aber wenn Sie nur unter der Woche Zeit haben, kommen Sie zur Mittagszeit, um schöne Hymnen und klassische Musik zu hören.

9 Strindbergsmuseet

D3 Drottninggatan 85
+46 8 411 5354 Rådmansgatan Di–So 10–16 (Sep–Juni: ab 12)
6., 21.–23. Juni
strindbergsmuseet.se

Der weltberühmte Dramatiker August Strindberg (1849–1912) zog innerhalb von Stockholm 24 Mal um. Seine letzte Wohnstätte, der er den Namen Blå Tornet (»Blauer Turm«) gab, bezog er 1908. Zu jener Zeit genoss er bereits internationale Anerkennung.

Die Wohnung, heute das Strindberg-Museum, war damals neu gebaut, ausgestattet mit Zentralheizung, Toilette und Lift, aber ohne Küche. Strindberg nahm für Essen und andere Dienste die Pension Falkner im selben Haus in Anspruch. In seinen letzten Jahren stand er an seinem Geburtstag immer auf dem Balkon, um den Fackelzug zu genießen, den Bewunderer für ihn veranstalteten.

Das 1973 eröffnete Museum zeigt die Wohnung des Dramatikers, sein Schlaf-, Ess- und Arbeitszimmer wie zu seinen Lebzeiten, sowie 3000 Bücher, Fotos, Zeitungsausschnitte und Plakate. Im Nebengebäude würdigt eine Dauerausstellung den Autor, Theaterdirektor, Maler und Fotografen. Hier finden das ganze Jahr über auch oft Wechselausstellungen und andere Veranstaltungen statt.

10 Medelhavsmuseet

E5 Fredsgatan 2
+46 8 519 553 80
Kungsträdgården
Di–Fr 11–20, Sa, So 11–17
medelhavsmuseet.se

Götter und Menschen aus prähistorischen Mittelmeerkulturen stehen nahe beieinander im Medelhavsmuseet (Museum des Mittelmeerraums und des Nahen Ostens). Zu den Schätzen gehört eine große Gruppe von Terrakottafiguren, die in den 1930er Jahren von Archäologen auf Zypern entdeckt wurden. In der großen ägyptischen Abteilung kann man eine Reise durch 7000 Jahre ägyptische Geschichte machen und die Menschen treffen, die am Ufer des Nils lebten. Gezeigt werden Bronzewaffen, Werkzeuge und Grabkammern, wo man Mumien bis ins kleinste Detail betrachten kann.

Modelle aus ungewöhnlichen Materialien wie Kork zeigen, wie früher Häuser gebaut wurden. Das Museum besitzt auch einen faszinierenden »Goldsaal« mit Artefakten aus dem Nahen Osten, von Zypern, aus Griechenland und Rom. Griechische und islamische Kultur sowie römische und etruskische Kunst sind ebenfalls gut repräsentiert und werden durch Wechselausstellungen ergänzt.

Das Gebäude, in dem das Museum liegt, wurde im 17. Jahrhundert für Gustav Horn, einen General im Dreißigjährigen Krieg, errichtet. Allein schon das Treppenhaus von 1905 und die Säulengänge um den oberen Teil der Halle sind einen Besuch wert.

↑ *Ausstellungsraum im neoklassizistischen Medelhavsmuseet*

11 Adolf Fredriks Kyrka

D3 Holländargatan 16 +46 8 20 7076 Hötorget Mo 13–18, Di, Mi, Fr–So 10–16, Do 10:30–16

König Adolf Fredrik legte im Jahr 1768 den Grundstein, der Architekt Carl Fredrik Adelcrantz erbaute die klassizistische, ein wenig vom Rokoko beeinflusste Kirche in Form eines griechischen Kreuzes mit einer zentralen Kuppel.

Der Innenraum wurde im Lauf der Jahre häufig verändert, aber Altar und Kanzel sind noch im Originalzustand. Der berühmte Bildhauer J. T. Sergel schuf das Altarrelief, sein bedeutendstes religiöses Kunstwerk. Auch das Denkmal für den französischen Philosophen Descartes, der 1650 in Stockholm starb, stammt von Sergel. Die Kuppel wurde 1899/1900 von Julius Kronberg ausgemalt. Zu den wertvollen Schätzen aus jüngerer Zeit gehört das Altarsilber von Sigurd Persson.

Der Friedhof der Adolf Fredriks Kyrka ist die letzte Ruhestätte vieler berühmter Persönlichkeiten, darunter der ermordete Premierminister Olof Palme (1927–1986) sowie der Politiker Hjalmar Branting (1860–1925), eine Schlüsselfigur der sozialdemokratischen Bewegung. Und J. T. Sergel ist hier ebenfalls begraben.

> Expertentipp
> **Sommer in den Parkanlagen**
>
> Im Sommer veranstalten Kulturhaus und Stadsteatern das Parkteatern (www.kulturhusetstadsteatern.se/parkteatern), kostenlose Musikveranstaltungen sowie Theater- und Tanzaufführungen in den Parks der Stadt.

↑ *Das Kulturhuset fügt sich in die Umgebung am Sergels Torg ein*

12 Kulturhuset und Stadsteatern

E4 Sergels Torg 3 T-Centralen tägl. 11–19 (Sa, So bis 17) kulturhusetstadsteatern.se

Das 1974 eröffnete, von Peter Celsing entworfene Kulturhaus harmoniert gut mit Sergels Torg und ist ein Symbol der schwedischen Moderne geworden. Die Glasfassade erstreckt sich über die ganze Südseite des Platzes.

Der Komplex wurde den Bedürfnissen des neuen Jahrtausends entsprechend renoviert und beherbergt mehrere Galerien, die regelmäßig wechselnde Ausstellungen zeigen. Im Auditorium wird ein vielfältiges Programm an Musik, Tanz, Theater und Vorträgen präsentiert.

In der »Kidszone« können Jugendliche Bücher lesen, Bilder zeichnen, Geschichten hören oder Filme anschauen. »Lava« konzentriert sich auf die Jugendkultur. Es gibt eine Bibliothek für Fans von Comics und Lesesäle mit Computern und Zeitungen.

Zu den Läden gehört Designtorget mit zeitgenössischem schwedischem Design. Das Zentrum verfügt auch über eine Vielzahl von Cafés und Restaurants, darunter Café Panorama im obersten Stockwerk mit fantastischem Blick auf die Stadt, und Nooshi, das sich auf authentische Gerichte aus China, Japan und Thailand spezialisiert hat.

Auch Stockholms Stadsteatern, dessen großer Zuschauerraum 1990 eröffnet wurde, liegt im Kulturhuset. Lars Fahlsten und Per Ahrbom entwarfen sechs unterschiedlich große Bühnen – vom größten Saal (Stora Scenen) mit 550 bis zum Puppentheater mit 70 Plätzen.

13

Konserthuset

E4 Hötorget 8 +46 8 786 0200 Hötorget
Ticketbüro: Mo–Sa 11–18 (Sa bis 15) und eine Stunde vor Konzerten
konserthuset.se

Als nordische Version eines griechischen Tempels ist der Konzertsaal ein Meisterwerk des Architekten Ivar Tengbom (1878–1968) und ein Musterbeispiel für den Neoklassizismus um 1920. Tengboms Werk wurde von seinem Sohn Anders (1911–2009) weitergeführt, der für die Renovierung von 1970/71 verantwortlich war. Die Renovierung zwischen 1993 und 1996 leitete Tengboms Enkel Svante (* 1942).

Der 1923–26 errichtete Hauptsaal wurde aufgrund akustischer Probleme aufwendig umgebaut und modernisiert. Seine Innengestaltung ist schlicht im Vergleich mit dem Grünewald-Saal, den Isaac Grünewald (1889–1946) im Stil eines italienischen Renaissance-Palais gestaltete. Die vier Marmorstatuen im großen Foyer stammen von Carl Milles, der auch die Skulpturengruppe *Orpheus* vor dem Konserthuset schuf. Simon Gate und Edward Hald trugen ebenfalls zum Dekor bei.

Das Konserthuset ist die Heimat der international renommierten schwedischen Königlichen Philharmonie. Das Orchester gibt jedes Jahr rund 70 Konzerte, und regelmäßig treten internationale Star-Solisten auf. Hier finden auch die Nobelpreisverleihungen statt.

Nobelpreis

Alfred Nobel (1833–1896) war Chemiker und Erfinder. Der Nobelpreis, bestehend aus einem Geldpreis und einer Medaille, wird seit 1901 jährlich am 10. Dezember, Nobels Todestag, verliehen. Die Feierlichkeiten finden im Konserthuset statt. Hier werden die Preise für Physik, Chemie, Medizin und Literatur überreicht. Seit 1969 vergibt die Bank von Schweden einen Preis für Wirtschaftswissenschaften. Der Friedensnobelpreis wird im Osloer Rathaus verliehen. 1901 betrug das Preisgeld noch 150 000 Kronen, mittlerweile sind es neun Millionen.

Alfred Nobel

14 Kungliga Biblioteket

F3 · Humlegårdsgaten 26 · +46 10 709 3030 · Östermalmstorg · Mo–Do 9–18, Fr 9–17, Sa 11–15 (außer Juli) · kb.se

Die Königliche Bibliothek ist Schwedens Nationalbibliothek und zugleich eine selbstständige Abteilung der Regierung. Schon 1661, als es in Schweden nur neun Druckerpressen gab, musste von allem, was gedruckt wurde, ein Exemplar in der Königlichen Bibliothek hinterlegt werden. Das Reglement wurde 1993 auch auf elektronische Dokumente ausgeweitet. Da es heute in Schweden rund 3000 Druckereien und Verlage gibt, wird die Materialfülle immer größer. Jedes Jahr kommen etwa 35 000 Ausgaben hinzu. Die Abteilung für audiovisuelles Material (früher das Nationalarchiv für Tonaufnahmen und bewegte Bilder) befindet sich ebenfalls hier.

Das imposante Originalgebäude aus den Jahren 1865–78 musste in den 1920er und in 1990er Jahren erweitert werden. Der umfangreiche Ausbau umfasste ein Auditorium und vor allem zwei unterirdische Buchlagerflächen mit 18 000 Quadratmetern.

Die Bibliothek liegt im Humlegården, der 1619 von Gustav II. Adolf gegründet wurde, um Hopfen für den königlichen Haushalt anzubauen. Seit dem 18. Jahrhundert ist der Park ein beliebtes Erholungsgebiet.

15 Scenkonstmuseet

F4 · Sibyllegatan 2 · Östermalmstorg, Kungsträdgården · Di–So 11–17 · scenkonstmuseet.se

2017 wurde das Stockholmer Musikmuseum nach einer umfangreichen Renovierung als Scenkonstmuseet wiedereröffnet. Das Museum für darstellende Kunst in einem 300 Jahre alten Gebäude, das einst eine königliche Bäckerei war, zelebriert auf drei Etagen Musik und darstellende Kunst in allen Formen. Zu den Exponaten gehören Instrumente, Bühnenbildmodelle, Marionetten und Kostüme, wobei einige Stücke aus dem 16. Jahrhundert stammen.

Das Museum setzt auf interaktive Exponate, um künftige Künstler zu inspirieren. Es verfügt auch über einen Konzertsaal, in dem Besucher zur Teilnahme aufgefordert werden.

Kungliga Biblioteket in einem Park, den Gustav II. Adolf (links) anlegen ließ ↓

16 Hovstallet

F4 Väpnargatan 1 +46 8 402 6106 Östermalmstorg nur Führungen, siehe Website; Hof und Café: Juli, Aug kungahuset.se

Der Marstall befand sich früher auf Helgeandsholmen und zog 1893 hierher, als das neue Parlament gebaut wurde. Er ist zuständig für den Transport von Königsfamilie und Hofstaat und besitzt etwa 40 Kutschen, zwölf Wagen sowie Kutsch- und Reitpferde.

Zu den wertvollsten Kutschen gehört die als »Berliner« bekannte glasverkleidete Staatskarosse, die in den Werkstätten von Adolf Freyschuss hergestellt wurde. Sie kam erstmals 1897 bei den Feiern anlässlich des 25-jährigen Thronjubiläums von Oscar II. zum Einsatz.

Ausländische Botschafter fahren mit dem Zweisitzer Karls XV. zum Antrittsbesuch im Schloss. Die offenen Zweispänner aus der Mitte des 19. Jahrhunderts kommen normalerweise bei Umzügen zum Einsatz.

Schon gewusst?

Das erste königliche Auto war ein Daimler von 1899, mit einem 5-PS-Motor und Platz für vier Personen.

17 Armémuseum

F4 Riddargatan 13 +46 8 519 563 00 Östermalmstorg tägl. 10–17 armemuseum.se

Das alte Zeughaus im großen Artillerigården beherbergt seit 1879 das Königliche Armeemuseum. In den 1990er Jahren wurde das 250 Jahre alte Gebäude umfassend renoviert, heute ist es eines der durchdachtesten und interessantesten Museen der Stadt.

Die faszinierenden Ausstellungen mit 80 000 Exponaten verteilen sich über drei Stockwerke. Lebensgroße Arrangements erzählen sehr authentisch von Schwedens Kriegs- und Verteidigungsgeschichte. Sie zeigen nicht nur, was während der Schlacht passierte und unter welchen Umständen die Soldaten lebten, sondern auch die Auswirkungen auf die Frauen und Kinder daheim. Tagebücher, Geheimdienstberichte, Waffen, Flaggen und sogar Bestecke tragen zur realistischen Wirkung bei.

Die Prozessionen der königlichen Besuche in der Stadt beginnen am Armeemuseum, und im Sommer marschieren die Wächter von hier aus jeden Tag um 11:45 Uhr zum Königspalast für den Wachwechsel.

Ingmar Bergman

Der Regisseur Ingmar Bergman wurde 1918 in Uppsala geboren und wuchs in Östermalm auf. Seine Filme haben ihn weltberühmt gemacht, doch seine Laufbahn begann am Theater. 1963–66 war er Intendant des Dramatiska Teatern, insgesamt inszenierte er rund 120 Stücke. Der Durchbruch als Filmregisseur gelang ihm mit *Das Lächeln einer Sommernacht* (1955), mit *Das siebente Siegel* (1957) schrieb Bergman Filmgeschichte. Sein bekanntester Film ist *Szenen einer Ehe* (1973). Bergman starb im Juli 2007 auf der schwedischen Insel Fårö.

18 Humlegården

F3 Karlavägen 32
Karlaplan tägl. 24 Std.
stockholm.se

Nur einen Steinwurf vom Stureplan-Platz entfernt, sind die von Eichen gesäumten Pfade und Rasenflächen von Humlegården (»Hopfengarten«) ein Rückzugsort aus dem geschäftigen Zentrum. Seit 1869 ist dieser ehemalige königliche Garten ein öffentlicher Park mit Spielplatz, Clubs und Bars. Eine Statue des Naturforschers Carl von Linné steht in der Mitte des Parks. In der Grünanlage befindet sich die Nationalbibliothek *(siehe S. 92)*.

19 Stadsbiblioteket

D2 Sveavägen 73
+46 8 508 310 60
Odenplan, Rådmansgatan
Mo – Fr 10 – 17, Sa 12 – 16
biblioteket.stockholm.se

Die Stadtbibliothek ist ein Meisterwerk von Gunnar Asplund und eines der architektonisch bedeutendsten Gebäude der Hauptstadt. Als Stararchitekt des Funktionalismus der 1930er Jahre entwarf Asplund eine Bibliothek, die von klassischen Idealen beseelt war. Eröffnung war 1928.

Die Möbel der Bibliothek und viele der Beleuchtungskörper gestaltete Asplund selbst. Die Stuckreliefs in der Eingangshalle – Themen aus Homers *Ilias* – sind von Ivar Johnsson. In der Kinderbuchabteilung schuf Nils Dardel das Wandgemälde *John Blund*. Hilding Linnquist war für den Wandbehang sowie für die vier Wandgemälde in alter Freskotechnik verantwortlich.

Gunnar Asplund

Gunnar Asplund (1885 – 1940) war zwischen den zwei Weltkriegen die dominierende Figur der schwedischen Architekturszene. Sein erster großer Auftrag war die Kapelle auf dem Friedhof Skogskyrkogården, seine letzte Arbeit das Krematorium der Heliga Korsets Kapell (1935 – 40). Skogskyrkogården ist ein Meisterwerk des Funktionalismus und hat seinen Platz auf der Welterbe-Liste der UNESCO verdient.

20 Kungliga Dramatiska Teatern

F4 Nybroplan +46 8 667 0680 Östermalmstorg Ticketbüro: Di – Sa 12 – 19, So 12 – 16
dramaten.se

Als im frühen 20. Jahrhundert die Idee aufkam, das heutige Kungliga Dramatiska Teatern am Nybroplan zu bauen, verweigerte der Staat jeden finanziellen Zuschuss. Deshalb beschaffte man sich

↑ *In der Stadtbibliothek und die neoklassizistische Fassade* (links)

Geld mit Lotterien. Die Einnahmen übertrafen alle Erwartungen, der Architekt Fredrik Lilljekvist konnte beim Bau aus dem Vollen schöpfen.

Das »Dramaten«, wie das Theater auch genannt wird, wurde nach sechsjähriger Bauzeit 1908 eröffnet. Die am Wiener Jugendstil orientierte Fassade besteht aus hellem Marmor. Christian Eriksson schuf den gewaltigen Relieffries, Carl Milles den Mittelteil und John Börjesson die Bronzestatuen *Poesie* und *Drama*.

Das Deckengemälde im Foyer stammt von Carl Larsson, das Wandgemälde in der oberen Halle von Oscar Björk. Das Deckengemälde im Zuschauerraum und das Bühnenportal schuf Julius Kronberg. Gustav Cederström lieferte das zentrale Gemälde im Marmorfoyer.

Als König Gustav III. das Theater 1788 gründete, spielte das Ensemble in einem Bau am Slottsbacken. Dessen Farbgebung – Blau, Weiß und Gold – wurde im neuen Theaterraum übernommen, in den 1930er Jahren aber durch »Theaterrot« ersetzt. 1988 gab man dem Ganzen wieder die Originalfarben.

21

Hallwylska Museet

F4 Hamngatan 4
+46 8 519 555 99 Östermalmstorg Juli, Aug: Di–So 10–19; Sep–Juni: Di–Fr 12–16 (Mi bis 19), Sa, So 11–17 Feiertage
hallwylskamuseet.se

Die eindrucksvolle Fassade von Hamngatan 4 ist nur ein Vorgeschmack darauf, was einen hinter den schweren Toren erwartet. Das Hallwyl-Palais wurde 1892–97 als Residenz für das gräfliche Paar Walther und Wilhelmina von Hallwyl erbaut. Als die Gräfin 1930 verstarb, fiel dem Staat ein fantastisches Erbe zu: ein verschwenderisches Palais mit einer unbezahlbaren Kunstsammlung. Acht Jahre später öffneten sich die Tore zu einem Museum mit 67 000 Exponaten.

Weder der Architekt Isak Gustaf Clason (1856–1930) noch Julius Kronberg, Dekormaler und künstlerischer Berater, mussten sich Sorgen um die Kosten machen. Typische Beispiele sind der Billardraum mit vergoldeten Ledertapeten und Walnusspaneelen.

Die Gemälde in der Galerie, zumeist flämische Meister aus dem 16. und 17. Jahrhundert, wurden innerhalb von zwei Jahren erworben.

22

Observatoriekullen

D3 Drottninggatan 120
Odenplan

Auf dem Observatoriekullen sind mehrere wissenschaftliche Institute angesiedelt.

Restaurants

Östermalmshallen

Die überdachte Markthalle verkauft Produkte und beherbergt einige gute Restaurants.

F4 Östermalmstorg ostermalmshallen.se

Ekstedt

Vier- oder Sechs-Gänge-Menüs werden auf einem Holzfeuer von Küchenchef Niklas Ekstedt zubereitet.

F4
Humlegårdsgatan 17
Mo ekstedt.nu

StikkiNikki

In neun Läden in der ganzen Stadt können Sie das köstliche Bio-Eis probieren, auch hier.

D4 Drottninggatan 90B Winter
stikkinikki.com

Das älteste ist das frühere Observatorium, das von Carl Hårleman entworfen und von 1753 eröffnet wurde. 1931 verlegte man die Forschungsabteilung auf die Insel Saltsjöbaden, das Gebäude dient seither als Museum.

Das Wäldchen um das alte Observatorium wurde im 18. Jahrhundert angepflanzt. Heute ist es ein Idyll für sich, das erst im 20. Jahrhundert für die Öffentlichkeit zugänglich gemacht wurde. Auf dem Gipfel des Hügels steht Sigrid Fridmans Statue *Der Zentaur*. Ein Park erstreckt sich bis zum Sveavägen und endet mit einem Teich. Am südlichen Parkeingang steht Nils Möllerbergs Skulptur *Jugend*.

Spaziergang rund um Kungsträdgården

Länge 1,5 km **Metro** Kungsträdgården
Dauer 20 Minuten

Der ehemalige Schlossgarten (wörtlich: »Schrebergarten des Königs«) hat eine Geschichte, die bis ins 15. Jahrhundert zurückreicht. Schon seit König Gustav III. ist er öffentlich zugänglich, heute halten sich hier Einheimische und Besucher gern auf. Im Sommer gibt es zahlreiche Open-Air-Veranstaltungen und Konzerte, im Winter kann man Schlittschuh laufen. Rings um den Kungsträdgården findet man viele Kirchen und Museen, aber auch Läden, Cafés und Restaurants. Nur ein Katzensprung ist es zu Gustav Adolfs Torg mit der Oper und dem Außenministerium.

1898 wurde die **Kungliga Operan** *(siehe S. 87)* mit ihrem prächtigen Zuschauerraum eröffnet. Sie ersetzte ein älteres Opernhaus aus der Zeit Gustavs III.

Medelhavsmuseet *(siehe S. 89)* besitzt eine große Sammlung von Exponaten zu prähistorischen Kulturen aus dem Mittelmeerraum.

Das Reiterstandbild von Gustav II. Adolf wurde von L'Archevêque entworfen und 1796 enthüllt.

Arvfurstens Palats *(siehe S. 88)*, der 1794 für Sofia Albertina, die Schwester Gustavs III., erbaut wurde, ist Sitz des Außenministeriums.

Sagerska Palatset

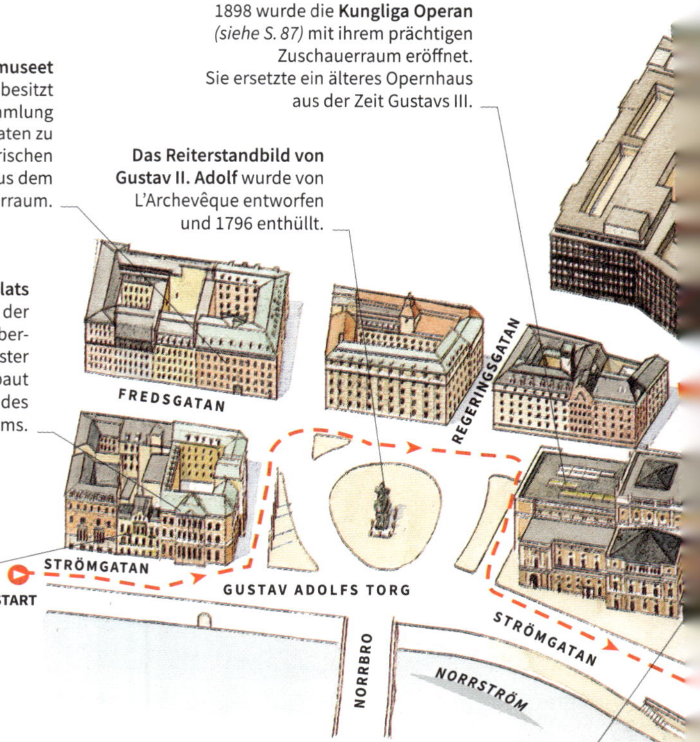

Operakällaren

← *Die imposante Kungliga Operan liegt am Fluss Norrström*

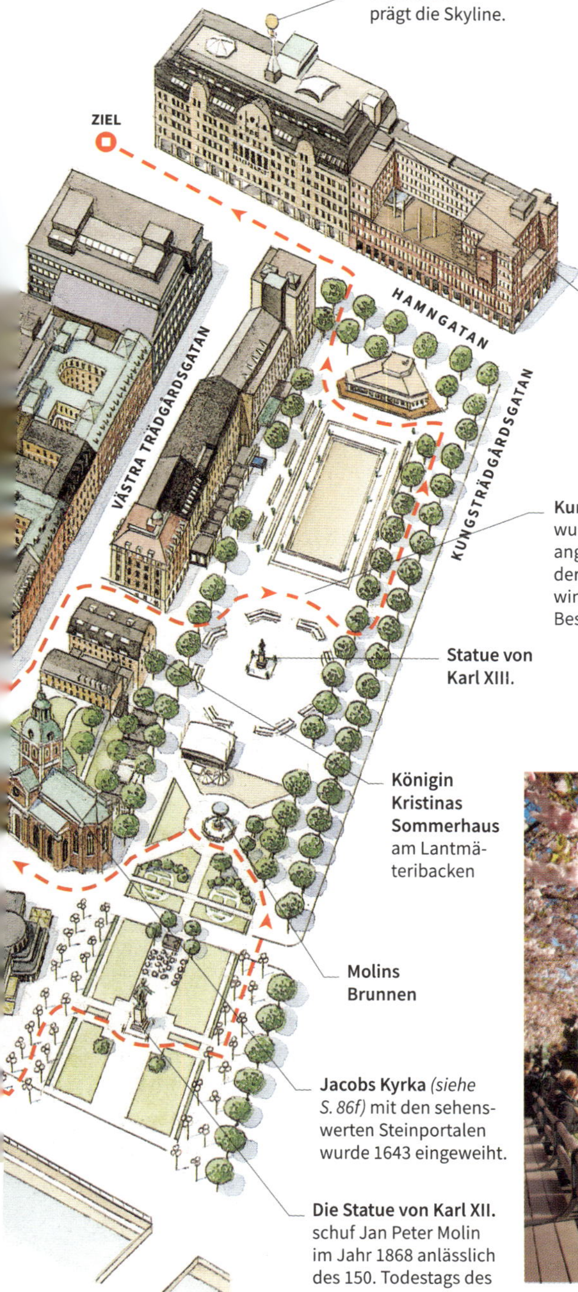

Die **NK-Uhr** prägt die Skyline.

Nordiska Kompaniet (NK) *(siehe S. 86)* wurde 1915 von Ferdinand Boberg entworfen. Das Granitpalais beherbergt Schwedens exklusivstes Kaufhaus.

Kungsträdgården *(siehe S. 86)* wurde hier im 15. Jahrhundert angelegt. Heute erholen sich in der Grünanlage sommers wie winters Stockholmer und Besucher.

Statue von Karl XIII.

Königin Kristinas Sommerhaus am Lantmäteribacken

Molins Brunnen

Jacobs Kyrka *(siehe S. 86f)* mit den sehenswerten Steinportalen wurde 1643 eingeweiht.

Die Statue von Karl XII. schuf Jan Peter Molin im Jahr 1868 anlässlich des 150. Todestags des Königs.

Zur Orientierung
Siehe Stadtteilkarte S. 82f

↑ *Besucher unter blühenden Bäumen im Kungsträdgården*

af Chapman, *Stockholms ungewöhnlichstes Hostel* (siehe S. 109)

Blasieholmen und Skeppsholmen

Gegenüber dem Schloss an der Ostseite des Strömmen-Kanals liegt Blasieholmen – quasi ein natürliches Sprungbrett zu den Inseln Skeppsholmen und Kastellholmen. Während Schwedens Großmachtzeit im 17. und frühen 18. Jahrhundert baute man auf Blasieholmen elegante Palais, das heutige Erscheinungsbild entstand jedoch erst Mitte des 19. Jahrhunderts bis zum Ersten Weltkrieg. Im frühen 20. Jahrhundert wurden ehrwürdige Bauten wie der Bååtska Palatset in den Schatten gestellt von Prestigehotels, protzigen Bankgebäuden und Unterhaltungslokalen.

Skeppsholmen ist über eine schmiedeeiserne Brücke, vor der alte Holzboote liegen, erreichbar. Mitte des 17. Jahrhunderts wurde die Insel schwedischer Marinestützpunkt. Heute liegen die ehemaligen Marinegebäude neben dem avantgardistischen Bau des Moderna Museet und beherbergen Museen und kulturelle Einrichtungen.

E
F
NORRMALMSTORG
HAMNGATAN
Berzelii Park
Östermalm und Djurgården
Seiten 112–127
NÄCKSTRÖMSGATAN
City
Seiten 80–97
Berns 9
11 Raoul Wallenbergs Torg
Nybroplan
Synagogan 10
REGERINGSGATAN
Nybroviken
KUNGSTRÄDGÅRDSGATAN
Kungsträdgården
Kungsträdgården
Musikaliska 12
Utrikesministerhotellet
8 Blasieholmstorg
Kungsträdgården
JAKOBS TORG
JAKOBSGATAN
KARL XII:S TORG
NYBROKAJEN
Bååtska Palatset
STALLGATAN
BLASIEHOLMSG.
HOVSLAGARGATAN
Kungliga Operan
Grand Hôtel 5
GUSTAV ADOLFS TORG
BLASIEHOLMEN
SÖDRA BLASIEHOLMSHAMNEN
5
Norrbro
Strömbron
Strömkajen
1
Nationalmuseum 2
Norrström
Medeltidsmuseet
MUSEIKAJEN
RIKSPLAN
Skeppsholmsbron
Riksdagshuset
SLOTTSKAJEN
Gamla Stan
Seiten 62–79
Kungliga Slottet
MYNTGATAN
VÄSTRA BROBÄNKEN
SLOTTSBACKEN
TELEGRAFG.
Storkyrkan
SKEPPSBRON
BREDGRÄND
Nobelmuseet
GAMLA STAN
ÖSTERLÅNGGATAN
af Chapman 13
STORA NYG.
STORTORGET
VÄSTERLÅNGGATAN
SVARTMANGATAN
SKEPPSBROKAJEN
YXSMEDSGR.
SJÄLAGÅRDSG.
6
Postmuseum
Tyska Kyrkan
PACKHUS GRÄND
JÄRNTORGET
Blasieholmen und Skeppsholmen
Slussen
7
E
F

Blasieholmen und Skeppsholmen

Highlights

1. Moderna Museet
2. Nationalmuseum

Sehenswürdigkeiten

3. Östasiatiska Museet
4. Arkitektur- och Designcentrum
5. Grand Hôtel
6. Kastellholmen
7. Bergrummet
8. Blasieholmstorg
9. Berns
10. Synagogan
11. Raoul Wallenbergs Torg
12. Musikaliska
13. *af Chapman*

Hotels

① Lydmar Hotel
② Hotel Skeppsholmen

1

Moderna Museet

G6 · Exercisplan · +46 8 520 235 00 · Kungsträdgården · Djurgårdsfärja · Di – So 10 –18 (Di, Fr bis 20) · modernamuseet.se

Das Museum für moderne Kunst ist seit 1998 in einem vom spanischen Architekten Rafael Moneo geplanten modernen Neubau untergebracht. Das Museum verfügt über eine hochkarätige Sammlung internationaler und schwedischer moderner Kunst sowie Fotografie und Film von 1900 bis heute.

Der teilweise unterirdisch erbaute Komplex umfasst rund 140 000 Kunstwerke, die auf verschiedenen Ebenen ausgestellt sind. Die fotografische Bibliothek ist die umfangreichste ihrer Art in Nordeuropa. Der Buchladen bietet eine gute Auswahl an Kunst-, Foto-, Film- und Architekturbüchern, das Restaurant MM Mat einen wundervollen Blick aufs Wasser. In dem großen Raum im Erdgeschoss finden Wechselausstellungen statt. Drei weitere Räume im Erdgeschoss zeigen eine alternierende Auswahl aus drei Epochen: 1900 –1945, 1946 – 1970 und 1971 bis zur Gegenwart. Im mittleren Stock befinden sich ein Vortragssaal, ein Kino und eine Studiengalerie.

Rafael Moneo

Der Spanier Rafael Moneo (* 1937) gehört zu den führenden Architekten der Gegenwart. Als junger Architekt war er schon an der Planung des Opernhauses von Sydney beteiligt. Sein Gespür, ein Gebäude sensibel in die Landschaft zu integrieren, war 1989 ausschlaggebend, als er unter 211 Bewerbern ausgewählt wurde, das Moderna Museet zu bauen.

→

Narcissus Garden *der japanischen Künstlerin Yayoi Kusama erregt viel Aufmerksamkeit*

1 *Ein Highlight ist die ständige Ausstellung von Werken von Niki de Saint Phalle.*

2 *Das Museumslogo besteht aus einer markanten Signatur, die an Graffiti erinnert. Sie erscheint auf der langen Fassade des Museums.*

3 *Minimalistische Galerien bieten den perfekten Rahmen für zeitgenössische Kunst.*

Schon gewusst?

Die Sammlung besteht aus über 140 000 Werken; nur ein kleiner Teil kann ausgestellt werden.

2

Nationalmuseum

F5 Södra Blasieholmshamnen 2 +46 8 519 543 00
Kungsträdgården Di – So 11–17 (Do bis 21) nationalmuseum.se

Das Nationalmuseum ist ein Wahrzeichen im Süden von Blasieholmen. Die einzigartige Lage am Strömmen-Kanal inspirierte im 19. Jahrhundert den deutschen Architekten August Stüler zu seinem Entwurf im Stil der italienischen Neorenaissance.

Das 1866 eröffnete Museum beherbergt mit etwa 16 000 Gemälden und Skulpturen die größte Kunstsammlung Schwedens. Mit den Zeichnungen und Grafiken vom 15. bis zum frühen 20. Jahrhundert erhöht sich der Bestand auf 500 000 Werke. Zur Sammlung gehören die Arbeiten großer Meister wie Rembrandt, Renoir, Goya, Rubens, Degas und Gauguin sowie schwedischer Vertreter wie Anders Zorn und Carl Larsson. Weitere Exponate sind etwa ein 500 Jahre alter Wandteppich und Arbeiten von Möbelbaumeistern wie Georg Haupt. Auch der Entwicklung des modernen schwedischen Kunsthandwerks und Designs wird genügend Raum gewidmet.

Nach fünfjähriger Renovierung wurde das Museum im Jahr 2018 wiedereröffnet. Die Renovierung kostete 1,2 Milliarden Kronen, und es war die erste seit der Eröffnung. Neu hinzugekommen sind Ausstellungsflächen, ein Skulpturenhof, ein Restaurant und Kreativwerkstätten. Das Restaurant bietet nicht nur kulinarische Erlebnisse, sondern auch Kunst und Design und wurde von einem Team von über 30 Designern sorgfältig gestaltet.

Kurzführer

Die Sammlung ist chronologisch gegliedert. Kunst, Handwerk und Design stehen Seite an Seite und bieten einen guten Blick auf die jeweiligen Epochen. Jede Epoche hat einen Hauptsaal, in dem die Besonderheiten der Kunst und die kulturellen und sozialen Einflüsse präsentiert werden. Die angrenzenden Räume bieten eine vertiefte Auseinandersetzung.

1

2

3

1 *Das obere Treppenhaus des Nationalmuseums ist mit monumentalen Wandmalereien und Kunstwerken geschmückt.*

2 Die Verschwörung des Claudius Civilis *(1661/62) des Niederländers Rembrandt war eigentlich für Amsterdam gedacht.*

3 *Das Gebäude des Nationalmuseums im venezianischen und Renaissance-Stil liegt direkt am Wasser.*

Highlight

↑ *Besucher vor einer lebensgroßen Skulptur in einem der Ausstellungsräume*

SEHENSWÜRDIGKEITEN

3 Östasiatiska Museet

G5 Tyghusplan
+46 10 456 1200
Kungsträdgården
Djurgårdsfärja Di – So 11–17 (Di bis 20)
ostasiatiskamuseet.se

Das Östasiatiska Museet mit Fokus auf Archäologie und Kunst aus China, Japan, Korea und Indien kann für sich beanspruchen, eine der bedeutendsten Sammlungen chinesischer Kunst außerhalb Asiens zu besitzen.

Bei einer China-Expedition um 1920 entdeckte der schwedische Geologe Johan Gunnar Andersson im Tal des Gelben Flusses Wohnstätten und Gräber, die Gegenstände aus der Jungsteinzeit enthielten. Er durfte viele Fundstücke exportieren, die zum Grundstock für das 1926 gegründete Museum wurden. Eine Schlüsselfigur bei der Gründung war der damalige Kronprinz und spätere König Gustav VI. Adolf, der sich mit Archäologie befasste. Er vermachte dem Museum schließlich seine eigene große Sammlung alter chinesischer Kunst.

Das Museum ist seit dem Jahr 1963 auf Skeppsholmen in einem restaurierten Gebäude untergebracht, das 1699/1700 für die Leibwache König Karls XII. gebaut worden war.

← *Im Östasiatiska Museet ausgestelltes chinesisches Artefakt*

Die Kanonen von Skeppsholmen

Auf Skeppsholmen stehen vier 57-Millimeter-Schnellfeuerkanonen. Zu feierlichen Anlässen werden damit Salutschüsse abgegeben, werktags um 12 Uhr, am Wochenende um 13 Uhr: 28. Januar (Namenstag des Königs), 30. April (Geburtstag des Königs), 6. Juni (schwedischer Nationalfeiertag), 14. Juli (Geburtstag von Kronprinzessin Victoria), 8. August (Namenstag der Königin), 23. Dezember (Geburtstag der Königin).

4 Arkitektur- och Designcentrum

G6 Exercisplan 4
+46 8 520 235 00
Kungsträdgården
Djurgårdsfärja Di – So 10–18 (Di, Fr bis 20)
arkdes.se

Das schwedische Architektur- und Designzentrum teilt sich die Eingangshalle und das Restaurant mit dem Moderna Museet und ist auch in dessen früheren neoklassizistischen Räumen in der ehemaligen Exerzierhalle der Marine untergebracht.

In der Dauerausstellung veranschaulichen über 100 Modelle eine jahrtausendealte Baugeschichte – von den ältesten und einfachsten Holzhäusern bis zu den sehr differenzierten Bautechniken und Architekturstilen der Gegenwart.

Es ist faszinierend, zwischen einem 2000 Jahre alten Langhaus und einem Supermarkt zu pendeln oder einen Sprung zu machen aus dem Göteborg des 17. Jahrhunderts in die 1930er Jahre. Neben nordeuropäischen Beispielen sind Architekturmodelle aus der ganzen Welt von 2000 v. Chr. bis in die Gegenwart zu sehen.

Das Museum bietet neben Dauer- und Wechselausstellungen ein anspruchsvolles Programm. Es werden Vorträge, Studientage, Stadtführungen und Führungen durch das Museum angeboten. Der Sonntagnachmittag mit Modellbau ist Familientag.

Das exklusive Grand Hôtel auf Blasieholmen ↑

5 Grand Hôtel

F5 Södra Blasieholmshamnen 8 +46 8 679 3500
Kungsträdgården
grandhotel.se

Der Franzose Jean-François Régis Cadier, Chefkoch von Oscar II., gründete 1874 das Grand Hôtel, Schwedens führendes Fünf-Sterne-Haus. Seit 1901 wohnen hier jedes Jahr die Nobelpreisträger. Auf der eleganten Veranda werden beim *smörgåsbord* schwedische Delikatessen serviert. Im Hotel sind auch ein Gourmet-Restaurant und

die Cadier Bar, benannt nach dem Hotelgründer.

Es gibt 24 Veranstaltungsräume im Hotel. Der bekannteste ist der Vinterträdgården (Wintergarten) mit Platz für 800 Personen. Der Spegelsalen ist eine Kopie des Versailler Spiegelsaals. Bis 1929 wurde dort jedes Jahr das Festessen anlässlich der Nobelpreisverleihung abgehalten. Als die Veranstaltung zu groß wurde, zog man ins Stadshuset *(siehe S. 84f)* um.

Der Ziegelpavillon an der Brücke wurde 1882 für den Königlichen Eislaufclub gebaut, dessen Mitglieder im Winter zwischen den Inseln Schlittschuh liefen.

↑ *Eleganter Speisesaal im Grand Hôtel*

6

Kastellholmen

G6 Kungsträdgården Djurgårdsfärja

Mitten in Stockholm ist Kastellholmen eine typische Archipelinsel mit Granitfelsen und steilen Klippen. Von Skeppsholmen aus ist die ruhige Insel über eine Brücke aus dem Jahr 1880 zugänglich. Seit 1640 hisst jeden Morgen ein Matrose Schwedens dreischwänzige Kriegsflagge auf der Burg im mittelalterlichen Stil (1846–1848). Immer wenn ein Marineschiff einläuft, werden von der Burgterrasse aus vier Kanonen abgefeuert.

7

Bergrummet

F6 Svensksundsvägen 5 Kungsträdgården tägl. 10–17 bergrummet.com

Die in den unterirdischen Tunneln von Skeppsholmen gelegene Tidö-Sammlung mit Spielzeug und Comics ist die größte Nordeuropas und umfasst mehr als 40 000 Exponate.

Zu den Highlights der Sammlung gehören originale Illustrationen von Marvel Comics, Puppen aus dem 15. Jahrhundert und Modellautos. Das Museum veranstaltet auch das ganze Jahr über wechselnde Ausstellungen. Im gut sortierten Museumsshop gibt es Spielzeug, Spiele, Bücher und Comics. Erwachsene können auch im Café entspannen, während die Kinder das Museum erkunden.

Hotels

Lydmar Hotel
Ein raffiniertes Hotel mit dezentem Luxus und aktuellem Design.

F5 Södra Blasieholmshamnen 2 lydmar.com

Kr Kr Kr

Hotel Skeppsholmen
Das Hotel verbindet die Atmosphäre eines Baus aus dem 17. Jahrhundert mit modernem Design.

G6 Gröna Gången 1 hotelskeppsholmen.se

Kr Kr Kr

8

Blasieholmstorg

F5 Ⓣ Kungsträdgården

Zwei der ältesten Stadtpalais stehen an diesem Platz, flankiert von zwei Bronzepferden. Das Palais am Blasieholmstorg 8 wurde um die Mitte des 17. Jahrhunderts vom Feldmarschall Gustav Horn erbaut und 100 Jahre später im Stil eines französischen Palais aus dem 18. Jahrhundert umgebaut. Als dann ausländische Botschafter und Minister während ihres Aufenthalts in der Hauptstadt hier logierten, erhielt es den Namen Ministerpalast. Später wurde es zum Sitz der Behörde für Übersee-Angelegenheiten und heißt jetzt Utrikesministerhotellet (Außenministerhotel). Teile des Gebäudes werden von der Musikakademie und vom Schwedischen Institut genutzt.

Nebenan (Nr. 6) steht der Bååtska Palatset. Das restaurierte Palais wurde 1669 von Tessin d. Ä. entworfen. 1876/77 baute F. W. Scholander Teile für die Freimaurer um, die noch heute hier logieren.

Auf einen weiteren interessanten Gebäudekomplex stößt man am Blasieholmstorg 10. Die Fassade am Nybrokajen ist ein sehenswertes Stück Neorenaissance aus den 1870er und 1880er Jahren.

9

Berns

F4 Näckströmsgatan 8 +46 8 566 322 00 Ⓣ Kungsträdgården, Östermalmstorg

Berns ist seit dem Jahr 1863 eines der berühmtesten Restaurants und Vergnügungslokale Stockholms. Die beiden großen Räume mit Empore, Kristalllüstern und eleganten Spiegeln wurden anlässlich der Jahrtausendwende vom englischen Designer Terence Conran restauriert – so ist die ursprüngliche Pracht heute wieder erkennbar.

Das neue Berns gehört mit seinen 400 Sitzplätzen zu den größten Restaurants Stockholms. Die schön ausgestatteten Speiseräume auf der Galerie wurden einst durch August Strindbergs Roman *Das rote Zimmer* (1879) berühmt.

Neben den verschiedenen Restaurants gibt es eine Reihe von Bars und eine Dachterrasse, was diesen Ort zu einer großartigen Gelegenheit für eine Nacht mit Livemusik, internationalen DJs und fantastischen Cocktails macht. Das Gebäude verfügt auch über ein Luxushotel.

Zwei der ältesten Stadtpalais stehen am Blasieholmstorg, flankiert von zwei Bronzepferden.

10

Synagogan

F4 Wahrendorffsgatan 3B +46 8 587 858 24 Ⓣ Kungsträdgården

Fast zehn Jahre dauerten die Bauarbeiten, bis die Synagoge der orthodoxen jüdischen Gemeinde im Jahr 1870 eröffnet wurde. Sie steht auf

Bei Dunkelheit erstrahlt das Berns in bunten Lichtern ↓

1300 Pfählen, von denen jeder 15 Meter tief in den Boden gerammt ist. Das Gebäude wurde – laut Architekt F. W. Scholander – im »alten östlichen Stil« entworfen. Man kann die Synagoge im Sommer im Rahmen von Führungen besichtigen. Längs der Synagoge liegen Versammlungsraum und Bibliothek. Vor der Synagoge wurde 1998 ein Mahnmal errichtet, das an die 8000 Opfer des Holocaust erinnert, deren Verwandte während des Zweiten Weltkriegs gerettet und von Schweden aufgenommen wurden.

In Södermalm gibt es noch eine orthodoxe Synagoge. Der Eingang befindet sich um die Ecke der Ragvaldsgatan 14C.

11

Raoul Wallenbergs Torg

F4 Östermalmstorg
7

Der Platz ist Raoul Wallenberg (1912 – unbekannt) gewidmet, der während des Zweiten Weltkriegs als Diplomat an der schwedischen Botschaft in Budapest arbeitete. Mit schwedischen »Schutzpässen« half er einer großen Zahl ungarischer Juden, der Deportation in die Konzentrationslager der Nationalsozialisten zu entkommen. 1945, nach der Befreiung Budapests, wurde er von den Sowjets verhaftet. Wenn man den sowjetischen Quellen glauben darf, ist er 1947 in der Moskauer Lubjanka gestorben. Sein Schicksal wurde jedoch niemals aufgeklärt.

Der kleine Platz am Nybrokajen liegt zwischen Berzelii Park und Nybroplan fast direkt am Wasser. Es ist gelungen, hier eine würdige Gedenkstätte für Raoul Wallenberg zu konzipieren.

12

Musikaliska

F5 Nybrokajen 11
+46 8 407 1600 Kungsträdgården, Östermalmstorg Djurgårdsfärja
für Konzerte, siehe Website musikaliska.com

Das ehemalige Gebäude der Musikakademie wurde in den 1870er Jahren am Ufer des Nybroviken erbaut und 1878 als erster Konzertsaal Schwedens eröffnet. 1901 fand darin die erste Nobelpreisverleihung statt. Der Saal mit den gusseisernen Säulen, der königlichen Loge und den Galerien im Stil der Neorenaissance bietet bis zu 600 Personen Platz. Das Musikaliska ist ein beliebter Aufführungsort für Kammer-, Chor-, Jazz- und Volksmusik.

Schöne Aussicht
Brücke nach Skeppsholmen

Gehen Sie über die schmiedeeiserne Brücke nach Skeppsholmen und halten Sie an der Krone in der Mitte an. Von hier aus hat man einen atemberaubenden Blick auf den Königspalast.

13

af Chapman

F6 Västra Brobänken
+46 8 463 2266
Kungsträdgården
Djurgårdsfärja

Das Segelschiff *af Chapman* ist Schwedens attraktivste und ungewöhnlichste Jugendherberge. Besucher, die eine herkömmliche Unterkunft vorziehen, können trotzdem an Bord gehen und die besondere Atmosphäre eines Segelschiffs schnuppern.

Der Dreimaster wurde 1888 in der englischen Hafenstadt Whitehaven gebaut und als Frachtschiff genutzt. Er befuhr Strecken zwischen Europa, Australien und der nordamerikanischen Westküste. 1915 kam er nach Schweden und diente bis 1934 als Schulschiff. Die Stadt kaufte das Schiff nach dem Zweiten Weltkrieg, seit 1949 liegt es hier vor Anker. Es wurde nach Fredrik Henrik af Chapman benannt, einem bekannten Schiffbaumeister, der 1721 in Göteborg geboren wurde.

Spaziergang in Skeppsholmen

Länge 1 km **Fähre** Skeppsholmen
Dauer 15 Minuten

Skeppsholmen hat seine Bedeutung als Hafen schon lange verloren und sich zum Kulturzentrum entwickelt. Viele alte Hafengebäude wurden aufwendig restauriert, und traditionelle Holzboote haben hier ihren Liegeplatz, aber der ganze Stolz von Skeppsholmen ist das Moderna Museet. Für die Insel sollte man sich einen ganzen Tag Zeit nehmen, denn die wunderbare Lage zwischen Strömmen-Kanal und Nybroviken ist ideal für Spaziergänge zwischen attraktiven Gebäuden und alten Bäumen. Allein der Blick auf Skeppsbron und Strandvägen lohnt einen Besuch.

Das **Östasiatiska Museet** *(siehe S. 106)* zeigt Kunst und Kunsthandwerk aus China, Japan, Korea und Indiena.

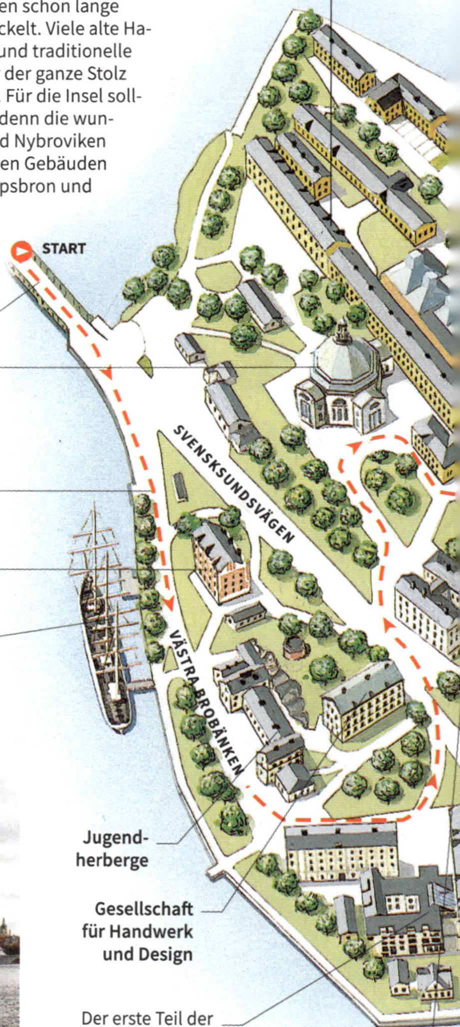

Skeppsholmsbron

Die Kirche von Skeppsholmen (1824–42) im Empirestil ist gut erhalten.

Salutgeschütze

Admiralitätsgebäude

Der Dreimaster **af Chapman** *(siehe S. 109)* wurde 1888 gebaut, diente als Fracht- und Schulschiff und ist seit 1949 eine Jugendherberge.

Jugendherberge

Gesellschaft für Handwerk und Design

Der erste Teil der heutigen Kunsthochschule **Kungliga Konsthögskolan** wurde um 1775 gebaut, sein heutiges Gesicht bekam das Gebäude Mitte der 1990er Jahre.

Paradies (1963), eine Skulpturengruppe von Jean Tinguely und Niki de Saint Phalle, steht vor dem Moderna Museet.

↑ *Die elegante* af Chapman *ist an einer schönen Promenade vertäut*

Zur Orientierung
Siehe Stadtteilkarte S. 100f

Das Teater Galeasen ist Stockholms Avantgardetheater.

Ladekran von 1751 – der älteste seiner Art in Schweden

Auf dem **Festivalgelände** am Kai unterhalb des Moderna Museet findet jedes Jahr im Juli das International Jazz & Blues Festival statt.

Das **Moderna Museet** *(siehe S. 102f)* wurde von Rafael Moneo entworfen und 1998 eröffnet, als Stockholm Kulturhauptstadt Europas war.

Mehrere Tausend Jahre Architekturgeschichte können im **Arkitektur- och Designcentrum** *(siehe S. 106)* anhand der Modelle von Bauwerken aus aller Welt nachvollzogen werden.

Denkmal für die Schlacht bei Svensksund von 1790

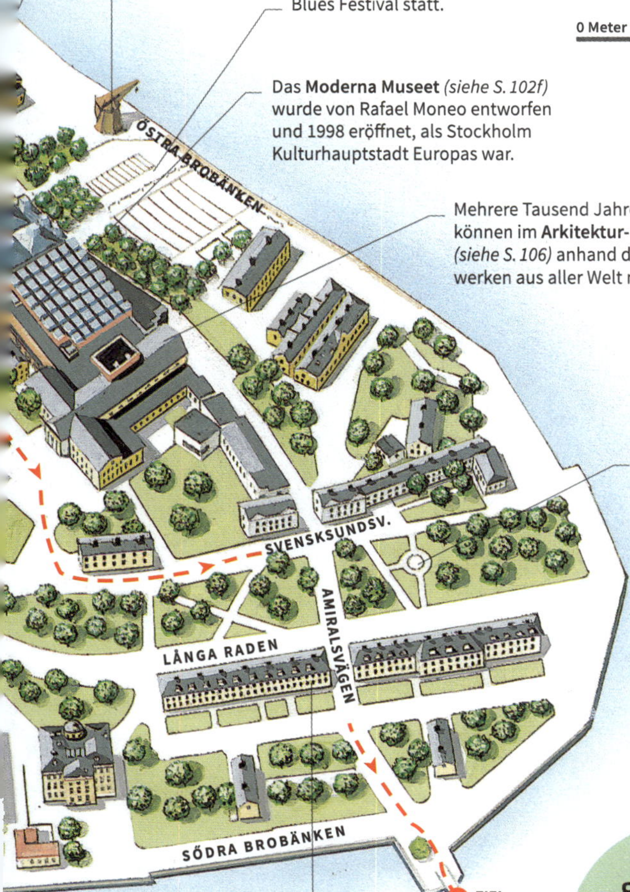

Hotel Skeppsholmen gehört zu einem Gebäudekomplex aus dem Jahr 1700. Heute dient es als Hotel und Restaurant.

Schon gewusst?

Im Hotel Skeppsholmen wohnten ursprünglich die Leibwächter von König Karl XII.

Djurgården im Winter

Östermalm und Djurgården

Im 15. Jahrhundert, als der königliche Hof das Gebiet als großes bäuerliches Anwesen nutzte, war Östermalm als Ladugårdslandet oder »Scheunenland« bekannt. Mit dem Aufstieg des schwedischen Reichs wurden die offenen Felder für militärische Übungen genutzt. Mitte des 19. Jahrhunderts wurde der Bezirk dann umfassend saniert und zu einem Wohngebiet für reiche Stockholmer. Im Jahr 1885 übernahmen die Beamten Östermalm als neuen Namen. Heute schlendern die Besucher auf dem Strandvägen, um die historischen Gebäude zu bewundern und sich in den schönen Restaurants und exklusiven Einkaufsmöglichkeiten zu verwöhnen.

Südlich von Östermalm liegt Djurgården, eine Insel, die seit dem Mittelalter im Besitz des Königshauses ist. 1897 fand hier die Weltausstellung statt, wofür etliche Gebäude und Museen gebaut wurden. Die meisten wurden danach wieder abgerissen, aber einige wurden zu Touristenattraktionen umgebaut wie Skansen und das Nordiska Museet. Inzwischen gibt es strenge Gesetze zum Schutz des kulturellen und Naturerbes der Insel.

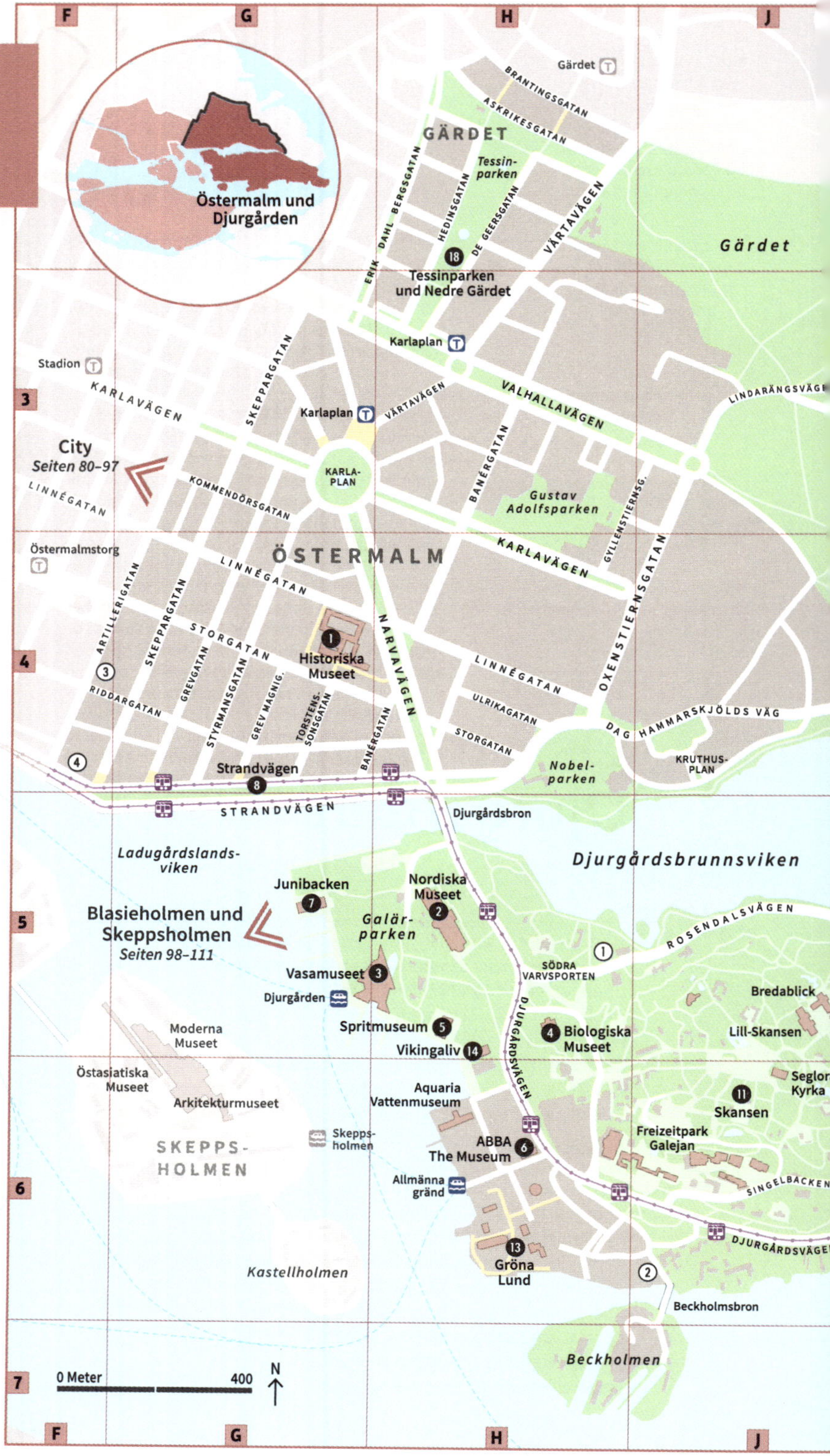
Östermalm und Djurgården
Gärdet
GÄRDET
Tessinparken
Tessinparken und Nedre Gärdet
BRANTINGSGATAN
ASKRIKESGATAN
ERIK DAHLBERGSGATAN
HEDINSGATAN
DE GEERSGATAN
VÄRTAVÄGEN
Karlaplan
Stadion
KARLAVÄGEN
SKEPPARGATAN
VALHALLAVÄGEN
LINDARÄNGSVÄGEN
City
Seiten 80–97
LINNÉGATAN
KOMMENDÖRSGATAN
KARLAPLAN
BANÉRGATAN
Gustav Adolfsparken
GYLLENSTIERNSG.
Östermalmstorg
ÖSTERMALM
OXENSTIERNSGATAN
ARTILLERIGATAN
STORGATAN
NARVAVÄGEN
Historiska Museet
GREVGATAN
STYRMANSGATAN
GREV MAGNIG.
TORSTENSSONSGATAN
RIDDARGATAN
ULRIKAGATAN
DAG HAMMARSKJÖLDS VÄG
KRUTHUSPLAN
Nobelparken
Strandvägen
STRANDVÄGEN
Djurgårdsbron
Ladugårdslandsviken
Djurgårdsbrunnsviken
Junibacken
Nordiska Museet
Galärparken
Blasieholmen und Skeppsholmen
Seiten 98–111
ROSENDALSVÄGEN
SÖDRA VARVSPORTEN
Vasamuseet
Djurgården
Bredablick
Spritmuseum
Biologiska Museet
Lill-Skansen
Vikingaliv
DJURGÅRDSVÄGEN
Moderna Museet
Östasiatiska Museet
Arkitekturmuseet
Aquaria Vattenmuseum
Seglora Kyrka
Skansen
Freizeitpark Galejan
SKEPPSHOLMEN
Skeppsholmen
ABBA The Museum
Allmänna gränd
SINGELBACKEN
Gröna Lund
Kastellholmen
Beckholmsbron
Beckholmen
0 Meter
400
N

Östermalm und Djurgården

Highlights
1. Historiska Museet
2. Nordiska Museet
3. Vasamuseet

Sehenswürdigkeiten
4. Biologiska Museet
5. Spritmuseum
6. ABBA The Museum
7. Junibacken
8. Strandvägen
9. Waldemarsudde
10. Thielska Galleriet
11. Skansen
12. Etnografiska Museet
13. Gröna Lund
14. Vikingaliv
15. Tekniska Museet
16. Sjöhistoriska Museet
17. Kaknästornet
18. Tessinparken und Nedre Gärdet

Restaurants
① Villa Godthem
② Oaxen Krog
③ Gastrologik

Hotel
④ Hotel Diplomat

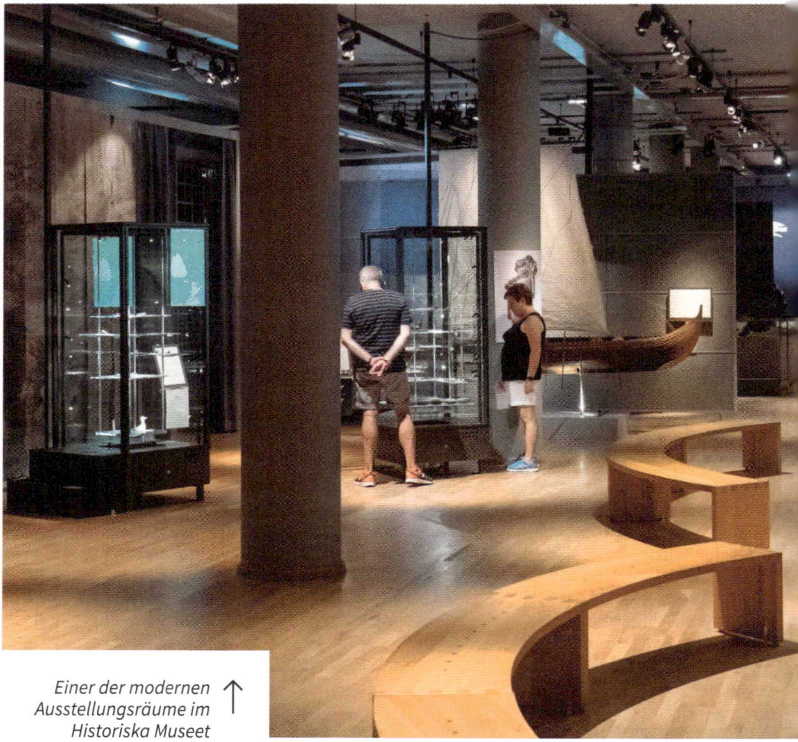

Einer der modernen Ausstellungsräume im Historiska Museet ↑

1

Historiska Museet

G4 Narvavägen 13–17 +46 8 519 556 00 Karlaplan
Sep–Mai: Di–So 11–17 (Mi bis 20); Juni, Aug: tägl. 10–18 historiska.se

Das von Bengt Romare und Georg Sherman entworfene Geschichtsmuseum verfügt über eine Fülle von Materialien hinter seinen reich verzierten Bronzetoren. Highlight ist zweifellos der spektakuläre Guldrummet.

Das 1943 eröffnete Museum war ursprünglich wegen der bedeutenden Sammlung aus der Wikingerzeit und der herausragenden Schätze aus dem frühen Mittelalter bekannt.

Guldrummet

Seit den 1990er Jahren werden die unschätzbar wertvollen Goldschmiedearbeiten des Museums im Guldrummet gezeigt. Der Saal ist in einem Gewölbekeller untergebracht und mit 250 Tonnen Stahlbeton gesichert. Der innere Bereich beherbergt die eigentliche Sammlung mit 50 Kilo Gold- und 250 Kilo Silberschätzen von der Bronzezeit bis zum Mittelalter. Die Goldkragen wurden zwischen 1827 und 1864 gefunden: der mit drei Ringen in einem Steinbruch, der mit sieben Ringen hing an einem Nagel in einer Scheune. Das Reliquiar der Elisabeth wurde im 11. Jahrhundert als Trinkschale gefertigt. Um 1230 wurde eine silberne Abdeckung hinzugefügt, die den Schädel der Heiligen umschließt. Der Pokal kam 1631 als Beutestück in schwedischen Besitz.

Das Reliquiar der Elisabeth wurde im 11. Jahrhundert als Trinkschale gefertigt und mit Gold und Edelsteinen geschmückt.

Highlight

Kungliga Myntkabinettet
Das Königliche Münzkabinett im selben Gebäude (www.myntkabinettet.se) verfügt über eine umfangreiche Sammlung und dokumentiert die Geschichte des Geldes vom 10. Jahrhundert bis heute, vom Muschelgeld über Drachme und Denar bis zur Geldkarte. Man gewinnt darüber hinaus einen Einblick in die Kunst der Medaillenprägung während der letzten 600 Jahre, sieht traditionelle Porträtmedaillen und zeitgenössische Exemplare, auch diejenigen, die den Nobelpreisträgern verliehen werden.

Das Reliquiar der Elisabeth ist reich mit Edelsteinen geschmückt ↑

← *Das Tor zum Museum dekorierte Bror Marklund (1907–1977)*

2

Nordiska Museet

H5 Djurgårdsvägen 6–16 +46 8 519 546 00 7
Djurgårdsfärja tägl. 10–17 (Mi bis 20; Juni, Aug: 9–18)
Feiertage nordiskamuseet.se

Das Nordiska Museet präsentiert schwedisches Alltagsleben von 1520 bis zur Gegenwart. Es besitzt mehr als 1,5 Millionen Exponate. Zu finden ist hier alles von Kleidung und Schmuck bis zu Gebrauchsgegenständen, vom Spielzeug bis zu Einrichtungsmodellen.

Initiator der Sammlung war Artur Hazelius (1833–1901), der auch Skansen *(siehe S. 125)* gründete. Schon im Jahr 1872 begann er, Gegenstände zu sammeln, die alte nordische Bauernkultur in der Zukunft lebendig halten und nachkommende Generationen an altes nordisches Leben erinnern sollten. Der heutige Museumsbau, der einer extravaganten Renaissance-Burg ähnelt, wurde von Isak Gustav Clason entworfen und öffnete im Jahr 1907.

Gezeigt werden rekonstruierte historische Häuser und Einrichtungsgegenstände, darunter Teile eines Salons aus den 1880er Jahren und ein schwedisches Interieur aus den 1950ern. Es gibt auch ein Schlafzimmer, in dem der Gutsherr von Ulvsunda Ende des 17. Jahrhunderts prominente Gäste untergebracht hat. Das Museum besitzt die größte Einzelsammlung von Gemälde von August Strindberg – 16 davon sind ausgestellt. Die Samen sind die nördlichste indigene Bevölkerung Europas, und eine Ausstellung behandelt ihre traditionelle Lebensweise und ihre Einflüsse auf die schwedische Kultur.

→ *Besucher vor einer Fotoausstellung*

Kurzführer

Das Museum hat vier Stockwerke: Vom Eingang führt die Treppe hoch in den Hauptsaal (Ebene 2) mit den Wechselausstellungen. Hier werden Besucher von einer monumentalen Statue von König Gustav Wasa begrüßt, die 1924 von Carl Milles aus bemalter und vergoldeter Eiche gefertigt wurde. Ebene 3 beherbergt die Strindberg-Sammlung, Puppenhäuser, Tafelarrangements, Brauchtum sowie die Mode- und Textilgalerie. Auf Ebene 4 sind Möbel, Kleinobjekte und die Abteilung für lappländische Kunst und Kultur (Samen) untergebracht.

↑ *Die riesige Haupthalle ist der passende Eingang für das Museum*

Schon gewusst?

Nordiska ist eines der ersten Museen für den Erhalt von Alltagsgegenständen für künftige Generationen.

↑ *Das Nordiska Museet residiert in einem Renaissance-Gebäude*

3

Vasamuseet

H5 Galärvarvsvägen 14 +46 8 519 548 00 7 Djurgårdsfärja
tägl. 10–17 (Mi bis 20; Juni–Aug: 8:30–18) vasamuseet.se

Das Vasamuseet ist das meistbesuchte Museum in Skandinavien und erzählt die Geschichte des Kriegsschiffs *Vasa* aus dem 17. Jahrhundert und seiner Bergung. Etliche Modelle und Rekonstruktionen bringen das alte Schiff wieder zum Leben, es aus der Nähe zu sehen, ist ein einzigartiges Erlebnis.

Am 10. August 1628, dem Tag der Jungfernfahrt, sank das königliche Kriegsschiff *Vasa* bei ruhiger See nach nur 1300 Meter Fahrt – noch im Stockholmer Hafen. Was da 100 Meter vor der Südspitze Djurgårdens unterging und 30 Menschen in den Tod riss, war der Stolz der Seemacht Schweden. Es wurde festgestellt, dass die *Vasa* einen fatalen Fehler hatte – sie war kopflastig mit unzureichendem Ballast. Damals konnten nur die Kanonen geborgen werden, erst 1956 führte die hartnäckige Suche eines Meeresarchäologen zur Wiederentdeckung der *Vasa*. Auf die schwierige Bergung 1961 folgten 17 Jahre Restaurierungsarbeiten. Im Juni 1990 wurde das populärste Museum der Stadt eröffnet, nur knapp eine Seemeile vom Schauplatz der Katastrophe entfernt.

↑ *Die Vasa im Trockendock nach der Bergung im Jahr 1961*

Das sorgfältig restaurierte Schiff mit schönen Schnitzereien am Bug ↑

Bergungsaktion

Der Meeresarchäologe Anders Franzén hatte die *Vasa* mehrere Jahre gesucht. Am 25. August 1956 wurde seine Ausdauer belohnt, er brachte ein Stück geschwärzter Eiche nach oben. Vom Herbst 1957 an benötigten Taucher zwei Jahre, um die Hebetrosse unter dem Schiffsrumpf hindurchzuführen. Schon die erste Hebeaktion mit sechs Trossen war ein Erfolg. Es gelang, die *Vasa* in niedrigeres Wasser zu hieven. Die endgültige Bergung begann am 24. April 1961, am 4. Mai lag die *Vasa* dann im Trockendock.

Glanzlichter

Bronzekanonen

Über 50 der 64 Kanonen auf der *Vasa* wurden im 17. Jahrhundert gehoben. Drei der Bronzegeschütze zeigt das Museum.

Figuren

▷ Über 200 Schnitzereien und 500 Holzfiguren schmücken die *Vasa*. Besonders schön ist der Löwe an der Kanonenluke.

Kanonendeck

Besucher dürfen das Schiff nicht betreten, aber die Nachbildung des oberen Kanonendecks in Originalgröße mit Holzattrappen der Seeleute vermittelt einen Eindruck von den Bedingungen an Bord.

Kanonenluken

Die *Vasa* besaß auf ihren zwei Kanonendecks mehr Kanonen als frühere Schiffe gleicher Größe. Das trug zu ihrem Untergang bei.

Heck

◁ Das Heck der *Vasa* war zerstört und wurde mühsam restauriert. Jetzt sind viele der insgesamt 500 schönen Ornamente wieder zu sehen.

Oberdeck

Schreiner restaurierten in den 90er Jahren das zerstörte Oberdeck. Wurden neue Teile benötigt, verwendete man so weit wie möglich Originalholz.

Galionsfigur

▷ König Gustav II. Adolf, der die *Vasa* bauen ließ, war als »Löwe des Nordens« bekannt. So wurde ein Löwe als Galionsfigur gewählt. Die vier Meter lange Figur wiegt 450 Kilogramm.

←
Die vom Mittelalter inspirierte Holzfassade des Biologiska Museet

4 Biologiska Museet

H5 Hazeliusporten 2
7 wegen Renovierung
skansen.se

Nationalromantische Strömungen inspirierten den Architekten Agi Lindegren (1858–1927), als er in den 1890er Jahren das Biologiemuseum entwarf.

Der Zoologe und Denkmalpfleger Gustaf Kolthoff (1845–1913) war Initiator der Museumsidee. Er überzeugte 1892 den Industriellen C. F. Liljevalch, ein Museum mit ausgestopften skandinavischen Säugetieren und Vögeln in ihrer natürlichen Umgebung zu gründen. Noch vor der Eröffnung 1893 lieferte Kolthoff innerhalb weniger Monate 2000 Exemplare ausgestopfter Tiere sowie Vogelküken und Gelege.

5 Spritmuseum

H5 Djurgårdsvägen 38
+46 8 121 313 00 Karlaplan 7 Djurgårdsfärja Mo–Mi 10–17, Do–Sa 10–19, So 12–17
spritmuseum.se

Das Wein- und Spirituosenmuseum, das in einem Galärskjulen untergebracht ist,

einem der Bootshäuser, die im 18. Jahrhundert nach venezianischem Vorbild für die Schiffe der königlichen Marine gebaut wurden, befasst sich mit der Geschichte alkoholischer Getränke in Schweden. Auf zwei Stockwerken stößt man auf viele Exponate zu den Themen Wein und Weinhandel, Likör, Punsch und Schnaps, Produktion und Lagerung. Es gibt eine Sammlung von 5000 Etiketten. Auch Trinklieder kann man sich anhören.

Das Museum zeigt darüber hinaus Wechselausstellungen, eine der bekanntesten war die »Absolut Art Collection«, eine Zusammenstellung von Werken berühmter Künstler (u. a. Andy Warhol, Ralph Steadman und Pierre et Gilles), mit denen Absolut Vodka beworben wurde.

6 ABBA The Museum

H6 Djurgårdsvägen 68
7 Djurgårdsfärja
siehe Website
abbathemuseum.com

Das Museum ist ABBA gewidmet, Schwedens bekanntester Popband, die in den 1970er Jahren in der ganzen Welt große Erfolge feierte.

Zu den interaktiven Erlebnissen gehört die Möglichkeit, in einem Studio an einem Klavier zu sitzen, das mit Benny Anderssons eigenem Klavier verbunden ist; wenn der Komponist zu klimpern anfängt, beginnt auch das Museumsklavier zu spielen. Weitere lustige Stationen sind das Vorsingen als Mitglied von ABBA und die Aufnahme eines Videos.

Schon gewusst?

Schweden ist einer der erfolgreichsten Exporteure von populärer Musik.

← *Das Café im ABBA The Museum ist ideal für eine Pause nach dem Museumsbesuch*

Astrid Lindgren

Astrid Lindgren, geboren am 14. November 1907 im südschwedischen Vimmerby, schrieb rund 100 Kinderbücher und gehört zu den meistgelesenen Kinderautoren der Welt. Die Verleger lehnten ihr erstes Buch über Pippi Langstrumpf ab, doch 1945 gewann Lindgren einen Kinderbuchwettbewerb, und die eigenwillige Pippi eroberte bald die Herzen der Kinder. Astrid schrieb bis zum Alter von 85 Jahren weiter.

7 Junibacken

G5 Galärvarvsvägen 8
+46 8 587 230 00 7
Djurgårdsfärja tägl. 10–17 (Sommer bis 18)
junibacken.se

Bei dieser Hommage an die beliebte Autorin Astrid Lindgren fährt ein Mini-Zug von einem Modell des Bahnhofs in Vimmerby zu einigen ihrer Figuren und endet mit einem Besuch in Pippis Villa Kunterbunt. Auch Kreationen anderer schwedischer Kinderautoren tauchen auf.

8 Strandvägen

G4 Östermalmstorg, Karlaplan 7

Die Villen entlang des Uferboulevards wurden Anfang des 20. Jahrhunderts von den zehn reichsten Stockholmer Bürgern erbaut. Vor der Stockholmer Ausstellung 1897 war hier ein schlammiger Abschnitt, der in eine Allee umgewandelt wurde, die in Europa ihresgleichen sucht. Der von Linden gesäumte Strandvägen wurde zum eleganten Boulevard, ideal für einen Spaziergang.

Restaurants

Villa Godthem
Das Restaurant ist bekannt für sein »Plank Steak«.
H5 Rosendalsvägen 9
villagodthem.se
Kr Kr Kr

Oaxen Krog
Kreative Gerichte aus ethisch produzierten Produkten.
J6 Beckholmsvägen 26 So, Mo
oaxen.com
Kr Kr Kr

Gastrologik
Interessantes Degustationsmenü aus saisonalen Produkten.
F4 Artillerigatan 14 So, Mo
gastrologik.se
Kr Kr Kr

9 Waldemarsudde

K7 Prins Eugens Väg 6
+46 8 545 837 00
Di – So 11–17 (Do bis 20)
waldemarsudde.se

Nach dem Tod des Prinzen Eugen 1947 ging sein Haus Waldemarsudde in Staatsbesitz über. Heute ist es eines der meistbesuchten Kunstmuseen Schwedens. Der Prinz musste zwar das Offizierswesen erlernen, wurde aber dennoch ein erfolgreicher Künstler, der zu den führenden Landschaftsmalern seiner Zeit gehört. Im ehemaligen Wohnsitz des Prinzen sind drei seiner berühmtesten Bilder zu sehen: *Frühling* (1891), *Das alte Schloss* (1893) und *Die Wolke* (1896). Zudem zeigt das Museum Werke von Zeitgenossen des Prinzen. Vertreten sind u. a. Isaac Grünewald und Leander Engström sowie der Bildhauer Per Hasselberg.

Mit Ferdinand Boberg entwarf Prinz Eugen das Haus, das 1905 bezugsfertig wurde. Derselbe Architekt wurde später mit der Planung der 1913 vollendeten Galerie beauftragt. Sie beherbergt einen Teil der rund 2000 Werke und Gemälde des Prinzen. Die Gästezimmer des Hauses sind praktisch unverändert geblieben, die zwei oberen Geschosse mit dem Atelier werden heute für Wechselausstellungen genutzt. Die Gebäude sind von schönen Gärten mit einer Windmühle aus dem 18. Jahrhundert umgeben.

10 Thielska Galleriet

M6 Sjötullsbacken 8
+46 8 662 5884 Di – So 12 –17 (Do bis 20)
thielska-galleriet.se

Als die Räumlichkeiten des Bankiers Ernest Thiel (1860 – 1947) am Strandvägen für seine Sammlung zeitgenössischer Malerei zu klein wurden, ließ er auf Djurgården eine Villa bauen. Da Thiel während des Ersten Weltkriegs den größten Teil seines Vermögens verlor, erwarb der Staat 1924 seine Sammlung nordischer Kunst aus dem späten 19. und frühen 20. Jahrhun-

Traditionelle Windmühle auf dem Gelände von Waldemarsudde ↓

dert. Zwei Jahre später wurde in der Villa die Thielska Galleriet eröffnet.

Hier sind die schwedischen Künstler vertreten, die sich in Grèz-sur-Loing südlich von Paris zu einer Künstlerkolonie zusammengetan hatten, unter ihnen Carl Larsson und August Strindberg. Daneben werden auch Bilder von Eugène Jansson, Anders Zorn und Prinz Eugen präsentiert. Ebenfalls zu sehen sind Holzfiguren von Axel Petersson und Skulpturen von Christian Eriksson sowie Arbeiten von Edvard Munch.

11 Skansen

J6 Djurgårdsslätten 49–51 +46 8 442 8000 Djurgårdsfärja siehe Website 24., 25. Dez skansen.se

Als erstes Freilichtmuseum der Welt öffnete Skansen 1891 seine Tore, um einer hochindustrialisierten Gesellschaft zu zeigen, wie ihre Vorfahren einst lebten. Auf dem weitläufigen Gelände stehen rund 150 Häuser und Bauernhöfe aus ganz Schweden. Das Museum spielt in der Brauchtumspflege eine große Rolle.

Im Stadtviertel mit den Holzhäusern (19. Jh.) zeigen Glasbläser, Buchbinder und andere Handwerker ihre jeweiligen Kunstfertigkeiten. Das 300 Jahre alte Älvros-Bauernhaus aus der Härjedalen-Region gibt mit Alltagsgegenständen Einblicke in das ländliche Leben. Im karolingischen Herrenhaus Skogaholms Herrgård (1680) erfährt man, wie die Betuchten wohnten.

Tiere des Nordens wie Wölfe, Bären und Elche kann man im Zoo sehen.

Expertentipp
Picknick im Park

Machen Sie einen Spaziergang durch Rosendals Trädgården, einen Kilometer östlich von Skansen. Im Frühjahr können Sie unter den blühenden Apfelbäumen picknicken.

↑ *Blick von Kastellholmen über das Wasser auf Gröna Lunds Freizeitpark*

12 Etnografiska Museet

L4 Djurgårdsbrunnsvägen 34 +46 10 456 1200 Di–So 11–17 (Mi bis 20) etnografiska.se

Das Volkskundemuseum präsentiert Ausstellungsstücke aus der Zeit vom 18. Jahrhundert bis zur Gegenwart, die schwedische Forscher und Wissenschaftler von ihren Reisen zurückbrachten. Darüber hinaus zeigt das Museum die multikulturellen Einflüsse, die Schweden durch die Einwanderungswelle im späten 20. Jahrhundert erfuhr.

Der Forscher Sven Hedin (1865–1952) steuerte viele Exponate bei, etwa Buddha-Figuren, chinesische Trachten und mongolische Tempelzelte. Eine andere interessante Abteilung zeigt Masken und Totempfähle aus dem westlichen Kanada.

1990 wurde ein japanisches Teehaus eröffnet. Im Sommer kann man hier an Teezeremonien teilnehmen.

Das Museum hat einen umfassenden Bildungsanspruch: Es veranstaltet Lesungen, Kurse, Workshops und Wechselausstellungen.

13 Gröna Lund

H6 Lilla Allmänna Gränd 9 +46 10 708 9100 Djurgårdsfärja Ende Apr–Mitte Sep: siehe Website gronalund.com

Im 18. Jahrhundert stand hier die Taverne Gröna Lund (Grüner Hain), eines der Stammlokale des berühmten Sängers Carl Michael Bellman. Jakob Schultheis benannte nach ihr seinen kleinen Rummelplatz, auf dem ein von Pferden gezogenes zweistöckiges Karussell die Hauptattraktion war. Heute ist Gröna Lund Schwedens ältester Freizeitpark.

Während der im Mai beginnenden, 130 Tage dauernden Saison ist hier stets viel Betrieb. Etwa 18 000 Besucher werden täglich von den Attraktionen, darunter Achterbahn und Spukhaus, angezogen. »Insane« ist eine vertikale Achterbahn, die Geschwindigkeiten von 60 km/h erreichen kann, sie gilt als eine der höchsten und längsten ihrer Art weltweit.

Im Park findet man etliche Restaurants und Cafés, drei Bühnen, ein Varieté-Restaurant, ein Theater sowie schöne Gärten. Auf der Hauptbühne treten Rockgrößen auf.

14 Vikingaliv

H5 Djurgårdsvägen 48
tägl. vikingaliv.se

Im ausgezeichneten Stockholmer Wikingermuseum erfährt man, wie die Wikinger lebten, was sie aßen und was sie zu berüchtigten Seeleuten machte. Spüren Sie das Gewicht eines Wikingerschwerts und erfahren Sie mehr über deren Eroberungen auf der ganzen Welt und die Mühen ihres Alltags.

Die fesselnde Abenteuerfahrt »Ragnfrid's Saga« nimmt Sie mit auf eine Reise durch das Wikingerzeitalter Europas, wo Sie Harald und seiner Crew auf einer dramatischen Suche nach Silber folgen. Das Museumsrestaurant Glöd hat eine der besten Lagen Stockholms mit Blick auf den Hafen von Wasa.

15 Tekniska Museet

K4 Museivägen 7
+46 8 450 5600 tägl. 10–17 (Mi bis 20) 1. Jan, Mittsommer, 24., 25., 31. Dez
tekniskamuseet.se

Das Museum dokumentiert Schwedens technische und industrielle Geschichte. In der Maschinenhalle steht Schwedens erste Dampfmaschine von 1832, die in einem Bergwerk eingesetzt wurde. Daneben sind das klassische T-Modell von Ford sowie alte Modelle von Volvo, Scania und Saab zu sehen. An der Decke schwebt Schwedens erstes kommerzielles Flugzeug von 1924. Das Museum hat auch Abteilungen über Elektrizität, Computer, Haustechnologie, Forstwirtschaft, Bergwerke, Eisen- und Stahlindustrie.

Hier ist auch Teknorama beheimatet, das mit seinen vielen selbst durchführbaren Experimenten vor allem bei Kindern und Jugendlichen beliebt ist.

16 Sjöhistoriska Museet

K4 Djurgårdsbrunnsvägen 24 +46 8 519 549 00
Di–So 10–17
sjohistoriska.se

Das Seehistorische Museum befasst sich mit Seefahrt, Schiffbau und der Marineflotte. Sein schönes Gebäude am Djurgårdsbrunnsviken entwarf Ragnar Östberg im Jahr 1938.

Unter den 100 000 Exponaten finden sich 1500 Schiffsmodelle. Das älteste schwedische Modell ist der Nach-

← *Besucher an einem der innovativen Exponate* (links) *im Tekniska Museet*

bau des »Kathedralen-Schiffs« aus dem frühen 17. Jahrhundert. Zur Sammlung zählen alle Arten von Wasserfahrzeugen, von Küstenbooten und Wikinger-Langschiffen bis zu Öltankern, Frachtern, Jachten, Schlauchbooten und U-Booten. Eine Reihe von Modellen im Maßstab 1:200 zeigt die Entwicklung skandinavischer Schiffe seit der Eisenzeit.

Schauplätze in Originalgröße vermitteln eine Vorstellung vom Leben an Bord. Original erhalten sind das elegante Heck und eine Kabine des königlichen Schoners *Amphion*. Das Schiff wurde nach Plänen des damals führenden Schiffbauers F. H. af Chapman in der Werft von Djurgården gebaut. 1788–90 war es das Flaggschiff Gustavs III. im Krieg gegen Russland.

Das Museum zeigt Schiffsdekorationen aus dem späten 17. Jahrhundert, darunter Teile des Staatswappens, die Taucher in den 1920er Jahren vom Heck der 1676 bei Dalarö gesunkenen *Riksäpplet* bargen, und ein Relief von Karl XI. zu Pferd vom Heck der *Carolus XI*, eines 82-Kanonen-Schiffs von 1678. Vermutlich hat man das Relief entfernt, als das Schiff in *Sverige* umbenannt wurde. Zur Sammlung gehören viele schöne Galionsfiguren, etwa ein Lyra spielender Amphion, Zeus' Sohn, vom Schoner gleichen Namens.

Wechselausstellungen zu Themen wie Piraterie oder Frachtbergung aus Schiffswracks ergänzen das breit gefächerte Angebot.

Wechselausstellungen zu Themen wie Piraterie oder Frachtbergung aus Schiffswracks ergänzen das breit gefächerte Angebot.

↑ *Der Fernsehturm Kaknästornet ragt über der Stadt auf*

17

Kaknästornet

L4 Ladugårdsgärdet
für Besucher

Verankert mit 72 Stahlpfosten, die acht Meter tief in den Fels getrieben wurden, erhebt sich der 34-stöckige Kaknästornet auf eine Höhe von 155 Metern.

Obwohl man den Turm, der 1967 nach Plänen der Architekten Bengt Lindroos und Hans Borgström gebaut wurde, nicht mehr besuchen kann, ist er einen Besuch wert.

Der Kaknästornet dient als zentraler Sendemast des schwedischen Rundfunks und ist auch für Konferenzschaltungen via Satellit zwischen europäischen Städten ausgerüstet. Die größte der fünf Parabolantennen links vom Turm hat einen Durchmesser von 13 Metern. Der Hauptraum mit den Sendern und Empfängern wurde darunter aus dem Fels gesprengt.

Das Programm des Sjöhistoriska Museet wird von Wechselausstellungen zu Themen wie Piraterie oder Frachtbergung aus Schiffswracks ergänzt.

18

Tessinparken und Nedre Gärdet

H2 Karlaplan, Gärdet

Der 1931 eröffnete Tessinparken erstreckt sich in Nord-Süd-Richtung mit Rasenflächen, Spielplätzen, Wegen und Teichen. Die umliegenden Häuser aus den Jahren 1932 bis 1937 mit ihren Gärten fügen sich derart ein, dass sie fast wie ein Teil des Parks wirken.

Die Häuser in der Nähe des Valhallavägen wurden in den 1920er Jahren erbaut und haben noch einen neoklassizistischen Einschlag, obwohl Gärdets prägende Stilrichtung eigentlich der Funktionalismus ist. Die Gebäude entlang der Askrikegatan, die die nördliche Parkgrenze markiert, heben sich umso mehr von diesen Häusern ab.

In dem Teil des Parks, der an den Valhallavägen grenzt, steht die Granitstatue *Ferien einer Hausfrau* von Olof Thorwald Ohlsson. Am anderen Ende des Parks befindet sich die farbenfrohe Plastik *Das Ei* von Egon Möller-Nielsen.

Hotel

Hotel Diplomat
Im Herzen Östermalms befindet sich dieses markante Jugendstilgebäude. Das Hotel verfügt über luxuriöse Zimmer und bietet einen atemberaubenden Blick auf das Wasser nach Djurgården und Skeppsholmen. In der Cocktailbar kann man den Tag ausklingen lassen.

F4 Strandvägen 7C diplomathotel.com

Ⓚⓡ Ⓚⓡ Ⓚⓡ

Eine steile, enge Straße in Södermalm

Södermalm

Stockholm erweiterte im 14. Jahrhundert seine Grenzen um die große Insel Södermalm – oftmals zu Söder (Süden) abgekürzt –, um der wachsenden Bevölkerung gerecht zu werden. Der größte Teil der Insel wurde bis Mitte des 17. Jahrhunderts als Weideland genutzt, als Holzhäuser für Arbeiter- und wohlhabende Familien gebaut wurden. 1759 löste ein Unfall in einer Bäckerei das Große Stockholmer Feuer aus und zerstörte 300 Häuser in Södermalm. Für Holzgebäude gab es danach hohe Auflagen, deshalb entstanden auch viele neue Bauten aus Stein und Ziegel. Diese Mischung aus Holz- und Steingebäuden ist bis heute erhalten geblieben.

Im 19. Jahrhundert verwandelte die Industrialisierung die Insel in eine recht karge Arbeiterwohngegend. Trotzdem zog Södermalm auch viele kreative Köpfe an, was Investoren dazu verleitete, das Gebiet zu revitalisieren. Alte Industriegebäude wurden zu Orten der Kreativität wie etwa das Museum Fotografiska. Die Renaissance von Södermalm zog die Boheme- und Hipster-Subkulturen an und sorgte für trendige Läden. Andere wiederum ließen sich von der schönen Umgebung inspirieren, insbesondere auf der Fjällgatan.

A
B
C
D
Bonniers Konsthall
TORSGATAN
BARNHUSGATAN
Hötorget
SANKT ERIKSGATAN
KUNGSGATAN
VASAGATAN
NORRMALM
FLEMINGGATAN
SCHEELEGATAN
Fridhemsplan
T-Centralen
HUNDRA KNUTARS BACKE
KUNGSHOLMSGATAN
Cityterminalen
HANTVERKARGATAN
KUNGSHOLMEN
Klara Sjö
KLARABERGSVIADUKTEN
CIT
Rådhuset
POLHEMSGATAN
Stockholm C
BOLINDERS PLAN
HERKULESGAT
5
PONTONJÄRGATAN
Rådhuset
TEGELBACKEN
NORR MÄLARSTRAND
HANTVERKARGATAN
Stadshuset
Klara Mälarstrand
NORR MÄLARSTRAND
Riddarholmen
Riddarholms-kyrkan
6
1 Västerbron
Långholmens Klippbad
Riddarfjärden
Långholmen
3
SÖDER MÄLARSTRA
KNUTSSONSG.
Pålsunds-bron
Skinnarviks-parken
4
Väster-bron
SÖDER MÄLARSTRAND
TORKEL
Monteliusvägen
Lång-holmsbron
HÖGALIDSGATAN
BRÄNNKYRKAGATAN
BELL
7
HELENEBORGSGATAN
VARVSGATAN
TORKEL
Mariatorget 7
HÖGALIDSGATAN
LÅNGHOLMSGATAN
HÖGALIDSGATAN
LUNDAGATAN
KNUTSSONSG.
TIMMERMANS-GATAN
SANK
VERKSTADSGATAN
BORGARG.
Zinkensdamm
HORNSGATAN
Högalidskyrkan
KRUKMAKARGATAN
Mariatorget
7
YXKULLSGATAN
Hornstull
4
HORNSGATAN
RINGVÄGEN
WOLLMAR
DRAKENBERGSGATAN
MARIA SKOLGATA
MARIA PRÄSTGÅRDSGATA
HÖGBERGSGATAN
SWEDENBORGSG.
ZINKENS VÄG
ROSENLUNDSGATAN
8
Liljeholmsbron
MARIA BANGATA
Södra Station
Tantolunden
14
SÖDERMALMSALLÉN
SÖDERTÄLJEVÄGEN
Tantolunden
MAGNUS
TANTOGATAN
TIDELIUSGATAN
SJUKHUSBACKEN
9
Årstabron
RINGVÄGEN
Årsta Holmar
Årstaviken
Södermalm
10
0 Meter
500
N
ÅRSTA
A
B
C
D

Södermalm

Sehenswürdigkeiten

1. Västerbron
2. SoFo
3. Långholmen
4. Monteliusvägen
5. Medborgarplatsen
6. Stadsmuseet
7. Mariatorget
8. Fotografiska
9. Katarinahissen
10. Mosebacke
11. Katarina Kyrka
12. Fåfängan
13. Vita Bergen
14. Tantolunden

Restaurants

(1) Meatballs for the People
(2) Hermans
(3) Deli di Luca
(4) King Scoopa
(5) Restaurant Pelikan

Bars

(6) Kvarnen
(7) Johan & Nyström
(8) Erik's Gondolen
(9) Snotty Sounds

SEHENSWÜRDIGKEITEN

1 Västerbron

A6

Als Stockholm expandierte und der Autoverkehr in den 1920ern immer weiter zunahm, erwies es sich als notwendig, eine weitere Brücke über den Mälarsee zu bauen. So schrieb man 1930 einen Wettbewerb aus, den deutsche Architekten gewannen. Schwedische Architekten und Ingenieure führten die Pläne aus. 1935 wurde die Brücke eröffnet, 20 Jahre später verbreitert.

Sie wird von zwei Bogen mit Spannweiten von 168 und 204 Metern getragen, erhebt sich 26 Meter hoch über das Wasser und passt sich gut in die Landschaft ein. Täglich passieren etwa 12 000 Fahrzeuge die Brücke. Wer auf ihr spazieren geht, wird mit einem wunderbaren Blick auf Stockholm belohnt.

2 SoFo

F8 W sofostockholm.se

Der Name SoFo steht für »South of Folkungagatan«, eine Referenz an die »Sohos« von London und New York. In dem Viertel gibt es viele schräge Läden, die sich auf alles von Kleidung und Design über Schmuck, Vintage, Haushaltswaren und Musik spezialisiert haben. Skånegatan, eine der angesagtesten Straßen der Stadt mit Designerläden und alternativen Bars, ist der Mittelpunkt.

Familien füllen tagsüber das Gebiet um den Platz Nytorget, und es ist nur ein kurzer Spaziergang zum Vitabergsparken, der im Sommer Open-Air-Veranstaltungen anbietet. Dank einer florierenden Restaurant- und Barszene ist hier auch nachts immer etwas los. Es lohnt sich, am letzten Donnerstag im Monat zur SoFo Night zu kommen, wenn viele Läden länger geöffnet haben.

3 Långholmen

A6 T Hornstull, dann 10 Min. zu Fuß

Unterhalb der Västerbron-Brücke liegt die Insel Långholmen, die durch zwei Brücken mit Södermalm verbunden ist. Långholmen ist berühmt für diverse Gefängnisse, die es hier seit 1724 gab. Im 20. Jahrhundert war das Gefängnis das größte in Schweden. Es wurde 1975 geschlossen, danach entwickelte sich die Insel zu einem beliebten Freizeitgelände.

Die jüngeren Gefängnisbauten wurden abgerissen, das alte königliche Gefängnis von 1835 ließ man stehen. Die einstigen Zellen bilden jetzt ein Hotel und ein Gefängnismuseum. Es gibt darüber hinaus eine Jugendherberge, ein Restaurant sowie ein Museum über C. M. Bellman mit Gartencafé, das sich

Der 1998 auf einem Felshang angelegte Monteliusvägen bietet auf der einen Seite charmante alte Häuser und auf der anderen Seite einen herrlichen Blick.

bis zum Riddarfjärden erstreckt. Im Park Långholmen befindet sich ein Freilichttheater, vom Ufer aus kann man schwimmen.

4

Monteliusvägen

D7 Ⓣ Mariatorget

Dieser 500 Meter lange Wanderweg am Ivar Los Park bietet einen herrlichen Blick auf den Mälaren-See, das Stadshuset, Gamla Stan und Riddarholmen. Der 1998 auf einem Felshang angelegte Monteliusvägen bietet auf der einen Seite charmante alte Häuser und auf der anderen Seite einen herrlichen Blick. Der Weg kann im Winter rutschig sein. An der Blecktornsgränd am Ende der Strecke gibt es mehrere Cafés.

5

Medborgarplatsen

E8 Ⓣ Medborgarplatsen

Auf dem Medborgarplatsen, Södermalms Zentrum, ist immer etwas los. Im Sommer stehen Tische von Bars und Restaurants im Freien, im Winter gibt es eine Eislaufbahn.

Der Platz hieß früher Södra Bantorge, wurde aber 1939 nach Fertigstellung des Medborgarhuset umbenannt. Dieses Gebäude wurde im funktionalistischen und neoklassizistischen Stil entworfen und verfügt über ein Auditorium, ein Fitnessstudio, einen Swimmingpool und eine Bibliothek.

1984 kamen die Büros von Göta Ark auf der nordwestlichen Seite hinzu. Neben dem Treppenhaus zum Bahnhof Södra befindet sich das von Henning Larssen entworfene Hochhaus Söder Torn. Am Eingang steht *Nana's Fountain* von Niki de Saint Phalle, die auch eine Skulpturengruppe am Moderna Museet *(siehe S. 102f)* schuf.

In der westlichen Ecke steht ein altes Tor (17. Jh.). Näher an der Götgatan liegt Gustaf Nordahls *The Source of Life* (1983), während Stefan Thoréns Skulptur *Dawn* ein dominantes Element außerhalb des Platzes ist. Auf der Westseite befindet sich Söderhallarna, ein beliebtes Einkaufszentrum.

Bars

Kvarnen
Alte Bierhalle, die am Wochenende zu einem beliebten Nachtclub wird.

F8 Tjärhovsgatan 4 +46 8 643 0380

Johan & Nyström
Concept Store der bekannten Kaffeeröster.

E7 Swedenborgsgatan 7 +46 8 530 22440

Erik's Gondolen
Der Blick auf die Stadt ist atemberaubend. Gute Cocktails.

F7 Stadsgården 6 eriks.se/gondolen

Snotty Sounds
Große Bierauswahl und alternative Livemusik.

G8 Skånegatan 9 +46 8 644 3910

←

Hippes Café im trendigen SoFo, das bekannt ist für seine kreativen Läden

6

Stadsmuseet

E7 Ryssgården +46 8 508 316 00 Slussen Di–Fr 12–18, Sa, So 10–16 stadsmuseet.stockholm.se

Stockholms Stadtmuseum steht eingezwängt zwischen dem Kreisverkehr von Slussen und dem jäh ansteigenden Hügel zum Mosebacke Torg. Es ist in einem Gebäude aus dem späten 17. Jahrhundert untergebracht, das Tessin d. Ä. als Södra Stadshuset (Südliches Rathaus) entwarf. Nach einem Brand stellte Tessin d. J. den Bau im Jahr 1685 fertig. Im Lauf der Zeit wurde er vielfältig genutzt – als Gerichtshof, Gefängnis, Schule, Rathauskeller, Theater und Kirche. Seit den 1930er Jahren beherbergt er das Stadtmuseum.

Das Museum dokumentiert die Geschichte Stockholms. Die wesentlichen Etappen werden in einer Diashow und in vier Ausstellungen gezeigt. Die erste beginnt mit dem Stockholmer Blutbad von 1520 *(siehe S. 78)* und führt bis ins 17. Jahrhundert. Unter den Exponaten, die das 18. Jahrhundert veranschaulichen, ist auch der Lohe-Schatz – 20 Kilogramm Silber, die 1937 in Gamla Stan entdeckt wurden.

Expertentipp
Literaturtouren

Berühmt wurde Södermalm durch Stieg Larssons *Millennium*-Trilogie, insbesondere nach der Verfilmung von *Verblendung*. Sie können die wichtigsten Orte, die in den Büchern beschrieben werden, mit den hervorragenden »Millennium Walks« des Stadtmuseums besuchen.

Die anderen Abteilungen behandeln die Industrialisierung im 19. und das starke Wachstum im 20. Jahrhundert, das ein neues Stadtzentrum und neue Vororte mit sich brachte.

7

Mariatorget

D/E7 Mariatorget

Mariatorget ist ein hübscher, ruhiger Platz mit einem Springbrunnen und ein beliebter Treffpunkt das ganze Jahr über. Es ist der perfekte Ort, um müde Füße auszuruhen. Mariatorget und die Straßen drum herum, St Paulsgatan, Krumarkargatan und Swedenborgsgatan, sind bei Einheimischen zum Einkaufen und Essen beliebt.

←
Stockholms Stadsmuseet mit dem Ryssgården von oben

8

Fotografiska

G7 Stadsgårdshamnen 22 tägl. 9–23 (Do–Sa bis 1) fotografiska.com

Die Fotografiska ist einer der weltweit größten Treffpunkte für zeitgenössische Fotografie mit Fokus auf die Arbeiten bekannter schwedischer und internationaler Fotografen sowie neuer Talente. Die Galerie präsentiert jedes Jahr vier große und etwa 20 kleinere Ausstellungen. Es gibt keine Dauerausstellungen, sodass man immer etwas Neues entdecken kann. Mit seinen Ausstellungen, Seminaren und Kursen will das Museum den Dialog über die Fotografie anregen.

Die Galerien befinden sich in einem industriellen Gebäude im Jugendstil an der Stockholmer Uferpromenade, das 1906 erbaut und vom schwedischen Architekten Ferdinand Boberg entworfen wurde. Die Backsteinfassade des ehemaligen Zollgebäu-

↑ *Ausstellung* (rechts) *in der Fotografiska*

des blieb erhalten, die Innenräume wurden komplett renoviert. Es gibt auch eine Fotogalerie und einen gut sortierten Shop. Hier finden manchmal auch Konzerte statt.

Das Café im obersten Stockwerk bietet einen tollen Blick. Das preisgekrönte Restaurant wird von dem bekannten Küchenchef Paul Svensson geleitet. Das Konzept konzentriert sich auf grüne saisonale Gerichte, Svensson hat sogar mit Nya Carnegiebryggeriet zusammengearbeitet, um das belgische Bio-Bier Echo zu brauen, das es im Lokal gibt.

9

Katarinahissen

F7 Stadsgården
Slussen für Besucher

Katarinahissen ist der älteste Aussichtspunkt Stockholms und prägt die Skyline von Söder. Der 38 Meter hohe Aufzug wurde im März 1883 eröffnet und ist bis heute ein markanter Bestandteil der Skyline von Söder. 1909 erstrahlte oben Schwedens erste Neonreklame – eine legendäre Werbung für die Zahncreme Stomatol, die in den 1930er Jahren auf einem Dach in der Nähe installiert wurde. Der ursprüngliche Aufzug wurde mit Dampf betrieben, 1915 auf Strom umgestellt und in den 1930er Jahren durch einen neuen ersetzt.

Obwohl der ursprüngliche Aufzug seit 2010 nicht mehr in Betrieb ist, können Besucher mit dem Aufzug innerhalb des Gebäudes zu dem Gourmet-Restaurant Gondolen hochfahren. Die Aussicht auf die Stadt ist spektakulär, am besten reserviert man einen Tisch zum Sonnenuntergang.

10

Mosebacke

F7 Slussen

Dank des Södra Teatern mit Musik- und Theaterveranstaltungen sowie einer Bar ist der Stadtteil Mosebacke zu einem beliebten Kulturzentrum geworden. Bei mildem Wetter ist die Södra Bar jeden Abend überfüllt. Ruhiger geht es am Mosebacke Torg zu, an dem im Sommer ein Café Zimtbrötchen verkauft.

Dank des Södra Teatern mit Musik- und Theaterveranstaltungen sowie einer Bar ist der Stadtteil Mosebacke zu einem beliebten Kulturzentrum geworden.

↑ *Katarina Kyrka wurde nach einem Brand 1990 schön restauriert*

11 Katarina Kyrka

F7 Högbergsgatan 13A Slussen, Medborgarplatsen Mo–Sa 11–17, So 8:30–17 svenskakyrkan.se

Die Gebäude auf dem Katarinaberget stammen teilweise aus dem 18. Jahrhundert. Sie umgeben den Gipfel, auf dem seit dem späten 14. Jahrhundert verschiedene Kirchen und Kapellen standen. Das eindrucksvollste Gebäude ist Katarina Kyrka. Das Gotteshaus geht auf einen Entwurf von Jean de la Vallée (1620–1696), einem der bedeutendsten Baumeister seiner Zeit, zurück. König Karl X. hatte darauf bestanden, dass die Kirche ein zentrales Schiff sowie einen mittigen Altar samt Kanzel erhielt. Mit dem Bau begann man 1656, erst 1695 waren die Arbeiten abgeschlossen. Durch einen Brand 1723 wurden die Kirche und viele umliegende Gebäude schwer beschädigt, aber in den folgenden Jahrzehnten wieder aufgebaut. Göran Josua Adelcrantz entwarf einen größeren, achteckigen Turm.

Eine größere Restaurierung fand im 20. Jahrhundert statt, 1988 erhielt die Kirche ein Kupferdach. Zwei Jahre später, in der Nacht des 16. Mai 1990, brach ein Feuer aus, bei dem alles bis auf die Außenmauern niederbrannte.

Das Architekturbüro Ove Hidemark wurde beauftragt, die Kirche wieder aufzubauen. Sie sollte nicht nur äußerlich dem Original gleichen, man wollte die verbliebenen Mauerreste in den Bau integrieren. Das machte es erforderlich, auch die Bautechniken des 17. Jahrhunderts weitgehend anzuwenden. Experten und Handwerkern gelang es, das für die Kuppel nötige Holzgerüst auf traditionelle Weise zu errichten. Für das Mittelschiff wurden spezielle Ziegel gebrannt, die mit denen aus dem 17. Jahrhundert vergleichbar waren.

1995 wurde die Kirche erneut geweiht – und viele vertreten die Meinung, sie sei noch schöner als zuvor. Der Altar steht jetzt genau an der Stelle, die dafür vorgesehen war. Die Rekonstruktion kostete 270 Millionen Kronen, 145 Millionen übernahm die Feuerversicherung, der Rest wurde durch Spendengelder finanziert.

12 Fåfängan

J8 Södermalm

Fåfängan am östlichsten Punkt von Södermalm bietet einen tollen Blick auf die Boote im Stockholmer Hafen. Der Hügel und sein Park erhielten in den 1770er Jah-

Stockholmer und Besucher treffen sich im Park Tantolunden an der Bucht von Årstaviken im Sommer zum Schwimmen.

ren den Namen Fåfängan. Der Großhändler Fredrik Lundin besaß das Gelände damals und baute einen Pavillon, der noch heute auf dem Hügel in einem mit Blumenbeeten gefüllten Garten steht. Das Wort »Fåfängan« (»Eitelkeit«) bezeichnete ursprünglich eine Fläche, die es nicht wert war, genutzt zu werden. Aber in Stockholm hat sie eine besondere Bedeutung: »Der Pavillon auf dem Hügel mit dem herrlichen Blick« – ideal für eine Kaffeepause während der Erkundung von Söder.

13

Vita Bergen

G8 Södermalm

Heute ist der Park für sein Freilichttheater bekannt, man kann hier aber auch Häuser sehen, die einst für Södermalms Hafen- und Fabrikarbeiter gebaut wurden. Es sind einfache Wohnhäuser, teils mit Garten samt Zaun. 1736 wurde wegen des Brandrisikos der Bau weiterer Holzhäuser verboten, dies galt jedoch nicht für Slums, wie dieses Viertel einer war.

Um 1900, als die Sofia Kyrka errichtet wurde, verwandelte sich die Gegend in einen baumbestandenen Park mit Schrebergärten östlich davon. Im Park steht die Bronzestatue *Elsa Borg* (1972) von Astri Bergman Taube, Gattin des Sängers Evert Taube *(siehe S. 76)*.

14

Tantolunden

C8 Zinkensdamm

Stockholmer und Besucher treffen sich im Park Tantolunden an der Bucht von Årstaviken im Sommer zum Schwimmen und Picknicken und im Winter zum Rodeln. Es gibt einen Spielplatz, einen Beachvolleyballplatz, einen Golfplatz sowie ausgezeichnete Cafés. Der Park wird oft als Festivalgelände genutzt, vor allem für das jährliche Festival Stockholm Pride *(siehe S. 47)*. Von oben blicken Sie auf mehr als 100 Kleingärten.

Blick von Tantolunden auf Årstaviken ↑

Restaurants

Meatballs for the People
Hier gibt es das klassische schwedische Gericht in 14 Varianten.
F8 Nytorgsgatan 30 meatball.se
Kr Kr Kr

Hermans
Das vegetarische All-you-can-eat-Büfett bietet große Vielfalt.
G7 Fjällgatan 23B hermans.se
Kr Kr Kr

Deli di Luca
Italienische Gerichte mit nordischem Touch. Auch Take-away.
G8 Folkungagatan 110 delidiluca.se
Kr Kr Kr

King Scoopa
Hier gibt es Eiscreme-Burger, einen mit Eiscreme, Cookies und Sauce gefüllten Donut.
B8 Hornsgatan 156 Mo kingscoopa.com
Kr Kr Kr

Restaurant Pelikan
Traditionelle schwedische Bierhalle, in der alle gängigen schwedischen Favoriten serviert werden, vom Heringsteller bis zum Fischeintopf. Das Pelikan hat mit die beste Auswahl an schwedischem Bier in der Stadt.
F9 Blekingegatan 40 pelikan.se
Kr Kr Kr

Spaziergang in der Fjällgatan

Länge 1 km **Metro** Medborgarplatsen
Dauer 15 Minuten

Der Schriftsteller Per Anders Fogelström (1917–1998) bezeichnete die Fjällgatan im Stadtteil Södermalm als »schönste Straße der Stadt. Altmodisch zieht sie sich über den Hügel, mit ihrem gut erhaltenen Kopfsteinpflaster und den Straßenlaternen an den Häusern. Und dann, ganz plötzlich, öffnet sich die Straße und gibt einen fantastischen Blick auf Stadt und Wasser frei.« In der Fjällgatan kann man die einzigartige Atmosphäre des alten Viertels noch spüren.

Schon gewusst?

Einheimische nennen die Fjällgatan wegen des Panoramablicks auch »Stockholms Balkon«.

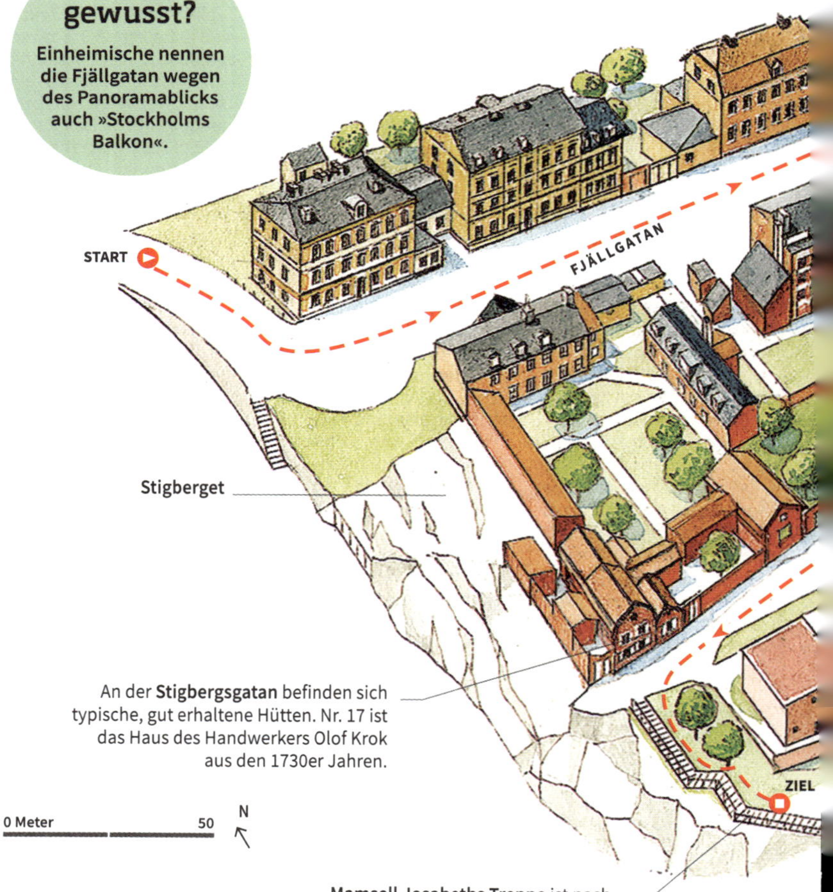

An der **Stigbergsgatan** befinden sich typische, gut erhaltene Hütten. Nr. 17 ist das Haus des Handwerkers Olof Krok aus den 1730er Jahren.

Mamsell Josabeths Treppe ist nach Josabeth Sjöbert (1812–1882) benannt, einer Malerin aus der Gegend.

↑ *Von Söder hat man einen schönen Panoramablick auf die Stadt*

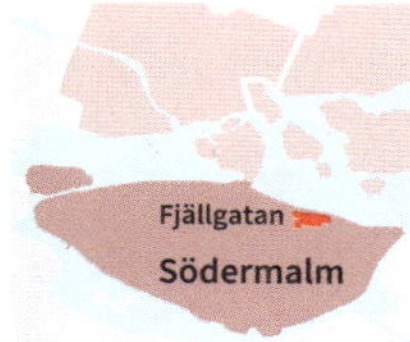

Zur Orientierung
Siehe Stadtteilkarte S. 130f

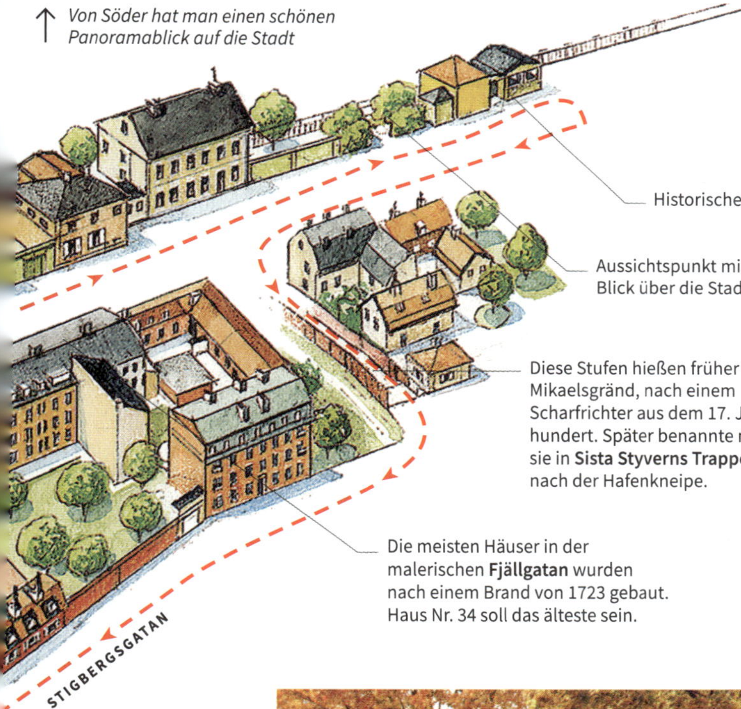

↑ *Schöne alte Holzhäuser in Söder, umgeben von herbstlich gefärbten Bäumen*

Garten von Drottningholm

Abstecher

Highlight

1. Drottningholm

Sehenswürdigkeiten

2. Naturhistoriska Riksmuseet
3. Hagaparken
4. Ulriksdal
5. Millesgården
6. Stadion
7. Skogskyrkogården
8. Bellevueparken
9. Karlbergs Slott
10. Ericsson Globe

Etwas außerhalb des Zentrums von Stockholm gibt es viele Möglichkeiten, die Schönheit und das kulturelle Erbe der Landschaft zu entdecken. Etwa acht Kilometer nordöstlich der Stadt liegt Millesgården, die ehemalige Heimat des berühmten Bildhauers Carl Milles und seiner Frau Olga Milles. Ihr Haus wurde in ein Museum umgewandelt, das eine umfangreiche Sammlung von Antiquitäten und Skulpturen zeigt. Milles' Skulpturen befinden sich in der Innenstadt, wie der Orpheusbrunnen und die Gustav-Wasa-Statue im Nordiska Museet. Am Stadtrand stehen auch einige gut erhaltene Schlösser wie Karlbergs Slott und Drottningholm. Beide Paläste wurden im 16. Jahrhundert erbaut, wobei Karlberg als königliche Kriegsakademie diente. Drottningholm gehört seit 1991 zum UNESCO-Weltkulturerbe.

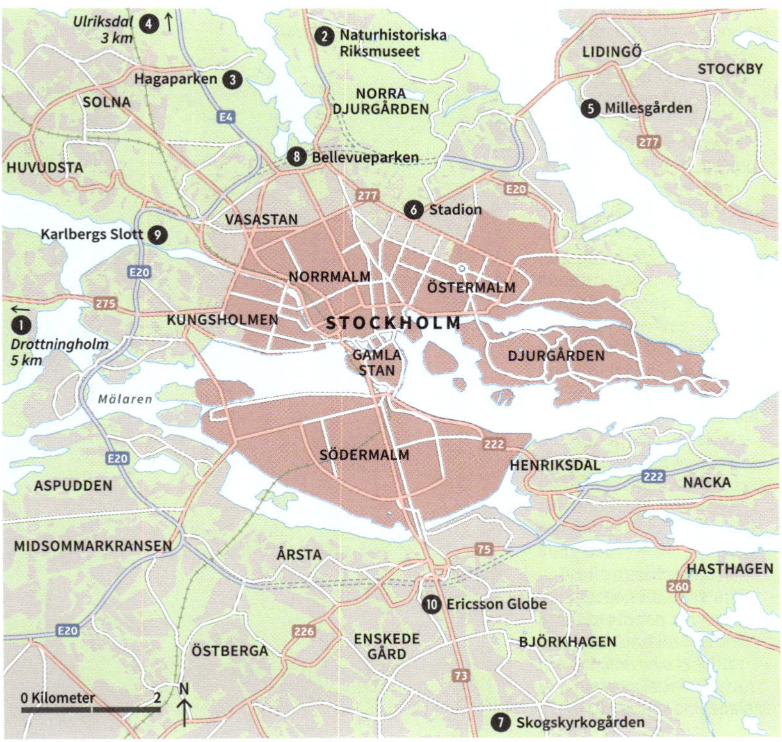

1

Drottningholm

10 km westl. von Stockholm +46 8 402 6270 Brommaplan, dann Bus 301 oder 302 Ende März – Okt siehe Website 14.–30. Dez royalcourt.se

1991 wurde Drottningholm von der UNESCO zum Weltkulturerbe erklärt, die einzigartige Barock- und Rokoko-Umgebung – Palast, Theater, Park und Chinesischer Pavillon – ist perfekt erhalten. Teile des Palasts dienen seit 1982 der Königsfamilie als Wohnstatt.

Das Schloss auf der Insel Lovön entstand in seiner heutigen Form gegen Ende des 17. Jahrhunderts und ist eines der prächtigsten Bauwerke seiner Zeit. Tessin d. Ä. (1615–1681) wollte die Monarchie verherrlichen und ließ sich bei seinem Entwurf von italienischen und französischen Architekten beeinflussen. Der Bau wurde von Tessin d. J. vollendet, viele Baumeister des 18. Jahrhunderts, darunter Carl Hårleman und Jean Eric Rehn, waren an der Innengestaltung beteiligt.

Zum Schloss gehören das älteste noch bespielte Theater der Welt (Slottsteatern) und der elegante Chinesische Pavillon (Kina Slott) mit einer der schönsten Rokoko-Einrichtungen Europas mit Chinoiserie. Der ganze Komplex von Schloss Drottningholm liegt am Mälarsee (Mälaren), inmitten von Barock- und Rokoko-Gärten sowie üppiger englischer Parklandschaft. Im Sommer werden im Slottsteatern Opern und Ballette aufgeführt.

Im **Zimmer der Königin** steht ein Schreibtisch von Georg Haupt. Das Meisterwerk von 1770 schenkte König Adolf Fredrik seiner Frau Lovisa Ulrika.

Die **Bronzestatue** ***Herkules*** (um 1625) des niederländischen Renaissance-Bildhauers Adrian de Vries ziert den unteren Teil des Schlossgartens.

Der **obere Wachraum**, das Vorzimmer zum Staatssaal, der bei öffentlichen Anlässen genutzt wurde, zeigt Stuckarbeiten von Giovanni und Carlo Carove.

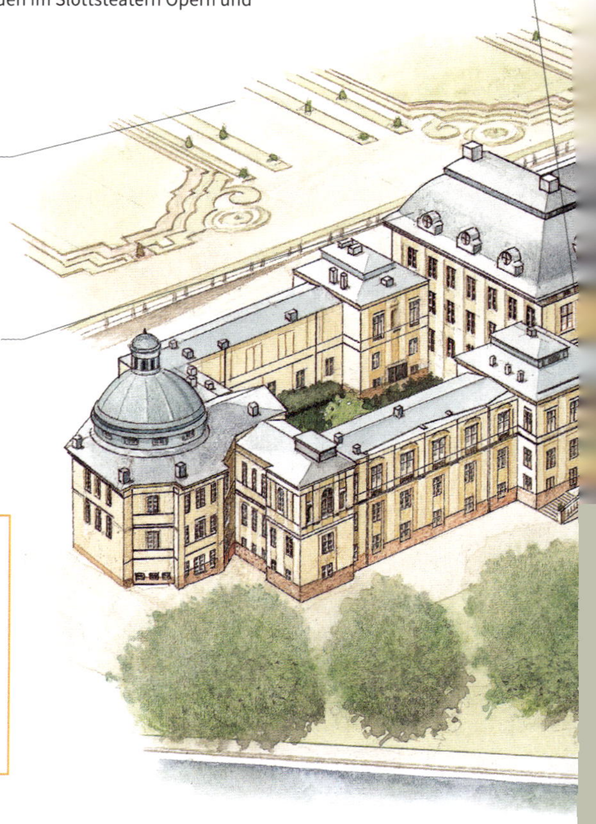

Expertentipp
Bootsfahrt
Ein historisches Schiff nimmt Sie mit auf eine Fahrt vom Zentrum Stockholms über den Mälarsee zum Schloss Drottningholm. Infos unter: www.stromma.com

Die Fassade von Drottningholm und einer der kunstvoll ausgestatteten Räume (rechts)

Die Königin beauftragte Jean Eric Rehn (1717–1793), die **Bibliothek** zu gestalten.

Morgendliche Empfänge *(levées)* fanden im **Paradeschlafzimmer** von Hedvig Eleonora statt.

Drottningholms beeindruckender Palast und seine Räume

Schon gewusst?

Drottningholm heißt übersetzt »Dameninsel«.

Drottningholm entdecken

Wohnräume
Wenn man die königlichen Wohnräume betritt, fällt einem zunächst der barocke Korridor ins Auge, von dem man einen schönen Blick auf den Garten hat. Im Treppenhaus stechen Deckengemälde von David Klöcker Ehrenstrahl hervor. Marmorstatuen der neun Musen mit ihrem Beschützer Apoll stehen in den Ecken der Balustraden.

Den Grünen Salon erreicht man aus dem unteren Vestibül über ein Vorzimmer, das für die Wachen vorgesehen war. Hier beginnen die Repräsentationsräume. Königin Hedvig Eleonora (1636–1715) hielt ihre Audienzen im Ehrenstrahlsalon ab, der nach dem Künstler benannt wurde. Im Blauen Kabinett ist das Meißener Porzellan der Königin zu bewundern, in der Bibliothek ihre Sammlung von mehr als 20 000 Büchern.

Den Chinesischen Salon nutzte König Adolf Fredrik als privates Schlafzimmer. Er liegt direkt über dem Schlafzimmer der Königin, eine Geheimtreppe verbindet die beiden Räume.

Weiter geht es mit dem Generalsraum, der Galerie Karls XI., dem Goldenen Salon und dem Salon der Königin. Der angrenzende Staatssaal enthält Porträts von allen europäischen Monarchen, im Salon der Königin hängen entsprechend die Porträts der europäischen Königinnen. Der obere südliche Wachraum, Vorraum zum Staatssaal, wurde von den beiden Caroves und Johan Sylvius ausgestaltet.

←

Die Marmortreppe von Tessin d. Ä.

Highlight

←
Das Grüne Kabinett von Königin Lovisa Ulrika mit Porträts ihrer russischen Familie und der Chinesische Pavillon (unten)

Im Confidencen-Pavillon nahm man die Mahlzeiten ein, wenn man ungestört sein wollte. Im türkischen »Wachzelt«, heute ein Museum, hielten sich die Dragoner Gustavs III. auf.

Chinesischer Pavillon

1753, an ihrem 33. Geburtstag, bekam Königin Lovisa Ulrika von ihrem Mann Adolf Fredrik einen chinesischen Pavillon geschenkt. Die Teile waren in Stockholm gefertigt, mit dem Schiff nach Drottningholm gebracht und in der Nähe des Schlosses zusammengesetzt worden. Er wurde zehn Jahre später wegen Fäule abgerissen und durch den heutigen Chinesischen Pavillon (Kina Slott) ersetzt.

Das Kina Slott ist eine Mischung aus östlichem Kunsthandwerk und dem, was man vor 250 Jahren für typisch chinesisch hielt. Vier kleinere Pavillons gehören zum Bau. Im nordöstlichen hatte der König seine Heimwerkstatt.

Hoftheater

Carl Fredrik Adelcrantz, der Architekt des Chinesischen Pavillons, war 1766 für das Hoftheater (Slottsteatern) von Drottningholm verantwortlich. Königin Lovisa Ulrika beauftragte das einfache Holzgebäude, heute das älteste Theater der Welt, das noch im Originalzustand erhalten ist. Die Innenausstattung ist ein Meisterwerk schlichter Funktionalität, mit Pfeilern aus Gips und Säulen aus Pappmaschee. Die Bühnenmaschinerie ist aus Holz und funktioniert bis zum heutigen Tag. In den 1920er Jahren wurden lediglich die Seile der Bühnenzüge erneuert, man installierte elektrisches Licht und restaurierte die Seitenbühnen.

Jeden Sommer finden im Slottsteatern rund 30 Vorstellungen statt, meist Opern und Ballette des 18. Jahrhunderts. Auch für Besichtigungen ist das Theater täglich geöffnet.

Schlosspark

Die drei Schlossgärten sind alle in einem vollkommen anderen Stil angelegt, passen aber dennoch zusammen. Mit dem symmetrischen Teil, der sich bei der Schlossterrasse bis zum *Herkules* erstreckt, wurde 1640 begonnen. Diese Anlage sollte alle Sinne anregen – durch die Optik, die Klänge und die Düfte.

Die Nussbaumalleen wurden nach dem Bau des Chinesischen Pavillons angelegt, ebenso der Rokoko-Garten, der den französischen Garten mit dem englischen Teil verbindet. In diesem Park gibt es »natürlich« angelegte Wege und ein Flüsschen mit kleinen Inseln. Bäume und Sträucher wirken wie zufällig platziert.

Gustav III. fügte vier Statuen hinzu, die er während seiner Italienreisen erworben hatte. Die ersten 300 der insgesamt 846 Linden wurden in den Alleen, die den Barockgarten flankieren, bereits im Jahr 1684 gepflanzt.

> **Die drei Schlossgärten sind alle in einem vollkommen anderen Stil angelegt, passen aber dennoch zusammen.**

2 Naturhistoriska Riksmuseet

Frescativägen 40
+46 8 519 540 00 **Universitetet** **Di – So 10 – 18**
nrm.se

Das 1916 fertiggestellte Museum wurde 1739 von Carl von Linné als Teil der Vetenskapsakademien (Akademie der Wissenschaften) gegründet. Heute gehört es zu den größten naturhistorischen Museen. Im Lauf der Zeit hat es rund 17 Millionen Exponate zusammengetragen.

In den 1990er Jahren wurde das Museum modernisiert, es gibt Dauer- und Wechselausstellungen zu Themen wie Dinosaurier, Meerestiere bis hin zu »Wunder des menschlichen Körpers«. Cosmonova ist Planetarium und IMAX-Kino in einem.

Mit dem Vega-Monument vor dem Museum gedachte man 1930 des 50. Jahrestags der Rückkehr des Forschers Adolf Erik Nordenskiöld, der mit der *Vega* erstmals die Nord-Ost-Passage durchfuhr.

Ekoparken - Nationalstadtpark

Ekoparken – der weltweit erste Nationalstadtpark – wurde 1995 vom schwedischen Parlament gegründet. Die 27 Quadratkilometer große »grüne Lunge« der Stadt ist ein beliebtes Naherholungsgebiet. Der Park zieht sich durch Stockholms Innenstadtbereiche wie Skeppsholmen und den südlichen Teil Djurgårdens und verläuft weiter nordwestlich bis Nord-Djurgården, Hagaparken, Brunnsviken und Ulriksdal. Außerdem gehört zum Park das Inselchen Fjäderholmarna.

↑ *Picknick im Hagaparken vor dem Echo-Tempel*

3 Hagaparken

4 km nördl. des Stadtzentrums an der E4
visithaga.se

König Gustav III. beschloss Mitte des 18. Jahrhunderts, auf dem beliebten Haga-Gelände einen königlichen Park anlegen zu lassen. Seine Vorstellungen realisierte der Architekt Fredrik Magnus Piper. Heraus kam ein Park im englischen Stil mit ungewöhnlichen Gebäuden wie der Chinesischen Pagode und dem römischen Schlachtzelt Koppartälten, in dem sich heute das **Haga Parkmuseum** befindet. Der Park gehört zum Ekoparken.

Der **Pavillon Gustavs III.**, ein gustavianisches Meisterstück von Olof Tempelman mit einem Interieur von Louis Masreliez, ist die größte architektonische Attraktion. Im **Fjärilshuset** flattern exotische Schmetterlinge und Vögel frei umher.

Haga Parkmuseum
+46 8 402 6000 **Mitte Mai – Sep: tägl. 11–17; Okt – Mitte Mai: Fr – So 10 –15**

Pavillon Gustavs III.
+46 8 402 6130
Führungen: Mitte Juni – Mitte Aug: tägl. 12 –16

Fjärilshuset
+46 8 730 3981
Mo – Fr 10 –16, Sa, So 10 –17 **Mittsommer**

4 Ulriksdal

7 km nördl. von Stockholm **+46 8 402 6130**
Schloss: Juni – Aug: Sa, So 12 –15; Orangerie: Juni – Aug: Di – So 12 –16
rappne.se

Schloss Ulriksdal liegt auf einer Landzunge am Edsviken. Die Gebäude und das Areal mit seinem reichen Baumbestand sind einen Besuch wert. An der Auffahrt befindet sich eines der bekanntesten Restaurants Stockholms, Ulriksdals Värdshus.

Das ursprüngliche Schloss entstand in den 1640er Jahren nach Entwürfen von Hans Jakob Kristler in deutsch-holländischem Renaissance-Stil. Der Besitzer, der königliche Marschall Jakob de la Gardie, nannte das Schloss Jakobsdal. 1669 kaufte es die Königinwitwe Hedvig Eleonora, die es später ihrem Enkel Ulrik zur Taufe schenkte und umbenannte.

Schloss Ulriksdal liegt auf einer Landzunge am Edsviken. Gebäude und Areal mit reichem Baumbestand sind einen Besuch wert.

Um diese Zeit schlug der Architekt Tessin d. Ä. einen Umbau vor, aber nur wenige seiner Pläne wurden in die Tat umgesetzt. Im 18. Jahrhundert bekam das Schloss seine Barockfassade.

Unter Gustav III. war Ulriksdal für Feste beliebt, danach verlor es seinen Glanz. Erst unter Karl XV. (1826–1872) erwachte das Interesse am Schloss neu. In seinem Raum werden Möbel und Kunsthandwerk ausgestellt.

Der Park wurde Mitte des 17. Jahrhunderts angelegt. Hier stehen 300 Jahre alte Linden sowie einer der nördlichsten Buchenhaine Europas. Am Schlossteich vor dem Palast sieht man zwei Wildschwein-Skulpturen von Carl Milles. Über einen Bach führt ein Steg, der von einer Skulptur von Per Lundgren getragen wird.

Weitere Kunstwerke sind in der Orangerie zu sehen, die Tessin d. Ä. in den 1660er Jahren schuf und die 1705 umgestaltet wurde. Heute ist in der Orangerie ein Museum für Bildhauerei untergebracht. Die Schlosskapelle entstand 1865 nach Plänen von F. W. Scholander im Stil der holländischen Neorenaissance. Die Reitschule (1671) bauten Carl Hårleman und C. F. Adelcrantz in den 1750er Jahren zu einem Theater um. Im Sommer finden hier Aufführungen statt.

5 Millesgården

Herserudsvägen 32, Lidingö ☎ +46 8 446 7590 Ropsten, dann Bus nach Torsvik Mai–Sep: tägl. 10–17; Okt–Apr: Di–So 11–17 millesgarden.se

Im Jahr 1906 erwarb Carl Milles (1875–1955), einer der bedeutendsten schwedischen Bildhauer seiner Zeit, auf der Insel Lidingö Grund und baute sich darauf ein Haus, das 1908 bezugsfertig war. Hier lebte er mit seiner Frau viele Jahre und überließ 1936 das Anwesen dem schwedischen Staat.

In Millesgården befinden sich Milles' Ateliers, ebenso viele Repliken seiner Werke. Der schön angelegte Garten ist ein Kunstwerk für sich, außerdem bietet sich von hier ein herrlicher Blick aufs Wasser.

6 Stadion

Lidingövägen 1–3 ☎ +46 7 392 190 07 Stadion Mo–Fr 7–21:30, Sa 8–18, So 8–21:30

Für die Olympischen Spiele 1912 in Stockholm wurde ein neues Stadion gebaut, dessen Türme zu einem Wahrzeichen der Stadt wurden. Architekt Torben Grut (1871–1945) hatte nationalromantische Ideen, er wollte »moderne Konstruktionsmethoden, die sich an mittelalterlicher Ziegelbauweise orientieren«. Den Uhrturm zieren zwei Figuren Carl Fagerbergs, *Ask* und *Embla*, die in der nordischen Mythologie Adam und Eva entsprechen. Büsten erinnern an Victor Balck, der die Olympischen Spiele nach Stockholm holte, und an P. H. Ling, den schwedischen »Turnvater«.

In den 1930er Jahren kamen vier Skulpturen hinzu. Der Maler und Turner Bruno Liljefors schuf die Plastik *Spiel* für den Haupteingang, von Carl Eldh sind *Die Läufer*, von Carl Fagerberg *Die Staffelläufer* und *Der Kugelstoßer*.

Bis heute ist das Stadion Schauplatz wichtiger Sportwettkämpfe. 1990 fand hier die Weltmeisterschaft im Reitsport statt.

↓ *Das Schloss Ulriksdal liegt inmitten gepflegter Gärten*

7 Skogskyrkogården

6 km südl. von Stockholm
+46 8 508 317 30 · Skogskyrkogården · Führungen: Juni – Sep: So 10:30
skogskyrkogarden.se

Der Friedhof, auf dem sich in einzigartiger Weise Natur und Architektur zu einem harmonischen Ganzen verbinden, ist seit 1994 UNESCO-Welterbe. Er liegt inmitten von Kiefern, die dem Ort einen würdigen Rahmen verleihen. Bei der Ausschreibung für die Friedhofsgestaltung 1915 gewannen Gunnar Asplund *(siehe S. 94)* und Sigurd Lewerentz, die versuchten, den besonderen Charakter der Gegend zu erhalten. Asplunds erster Bau, die Skogskapellet (Waldkapelle), wurde 1920 gleichzeitig mit dem Friedhof geweiht. Carl Milles *(siehe S. 147)* schmückte die Kapelle aus. 1940 wurde Asplunds letztes großes Werk, das Skogskrematoriet (Waldkrematorium), vollendet, zusammen mit seinen drei Kapellen, die für Glaube, Hoffnung und das heilige Kreuz stehen.

In Skogskyrkogården befindet sich auch das Urnengrab von Greta Garbo.

Der Friedhof, auf dem sich Natur und Architektur zu einem harmonischen Ganzen verbinden, ist seit 1994 UNESCO-Welterbe.

Greta Garbo

Die legendäre Greta Garbo kam 1905 in Södermalm zur Welt. Mit 17 wurde sie an der Schauspielschule des Dramatiska Teatern aufgenommen und hatte ihr Debüt in *Peter, der Tramp*. Der Durchbruch kam 1924 mit Mauritz Stillers *Gösta Berlings Saga* nach einem Roman von Selma Lagerlöf. Im Jahr darauf zog sie nach Hollywood. »Die Göttliche« trat in 24 Filmen auf, dazu gehörten *Anna Karenina* (1935) und *Die Kameliendame* (1936). Bis zu ihrem Tod 1990 lebte sie in New York. 1999 wurde ihre Urne auf dem Friedhof Skogskyrkogården beigesetzt.

8 Bellevueparken

südl. vom See Brunnsviken, Ekoparken

Der Park ist Teil des Ekoparken *(siehe S. 146)* und wurde von Fredrik Magnus Piper angelegt. Bellevueparken wartet mit gewundenen Pfaden, Hainen, baumbestandenen Alleen und großen Grünflächen auf. Es gibt auch 200 Jahre alte Linden und seltene Arzneipflanzen. Seinen Namen (französisch für »schöner Blick«) hat der Park von Baron Carl Sparre, der 1782 ein Herrenhaus auf dem Bellevue-Hügel erwarb. Heute wird das Gebäude als Konferenzzentrum genutzt.

Auf dem Bellevue-Hügel befindet sich der Aussichtspunkt Lögbodavägen, von dem man den Meeresarm Brunnsviken überblickt. Ganz in der Nähe steht die Statue *Der junge Strindberg im Archipel* von Carl Eldh (1873 –1954). Im ehemaligen Atelier des Bildhauers befindet sich heute das **Carl Eldhs Ateljémuseum**. Eldh war einer von Schwedens profiliertesten Bildhauern. Die Gipsabdrücke vieler seiner Skulpturen sieht man in seinem Atelier, darunter die vom *Branting-Monument*, von der *Strindberg-Statue* im Tegnérlunden und *Die Läufer* im Stadion *(siehe S. 147)*.

Carl Eldhs Ateljémuseum
Lögbodavägen 10 +46 8 612 6560 Mai, Sep: Do–So 12–16; Juni–Aug: Di–So 12–16; Apr, Okt: So 12–16

9

Karlbergs Slott

Karlsbergs Slottsväg +46 8 746 1000 St Eriksplan für Besucher

Admiral Karl Karlsson Gyllenhielm begann in den 1630er Jahren, mitten im Dreißigjährigen Krieg, Karlbergs Slott zu erbauen. Ab 1670 wurde es erweitert und umgebaut. Als das Schloss 1688 in königlichen Besitz überging, war es einer der majestätischsten Bauten Schwedens. Der »Heldenkönig« Karl XII. (1682–1718) wuchs hier auf und wurde nach seinem Tod bei der Belagerung von Fredriksten hier aufgebahrt. 1792 wandelte C. C. Gjörwell das Anwesen in eine königliche Kriegsakademie um. Später wurde es die Militärschule Karlberg, seit 1999 ist es eine der Militärakademien.

Bemerkenswert im Inneren, das für Besucher leider geschlossen ist, sind Carl Caroves Stuckarbeiten im großen Saal. Die Schlosskirche wurde mehrmals renoviert, aber die Lampen aus dem 17. Jahrhundert sind noch erhalten.

10

Ericsson Globe

3 km südl. von Stockholm +46 8 508 353 00 Globen bei Veranstaltungen; Gondelfahrt nach Vereinbarung stockholmlive.com

Die überdachte Halle ist seit 1989 ein Wahrzeichen Stockholms. Es ist das größte kugelförmige Gebäude der Welt. Die Arena hat einen Umfang von 690 Metern und eine Höhe von 85 Metern. Im Ericsson Globen finden sportliche, kulturelle und politische Veranstaltungen statt. Mit den Glasgondeln von Skyview kann man an der Außenwand der Arena hochfahren.

Um das Stadion ist Globen City entstanden.

Restaurants

Landet

Landet ist Restaurant, Bar und Club mit Livemusik in einem. Probieren Sie das exquisite Kalbsentrecôte oder das Steak Tartare.

Ericssons Väg 27, Midsommarkransen
Sa mittags, So
landet.nu

Sjöpaviljongen

Sjöpaviljongen liegt in schöner Umgebung am Wasser und bietet saisonale schwedische Küche. Im Sommer kann man auf der Terrasse essen.

Tranebergs strand 4, Bromma
sjopaviljongen.se

Der illuminierte Ericsson Globe dominiert die Skyline der Stadt ↓

SCHWEDEN
ERLEBEN

Wanderer auf dem Kungsleden in Lappland

RÖKT FISK

Laden für geräucherten Fisch im winterlichen Öregrund (siehe S. 161)

Ost-Svealand

In der ganzen Region bezeugen Felszeichnungen, Hügelgräber und schiffsförmige Steinmonumente, dass hier die Wiege des antiken Svea lag. Von Birka am Mälarsee und von Roslagen in Uppland aus zogen Wikinger auf Raubzügen und Handelsfahrten Richtung Osten bis jenseits der Grenzen Europas. Das Zentrum des alten Æsir-Kults in Uppsala behauptete sich bis ins 12. Jahrhundert gegenüber der Christianisierung, doch künden viele schöne kleine Kirchen aus dem Mittelalter vom letztendlichen Sieg des Christentums. Sie ziert reicher Bilderschmuck mit biblischen Szenen. Uppsala selbst wurde Domstadt und stieg 1273 zum Sitz des Erzbischofs auf.

Besonders malerisch sind die zahlreichen Schlösser und Burgen, die über die Wasserwege wachen. Einige stammen aus dem Mittelalter, die bedeutendsten Bauten, etwa Skokloster, entstanden in den Jahren des großen Wohlstands nach den Siegen Schwedens in den europäischen Kriegen des 17. Jahrhunderts, von denen das Land wirtschaftlich enorm profitierte.

Eine weitere Quelle des Wohlstands für die Region war die Schifffahrt. Städte wie Arboga lagen an der Eisenstraße zwischen Bergslagen, Stockholm und den Häfen von Uppland. In allen drei historischen »Landschaften« finden sich gut erhaltene Eisenhütten, darunter das UNESCO-Welterbe Engelsbergs Bruk.

Der weitläufige Archipel erstreckt sich an den Küsten von Uppland und Södermanland und scheinbar übergangslos bis in den Mälarsee, in dem sich unzählige Inseln befinden.

Ost-Svealand

Highlights

1. Uppsala
2. Stockholm-Archipel

Sehenswürdigkeiten

3. Österbybruk
4. Grisslehamn
5. Öregrund und Östhammar
6. Forsmarks Bruk
7. Norrtälje
8. Sigtuna
9. Skokloster
10. Enköping
11. Birka
12. Södertälje
13. Trosa
14. Ytterjärna
15. Flen
16. Nyköping
17. Strängnäs
18. Mariefred
19. Eskilstuna
20. Julita Gård
21. Västerås
22. Arboga
23. Köping
24. Sala
25. Fagersta
26. Kopparberg
27. Grythyttan
28. Nora

Bottnischer Meerbusen
Gävle
Älvkarleby
Süd-Norrland
Seiten 284–299
Skårplinge
Lövstabruk
Forsmarks Bruk
6
Söderfors
Dalälven
Tierp
5 Öregrund
5 Östhammar
Eckerö
Örbyhus
Harg
3
Östervåla
Tämnaren
Österbybruk
Gimo
Grisslehamn 4
Björklinge
Alunda
Hallstavik
Storvreta
UPPLAND
Älmsta
Heby
Vittinge
Edsbro
Uppsala 1
Linnés Hammarby
Erken
Sunnersta
Rimbo
7 Norrtälje
Kapellskär
Paldiski
Örsundsbro
Knivsta
Skokloster 9
Stockholm-Arlanda Airport
10 Enköping
Sigtuna 8
Märsta
Bergshamra
Blidö
Svartlöga
Steninge Slott
Rosersberg
Bålsta
Vallentuna
Ljusterö
Åkersberga
Finnhamn
Mälaren
Sollentuna
Täby
2
Möja
Vaxholm
Stockholm-Archipel
Stockholm-Bromma Airport
Lidingö
17 Strängnäs
Birka 11
Sundbyberg
Vindö
Stockholm
Stavsnäs
Sandhamn
Mariefred 18
Huddinge
Tyresö
Runmarö
Södertälje 12
Tumba
Handen
Nämdö
Dalarö
Stjärnhov
Järna
Västerhaninge
Ornö
Gnesta
14 Ytterjärna
Fjärdlång
SÖDERMANLAND
Ösmo
Muskö
Vagnhärad
Tullgarns Slott
Utö
Utö
13 Trosa
Nynäshamn
Ostsee
Tystberga
Torö
Stockholm-Skavsta Airport
16 Nyköping
0 Kilometer 25
N
Oxelösund
Gdańsk, Visby, Ventspils

↑ *Die Doppeltürme der Domkyrkan, Sitz des Erzbischofs von Uppsala*

1

Uppsala

F4 · Uppsala · 200 000 · 25 km südl. des Stadtzentrums · Kungsgatan · Stationsgatan 20A · Vaksala-Markt (Sa) · Walpurgisnachtfeiern (30. Apr), Kulturnacht (2. Sa im Sep) · destinationuppsala.se

Das Gelehrtenzentrum am Fluss Fyrisån blieb lange Zeit eine kleine Stadt, obwohl hier 1477 die erste Universität Skandinaviens gegründet wurde und Krönungen stattfanden. Erst mit der Industrialisierung und der Erweiterung des Bildungswesens im 20. Jahrhundert entwickelte es sich zu Schwedens viertgrößter Stadt. Zu seinem Charme tragen die Kathedrale, das Schloss, die Universität und Gamla Uppsala bei.

①

Domkyrkan

Domkyrkoplan 2 · +46 18 430 3530 · tägl. 8–18

Weithin sichtbar ragen die 119 Meter hohen Türme der größten nordischen Kathedrale auf. In dem gotischen Schiff wurden viele Monarchen gekrönt. Ihre letzte Ruhestätte fand hier neben Gustav I. Wasa und Johann III. auch der Botaniker Carl von Linné. Die Kapelle birgt die Reliquien von Schwedens Schutzpatron, dem hl. Erik. Die Skattkammaren beherbergt eine wunderbare Textil- und Silbersammlung.

②

Gustavianum

Akademigatan 3 · +46 18 471 7571 · siehe Website · Feiertage · gustavianum.uu.se

Schwedens ältester Universitätsbau ist nach Gustav II. Adolf benannt. Die Ausstellungen beschäftigen sich mit der Arbeit der Universität seit ihrer Gründung 1477. Ein Juwel ist das Augsburger Kunstkabinett (Augsburgska konstskåpet) aus dem frühen 17. Jahrhundert. Gezeigt werden zudem ägyptische und klassische archäologische Sammlungen.

③

Universitetshuset

Biskopsgatan 3 · +46 18 471 1716 · Mo–Fr und bei Veranstaltungen

Das imposante Hauptgebäude der Universität mit dem schönen Auditorium wurde 1887 im Stil der Neorenaissance errichtet.

④

Carolina Rediviva

Dag Hammarskjölds Väg 1 · +46 18 471 3900 · 17. Juni–30. Aug: Mo–Fr 9–12 · Feiertage

1841 zog die 200 Jahre alte Universitätsbibliothek in dieses Gebäude um, das heute fünf Millionen gedruckte Bücher und Handschriften in insgesamt vier Kilometer langen Regalreihen beher-

Schon gewusst?

Seit den 1970ern schreien die Bewohner des Viertels Flogsta jeden Abend um 22 Uhr.

bergt, darunter Raritäten wie die Silberbibel (6. Jh.) und die *Carta Marina* (1539) von Olaus Magnus.

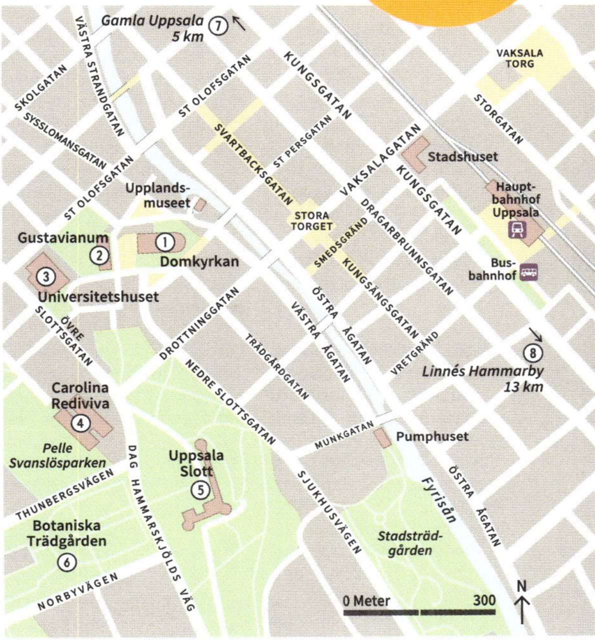

⑤

Uppsala Slott

Slottsbacken Konstmuseet: Di – So 11:30 –16 uppsalakonstmuseum.se

Das Wasa-Schloss ist neben der Kathedrale der auffälligste Bau der Stadt. Es wurde 1549 als Burg errichtet und mehrmals erweitert, aber nie vollendet und zum großen Teil 1702 bei einem Brand vernichtet. Heute sind hier das Kunstmuseum, die Residenz des Gouverneurs und das Fredens Hus untergebracht, das Schwedens langer Geschichte der Neutralität gewidmet ist.

⑥

Botaniska Trädgården

Villavägen 8 +46 18 471 2838 tägl. Feiertage botan.uu.se

Im botanischen Garten wachsen über 130 000 auch exotische Pflanzen in einem schönen Park mit diversen Gewächshäusern. Der erste Park wurde 1655 am Ufer des Fyrisån angelegt, 1741 übernahm ihn Carl von Linné und machte ihn zu einem der führenden botanischen Gärten.

⑦

Gamla Uppsala

Landstraße 290 oder E4, 5 km nördl. des Stadtzentrums +46 18 239 301 Jan – März, Okt – Dez: Mo, Mi, Sa, So 12 –16; Apr – Sep: tägl. 10 –16 (Juni, Aug: bis 17) 1. Jan, Mittsommer, 24., 25., 31. Dez

In Gamla Uppsala ragen wie schon vor 1500 Jahren die königlichen Grabhügel auf. Hier befand sich bis weit ins 11. Jahrhundert ein Kultzentrum für die nordischen Götter. Ein Tempel soll ganz mit Gold bedeckt gewesen sein. Im 12. Jahrhundert wich der Tempel einer christlichen Kirche und später einer Kathedrale. Mehr darüber erfährt man im Museum. Das nahe Freilichtmuseum Disagården zeigt den bäuerlichen Alltag im 19. Jahrhundert.

Carl von Linné (1707 -1778)

»Gott schuf, Linné ordnete«, lautet ein Spruch über den schwedischen »König der Pflanzen«. Linné führte in seinem 1735 erstmals veröffentlichten Buch *Systema Naturae* die heute jedem vertraute Nomenklatur ein, die für alle Pflanzen und Tiere zwei lateinische Namen vorsieht. Der auch als Linnäus bekannte Gelehrte wurde 1741 Professor der Medizin in Uppsala und prägte nachhaltig das Geistesleben der Stadt. In seinem Landhaus in Hammarby betreute Linné Studenten, die er auch schon mal im Nachthemd empfing – denn, so meinte er, »die Natur wartet nicht auf Puder und Perücken«.

⑧

Linnés Hammarby

13 km südöstl. von Uppsala +46 18 471 2838 Mai – Aug: Di – So 11–17; Sep: Fr – So 11–17 Pfingsten, Mittsommer hammarby.uu.se

Der Bauernhof war Linnés ländliches Refugium, hier konnte er Pflanzen züchten, die den feuchten Boden im botanischen Garten nicht vertrugen. Hammarby ist in staatlichem Besitz und untersteht der Universität.

2

Stockholm-Archipel

F4 SL-Information auf Englisch, +46 8 600 1000 Strömma Kanalbolaget, +46 8 587 140 00; Vaxholmsbolaget, +46 8 679 5830 stockholmarchipelago.se

Der Archipel erstreckt sich 80 Kilometer östlich von den Gewässern Stockholms bis zum offenen Meer und umfasst Zehntausende von Inseln, einige bewohnt, andere nicht. Die meisten von ihnen mit ihren traditionellen Holzhäusern und Hotels sind mit Linienfähren von Stockholm, Vaxholm, Stavsnäs und Dalarö aus erreichbar.

①
Fjäderholmarna

6 km östl. von Stockholm +46 8 718 0100 Mai – Sep von Nybrokajen und Slussen

Mit der Eingliederung der Fjäderholmarna-Inseln in den Ekoparken hat sich Stockholms »grüne Lunge« auf den Archipel ausgeweitet.

Die Hauptinsel Stora hat einen schönen Hafen, Restaurants, eine Galerie und Museen über Schifffahrt und Angeln sowie das Ostsee-Aquarium, das auf Schautafeln das Fischvorkommen in den Gewässern um die Inseln darstellt. Zu den Handwerkern gehören Metallarbeiter, Weber, Schnitzer und Glasbläser. Auf den anderen drei Inseln leben viele Vögel.

②
Vaxholm

25 km nordöstl. von Stockholm +46 8 541 314 80 670 von Strömkajen und Nybrokajen Jahrmarkt (Aug) Bootstag (1. Mi im Juni)

Die größte Gemeinde auf den Schäreninseln, Vaxholm, ist von Stockholm aus in einer Stunde zu erreichen. Auf Vaxholmen bewacht die **Festung Vaxholm** den Hafen. König Gustav I. Wasa ließ die Insel 1548 befestigen. Die neuere Zitadelle (19. Jh.) dient als Militärmuseum. Die Holzbauten am Hauptplatz laden zum Bummeln ein.

Festung Vaxholm
Vaxholmen +46 8 541 718 90 Mitte Juni – Sep: tägl. 11:30 –17:30

Ausflüge mit dem Dampfschiff

Dampfschiffe sind ein gewohnter Anblick sowohl zwischen den Schäreninseln als auch auf dem Mälarsee. Die Passagiere können wie in alten Zeiten die ruhige Fahrt genießen. Ein Veteran ist die SS *Blidösund*, die 1911 gebaut wurde und im nördlichen Archipel unterwegs ist. Auf manchen Strecken, z. B. Stockholm – Mariefred, sind teilweise oder ausschließlich Dampfschiffe unterwegs. Die meisten anderen Schiffe aus dem frühen 20. Jahrhundert bekamen zwar Dieselmotoren, muten aber nicht weniger nostalgisch an.

Highlight

↑ *Bunte Häuser im Hafen von Vaxholm im Stockholm-Archipel*

③
Grinda

30 km östl. von Stockholm +46 8 542 490 72 670 nach Vaxholm, dann per Boot von Strömkajen und Nybrokajen

Die grüne Insel Grinda ist typisch für die inneren Schäreninseln. Es gibt exzellente Strände und Felsen zum Baden und Angeln. Der Architekt Ernst Stenhammar baute hier eine Villa, heute ein Pub mit Gästezimmern. Es gibt auch Chalets, einen Zeltplatz und ein Hostel.

④
Finnhamn

40 km nordöstl. von Stockholm +46 8 542 462 12 von Strömkajen und Nybrokajen

Die Inselgruppe liegt zweieinhalb Bootsstunden von Stockholm entfernt. Auf der Hauptinsel steht eine Holzvilla von Ernst Stenhammar, heute die größte Jugendherberge des Archipels. Es gibt auch Chalets, einen Campingplatz und ein Lokal.

⑤
Möja

50 km östl. von Stockholm +46 8 571 640 53 670 nach Vaxholm, dann per Boot von Strömkajen und Nybrokajen

Fischen und der Anbau von Erdbeeren waren einst die Haupterwerbszweige in dieser idyllischen Ecke des Archipels. Heute ziehen malerische Häfen Segler an. Naturschutzgebiete um Möja schützen viele Wildtiere. Im Sommer kann man Hütten und Boote mieten.

⑥
Sandhamn

50 km östl. von Stockholm +46 8 571 530 00 433, 434 nach Stavsnäs, dann per Boot von Nybrokajen Regatta um Gotland (Juni/Juli), Sandhamn-Regatta (Ende Juli) destinationsandhamn.se

Auf Sandhamn liegt der Königlich-Schwedische Jachtclub, im Sommer trifft sich hier die Segler-Elite. Sandhamn ist ein bezauberndes Dorf mit Gässchen und verzierten Häuser sowie Läden, Handwerkszentren und einem Swimmingpool.

Zelten ist verboten, es gibt aber Hotels, B&Bs und Chalets. Schöne Strände.

⑦
Utö

50 km südöstl. von Stockholm +46 8 501 574 10 von Strömkajen utoturistbyra.se

Utö war schon vor den Wikingern bewohnt. Sehenswert sind das Bergbaumuseum und eine Windmühle mit hervorragendem Blick.

Expertentipp
Naheste Inseln

Wenn Sie wenig Zeit haben, aber den Archipel erkunden möchten, können Sie Fjäderholmarna und Vaxholm besuchen, die nur eine Stunde von Stockholm entfernt sind.

SEHENSWÜRDIGKEITEN

3 Österbybruk

F3 Uppland 2200 Ånghammaren; +46 295 214 92 Hurdy-Gurdy-Festival (Wochenende vor Mittsommer), Feuerfestival (Mitte Aug) roslagen.se

Wie wichtig Eisen für die Region war, kann man in Österbybruk am besten sehen. Die dortige Eisenhütte, die älteste des Gebiets, existierte bereits im 15. Jahrhundert. Doch erst als der Holländer Louis de Geer die Gießerei 1643 erwarb, begann der Aufschwung. Mithilfe wallonischer Schmiede baute er eine Eisenindustrie auf, die Schwedens machtpolitisches Rückgrat bilden sollte.

In der weltweit einzigen erhaltenen wallonischen Schmiede **Vallonsmedjan** (15. Jh.) vermitteln Puppen, Audio- und Lichtinstallationen einen Eindruck von der Arbeit in den Mühlen.

Im Herrenhaus lebte im frühen 20. Jahrhundert der Maler Bruno Liljefors. Im Sommer werden seine Tierbilder im Park von **Liljeforsateljén** ausgestellt.

Auf der **Dannemora Gruva** stand die lokale Eisenhütte. Von der seit dem Mittelalter hier ansässigen Eisenindustrie zeugen Tagebaugruben. In dem Gebäude über der Mine baute 1726 Mårten Triewald Schwedens erste Dampfmaschine.

Vallonsmedjan
Österbybruk +46 295 200 72 Juni–Aug: tägl. nach Vereinbarung

Liljeforsateljén
Österbybruk Mai–Sep: Sa, So 12–16 (Mitte Juni–Mitte Aug: tägl. bis 17)

Dannemora Gruva
2 km westl. von Österbybruk +46 295 214 92 Juni–Sep: tägl.

4 Grisslehamn

F3 Uppland 4700 Engströmsgården; +46 175 331 02 Postrodden-Bootsrennen nach Åland (Juni)

Die Wellen der unruhigen See von Åland brechen sich ständig an den roten Granitklippen des nördlichen Väddö bei Grisslehamn. Hier, an der schmalsten Stelle zwischen Schweden und Finnland, dauert die Überfahrt mit der Fähre nach Eckerö nur zwei Stunden – nicht zu vergleichen mit den rauen Bedingungen im 17. und 18. Jahrhundert, als hier die Hauptverbindung zu den östlichsten Vorposten Schwedens verlief. Bis 1876 wurde die Post von Fischern über das Wasser gebracht. Zum Gedenken an diese »Post-Ruderer« findet jährlich ein Rennen mit ähnlichen Booten statt.

↓ *Leuchtturm gegenüber von Grisslehamn, wo sich Segler auf eine Regatta vorbereiten* (links)

→ *Typische Holzhäuser am Ufer von Öregrund*

Heute zieht der verschlafene Fischereihafen von Grisslehamn Fährpassagiere und viele Urlauber an. Am Hafen wird an den roten Schuppen frischer Fisch verkauft.

Der 1940 verstorbene Maler und Autor Albert Engström zog 1902 nach Grisslehamn. Er schuf die in Schweden beliebten Figuren des Vagabunden Kolingen und des Österman aus Roslagen.

Das **Albert Engströmsmuseet**, eine Rekonstruktion von Engströms Haus mit seiner Kunst und Erinnerungsstücken, wurde 2006 nach Augustberg verlegt. Hier sind auch temporäre Ausstellungen zu sehen. Sein Klippenstudio wurde auf der dem Meer zugewandten Seite weiß gestrichen – als Orientierungshilfe für Seeleute.

Albert Engströmsmuseet
Augustberg +46 175 331 02 Ende Juni – Aug: tägl. 11–17; sonst nur nach Vereinbarung albertengstrom.se

5 Öregrund und Östhammar

F3 Uppland Hafenbüro, Öregrund; Rådhusgatan 6, Östhammar; +46 173 178 50 Östhammar-Musikfestival (Juli), Roslagsloppet-Bootsrennen (Ende Juli) roslagen.se

Öregrund und Östhammar sind sowohl historisch als auch geografisch eng miteinander verbunden. Ende des 15. Jahrhunderts gründeten die Einwohner von Östhammar Öregrund, um über einen besseren Hafen verfügen zu können. Schifffahrt und Eisenexport wurden die Lebensgrundlage der Stadt. 1719 brannten die Russen Öregrund nieder. Nach einem Plan von 1744 baute man den Ort wieder auf. Das Rathaus stammt von 1829. Seit Ende des 19. Jahrhunderts ist das einst verschlafene Gebiet ein beliebtes Ferienziel.

In der Region liegen viele gut erhaltene Eisenhütten, darunter Harg und Gimo. Das 1763 – 70 erbaute Herrenhaus von Gimo war Schwedens erstes Haus, das von Jean Eric Rehn im gustavianischen Stil errichtet wurde.

Außerhalb von Gimo steht die mittelalterliche Kirche **Skäfthammars Kyrka** mit dem berühmten Lesepult, das für die Schmiede von Gimo gefertigt wurde.

Skäfthammars Kyrka
Gimo, 16 km südöstl. von Östhammar +46 173 400 77 tel. erfragen

6 Forsmarks Bruk

F3 Uppland beim Brukscaféet; +46 173 500 15 visitforsmark.se

Die historische Eisenhütte Forsmarks Bruk hat gut erhaltene, von weißen Häuserzeilen gesäumte alte Straßen und ein 1767 –1774 erbautes Herrenhaus.

Drei Kilometer weiter steht an der Küste das Atomkraftwerk **Forsmarks Kärnkraftverk.** Es produziert ein Siebtel des schwedischen Stroms. Bei Führungen sieht man den See, an dem die Auswirkungen des Kühlwassers auf die Umwelt erforscht werden.

Auch die beeindruckende **Lövstabruk**, ein Herrenhaus aus dem 18. Jahrhundert inmitten von Gärten, zählt zu Louis de Geers wallonischem Eisenhüttenreich.

Forsmarks Kärnkraftverk
3 km nördl. von Forsmark +46 173 810 00 Mitte Juni – Mitte Aug: Mo – Fr; sonst nach Vereinbarung

Lövstabruk
16 km nördl. von Forsmark Sommer: tägl. lovstabruk.com

Das idyllische Norrtälje mit vielen Holzgebäuden ist die Drehscheibe von Roslagen, einem weitläufigen Gebiet an Upplands Küste.

7
Norrtälje

F4 Uppland 17 000 Lilla Brogatan 3 Norrtälje Jazz Festival (Ende Juni) norrtalje.se

Die idyllische Stadt mit vielen Holzgebäuden ist die Drehscheibe von Roslagen, einem weitläufigen Gebiet an Upplands Küste. Als hier eine bedeutende Waffenfabrik errichtet wurde, erhielt Norrtälje 1622 von Gustav II. Adolf das Stadtrecht. Ende des 19. Jahrhunderts entwickelte sich die Stadt – nicht zuletzt wegen der heilsamen Wirkungen des Schlamms aus der Bucht von Norrtälje – zum Badeort.

Im Sommer zieht es viele Stockholmer nach Norrtälje, wo die Häuser im Zentrum und am Fluss Norrtäljeån noch ganz wie im 18. Jahrhundert aussehen. Die Kirche wurde 1726, das Rathaus 1792 erbaut. Neben einer guten Auswahl an Läden, Cafés und Pubs sind das **Roslagsmuseet** über die Schifffahrt und das Leben an der Küste in der alten Waffenfabrik sehenswert sowie das ungewöhnliche Museum **Pythagoras** in der alten Dieselmotorenfabrik, eines der besterhaltenen Industriedenkmäler Schwedens.

Roslagsmuseet
Faktorigatan +46 705 566 555

Pythagoras
Verkstadsgatan 6 +46 176 100 50 Mitte Juni – Mitte Aug: Di – So 12 –16 pythagorasmuseum.se

8
Sigtuna

F4 Uppland 42 000 nach Märsta C, dann Bus Stora Gatan 33; +46 8 594 806 50 Sigtuna-Treffen (Ende Aug) destinationsigtuna.se

Schwedens zweitälteste Stadt wurde nach ihrer Gründung 980 bald ein christliches Zentrum. Von drei der sieben mittelalterlichen Kirchen, St. Per, St. Lars und St. Olof, sind Ruinen erhalten. Die attraktive Hauptstraße Stora Gatan säumen Holzhäuser, ihre Anordnung folgt der alten Landstraße. Die Mariakyrkan (13. Jh.) mit mittelalterlichen Malereien ist die älteste Backsteinkirche der Region Mälardalen.

Interessant sind auch das kleinste Rathaus Schwedens (1744) und das mit Möbeln der Zeit eingerichtete Haus Lundströmska Gården aus dem frühen 20. Jahrhundert. In der Umgebung findet man rund 150 Runensteine aus dem 11. Jahrhundert.

Die Region zieren prächtige Bauwerke wie Skokloster und das königliche **Rosersbergs Slott** mit herrlichen Interieurs von 1795 bis 1825.

Östlich von Sigtuna befindet sich das von Tessin d. J. erbaute **Steninge Slott** (um 1690), ein Meisterwerk des Barock italienischer Prägung. Schloss und Gärten waren ein beliebter Touristenort, aber jetzt wird das Gelände in eine Wohngegend mit mehr als 600 Wohnungen umgewandelt.

Rosersbergs Slott
15 km von Sigtuna +46 8 590 350 39 nur Führungen; Mai – Sep: 11–15 (Juni – Aug: bis 16) rosersbergsslott.se

Steninge Slott
7 km östl. von Sigtuna +46 8 592 595 00 Schloss: Juni – Aug: tägl. steningeslottsby.se

9
Skokloster

F4 Uppland +46 8 402 30 60 SL-Zug von Stockholm nach Bålsta, dann Bus 311 von Uppsala Mai, Sep: Sa, So 11–16; Juni – Aug: tägl. 11–17 skoklostersslott.se

Skokloster am Mälarsee zählt zu den besterhaltenen Barockschlössern Europas und birgt einzigartige Möbel-, Kunst-, Waffen-, Textil- und Büchersammlungen. Es wurde ab 1654 für den Heerführer Carl Gustav Wrangel erbaut, der im Dreißigjährigen Krieg (1618 –48) sagenhafte Reichtümer ansammelte und mit dem Prachtbau, in dem er nur wenige Wochen lebte, seinen Erfolg demonstrierte.

Im Schloss scheint die Zeit stillzustehen: So liegen etwa im unvollendeten Bankettsaal noch die Werkzeuge der Handwerker. Die prächtigsten Räume sind die Waffenkammer mit einer Samm-

Sigtunas Hauptstraße Stora Gatan säumen Holzgebäude ↑

← *Das Barockschloss Skokloster liegt wunderschön am Mälarsee*

lung von 2000 Stücken und die Bibliothek. Es gibt auch eine Dreherei mit einer einzigartigen Kollektion niederländischer Holzbearbeitungswerkzeuge.

Unweit des Schlosses steht Schwedens zweitälteste Backsteinkirche. Sie wurde im 13. Jahrhundert für Nonnen des Zisterzienserordens errichtet. Im 17. Jahrhundert wurde sie die Familienkirche der Wrangel-Familie. Auf dem Friedhof findet man mehrere Runensteine, einige tragen die Signatur von Fot, einem im 11. Jahrhundert wirkenden Runenmeister der Wikinger.

10 Enköping

F4 Uppland 39 000 Rådhusgatan 3; +46 171 625 040 enkoping.se

Die am Mälarsee gelegene Stadt trägt den Beinamen »Meerrettichstadt«, in Anspielung auf den Gemüseanbau, der sie im 19. Jahrhundert bekannt machte. Bis heute ist sie dank der schönen Parks und Gärten eine grüne Stadt.

Enköping erhielt 1300 das Stadtrecht und war ein geistliches Zentrum mit drei Kirchen und einem Kloster. Von diesen ist nur die großteils neu aufgebaute Vårfrukyrkan verblieben.

Nur eine kurze Fahrt nordöstlich von Enköping liegt die mittelalterliche Kirche **Härkeberga**. Ende des 15. Jahrhunderts wurde die Sternenkammer vom schwedischen Meistermaler Albertus Pictor dekoriert. Wände und Decken sind mit bunten Fresken aus biblischen Geschichten, Alltag und Fantasiewesen geschmückt.

Härkeberga Kyrka
10 km nordöstl. von Enköping März–Okt: tägl.

995
wurde in Sigtuna Schwedens erste Münze geprägt – für Olav den »Steuerkönig«.

11 Birka

F4 Uppland von Stockholm (nur im Sommer) birkavikingastaden.se

Der Handelsposten Birka auf der Insel Björkö im Mälarsee wurde im 8. Jahrhundert gegründet. Birka gilt deshalb als die älteste Stadt Skandinaviens. Ihr Gründer, der König von Svea, residierte im nahen Adelsö.

Etwa 100 Jahre später wurde Birka von einem Chronisten als Handelszentrum mit einem üppigen Warenangebot beschrieben, in dem große Geldmengen und viele Wertgegenstände zirkulierten. Zu den Handwerkern unter den rund 1000 Einwohnern gesellten sich Händler aus weit entfernten Ländern.

In der einfach angelegten Stadt lebten die Bewohner in bescheidenen Häuserzeilen oberhalb der langen Piere. An diesen ankerten die Schiffe, die die Wikinger auf ihren Handels- und Kriegszügen benutzten. 830 begann mit Ankunft des Mönchs Ansgar Schwedens Christianisierung. Danach verlor Birka rasch an Bedeutung. Schon im 10. Jahrhundert war die Bevölkerung nach Sigtuna auf dem nahen Festland gezogen.

Heute ist Björkö eine grüne Insel mit schönen Wiesen und wacholderbedeckten Hängen. Faszinierend sind das Museum und die archäologischen Ausgrabungen. Das Museum zeigt, wie Birka zu seiner Blütezeit möglicherweise ausgesehen haben könnte, und präsentiert einige Funde. Im Sommer finden in der Ansgar-Kapelle Messen statt. Birka bietet zudem einen Hafen, ein Restaurant und Badeplätze.

Schon gewusst?

Die alten Handelsverbindungen von Birka reichten bis nach Byzanz.

12 Södertälje

F4 Stockholms län 89 000 Saltsjögatan 1; +46 8 523 060 30 destinationsodertalje.se

Södertälje ist eine der ältesten Städte Schwedens. Wirtschaftlich profitierte der Ort von seiner günstigen Lage: Als sich im 9. Jahrhundert das Land hob und der Sund zwischen Ostsee und Mälarsee nicht mehr schiffbar war, wurde Tälje zum Umschlagplatz. Es florierte im Mittelalter, wurde jedoch im 17. und 18. Jahrhundert durch Brände, Kriege und die Pest fast zerstört. Das Blatt wendete sich, als 1819 der Kanal gebaut wurde und mit dem Bau der Eisenbahn 1860

← *An einem kleinen Anleger vertäute Boote bei Birka*

↑ *Schöne Holzhäuser säumen den Hafenkanal von Trosa*

die Industrialisierung begann. Heute bilden Konzerne wie der Fahrzeugbauer Scania die Hauptsäulen der Wirtschaft.

Södertäljes Geschichte kann man im Freilichtmuseum **Torekällbergets Museet** mit historischen Bauten und Handwerkerviertel nachvollziehen. Die **Marcus Wallenberg-hallen** bietet eine große Sammlung von Oldtimern aus der 100-jährigen Produktionsgeschichte von Scania. In **Tom Tits Experiment** können Kinder frei experimentieren und so die Naturgesetze verstehen lernen.

Torekällbergets Museet
Källgatan
+46 8 523 014 22
Mai – Aug: tägl. 10 – 16

Marcus Wallenberg-hallen
Scania Vagnmakarvägen 2 +46 8 553 825 00
Juli – Dez: Mo – Fr 8 – 16:30

Tom Tits Experiment
Storgatan 33 +46 8 550 225 00
tägl. 10 – 18 tomtit.se

13

Trosa

F4 Södermanland
5500 nach Vagnhärad oder Södertälje, dann Bus
Västra Langgatan 4
Markt (Juni) Tanz im Hafen (Aug) trosa.com

Trosa bildet eine geografische Sackgasse »am Ende der Welt« – außer man erkundet von hier aus den Trosa-Archipel. 1719 wurde Trosa von russischen Truppen niedergebrannt, nur die Kirche (1711) wurde verschont. Hübsche rote Holzhäuser säumen vor allem die Kåkstan, in der auch das Kunsthandwerksmuseum Garvaregården steht.

Das nahe **Tullgarns Slott** (18. Jh.) war Sommerresidenz von Gustav V. (1858 – 1950). Es wartet mit grandiosen Interieurs und einem Park im englischen Stil auf.

Tullgarns Slott
E4, 10 km nördl. von Trosa +46 8 551 720 11
Mai – Sep: Di – So 11–17

14

Ytterjärna

F4 Stockholms län
nach Järna, dann Bus
ytterjarna.se

Seit den 1960er Jahren entwickelte sich Ytterjärna zum Zentrum der schwedischen Anthroposophen. Die Anhänger der Lehre des Österreichers Rudolf Steiner (1861–1925) streben eine ganzheitliche Entwicklung des Menschen vor allem in Kunst, Musik, Landwirtschaft und Medizin an. Zu den anthroposophischen Einrichtungen zählen Schulen, das Krankenhaus Vidarkliniken und biodynamische Bauernhöfe.

Das **Kulturhuset** ist als Zentrum für Kunst, Musik und Theater sowie für seine kühne Architektur von Erik Asmussen bekannt, bei der Farbe und Form einen Dialog eingehen.

Kulturhuset
+46 8 554 302 00 tägl. 10 – 17 Feiertage kulturhuset.nu

15

Flen

E4 Södermanland 6200 Södra Järnvägsgatan 2; Malmköping (Sommer) Malma-Markt (Ende Juli) Flen-Festival (Mitte Juni) visitflen.se

Flen erhielt erst 1949 Stadtrecht. Der Ort selbst hat wenig zu bieten, das gleichnamige Umland hält jedoch einige Attraktionen bereit.

Umgebung: Zehn Kilometer östlich von Flen steht am See Valdemaren das Schloss von Stenhammar, im frühen 20. Jahrhundert die Residenz von Prinz Wilhelm. Das Schloss wird nun von Carl XVI. Gustaf benutzt und kann nicht besichtigt werden.

Im Nordosten von Flen liegt Harpsund, die Sommerresidenz des Premierministers, deren Park öffentlich zugänglich ist.

In der alten Regimentsstadt Malmköping ist Malmahed von Interesse. Die alte Militäranlage ist heute ein Museum für Militaria und ein Naturzentrum. In **Museispårvägen** werden alte Straßenbahnen und andere öffentliche Verkehrsmittel ausgestellt. Besucher können auf einer kurzen Tramstrecke über Land fahren.

Museispårvägen
Malmköping, 17 km nördl. von Flen, Straße 55 Juni: Sa, So 11–17; Juli, Aug: tägl. 11–17 muma.se

Expertentipp
Angeln
Will man mal das Angeln ausprobieren, vermittelt Fishing in the Middle of Sweden Kontakt mit hochwertigen Angelgebieten, Reiseleitern und Unterkünften in Mittelschweden (www.fishinginthe middleofsweden.com).

Reiter am See Valdemaren in Flen ↑

16

Nyköping

F4 Södermanland 33 000 Rådhuset, Stora Torget; +46 155 24 8000 Nyköping-Bankett (Juli) visitnykoping.se

Die Hauptstadt von Södermanland ist vor allem durch das Gastmahl von Nyköping (1317) bekannt. König Birger lud die Herzöge Erik und Waldemar zum Mahl ein, um den Streit zwischen den Brüdern zu schlichten. Er ließ sie jedoch in den Kerker von Nyköpingshus werfen und dort sterben. Die schreckliche Geschichte wird im Schloss mit aller Pracht aufgeführt. 1665 zerstörte ein Brand das alte Schloss, von dem nur der Turm übrig blieb. In der Gouverneursresidenz zeigt das **Sörmlands Museum** eine historische Ausstellung.

Sehr angenehm erkundet man im Sommer die Sehenswürdigkeiten mit dem Touristenzug Tuffis ab Stora Torget. Im Norden an der Küste ist Nynäs Slott sehenswert.

Sörmlands Museum
Nyköpingshus +46 155 24 5700 tägl. 10–17 (Mi bis 20) Sep–Mai: Mo sormlandsmuseum.se

17

Strängnäs

E4 Södermanland 15 000 Nygatan 10 (Juni–Aug) Strängnäs-Markt (Mitte Okt) strangnas.se

Strängnäs war im Mittelalter ein bedeutendes Zentrum und wurde bereits um 1120 in Dokumenten als Bischofssitz erwähnt. Dominantes Bauwerk ist die 1280 vollendete gotische Kathedrale **Domkyrkan**. In Strängnäs wurde Gustav I. Wasa am 6. Juni 1523 zum König gewählt – der 6. Juni ist heute Schwedens Nationalfeiertag. Die Kathedrale ist von malerischen Holzhäusern umgeben, östlich davon befindet sich mit der Roggeborgen das in den 1480er Jahren erbaute Bischofspalais.

Die Gyllenjelmsgatan, die vom Stadtzentrum zur Kathedrale führt, wurde von dem Lyriker Bo Setterlind (1923–1991) als schönste Schwedens beschrieben.

Zum Gemeindegebiet gehört auch Selaön, die größte Insel im Mälarsee. Dort finden sich die meisten Runensteine Södermanlands und

→

In Gripsholms Slott in Mariefred ist die nationale Porträtgalerie untergebracht

Von Stockholm aus erreicht man Mariefred am schönsten über den See Mälaren mit dem Dampfer SS *Mariefred* aus dem Jahr 1903 in dreieinhalb Stunden.

Reste einer alten Siedlung. Eine weitere Attraktion auf Selaön ist das renovierte Schloss Mälsåkers aus dem 17. Jahrhundert.

Domkyrkan
Biskopsgränd 2
+46 152 245 00 tägl. nach Vereinbarung oder zu Messen (Mi, So)

18

Mariefred

F4 Södermanland
4700 Rådhuset; +46 159 297 90 Dampftag (1. Sa im Juni), Mittelalterfestival (Ende Juli)
imariefred.nu

Dem Städtchen Mariefred nähert man sich am besten auf dem Wasserweg – so erhält man den schönsten Blick auf **Gripsholms Slott**, dem Kurt Tucholsky (1890–1935, er wurde auf Mariefreds Friedhof bestattet) mit dem Roman *Schloss Gripsholm* (1931) ein literarisches Denkmal setzte. Die erste Burg an dieser Stelle errichtete um 1380 der Reichsverwalter Bo Jonsson Grip, den Bau des heutigen Schlosses initiierte Gustav I. Wasa 1537. Im späten 18. Jahrhundert wurde es unter Gustav III. umgebaut. In dieser Zeit entstand die Porträtgalerie, die 4000 Porträts von berühmten Persönlichkeiten der letzten 500 Jahre umfasst. Unter den gut erhaltenen Räumen sind vor allem das Theater von Gustav III. und der Weiße Salon sehenswert.

Mariefred hat seinen Namen von einem mittelalterlichen Kartäuserkloster, an dessen Standort ab dem frühen 17. Jahrhundert ein Gasthof zum Verweilen einlud. Mariefreds alte Straßen mit hübschen Holzhäusern machen Lust auf Spaziergänge. Kunstfreunde zieht es ins Grafikens Hus beim ehemaligen königlichen Gut, dessen Ställe und Heuschober zu Galerien umgebaut wurden. Zudem kann man das Eisenbahnmuseum besuchen und mit den Schmalspur-Dampfzügen der **ÖSLJ**, der Östra Södermanlands Järnväg Museumsgesellschaft, in 20 Minuten vom Hafen nach Läggesta und an manchen Tagen auch nach Taxinge fahren. Am Bahnhof befinden sich ein hübsches Café und ein Laden.

Von Stockholm aus erreicht man Mariefred am schönsten über den See Mälaren mit dem Dampfer SS *Mariefred* aus dem Jahr 1903 in dreieinhalb Stunden.

Gripsholms Slott
500 m südwestl. des Zentrums +46 159 101 94 Anf. Mai–Sep: tägl. 10–16; Apr, Okt, Nov: 12–15 (Tage siehe Website)
gripsholmsslott.se

ÖSLJ
Storgatan 21, 500 Meter westl. des Zentrums siehe Website
oslj.nu

Schon gewusst?

Das Coverfoto von ABBAs Album *Waterloo* wurde in Gripsholms Slott geschossen.

Das Ufer von Eskilstuna säumen schöne Häuser ↑

19

Eskilstuna

E4 Södermanland 95 000 Fristadstorget 1 Strängnäs-Markt (Mitte Okt) eskilstuna.se

Benannt ist die Stadt nach dem hl. Eskil aus England, Svealands erstem christlichem Bischof, der seine Kirche am Flussufer des Eskilstunaån im 10. Jahrhundert erbaute. Die Stadt begann im 17. Jahrhundert wirtschaftlich zu erblühen, als König Karl X. Gustav (1622–1660) dem Meisterschmied Reinhold Rademacher aus Riga ein 20-jähriges Monopol auf die Produktion von Kanonen, Messer und Scheren gewährte. In der Rademachergatan stehen noch alte Schmieden, in denen Besucher auch selbst schmieden dürfen.

Eskilstuna, heute eine moderne Industriestadt und ein Ausbildungszentrum, zieren über 200 öffentliche Kunstwerke, u. a. Carl Milles' *Hand Gottes* im Stadsparken.

Der angesehene **Parken Zoo** mit Tieren aus der ganzen Welt ist auch ein beliebter Freizeitpark mit beheiztem Schwimmbad.

Umgebung: Nördlich liegt Torshälla mit Kopfsteinpflaster und Holzhäusern. Eine Kirche aus dem 12. Jahrhundert dominiert die Altstadt.

Parken Zoo

1 km westl. des Zentrums siehe Website parkenzoo.se

20

Julita Gård

E4 Södermanland +46 8 519 547 30 nach Katrineholm, dann Bus 405 Mai, Sep: Sa, So 11–16; Juni–Aug: tägl. 10–17

Das Anwesen am Öljaren-See gilt als größtes Freilichtmuseum der Welt. Es wurde im 20. Jahrhundert von dem romantisch veranlagten Leutnant Arthur Bäckström gegründet und 1941 dem Stockholmer Nordiska Museet gestiftet. Das Gut mit Park, Gärten und Herrenhaus, das im 18. Jahrhundert auf dem Gelände eines mittelalterlichen Zisterzienserklosters errichtet wurde, ist noch immer in Betrieb.

Die Gebäude vermitteln einen Eindruck vom Landleben in Södermanland. Vom Aussterben bedrohte Nutztierrassen werden hier für das Landwirtschaftsmuseum gezüchtet. Kinder lieben das Haus der Kinderbuchfigur Petterson mit dem Kater Findus.

21

Västerås

E4 Västmanland 140 000 Kopporbergvägen 10; +46 21 390 100 Stadtfest (Anf. Juli), Power Big Meet (Juli)

Die Stadt liegt an der Mündung des Svartån in den Mälarsee. Ihre günstige Lage machte sie schon zu Zeiten der Wikinger zum bedeutenden Handelszentrum. Burg und Kathedrale wurden ab dem 13. Jahrhundert errichtet, 1527 versammelte sich hier der Reichstag.

Västerås liegt an der Mündung des Flusses Svartån in den Mälarsee. Die günstige Lage machte die Stadt schon zu Zeiten der Wikinger zum bedeutenden Handelszentrum.

In der **Domkyrkan** steht der Sarkophag von Erik XIV. Der König (reg. 1561–69) wurde wohl von seinem Bruder Johann II. getötet.

In dem alten Gelehrtenviertel rund um die Kirche gründete Johannes Rudbeckius 1632 die erste höhere Schule Schwedens. Im 17. und 18. Jahrhundert stieg Västerås zum wichtigen Hafen für die Region Bergslagen

Schöne, bunte Gebäude in der Stadt Arboga

auf. In der heutigen Industriestadt steht die Zentrale des Technikkonzerns Asea-Brown-Boveri (ABB).

Östlich soll im Anundshögen-Hügel (7. Jh.) König Bröt-Anund begraben sein, der Bergslagen besiedeln ließ. Beim Hügel wurden Steine in Form von 50 Meter langen Schiffen aufgestellt.

Skultuna Messingsbruk im Nordwesten wurde 1607 gegründet und ist Europas ältestes aktives Messingwerk. Es ist bekannt für seine Kanonen und Kerzenhalter.

Domkyrkan
Västra Kyrkogatan 6
+46 21 81 4600 tägl.

Skultuna Messingsbruk
16 km nordwestl. von Västerås tägl.
skultuna.com

22

Arboga

E4 Västmanland
11 000 Mittelalterfestival (Aug)
arboga.se

Rote eiserne Lagerhäuser, der Ladbron-Kai und die Eisenbahn erinnern an Arbogas große Zeit als wichtigster Hafen für Eisen aus Bergslagen. Fahlströmska Gården ist ein typisches Lagerhaus aus dem 16. Jahrhundert.

Hier tagte 1435 der erste schwedische Reichstag. Aus dieser Zeit stammt die Hospitalkapelle am Stortorget. Eine herrliche Barockkanzel von Burchardt Precht ziert die Heliga Trefaldighets Kyrka (14. Jh.) am Järntorget.

23

Köping

E4 Västmanland
18 000 Barnhemsgatan 2; +46 221 256 55
Köpingsfesten (Ende Mai)
koping.se

Der Hafen Köping am Mälarsee war seit dem Mittelalter ein wichtiger Verkehrsknotenpunkt für den Transport von und zu den Minen und Wäldern von Bergslagen.

Den Großbrand von 1889 überstanden nur die Gebäude westlich des Flusses, darunter Nyströmska Gården (17. Jh.). In der Schreinerei kann man sehen, wie die bekannten Klapptische gemacht wurden. Sehenswert sind auch das Fahrzeugmuseum **Bil- och Teknikhistoriska Samlingarna**.

Bil- och Teknikhistoriska Samlingarna
Glasgatan 19
Mai–Okt: Di–Sa 11–16
biloteknik.se

Restaurants

Hambergs Fisk
Bistro und Fischmarkt mit einer guten Auswahl an Dessertkäse. Probieren Sie die Meeresfrüchteplatte.
F4 Fyristorg 8, Uppsala So
hambergs.se
Kr Kr Kr

Villa Anna
Hier gibt es schwedische Küche mit spannenden Geschmackskombinationen.
F4 Odinslund 3, Uppsala So, Mo
villaanna.se
Kr Kr Kr

Båthuset Krog & Bar
Die Karte des schwimmenden Restaurants wird von Meeresfrüchten und traditionellen schwedischen Gerichten dominiert.
F4 Hamngatan 2, Sigtuna Mo
bathuset.com
Kr Kr Kr

24

Sala

E4 Västmanland
12 000 Stora Torget; +46 224 74 7802
Herbstmarkt (Ende Sep)
destinationsala.se

Die Silbermine in Sala zählte im 16. Jahrhundert zu den reichsten der Welt: Bis 1570 wurden hier 200 000 Kilogramm geschürft, die dem Staat beträchtliche Einnahmen brachten. Die frühere Mine **Silvergruva** ist auf 60 und 155 Meter Tiefe zu besichtigen. Bei den alten Gruben und Kanälen kann man schön spazieren gehen. Für Kinder werden aufregende »Silberschatzsuchen« organisiert.

Das **Aguélimuseet** zeigt Arbeiten des Orientalisten Ivan Aguéli (1869–1917) aus Sala sowie die anderer Modernisten.

Silvergruva
Drottning Christinas Väg siehe Website salassilvergruva.se

Aguélimuseet
Vasagatan 17
Mi–Sa 11–16
aguelimuseet.se

25

Fagersta

E4 Västmanland
12 500 Vastmannavägen 12; +46 223 131 00

Eisen hat in Fagersta seit jeher eine bedeutende Rolle gespielt. Südlich der Stadt sieht man in Dunshammar, wie in eisenzeitlichen Öfen das Eisen aus dem Erz geschmolzen wurde. Heute werden in Fagersta hauptsächlich Metall und rostfreier Stahl verarbeitet.

In der zum UNESCO-Welterbe gehörenden Eisenhütte **Engelsbergs Bruk** können der historische Hochofen und die Eisenhütten in Betrieb bewundert werden. Sie zeigen, wie hier vom 17. bis zum 19. Jahrhundert gearbeitet wurde.

1,5 Kilometer entfernt von den Eisenhütten steht Oljeön, die weltweit älteste erhaltene Raffinerie (1875–1902).

Auf seinem Weg vom Mälarsee nach Smedjebacken in Dalarna führt der 1795 vollendete Strömsholm-Kanal durch Fagersta. Er war für die Gießereien von Bergslagen von essenzieller Bedeutung. Mithilfe von 26 Schleusen, davon sechs in Fagersta, überwinden Boote und Passagierfähren 100 Meter Höhenunterschied.

Engelsbergs Bruk
15 km östl. von Fagersta +46 70 211 7660 nur Führungen; vorab tel. vereinbaren

UNESCO-Welterbe: die Eisenhütte Engelsbergs Bruk ↑

26

Kopparberg

E4 Västmanland
3300 Gruvstugutorget 3; +46 580 805 55 Goldsucher-Wettbewerb (Ende Juni) bergslagen.se

Kupferfunde im 17. Jahrhundert lockten Bergarbeiter aus Falun hierher, die den Ort nach ihrer alten Mine Nya Kopparberget (Neuer Kupfer-

berg) benannten. Auf dem 2,5 Kilometer langen Kopparstigen-Weg hat man einen schönen Blick auf die zahlreichen Minenbauten. Am Weg steht zudem der Museumskomplex **Kopparbergs Muséer** mit einem Goldschmiede- und einem Postmuseum sowie einem Fotoatelier aus der Zeit um 1880. Sehenswert sind außerdem der Gerichtshof (17. Jh.) und eine Holzkirche von 1635.

Kopparbergs Muséer
Gruvstugutorget
+46 580 715 19
Juni – Aug: tägl.

27 Grythyttan

D4 Västmanland
1100 +46 591 340 60
nach Örebro, dann Bus

Eine Silberader brachte Grythyttan Wohlstand und 1649 das Stadtrecht. Dieses wurde dem Ort jedoch wieder entzogen, als die Ader 33 Jahre später erschöpft war. Heute ist Grythyttan ein gastronomisches Zentrum. Die Entwicklung begann, als der 1640 erbaute Gasthof in den 1970ern von dem Gastronomen Carl Jan Granqvist zu neuem Leben erweckt wurde. Heute befindet sich im **Måltidens Hus i Norden**, Schwedens Pavillon für die EXPO 1992 in Sevilla, eine Gastro-Fachschule. Sie bietet Kurse, Ausstellungen und ein Kochbuchmuseum.

Südlich von Grythyttan liegt das Kurbad **Loka Brunn**. Es wurde in den 1720er Jahren gegründet. Das alte Bad mit Park und Quelle gehört zum schwedischen Spa-Museum. Man kann das Quellwasser probieren sowie das restaurierte Bad, die Apotheke, die Klinik und die im Jahr 1761 erbaute königliche Küche bestaunen.

↑ *Industriegebäude der Silvergruva mit Grubenerkundung* (links)

Måltidens Hus i Norden
Sörälgsvägen 4 Mo – Fr (Ende Juni – Mitte Aug: tägl.)
maltidenshus.com

Loka Brunn
15 km von Grythyttan Bad: tägl.; Museum: Sommer
lokabrunn.se

28 Nora

E4 Västmanland
6500 nach Örebro, dann Bus Jarnvagsgatan 1 Nora-Festival (Anf. Juli), Noramarken-Messe (Ende Aug) nora.se

Mit seinen charmanten Läden, Holzhäusern und Bauten aus dem 18. Jahrhundert ist Nora ideal für einen entspannten Bummel. Das interessante Museum Göthlinska Gården (1793) zeigt ein Bürgerhaus um 1900.

Das bedeutendste Bergbaumonument der Region ist die drei Kilometer entfernte Pershyttan im Westen mit einem Kohlehochofen von 1856. Im Sommer fährt ein Dampfzug von Nora auf dem Nora Bergslags Veteranjärnväg. In den Bahnhallen kann man Dampfloks, Dieselloks und Kutschen sehen.

Bars

Slow Down Restaurang Bar
In dem gemütlichen Bistro mit Terrasse gibt es über 800 Biersorten und 146 Whiskys.
E4
Djuphamnsvägen 4, Västerås slowdown restaurang.se

Sigtuna Stiftelsen
Die Bar im stimmungsvollen Hotel Sigtuna Stiftelsen ist ideal für ein Glas Wein – der Sommelier hilft Ihnen bei der Auswahl.
F4
Manfred Björkquists allé 4, Sigtuna sigtuna stiftelsen.se

Fahrt zu Mälardalens Schlössern

Länge 500 km **Route** Die Tour dauert drei Tage, die Straßen sind durchgehend gut. Man kann auch einige nah beieinander liegende Schlösser auswählen. Infos unter: www.malarslott.nu

Zur Orientierung
Siehe Karte S. 154f

Rund um den Mälarsee (Mälaren) stehen über 100 Burgen, Schlösser und Herrenhäuser, die einst in strategisch günstiger Lage nahe eisenzeitlichen und Wikingersiedlungen erbaut wurden. Sie sind ein steinerner Beweis für die Bedeutung des riesigen Gewässers. Die Burgen Wik (15. Jh.) und Gripsholm (16. Jh.) zeigen, wie lange hier Verteidigungsanlagen notwendig waren. Ab dem 17. Jahrhundert entstanden prächtige Schlösser wie Skokloster, die Macht und Reichtum ihrer Besitzer demonstrierten.

Die mittelalterliche Burg **Engsö** wurde um 1740 im Stil des französischen Rokoko umgebaut. Sie hat herrliche Innenräume.

In **Strömsholm** mit seinen schönen Wiesen und Wegen spielt das Reiten seit dem 16. Jahrhundert eine wichtige Rolle. Das Barockschloss wurde um 1670 erbaut.

Tidö, der Landsitz von Reichskanzler Axel Oxenstierna, wurde 1642 im Barockstil errichtet. Ein Spielzeugmuseum präsentiert 30 000 alte Exponate.

Die Renaissance-Burg Gripsholm

Wik aus dem 15. Jahrhundert ist Svealands besterhaltene Burg aus dem Spätmittelalter. Heute ist Wik ein Hotel mit Konferenzzentrum.

Carl Gustav Wrangels Prachtbau **Skokloster** *(siehe S. 162f)* aus dem 17. Jahrhundert beherbergt wertvolle Kriegsbeute des Feldmarschalls.

Drottningholms reich ornamentierte Fassade ↑

Das Schloss **Steninge** *(siehe S. 162)* wurde um 1690 von Nikodemus Tessin d. J. im Stil einer italienischen Villa entworfen.

Drottningholm *(siehe S. 142–145)* gehört mit seinem Theater, dem Park und dem Chinesischen Pavillon zu den prächtigsten Bauten Schwedens.

Das elegante Herrenhaus **Sturehof** aus dem 18. Jahrhundert in Botkyrka beherbergt eine Sammlung von Kachelöfen.

Das von Gustav I. Wasa ab 1540 erbaute **Gripsholm** *(siehe S. 167)* ist ein Symbol der schwedischen Unabhängigkeit. Zu besichtigen sind 60 Räume verschiedener Epochen, darunter das Theater Gustavs III.

Das Herrenhaus **Grönsöö** stammt aus dem frühen 17. Jahrhundert und steht hoch über dem Mälarsee. Es wird noch immer von der Familie von Ehrenheim bewohnt.

Rapsfeld und rote Scheune in Linköping (siehe S. 180f)

Ost-Götaland

Die Landschaften Östergötland, Småland und Öland bilden zusammen Ost-Götaland. Norrköping und Linköping, die größten Städte im nördlichen Östergötland, gehören fast schon zum Großraum Stockholm. Hat man erst die steilen Hügel Kolmårdens überwunden, die die Nordgrenze bilden, breitet sich nur noch bäuerliches Land vor einem aus. Dies ist Schwedens Kornspeicher und zugleich historischer Boden: Von hier stammte die königliche Folkung-Dynastie, hier beriet Birgitta Gudmarsson (die heilige Birgitta) im 14. Jahrhundert politische und religiöse Führer.

Die Hügel nördlich von Gränna und die Ruinen der Burg Brahehus markieren den Übergang zu Småland. Lange Zeit bildete Småland die Grenze zu Dänemark. Von dieser Region ging im 16. Jahrhundert Nils Dackes Bauernaufstand aus. Småland ist ärmer und karger als Östergötland, es gibt nur kleine Bauernhöfe. Im 19. Jahrhundert, während einer großen Hungersnot, flohen Tausende in andere Landesteile. Dennoch hat Småland auch eine Erfolgsstory aufzuweisen: Die Region ist ideal für die Glasindustrie, die auf Holz und Wasser angewiesen ist.

Die Inselwelt, die sich von den Sankta-Annas-Inseln in Östergötland durch den Kalmarsund zwischen Småland und Öland erstreckt, ist bei Freizeitkapitänen überaus beliebt. Dank der Brücke Ölandsbron ist die lange, schmale Insel Öland bequem zu erreichen. Urlauber zieht es zu deren Sandstränden, während Botaniker hier durch die Alvar-Ebene streifen und Ornithologen gern die Ottenby-Vogelstation besuchen.

Ost-Götaland

Highlight

1. Göta-Kanal

Sehenswürdigkeiten

2. Kolmårdens Djurpark
3. Norrköping
4. Linköping
5. Medevi Brunn
6. Vadstena
7. Gränna
8. Omberg
9. Jönköping
10. Oskarshamn
11. Vimmerby
12. Eksjö
13. Växjö
14. Västervik
15. Färjestaden
16. Kalmar
17. Blå Jungfrun
18. Borgholm
19. Ölands Südspitze
20. Byxelkrok
21. Ölands Museum
22. Eketorps Borg
23. Stora Alvaret

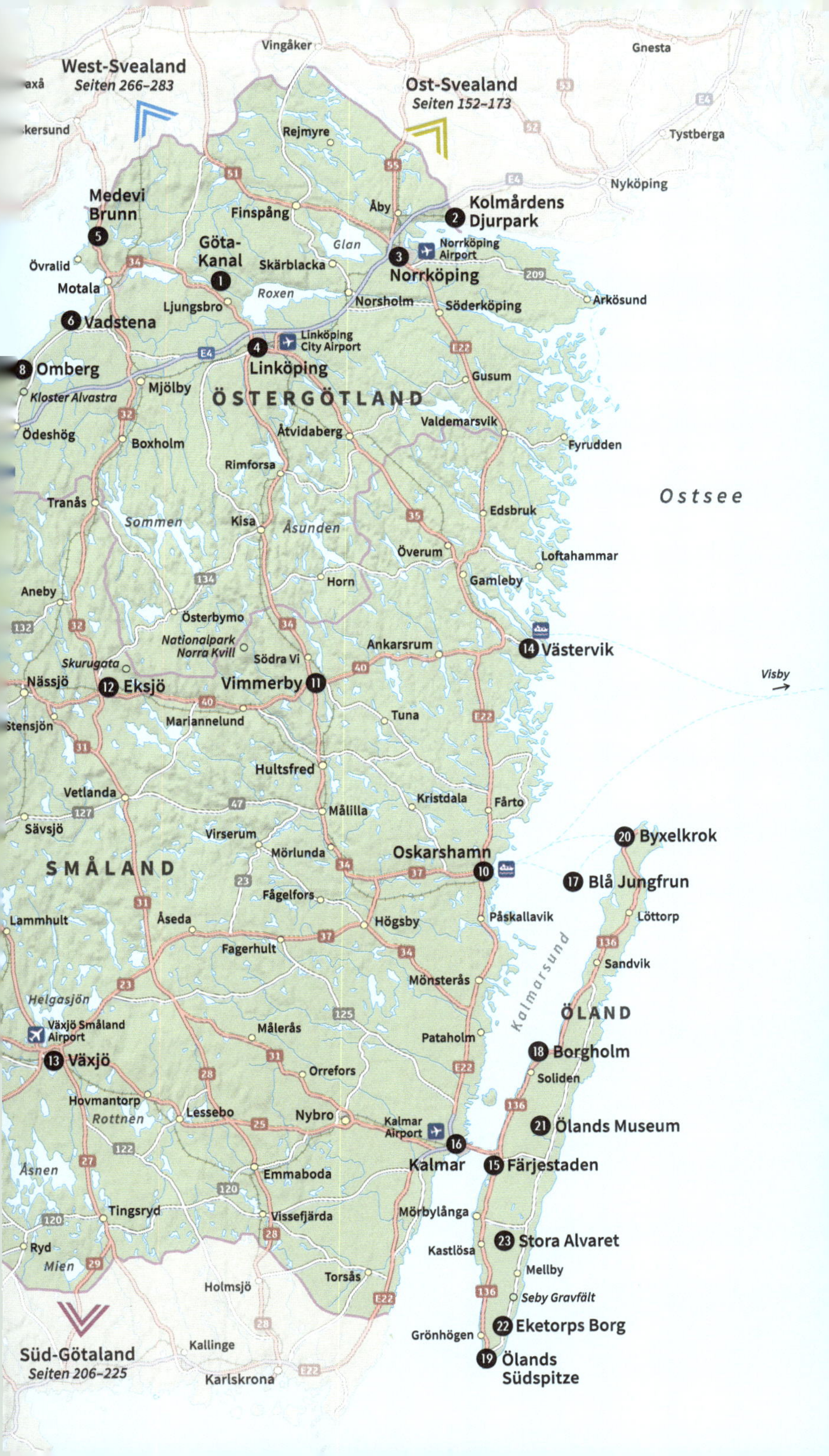
West-Svealand
Seiten 266–283
Vingåker
Gnesta
Ost-Svealand
Seiten 152–173
Tystberga
Rejmyre
Nyköping
Medevi Brunn
5
Finspång
Åby
2 Kolmårdens Djurpark
Göta-Kanal
Glan
Norrköping Airport
Övralid
Skärblacka
3 Norrköping
1
Motala
Roxen
Ljungsbro
Norsholm
Söderköping
Arkösund
6 Vadstena
Linköping City Airport
4 Linköping
8 Omberg
Mjölby
Gusum
Kloster Alvastra
ÖSTERGÖTLAND
Ödeshög
Boxholm
Åtvidaberg
Valdemarsvik
Fyrudden
Rimforsa
Ostsee
Tranås
Sommen
Kisa
Åsunden
Edsbruk
Överum
Loftahammar
Gamleby
Horn
Aneby
Österbymo
Nationalpark Norra Kvill
Ankarsrum
14 Västervik
Skurugata
Södra Vi
Visby
Nässjö
12 Eksjö
Vimmerby 11
Tuna
Stensjön
Mariannelund
Hultsfred
Vetlanda
Kristdala
Fårto
Sävsjö
Målilla
Virserum
20 Byxelkrok
Mörlunda
Oskarshamn
SMÅLAND
10
17 Blå Jungfrun
Fågelfors
Lammhult
Åseda
Högsby
Påskallavik
Löttorp
Fagerhult
Sandvik
Mönsterås
Kalmarsund
Helgasjön
ÖLAND
Växjö Småland Airport
Måleràs
Pataholm
13 Växjö
18 Borgholm
Orrefors
Soliden
Hovmantorp
Lessebo
Nybro
Kalmar Airport
Rottnen
21 Ölands Museum
16
Kalmar
15 Färjestaden
Åsnen
Emmaboda
Tingsryd
Mörbylånga
Vissefjärda
Ryd
23 Stora Alvaret
Kastlösa
Mien
Mellby
Holmsjö
Torsås
Seby Gravfält
Grönhögen
22 Eketorps Borg
Süd-Götaland
Seiten 206–225
Kallinge
19 Ölands Südspitze
Karlskrona

1

Göta-Kanal

Östergötland und Västergötland
AB Göta Kanalbolag in Motala; +46 141 20 2050
Nostalgie-Kanalrennen (Anf. Juli) gotakanal.se

Der Göta-Kanal von 1832 eröffnete eine Möglichkeit, Holz und Eisen zwischen Stockholm und Göteborg zu transportieren. Erst 100 Jahre später waren auch Freizeitboote unterwegs.

Heute sorgen im Sommer Motor- und Passagierboote auf dem Göta-Kanal für reges Treiben. Auf der MS *Diana* (1931), *Wilhelm Tham* (1912) oder *Juno* (1874) kann man den ganzen Kanal befahren, andere Boote verkehren auf kürzeren Strecken. *Juno* ist eines der ältesten Schiffe und bietet auch Übernachtungsmöglichkeiten. Darüber hinaus gibt es auch spezielle Angebote, so kann man etwa einen Radurlaub mit Kanalfahrten kombinieren. Am Kanal gibt es mehrere Häfen. Motala gilt als Kanal-»Hauptstadt«. Hier liegt der Mann begraben, der für den Kanal verantwortlich zeichnete: Baltzar von Platen (1766–1829). Das Göta Hotell bei Borensberg ist im Sommer ein überaus idyllischer Ort, der Besuchern auch Verpflegung und Unterkunft bietet.

Von der Ostsee bis zum Vänern-See

»Das blaue Band Schwedens«, wie der Göta-Kanal genannt wird, ist ein Highlight der technischen Baugeschichte Schwedens. 58 000 Männer brauchten 22 Jahre, um den Wasserweg von der Ostsee zum Trollhättan-Kanal *(siehe S. 254)* zu bauen und so eine Route zum Kattegat zu schaffen. Sie mussten eine Höhendifferenz von 92 Metern bewältigen, wofür modernste technische Erfindungen eingesetzt wurden. Der Kanal hat 58 Schleusen zwischen Mem an der Ostsee und Sjötorp am Vänern-See.

Schon gewusst?

Eine Treppe aus sieben Schleusen in Berg hebt Boote insgesamt 18 Meter hoch.

1 *Hier unterquert eine Straße den Kanal.*

2 *Von Mai bis August nehmen traditionelle Schiffe wie die MS* Diana *Passagiere für Fahrten auf dem Kanal an Bord.*

3 *Die spektakuläre Schleusentreppe Berg Slussar zieht immer viele Zuschauer an.*

↑ *Bäume am Ufer spiegeln sich im Wasser des Göta-Kanals*

SEHENSWÜRDIGKEITEN

2 Kolmårdens Djurpark

E5 Östergötland, E4, 12 km nördl. von Norrköping +46 10 708 7000 Mitte Mai–Aug: 10–18 (Mittsommer bis 20) kolmarden.com

Kolmårdens Djurpark ist kein gewöhnlicher Zoo, denn hier sind die Gehege überraschend weitläufig angelegt. Es gibt einen Safaripark, in dem Savannentiere neben nordischen Arten wie Braunbären und Wölfen leben.

Schlangen und Krokodile tummeln sich im tropischen Freilufthaus. Das Affenhaus ist so gestaltet, dass man die Tiere sowohl drinnen als auch draußen sieht. In der Tigerwelt erlebt man die Großkatzen aus unmittelbarer Nähe. Eine Fahrt mit der Seilbahn bietet einen Blick aus der Vogelperspektive auf das Treiben im Park.

Nebenan gibt es Fahrgeschäfte, Shows und eine Vielzahl von Unterkunftsmöglichkeiten, darunter afrikanische Zelte und eine Jugendherberge. Es existiert auch ein großes Themen-Spa.

3 Norrköping

E5 Östergötland, E4 128 000 Drottninggatan 7–9 Int. Pferdeschau (Ende Mai), Fest zum Nationalfeiertag (Anf. Juni) upplev.norrkoping.se

Im 17. Jahrhundert nutzte der Unternehmer Louis de Geer die Wasserkraft des Motala Ström, um aus Norrköping die erste Industriestadt Schwedens zu machen. Sie und die Nachbarstadt Linköping bilden die viertgrößte urbane Region des Landes.

Obwohl Norrköping eine Industriestadt ist, ist die Mischung aus alten und neuen Gebäuden sowie Parks schön anzusehen. In einer alten Spinnerei auf einer Insel im Motala Ström befindet sich das **Arbetets Museet** (Arbeitsmuseum).

Die Gegend hat eine lange Geschichte – rund 1650 Felszeichnungen sind bei Himmelstalund zu sehen.

Arbetets Museet

Laxholmen

siehe Website

arbetetsmuseum.se

4 Linköping

E5 Östergötland, E4 150 000 Storgatan 15; +46 13 190 0070 Ekenäs-Burgturnier (Pfingsten), Folklorefestival (Okt) visitlinkoping.se

Die Domstadt liegt in einer Ebene am Fluss Stångån. Die vor 3000 Jahren erstmals angelegte Siedlung ist heute Schwedens fünftgrößte Stadt. Linköping ist für seine Universität und Hightech-Industrie bekannt.

Mitte des 13. Jahrhunderts begann der Bau der **Domkyrkan**. Innen sieht man schöne mittelalterliche Bildhauerarbeiten. Das Renaissance-Altarbild schuf der Niederländer M. J. van Heemskerck (1498–1574).

Das Freilichtmuseum **Gamla Linköping** besteht

Das vor 3000 Jahren erstmals angelegte Linköping ist Schwedens fünftgrößte Stadt und bekannt für seine Universität.

←

Strykjärnet in Norrköping bei Nacht

aus 80 Gebäuden aus der Stadt und ihrer Umgebung. Mit den Holzbauten, Kopfsteinpflasterstraßen und Gärten ist es ein Fenster zu einer vergangenen Zeit.

Malmen, einst Sitz von Schwedens erster Militärflugschule, ist heute Heimat des **Flygvapenmuseum** (Luftwaffenmuseum). Zu den Exponaten gehören schwedische Militärflugzeuge.

Umgebung: Die Kaga Kyrka aus dem 12. Jahrhundert am Fluss Svartån nördlich von Linköping ist eine der besterhaltenen mittelalterlichen Kirchen. Die Mauern sind mit Fresken bemalt.

Am Erlången-See, zehn Kilometer südlich der Innenstadt, liegt Schloss Sturefors, das für sein Interieur aus dem 18. Jahrhundert und seinen schönen Garten bekannt ist. Teile des Anwesens sind öffentlich zugänglich.

Domkyrkan
St Persgatan +46 13 30 3500 tägl.; tel. erfragen

Gamla Linköping
2 km westl. von Linköping +46 13 12 1110 tägl. gamlalinkoping.info

Flygvapenmuseum
4 km westl. von Linköping Juni–Aug: tägl. 11–19 (Do bis 20); Sep–Mai: Di–So 11–17 (Do bis 20) flygvapenmuseum.se

5

Medevi Brunn

E5 Östergötland, Straße 50 +46 141 911 00 Marschkapellen-Umzüge Grötlunken (Juni/Juli) medevibrunn.se

Im 17. Jahrhundert untersuchte der Arzt und Wissenschaftler Urban Hjärne das Wasser der Quelle in Medevi und erklärte, es sei »anderer Medizin überlegen«. So begann die Entwicklung von Medevi Brunn zum Kurbad. Heute dauert die Kursaison von Mittsommer an sieben Wochen. Dann spielt das traditionelle Blechbläsersextett Brunnsorkester täglich auf. Darüber hinaus gibt es viele weitere Veranstaltungen im Angebot.

Südlich von Medevi, am Ufer des Vättern-Sees, liegt **Övralid**, der frühere Wohnsitz des Schriftstellers und Nobelpreisträgers Verner von Heidenstam (1859–1940). Das von Heidenstam entworfene Haus bietet einen wunderbaren Ausblick auf den See.

Övralid
10 km nördl. von Motala, Straße 50 15. Mai–31. Aug: tägl.; Führungen: 10–17 zur vollen Stunde ovralid.se

Schon gewusst?

In Linköping findet die NärCon statt, die größte Anime und Gaming Convention im Norden.

←

Das schöne Kurbad Medevi Brunn mit winterlich verschneiten Häusern

6

Vadstena

E5 Östergötland, Straße 50 5500 Fest der hl. Birgitta (Ende Mai), Opernaufführungen der Vadstena-Akademie (Juli) upplevvadstena.se

Die Abtei, die bis auf das 14. Jahrhundert zurückgeht, sowie das Schloss der Wasa-Könige (16. Jh.) prägen den Ort am Vättern-See. Kopfsteinpflasterstraßen, Holzgebäude und schöne Gärten tragen zum Flair bei.

Vadstena Slott mit Burggraben wurde 1545 als Festung gegen die Dänen erbaut. Heute gibt es hier ein Museum und eine Bühne für Opern- und Theateraufführungen sowie Konzerte.

Zum Klosterkomplex gehört die **Vadstena Klosterkyrka** (1430), die die Reliquien der hl. Birgitta und eine naturgetreue Holzskulptur von ihr birgt. Außerdem ist sie Sitz des Konvents Pax Mariae.

Vadstena Slott
Hamngatan 4
Apr–Okt: tägl. 12–16
Apr–Mitte Mai, Sep, Okt: Sa, So vadstenaslott.com

Vadstena Klosterkyrka
Lasarettsgatan 5
+46 143 298 50 tägl.

7

Gränna

D5 Småland, E4 2600 Södra Strandgatan 13B Andrée-Festival (Mitte Juli), Provinzfestival (Ende Juli) jkpg.com

Gränna hatte seine Blütezeit im 17. Jahrhundert unter Graf Per Brahe dem Jüngeren, der den Ort gründete. Am Hauptplatz steht das **Grenna Museum**, das die Geschichten der tragischen Nordpol-Expedition erzählt, die der berühmte Sohn der Stadt, Salomon August Andrée (1854–1897), im Heißluftballon *Örnen* in Angriff nahm. Im Zuge dessen wurde Gränna zum Zentrum für Ballonfahrten. Die Stadt ist auch für *polkagris* (Pfefferminzstangen) bekannt. 1859 gründete deren »Erfinderin«, die Witwe Amalia Eriksson, hier eine Süßwarenfabrik.

An Abschnitt der E4 am Vättern-See, nördlich von Gränna, stößt man auf die Ruinen von Schloss Brahehus, das in den 1640er Jahren für Graf Per Brahe erbaut wurde. Bei gutem Wetter blickt man von hier über den See bis nach Västergötland und zur Insel Visingsö mit dem verfallenen Schloss Visingsborg und alten Eichenwäldern.

↑ *Die Ruinen von Kloster Alvastra südöstlich von Omberg*

Grenna Museum
Brahegatan 38–40 tägl. 10–16 (Sep–Apr: Di–Sa) 1. Jan, 24., 25., 31. Dez grenna museum.se

8

Omberg

E5 Östergötland, 20 km südl. von Vadstena upplevvadstena.se

Mitten in den weiten Östgöta-Ebenen erhebt sich der Omberg. Sein höchster Punkt liegt 175 Meter über dem Vättern-See. Er ist die

← *Kloster Vadstena gehört zum Schlosskomplex bei Vadstena*

legendäre Heimat der Königin Omma, deren Name »Dampf« bedeutet – tatsächlich umwehen den Hügel oft geheimnisvolle Nebel. Orchideen, Buchen und andere uralte Bäume wachsen auf dem kalkhaltigen Felsen. Im Süden liegen die Naturschutzgebiete Bokskogen und Stora Lund sowie **Strand**, Wohnsitz der Autorin Ellen Key (1849–1926). Südöstlich des Omberg stehen die Ruinen des Klosters Alvastra, in dem die hl. Birgitta lebte.

Strand
4,5 km südwestl. von Omberg Anf. Mai, Sep: Sa, So; Mitte Mai–Aug: Di–So 11–12, 14–15 ellenkey.se

9

Jönköping

D5 Småland, E4 130 000 Södra Strandgatan 13 jkpg.com

König Magnus Ladulås verlieh Jönköping im Jahr 1284 die Stadtrechte. Zu diesem Zeitpunkt war der Ort bereits ein bedeutendes Handelszentrum. Lange Zeit bildete Småland Schwedens Grenze zu Dänemark. Als die Dänen 1612 einfielen, setzten die Bürger ihre Stadt in Brand und flohen nach Visingsö.

Im 19. Jahrhundert wurde Jönköping zum Synonym für die Streichholzproduktion. In den 1840er Jahren wurde die erste Fabrik gegründet. Das **Tändsticksmuseet** (Streichholzmuseum) liegt in einer ehemaligen Fabrik (1848). Lokalgeschichte ist Thema von **Jönköpings Läns Museum**, das auch Werke des Künstlers John Bauer zeigt.

Tändsticksmuseet
Tändsticksgränd 27 Juni–Aug: tägl. 10–17 (Sa, So bis 15); Sep–Mai: Di–Sa 11–15 matchmuseum.jonkoping.se

Jönköpings Läns Museum
Dag Hammarskjölds Plats 2 Mo–Fr 10–17, Sa, So 11–15 jonkopingslansmuseum.se

Hl. Birgitta

Mit 13 Jahren heiratete Birgitta (um 1303–1373) einen Würdenträger und wurde Herrin des Anwesens Ulvåsa. Schon als Kind hatte sie religiöse Visionen, als Erwachsene pilgerte sich nach Spanien, Rom und Jerusalem. 1370 erlaubte ihr der Papst, den Orden der Birgittenschwestern zu gründen. 1391 wurde sie heiliggesprochen. Birgitta ist die Schutzheilige Schwedens und seit 1999 ganz Europas.

Schon gewusst?

König Oscar I. gab dem Ort seinen Namen und verlieh ihm 1856 das Stadtrecht.

10 Oskarshamn

E6 Småland, E22
18 000 Biogränd 7
Liederfestival (Juli)
oskarshamn.com

Die Stadt wuchs vom Hafen ausgehend. Noch heute herrscht hier reger Schiffsverkehr. Die alten Viertel Besväret und Fnyket mit ihren Holzhäusern aus dem 19. Jahrhundert erkundet man am besten zu Fuß. Von der 72 Meter langen Bank Långa Soffan, die man 1867 in Hafennähe aufstellte, hat man einen herrlichen Blick übers Wasser zur Insel Blå Jungfrun *(siehe S. 187)*.

Oskarshamn hat mehrere Museen zu bieten. Das **Döderhultarmuseet** beispielsweise präsentiert die Holzfiguren des Bildhauers Axel Petersson (1868–1925), der auch »Döderhultarn« genannt wurde, und dessen Lebensgeschichte. Das **Oskarshamns Sjöfartsmuseum** (Schifffahrtsmuseum) beherbergt eine sehr sehenswerte Sammlung zur maritimen Geschichte der Region. Das **Biologiska Museet** zeigt eine interessante botanische Sammlung von hauptsächlich schwedischen Pflanzen.

→ *Skulptur von Axel Petersson, Döderhultarmuseet*

→ *Kinder entdecken Astrid Lindgrens Värld in Vimmerby*

Döderhultarmuseet
Hantverksgatan 18 +46 491 880 40
tägl.

Oskarshamns Sjöfartsmuseum
Hantverksgatan 18 +46 491 880 40
Mo–Sa (Juni–Aug: tägl.)

Biologiska Museet
Gyllings Väg 9
Di–Fr bimon.se

11 Vimmerby

E5 Småland, Straße 33/34 9000 Rådhuset 1; +46 492 310 10 Ferienrennen (Mitte Juli)

Die kleine Stadt war ursprünglich ein Marktplatz auf der »Königsstraße« zwischen Stockholm und Kalmar. Sie lag strategisch günstig und wurde von den Dänen immer wieder angegriffen. Mehrmals brannte Vimmerby ab, aber ein paar Gebäude blieben erhalten. An der Storgatan steht das klassizistische Rådhuset aus den 1820er Jahren. Wie die Häuser Tenngjutargården und Grankvistgården gehört es zu Vimmerbys historischen Monumenten.

Vimmerby ist eng mit Astrid Lindgren *(siehe S. 123)* verbunden, die in Näs zur Welt kam und die Handlung vieler ihrer Bücher in diese Region legte. Allen ihren Figuren kann man in **Astrid Lindgrens Värld** begegnen. Zum Park gehört auch ein Astrid-Lindgren-Zentrum.

Umgebung: Im Nationalpark Norra Kvill, 20 Kilometer nordwestlich im Hochland Smålands, findet man Wälder mit alten Kiefern.

Astrid Lindgrens Värld
Fabriksgatan Mitte Mai–Ende Aug: tägl. astridlindgrensvarld.se

←
Miniaturhäuser in Astrid Lindgrens Värld

12
Eksjö

E5 Småland, Straße 32/40 16 000 Österlånggatan 31 Husarenfestival (Sommer), Motocross-Rennen Ränneslättsloppet (Ende Sep) visiteksjo.se

Die Kleinstadt im südschwedischen Hochland hat eine lange militärische Geschichte, denn die Gegend war bis ins 17. Jahrhundert Grenzland. Die Einwohner selbst brannten die Stadt ab, als die Dänen vor den Toren standen. In den 1560er Jahren plante Erik XIV. Eksjö so, wie es sich heute darstellt. Die Altstadt Gamla Stan entging dem Brand.

Umgebung: 13 Kilometer östlich liegt das Naturschutzgebiet Skurugata mit einer Schlucht, die 800 Meter lang und 35 Meter tief ist.

Von Eksjö in die Nachbarstadt Nässjö sind es 20 Kilometer. Der Ort verdankt seine Entstehung in den 1860ern der Eisenbahn. Heute sind Statens Järnvägar und Banverket die Hauptarbeitgeber.

13
Växjö

E6 Småland, Straße 23/25/27/30 62 000 Residenset, Stortorget; +46 470 73 3280 vaxjo.se

Bereits im 12. Jahrhundert war Växjö ein Bistum, Stadtrecht erhielt der Ort 1342 von König Magnus Eriksson. Eine Zeit lang lag Växjö an der dänischen Grenze. Von hier aus führte Nils Dacke im 16. Jahrhundert den Bauernaufstand gegen den König von Schweden an. Brände zerstörten immer wieder die Stadt, zuletzt 1843. Danach wurde sie wiederaufgebaut. Die Kathedrale aus dem späten 12. Jahrhundert wurde oft umgestaltet. Sie hat ein Altarbild von Bertil Vallien.

> **13 Kilometer östlich von Eksjö liegt das Naturschutzgebiet Skurugata mit einer imposanten Schlucht. Sie ist 800 Meter lang und 35 Meter tief.**

Smålands Museum, zu dem ein Glasmuseum gehört, präsentiert die Entwicklung der Glasfabriken. Daneben steht **Utvandrarnas Hus**, das von der Massenauswanderung im 19. Jahrhundert erzählt.

Smålands Museum
Södra Järnvägsgatan 2 Di–Fr 10–17, Sa, So 11–16 (Juni–Aug: auch Mo) Feiertage kulturparkensmaland.se

Utvandrarnas Hus
Vilhelm Mobergs Gata 4 Di–Fr 10–17, Sa, So 11–16 (Juni–Aug: auch Mo) kultur parkensmaland.se

14
Västervik

E5 Småland, E22 21 000 Rådhuset, Stora Torget 4; 46 490 254 040 Liederfestival (Juli) vastervik.com

1677 wurde die Stadt von den Dänen zerstört, nach dem Wiederaufbau entwickelte sie sich zum wichtigen Seefahrtzentrum. In Gamla Norr stehen die ältesten Häuser Västerviks, darunter Aspagården und Cederflychtska Huset. Das **Västerviks Museum** widmet sich der Stadtgeschichte. Es hat einen Freilichtbereich mit traditionellen Gebäuden. Die Bahnlinie wurde 1984 stillgelegt, doch Fans haben die 70 Kilometer lange Strecke von Västervik nach Hultfred wieder geöffnet, um sie als Teil der schwedischen Industriegeschichte zu erhalten.

Västerviks Museum
Kulbacken Mo–Fr, So 10–16 (Juni–Aug: tägl. 11–16) vasterviksmuseum.se

15

Färjestaden

E6 Öland, Straße 136 4500 Turistvägen; +46 485 56 0600 Victoria-Tag (14. Juli)

Die Ölandsbron-Brücke verbindet Färjestaden auf Öland mit dem Festland. Die erste Abzweigung in Färjestaden gen Norden führt zu dem Freizeitpark **Ölands Djurpark**. Hier gibt es einen Zoo, einen Wasser- und einen Vergnügungspark sowie Zirkus- und Theateraufführungen.

Beijershamn, südlich von Färjestaden, ist ein Vogelbeobachtungsgelände mit Vögeln aus Feuchtgebieten. Der Runenstein Karlevistenen (11. Jh.) in der Nähe ist dem Helden Sibbe dem Weisen gewidmet.

Vickleby an der Straße 136 Richtung Süden ist der Inbegriff des idyllischen Öland. Die Handwerks- und Designschule Capellagården gründete der Möbeldesigner Carl Malmsten in den 1950ern.

Expertentipp
Viktoria Dagen

Die jährlichen Victoria-Tag-Feiern finden am 14. Juli in Öland statt, wo die Königsfamilie ihren Sommerurlaub verbringt. Erwarten Sie, dass die Menge ein fantastisches »Happy Birthday« singt.

Ölands Djurpark

3 km nördl. von Färjestaden
Ostern – Sep: tägl. 10 –18
olandsdjurpark.com

16

Kalmar

E6 Småland, E22 35 000 Ölandskajen 9; +46 480 41 7700 Kalmar-Markt (Anf. Juli), Stadtfest (Mitte Aug)
kalmar.com

Aufgrund der Lage am Kalmarsund war das im 12. Jahrhundert gegründete Kalmar ein blühender Handelsposten – und Ziel dänischer Angriffe. Um diese zu verhindern, baute man 1200 **Kalmar Slott**. Hier wurde 1397 die Kalmarer Union gegründet, die die skandinavischen Königreiche 130 Jahre lang vereinte. Heute sind hier möblierte Gemächer und Ausstellungen zu sehen. Die Altstadtumgebung (Gamla Stan) sollte man zu Fuß erkunden. Das **Kalmar Konstmuseum** neben dem Schloss zeigt schwedische Kunst.

Die Domkyrkan im italienischen Barock auf Kvarnholmen wurde nach Plänen von Tessin d. Ä. erbaut. Auf der Insel befindet sich auch das **Kalmar Läns Museum** mit lokaler Kunst.

Kalmar Slott

Kungsgatan 1
Mai – Sep: tägl.; Okt – Apr: Sa, So kalmarslott.se

Kalmar Konstmuseum

Stadsparken
Di – So 11–17 kalmarkonstmuseum.se

Kalmar Läns Museum

Skeppsbrogatan 51 +46 480 45 1300
tägl. 10 –17 Feiertage

Blå Jungfrun besteht hauptsächlich aus rosa Granit, den Eis und Wasser blank poliert haben, im Süden erstrecken sich Laubwälder.

↑ *Bootshäuser auf Öland mit Blå Jungfrun im Hintergrund*

17

Blå Jungfrun

F6 Småland 20 km östl. von Oskarshamn von Oskarshamn und Byxelkrok Oskarshamns Turistbyrå; +46 491 770 72

Im nördlichen Teil des Kalmarsund, der Meerenge, die das Festland von der Insel Öland trennt, befindet sich auf einer Insel mit 800 Meter Durchmesser der Nationalpark Blå Jungfrun (Blaue Jungfrau). Der höchste Punkt der Insel liegt 86 Meter über dem Meeresspiegel, vom Festland und von Öland aus kann man sie also gut sehen.

Einer Sage zufolge ist hier der legendäre Ort Blåkulla, an dem sich Hexen trafen und feierten. Carl von Linné *(siehe S. 157)* beschrieb die Insel als »schrecklich«, andere – wie der Dichter Verner von Heidenstam, der hier 1896 heiratete – fanden sie romantisch. Blå Jungfrun besteht hauptsächlich aus rosa Granit, den Eis und Wasser blank poliert haben, im Süden erstrecken sich Laubwälder. Außerdem leben hier Gryllteisten, eine Alkenart. Es ist unwahrscheinlich, dass die Insel je bewohnt war, obwohl es ein Steinlabyrinth und Höhlen gibt. Boote fahren von Oskarshamn und Byxelkrok *(siehe S. 188)* täglich nach Blå Jungfrun – abhängig vom Wetter.

← *Schloss Kalmar bei Sonnenuntergang; der Innenhof innerhalb der Schlossmauern* (unten)

18

Borgholm

E6 Öland, Straße 136 3200 Sandgatan 25; +46 485 890 00 Victoria-Tag (14. Juli)

Im Sommer tummeln sich in Borgholms Zentrum die Besucher, im Hafen liegen viele Boote. Schon im 19. Jahrhundert wurde Borgholm ein Ferienort. Einige der älteren Häuser haben noch ihre verzierten Holzveranden.

Über der Stadt erhebt sich die **Borgholms Slottsruin**, ein verfallenes Schloss. Innen befindet sich ein Museum. Führer erläutern die Geschichte des Bauwerks. Im Sommer finden hier beliebte Konzerte statt.

Südlich des Zentrums liegt **Sollidens Slott** (1906), die Sommerresidenz der Königsfamilie. Am 14. Juli wird hier der Geburtstag von Kronprinzessin Victoria gefeiert.

Borgholms Slottsruin
1 km südl. von Borgholm
Apr – Sep: tägl.; sonst nach Vereinbarung
borgholmsslott.se

Sollidens Slott
1,5 km südl. von Borgholm
Mitte Mai – Mitte Sep: tägl. sollidensslott.se

→

Eine Uferschnepfe (rechts) *und der Långe Jan an Ölands Südspitze*

19

Ölands Südspitze

E7 Öland Ottenby Naturum; +46 485 66 1200 (Juni – Aug: tägl.)

Mitte des 16. Jahrhunderts wurde das Areal an Ölands Südspitze königlicher Jagdgrund. Noch heute sieht man Nachkommen des Damwilds, das Johann III. 1569 hier ansiedeln ließ. Die nördliche Grenze markiert die Mauer Karls X., die in den 1650er Jahren errichtet wurde, um die Bauern und ihre Tiere vom Jagdgebiet fernzuhalten. Im Süden steht der Långe Jan, mit 41,60 Metern Schwedens höchster Leuchtturm. Von oben hat man eine hervorragende Aussicht.

An der äußersten Südspitze liegen das Naturschutzgebiet Ottenby Naturum und **Ottenby Fågelstation** (Vogelstation). Ornithologen können hier Zugvögel aus nächster Nähe studieren. Die Station zeigt Ausstellungen zum Thema Vögel und bietet Führungen an.

Ottenby Fågelstation

Ölands Südspitze März – Okt: tägl.; Führungen: Mitte März – Mitte Nov ottenby.se

20

Byxelkrok

F6 Öland, Straße 136 200 Touristeninformation Öland; +46 485 560 600

Das alte Fischerdorf liegt im äußersten Nordwesten von Ölands Küste zum Kalmarsund. Hier legen die Boote nach Blå Jungfrun *(siehe S. 187)* ab. Fünf Kilometer nördlich erstreckt sich Neptuni Åkrar. In der Gegend findet man einige antike Monumente, darunter das eisenzeitliche Schiff *Forgallaskeppet*.

Löttorp, die größte Stadt im Norden Ölands, bietet ein Paradies für Kinder: das **Ladbilslandet** (Land der Seifenkisten). Hier können die Kids in motorisierten Vehikeln den Parcours entlangbrettern.

Böda, zehn Kilometer nördlich von Löttorp, bietet Sandstrände und das rekonstruierte Eisenzeitdorf **Skäftekärr Järnåldersby**. Mit Tieren, Häusern und Leuten eröffnet es einen Einblick in das damalige Leben. Dazu gehört auch ein Arboretum mit Exemplaren der *Thuja occidentalis*, die im 19. Jahrhundert angepflanzt wurden.

Lådbilslandet

40 km nördl. von Borgholm Mitte Juni – Mitte Aug: tägl. ladbilslandetoland.com

Skäftekärr Järnåldersby

50 km nördl. von Borgholm +46 70 634 1950 Ende Juni – Aug: tägl.; sonst tel. erfragen

Hotels

Byxelkroks Marina Sea Resort
Apartments mit Blick auf den Klamarsund.
F6 Neptunivägen 5, Byxelkrok byxelkroksmarina.se
Kr Kr Kr

Villa Badhusgatan
Jedes Zimmer ist sehr charmant unterschiedlich eingerichtet.
E6 Badhusgatan 30, Borgholm villabadhusgatan.se
Kr Kr Kr

21

Ölands Museum

E6 Öland, 20 km nordöstl. von Färjestaden +46 485 56 1022 Juni – Aug: tägl. 11–17:30; Sep: Sa, So 11–17 olandsmuseum.se

Himmelsberga im Zentrum der Insel ist Sitz dieses Freilichtmuseums für Kunst- und Kulturgeschichte. In der Mitte liegt ein gut erhaltenes Bauerndorf mit Höfen aus dem 18. und 19. Jahrhundert. In den Häusern wird gezeigt, wie man damals lebte. Auf den Höfen werden Hühner, Schweine und Schafe gehalten. Die Galerie neben dem Museum präsentiert Werke hiesiger Künstler. Nördlich von Himmelsberga steht eine der interessantesten Kirchen Ölands: Gärdslösa Kyrka (Mitte 13. Jh.) mit Wandbildern, Votivschiff und einer Kanzel (17. Jh.).

Die Festung Ismantorps Borg in Långlöt wird auf das 5. Jahrhundert datiert. Archäologische Funde zeigen, dass sie einst ein bedeutender Marktplatz und Kultstätte war. Sie ist von sechs Meter dicken und drei Meter hohen Mauern umgeben.

Ölands besterhaltene Windmühlen sind in Lerkaka südlich von Himmelsberga zu bewundern. Eine steht Besuchern offen.

22

Eketorps Borg

E6 Öland +46 485 66 2000 Mai – Aug; siehe Website eketorp.se

Als einzige der alten Festungen auf Öland hat man Eketorps Borg komplett freigelegt. Die ursprüngliche Anlage wurde in drei Etappen gebaut: Schon im 4. Jahrhundert sollten die ersten Mauern die Bevölkerung schützen, später entstand daraus ein befestigtes Bauerndorf mit Militärfunktion, das im 7. Jahrhundert aufgegeben wurde. Erst gegen Ende des 12. Jahrhunderts wurde die Anlage wieder genutzt – im Kampf der Königshäuser Erik und Sverker.

Das Fort wurde teilweise rekonstruiert, um zu zeigen, wie die Menschen in der Eisenzeit lebten. Das Museum präsentiert viele hier gefundene Objekte.

Rund zehn Kilometer nördlich von Eketorp liegt Seby Gravfält (Gräberfeld), das 285 verschiedene Begräbnisstätten aufweist. Die meisten stammen aus der Eisenzeit.

23

Stora Alvaret

E6 Öland Touristeninformation Öland; +46 485 56 0600

Die ungewöhnliche Kalksteinebene Stora Alvaret beherrscht Ölands Süden. Das Grundgestein, das hier etwa 400 Millionen Jahre alt ist, wird von einer dünnen Bodenschicht bedeckt, die seit prähistorischen Zeiten als Weideland genutzt wurde. 2000 erklärte die UNESCO das Areal zum Welterbe.

Im Frühjahr blüht hier die Wiesenküchenschelle (*Pulsatilla pratensis*). Andere Arten sind Wiesenhafer (*Helictotrichon pratense*), Schafschwingel (*Festuca ovina*) und Echtes Goldmoos (*Homalothecium lutescens*). Überall sieht man Wacholderbüsche, auf dem Stein wachsen Flechten.

Das extreme Klima schuf nahezu wüstengleiche Bedingungen, an die sich Flora und Fauna anpassen mussten. Hier gedeihen sowohl Berg- als auch Mittelmeerpflanzen sowie eine Art, die es nur auf dieser Insel gibt: das Öland-Sonnenröschen (*Helianthemum oelandicum*). Die Insel ist Ruheplatz für Kraniche, aber an die raue Umgebung konnten sich nur wenige Vogelarten anpassen.

→ *Tor zur Eketorps Borg mit informativem Museum*

Fahrt durch das Kristallreich

Länge 140 km **Rasten** Viele Glashütten haben ein Café oder Restaurant, ein paar größere bieten abends Heringsgerichte an **Route** Växjö – Nybro, Straße 25

Växjö, das »Tor zum Kristallreich«, ist ein idealer Startpunkt für eine Tour zu mindestens neun der berühmten Glashütten in der schönen Landschaft zwischen Växjö und Nybro. Der Holz- und Wasserreichtum der Region lockte zahlreiche Glasfabrikanten in diesen Teil Smålands mit seinen Seen und Wasserwegen. Die einzelnen Glashütten liegen meist nur 20 bis 30 Kilometer auseinander, viele haben Läden mit Sonderangeboten und Ausstellungen der neuesten Kreationen.

Zur Orientierung
Siehe Karte S. 176f

Bergdalas Spezialität sind Glasgefäße mit blauem Rand, die Designer kreieren aber auch alle möglichen Farben und Formen. Die Temperatur im Schmelzofen beträgt konstant 1150 °C.

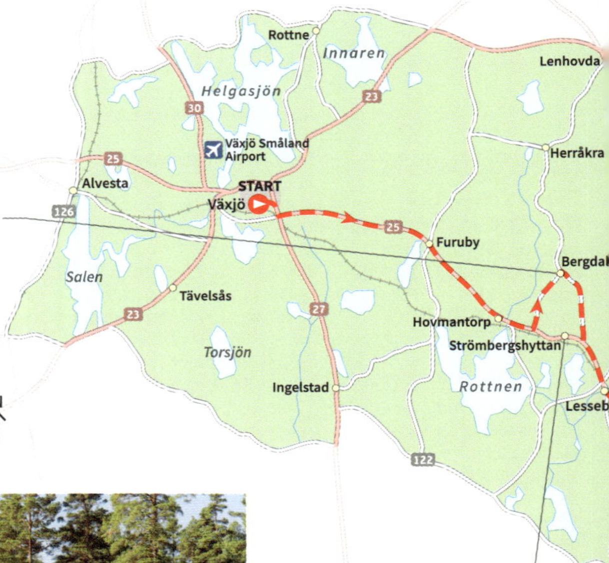

Studioglas in Strömbergshyttan wurde 1987 von drei Glasbläsern gegründet. Zusammen mit jungen Designern schaffen sie richtungsweisende Kunstwerke.

↑ *Die Provinz Småland ist reich an Seen und Wäldern*

Glasbläser in der bekannten Fabrik in Kosta bei der Arbeit

Die älteste Glashütte **Kosta** (1742) beschäftigt führende zeitgenössische Designer.

Måleràs ist für die Kristall-Tierreliefs des Künstlers und Meistergraveurs Mats Jonasson bekannt.

Die Glashütte **Orrefors** von 1898 wurde zum Flaggschiff der schwedischen Glasherstellung. Produziert werden funktionale und dekorative Stücke und Kunstwerke.

Die Glashütte **Pukeberg** von 1871 stellt nach traditionellen Methoden hauptsächlich Glaswaren für den Haushalt her.

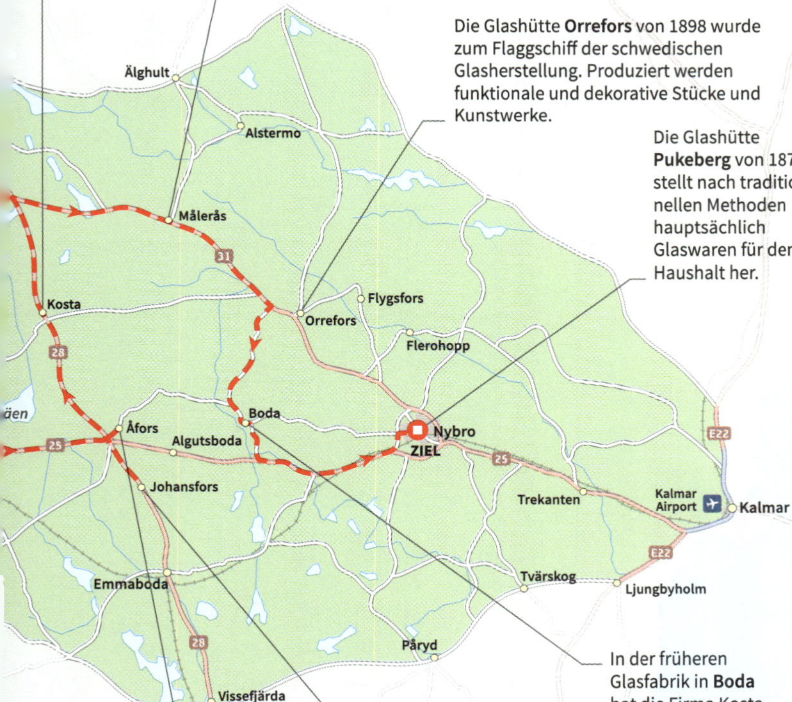

In der früheren Glasfabrik in **Boda** hat die Firma Kosta Boda einen Shop, ein Museum und einen Ausstellungsbereich mit Arbeiten von Erik Höglund eingerichtet.

Johansfors gilt als Garten Eden des Kristallreichs. Es gibt ein Museum und täglich Glasbläser-Vorführungen.

In **Åfors** arbeiten Bertil Vallien und Ludvig Löfgren für die Hütte in Fina Stugan, eine der spannendsten Galerien der Gegend.

Sonnenbeschienene Hausdächer in Visby (siehe S. 196–199)

Gotland

Geologisch ist Gotland recht alt. Es besteht aus Gestein, das im Silur vor rund 400 Millionen Jahren in einem tropischen Meer abgelagert wurde. Noch immer findet man Fossilien am Ufer. Ganz im Norden und im Süden kommt der Kalkstein an die Oberfläche, hier wächst fast nichts. Das Inselinnere ist hingegen von Wäldern durchzogen. Die Kalksteinklippen mit ihren Vogelkolonien werden von Sandstränden durchbrochen. Vor der Küste liegen zahlreiche sonderbare Felsformationen, *raukar* genannt.

Auf Gotland förderten Archäologen bisher viele Funde zutage, von den Schiffgräbern der Bronzezeit bis zu einem Silberschatz aus der Wikingerära. Mehr als 90 mittelalterliche Kirchen stehen auf der Insel, die Museen präsentieren Exponate aus der Zeit der Hanse und der Eroberung Visbys durch den dänischen König Waldemar IV. Atterdag im Jahr 1361.

Das Inselinnere ist bewaldet. Aufgrund des warmen Herbsts und milden Winters gedeihen hier an geschützten Fleckchen Walnuss- und Aprikosenbäume. Auf Gotland findet man 35 Orchideenarten, die Blumenwiesen, die um Mittsommer blühen, sind typisch für die Insel. Dagegen fehlen auf Gotland die großen Säugetiere, die man auf dem Festland antrifft. Einige Hirsche sind wohl einst aus einem Gehege entflohen, ansonsten gibt es eine Herde von *russ*, Gotlands kleinen Wildponys.

Die Bewohner Gotlands haben einen eigenen Dialekt, *Gutamål*, und eigene Traditionen, die sie etwa in der alljährlichen »Gotland-Olympiade« und während Visbys Mittelalter-Woche mit Turnieren, buntem Markttreiben und Gauklerspielen pflegen.

Gotland

Highlight

❶ Visby

Sehenswürdigkeiten

❷ Fårö
❸ Slite
❹ Bunge
❺ Tingstäde
❻ Lummelundagrottan
❼ Bro Kyrka
❽ Roma
❾ Lojsta
❿ Ljugarn
⓫ Gotska Sandön
⓬ Karlsöarna
⓭ Fröjel Kyrka
⓮ Petes
⓯ Hoburgen

Fårö
2
Fårö Fyr
Hallshuk
Fårö Kyrka
Bläse
Broa
Kappelshamn
4
Fårösund
Bunge
148
Lärbro
Lergrav
Hellvi
147
St Olofsholm
3 Slite
47
Åminne
Gothem
146
Anga
Ostsee
Kräklingbo
Herrvik
Torsburgen
10 Ljugarn

Eskilstuna
STOCKHOLM
E4
Nynäshamn
Nyköping
Gotska Sandön 11
E22
Ostsee
Fårö
Västervik
Visby
GOTLAND
0 km 60
N

Gotland

❶

Visby

F5 Gotland 22 000 Donnerska Huset, Donners Plats 1 Mittsommer (Juni), Gotlands Festival der Kammermusik (Juli), Mittelalter-Woche (Anf. Aug), Visby-Tag (Anf. Okt), Gotland Grand National (Anf. Nov) gotland.com

Das ummauerte Visby, ein UNESCO-Welterbe, ist im Sommer eine beliebte Partystadt. Die Straßen sind gesäumt von malerischen Häusern, mittelalterlichen Ruinen und vielen Cafés und Bars. Abseits der touristischeren Teile der Strandgatan, Stora Torget und rund um den Ausflugsboothafen erinnert das Ambiente an die mittelalterliche Geschichte der Stadt.

①

Stora Torget

Im Herzen Visbys liegt der »Große Platz«, Stora Torget, von dem die Straßen zu den Stadttoren abgehen. Obwohl es inzwischen ein modernes Stadtzentrum außerhalb Österports gibt, ist dies noch immer der Brennpunkt des Geschehens. Im Sommer findet hier ein quirliger Markt statt. Rund um den Platz stehen mittelalterliche Häuser, so zum Beispiel die Restaurants Gutekällaren mit Stufengiebel und Munkkällaren mit Gewölbekeller und Innenhof.

Die in den 1230er Jahren erbaute, nun verfallene Kirche St. Karin bildet an Stora Torgets Südseite eine herrliche Kulisse. Im Schatten der Ruine liegt das Café Rosengård, in dem schon viele Generationen Kaffee und köstliches Gebäck genossen haben.

②

Gotlands Museum

Strandgatan 14 +46 498 29 2700 Mai – Sep: tägl.; Okt – Apr: Di – So gotlandsmuseum.se

Gotlands lange Geschichte, die bis in prähistorische Zeit zurückreicht, macht diese Sammlung in einer früheren königlichen Brennerei aus den 1770er Jahren zu einem der besten Regionalmuseen des Landes.

Im Bildsteinsaal ist eine beeindruckende Reihe behauener Steine aus dem 5. bis 11. Jahrhundert zu sehen, einige tragen Runen. Die benachbarte Gravkammaren zeigt Bestattungsriten aus prähistorischer Zeit bis zu den Wikingern. Zur Ausstellung gehören Skelette wie das des 8000-jährigen Stenkyrkamannen. Mit am beeindruckendsten ist der Wikinger-Silberschatz mit 700 Objekten.

Auch Sakralkunst ist hier zu sehen, darunter das Original der gotischen Öja-Madonna (in der Öja-Kirche in Süd-Gotland ist eine Kopie). In einer großen Galerie sind mittelalterliche Möbel sowie Exponate aus späterer Zeit zu besichtigen.

↑ *Die rosenberankte Fiskargränd führt von der Strandgatan den Hang hoch*

Highlight

Shopping

Kränku Te & Kaffe
Teeladen, der für seine eigenen Sorten bekannt ist. Es gibt auch Kaffee und Konfekt.

St Hansplan 4
+46 498 217 481

Kvinnfolki
Kunsthandwerk, Möbel und Schmuck.

Donners Plats 4
kvinnfolki.se

Gotlandssmycken
Bemerkenswerte handgefertigte Schmuckstücke.

Strandgatan 32
gotlandssmycken.se

③

Ruine von Helge And

Helge Ands Plan
Gotlands Museum; +46 498 292 700

Helgeandstiftelserna war ein religiöser Orden, der Anfang des 13. Jahrhunderts gegründet wurde, um sich um Arme und Kranke zu kümmern. Die verfallene Helge And (Heiliggeistkirche), eine von Visbys bemerkenswertesten Kirchenruinen, datiert aus dieser Zeit. Das achteckige Bauwerk hat zwei Etagen, die sich zu einem Chor hin öffnen. Zwei große Treppen führen in den ersten Stock. Heute bildet die Ruine die grandiose Kulisse für Kulturveranstaltungen. Im Sommer kann man sie besichtigen.

④

Botaniska Trädgården

Strandgatan +46 498 26 9477 tägl. 24 Std.
visbybotan.se

Gotlands botanischer Garten wurde 1856 von der Gesellschaft Badande Wännerna (Badende Freunde) gegründet. Zum Garten kommt man von der Hafenpromenade durch das Kärleksporten (Liebestor) in der Nordwestecke der Stadtmauer.

Der üppig grüne Park hat einen aromatischen duftenden Kräutergarten und einen Rosengarten (am schönsten im Juli und August) mit über 16 000 Arten, darunter Pflanzen, die man im Norden nicht vermutet, etwa Walnuss-, Ginkgo- und Maulbeerbäume. Mitten im botanischen Garten stößt man auf die efeuumrankte Ruine von St. Olof, einen Seerosenteich und einen Pavillon.

⑤

Ruine von St. Nicolai

St Nikolaigatan
+46 498 26 9000

Die Ruine der Kirche St. Nicolai ist alles, was von einem 1228 gegründeten Dominikanerkloster übrig ist. Später vergrößerten es die Dominikaner und bauten eine gotische Kathedrale, die sie dem Schutzheiligen der See- und Kaufleute, dem hl. Nikolaus, weihten. Als die Lübecker 1525 Visby stürmten, zerstörten sie die Kathedrale fast gänzlich.

Zwischen 1929 und 1990 wurde hier jeden Sommer das Historienspiel *Petrus de Dacia* aufgeführt. Heute sind die Ruinen jeden Sommer u. a. Aufführungsort des Kammermusikfestivals.

Visbys Stadtmauer

Die Form der mittelalterlichen Innenstadt gibt die mächtige Stadtmauer vor, die beinahe 3,5 Kilometer lang ist. Die Erbauung der Mauer begann Ende des 13. Jahrhunderts. Ursprünglich war sie stolze 5,50 Meter hoch und so angelegt, dass sie vor Angriffen von der Seeseite schützte. Auf der Landseite war sie von einem Graben umgeben. Innerhalb der Mauer stehen an den Pflasterstraßen dicht an dicht Häuser, dazwischen Kaufmannsresidenzen und die Ruinen alter Kirchen. Die UNESCO beschrieb Visby als die »am besten befestigte Handelsstadt Nordeuropas« und erklärte sie 1995 zum Welterbe.

Spaziergang in Visby

Länge 1 km **Dauer** 15 Minuten

Innerhalb der Stadtmauern ist Visby relativ klein, die Sehenswürdigkeiten sind leicht zu Fuß erreichbar. Die Hauptstraßen verlaufen von Norden nach Süden: Strandgatan mit historischen Sehenswürdigkeiten und Nightlife-Spots, St Hansgatan mit seinen Kirchen und die Einkaufsstraße Adelsgatan, die von Söderport (Südtor) zum Stora Torget führt. Nördlich von hier befinden sich ruhigere Wohnstraßen und Gassen. In der Nähe von Norderport (Nordtor) kann man die Stadtmauern erklimmen und die prächtige Wand bewundern. Genießen Sie auf Ihrem Spaziergang die mittelalterliche Schönheit der Stadt.

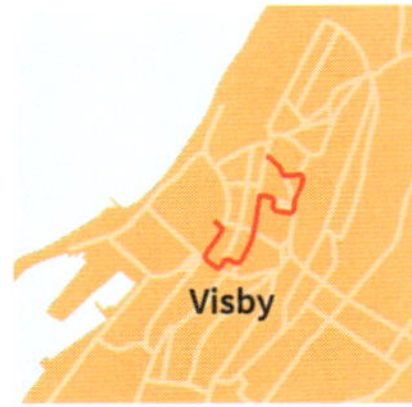

Zur Orientierung
Siehe Karte S. 196

↑ *Eine enge mittelalterliche Gasse im Stadtzentrum von Visby*

Die Stadtmauer hat 19 Tore und viele Türme, z. B. den Kruttornet (Pulverturm).

Gotlands Museum widmet sich Gotlands Geschichte von der Antike bis zur Moderne.

Burmeisterska Huset ließ Hans Burmeister, ein reicher Kaufmann aus Lübeck, im 17. Jahrhundert bauen. Es gehört zu den besterhaltenen seiner Art in Visby.

Schon gewusst?

Im August findet in Visby die Mittelalter-Woche mit Ritterspielen und Konzerten statt.

St. Drotten ist die Schwesterkirche von St. Lars.

St. Lars ist nach der Mutter Mariens auch als St.-Anna-Kirche bekannt.

Im Kapitelhusgården, einem mittelalterlichen Hof, kann man sich in ebenso altem Handwerk versuchen. Im Sommer ist es oft sehr voll, vor allem während der Mittelalter-Woche.

Domkyrkan Sta Maria (1225) war die Kirche deutscher Kaufleute. Sie ist die einzige der 17 mittelalterlichen Kirchen, die keine Ruine ist.

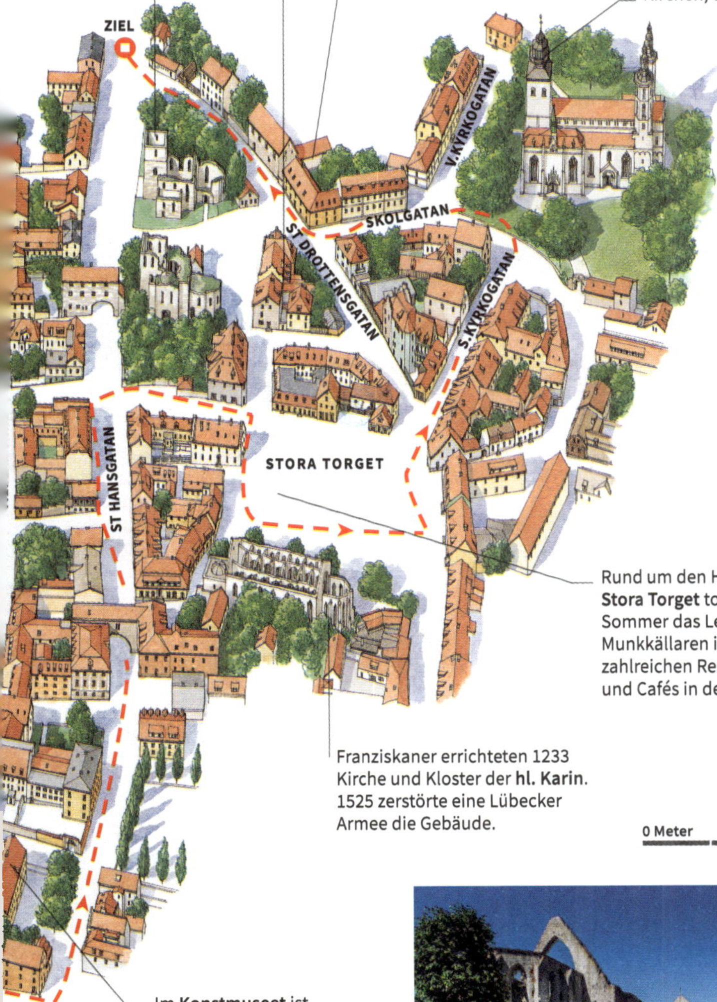

Rund um den Hauptplatz **Stora Torget** tobt im Sommer das Leben. Das Munkkällaren ist eines der zahlreichen Restaurants und Cafés in der Gegend.

Franziskaner errichteten 1233 Kirche und Kloster der **hl. Karin.** 1525 zerstörte eine Lübecker Armee die Gebäude.

Im **Konstmuseet** ist *Visbys Stadtmauer*, ein Bild von Hanna Pauli (1864–1940), zu sehen.

→

Die Ruinen der Kirche St. Karin stehen am Hauptplatz Stora Torget

SEHENSWÜRDIGKEITEN

2 Fårö

G5 Gotland 600
März – Sep bei der Kirche auf Fårö, +46 498 22 4022; Okt – Feb im Donnerska Huset, Donners Plats 1
gotland.com

Fårö ist ein Sommerparadies für Besucher. Es wirkt sogar auf Bewohner der Insel Gotland exotisch, schließlich hat die kleine Insel nördlich von Gotland ihre eigene Sprache und ihr ganz eigenes Brauchtum. Im Sommer verkehren häufig Fähren zwischen Fårösund und Broa (ca. 15 Minuten).

Spärliche Kiefernwälder, Sümpfe und Marschen bedecken die Insel, auf der man überall Schafe sieht.

Vor der Nordwestküste sieht man von Langhammars und Digerhuvud spektakuläre Kalksteinfelsen, die *raukar*. An Fårös Nordspitze befindet sich die Sanddüne Ullahau, der Sandstrand von Sudersand ist bei Urlaubern besonders beliebt. Am Ostkap Holmudden steht der Leuchtturm Fårö Fyr.

Von der **Fårö Kyrka** in der Mitte der Insel hat man einen schönen Blick auf die Bucht Kyrkviken. In der Kirche sind Votivbilder von 1618 und 1767 zu sehen, die aus dem Meer gerettete Robbenfänger darstellen.

Fårö Kyrka
5 km nördl. von Broa +46 498 221 074
Sa, So (Juni – Aug: tägl.)

3 Slite

F5 Gotland, Straße 147
1500 Donnerska Huset, Donners Plats 1 Golf um Gotland (Mitte Mai)
slitestrandby.se

In einer Bucht mit Sicht auf den vorgelagerten Archipel liegt Slite, Gotlands zweitgrößte Gemeinde. Slite blickt auf eine lange, ereignisreiche Geschichte seit der Zeit der Wikinger zurück, doch erst im späten 19. Jahrhundert, als die Seefahrt an Bedeutung gewann, begann man die Stadt auszubauen. Heute steht in Slite eine große Zementfabrik.

Im Sommer locken die Sandstrände, der Hafen, Tennisplätze, Felsformationen und Kalkbrennöfen Urlauber an. Die vorgelagerten Inseln sind ideale Ausflugsziele, etwa Enholmen mit der Festung Karlsvärd von 1853 – 56.

Schon gewusst?

Der berühmte Filmemacher Ingmar Bergman hatte sein Sommerhaus in Fårö.

Umgebung: Auf der anderen Seite der Bucht liegt Hellvi mit dem alten Hafen Kyllaj. Vom Strand aus sieht man verwitterte Felsen im Meer.

Nordwestlich von Slite stehen die **Lärbro Kyrka** (Mitte 13. Jh.) und ein Wachturm (11. Jh.). Im Kirchhof sind 44 der ehemaligen Kriegsgefangenen begraben, die 1945 aus deutschen Konzentrationslagern ins Krankenhaus von Lärbro kamen.

St. Olofsholm ist dem hl. Olaf gewidmet, der 1029 auf die Insel kam, um die Gotländer zum Christentum zu bekehren. Hier steht auch die Ytterholmen-Gruppe aus Kalksteinfelsen, und es gibt einen schönen Kiesstrand.

↓ *Faszinierende Felsformationen an Fårös Küste*

Lärbro Kyrka
10 km nördl. von Slite · +46 498 222 700 · Mitte Mai – Mitte Sep: tägl.

4 Bunge

F5 · Gotland, Straße 148 · 900 · Turnier (Juli)

Das Dorf ist für seine gotische **Bunge Kyrka** (14. Jh.) bekannt. Ihr Turm aus dem 13. Jahrhundert stand schon an einer früheren Kirche, Löcher von Piken und Pfeilen in der Nordmauer zeugen von einstigen Kämpfen.

Innen sind schöne Kalksteinfresken von ca. 1400 zu sehen, sie zeigen wahrscheinlich die Deutschen Ritter im Kampf gegen die Vitalienbrüder (Kaperfahrer auf Ost- und Nordsee), die in den 1390er Jahren Gotland besetzt hatten. In der Kanzel ist eine vom Steinmetz Lafrans Botvidarson signierte Almosenbüchse zu sehen. Wie das Taufbecken stammt sie aus dem 13. Jahrhundert.

Nebenan liegt das **Bungemuseet**, eines der größten Freilichtmuseen Schwedens. Der hiesige Lehrer Theodor Erldandsson schuf es 1917, um die Lebensweise der Gotländer von einst zu dokumentieren. Auf einem Feld neben der Schule stellte er Hütten, Häuser und Objekte aus dem 17. bis 19. Jahrhundert sowie vier Bildsteine aus dem 8. Jahrhundert zusammen. Im Sommer organisiert das Museum zahlreiche Veranstaltungen, darunter mittelalterliche Turniere, Märkte und Handwerksfeste. Im Snäckersstugan-Häuschen, in dessen Giebel die Jahreszahl 1700 eingeschnitzt ist, kann man bei einem Kaffee versuchen, die an die Decke gemalten gotländischen Sprichwörter zu erraten.

Nördlich von Bunge liegt das lebendige Fårösund, mit rund 1000 Einwohnern einer der größeren Orte Nord-Gotlands. Lange Jahre war in dieser Gegend Militär stationiert, unzählige junge Männer wurden hier darauf gedrillt, die Insel im Notfall zu verteidigen.

↑ *Reetgedecktes Haus im Bungemuseet*

Bunge Kyrka
60 km nördl. von Visby · +46 498 222 700 · Mitte Mai – Mitte Sep: Mo, Di, Do 9–12, Mi 13–15

Bungemuseet
2 km östl. von Bunge · Mitte Mai – Mitte Sep: tägl. 11–16 · bungemuseet.se

5 Tingstäde

F5 · 23 km nördl. von Visby · 280 · Donnerska Huset, Donners Plats 1; +46 498 201 700 · Naturwanderung zur Frauenschuhblüte (Anf. Juni)

Auf halber Strecke zwischen Visby und Fårösund an der Straße 148 liegt Tingstäde, bekannt für sein Moorgebiet und seine Funkstation für in Seenot Geratene. Die Kirche (13./14. Jh.) hat einen der höchsten Türme der Insel.

Das Tingstäde-Moor ist eigentlich ein seichter See und ein beliebter Badeplatz. Mitten im See – unter Wasser – steht die Festung Bulverket aus dem 10. bis 11. Jahrhundert, umgeben von einer Palisade aus 1500 Pfählen.

6 Lummelundagrottan

F5 Straße 149, 13 km nördl. von Visby +46 498 27 3050 Mai – Sep; vorab tel. buchen

Zwei Schulbuben fanden 1948 im Martebo-Moor eine Öffnung im Boden und krabbelten hinein. Sie hatten zufällig den Eingang zu einem gigantischen Höhlensystem entdeckt, das Gotlands größte Attraktion darstellt.

Heute liegt der Eingang in Lummelundas Bruk. Die Höhlen werden immer noch erforscht, ein Teil ist jedoch für Besucher zugänglich. Hier sieht man fantastische Stalaktiten und Stalagmiten, magisch wirkende Wasserspiegelungen und erschreckend enge Öffnungen. Es gibt mehrere Führungen, darunter »Cave Adventure« mit kleinen Booten und eine einstündige Tour speziell für Kinder zwischen vier und sechs Jahren.

Südlich der Höhlen liegt der schöne Kräutergarten **Krusmyntagården**, der im Stil von traditionellen Klostergärten gestaltet ist und einen herrlichen Blick aufs Meer bietet.

Krusmyntagården
Straße 149, 10 km nördl. von Visby Mai – Sep: tägl.
krusmynta.se

7 Bro Kyrka

F5 Straße 148, 11 km nordöstl. von Visby +46 8 584 808 80 Mitte Mai – Mitte Sep: tägl. 9 –17

Nach alter Tradition ist die Bro Kyrka über einem Votivbrunnen erbaut. Im Mittelalter war sie eine vor allem unter Seeleuten bekannte Votivkirche. Das Bauwerk aus dem 13./14. Jahrhundert hat eine Gebetskammer mit Bildsteinen aus dem 5. Jahrhundert.

Einen Kilometer nördlich davon stehen zwei Bildsteine, »Bro Stajnkällingar« genannt. Die Sage berichtet, dass zwei Frauen in diese Steine verwandelt wurden, weil sie auf dem Weg zur Weihnachtsmesse gestritten hatten.

Von Bro aus kommt man über die Straße 147 zur Fole-Kirche. Ein Umweg führt zu **Vatlings Gård** mit Gotlands besterhaltenem mittelalterlichem Steinhaus mit steilem Satteldach und Steintreppe innen.

Vatlings Gård
Straße 147, 18 km östl. von Visby +46 498 292 700 tägl.

8 Roma

F5 18 km südöstl. von Visby Roma Kungsgård; +46 70 543 3334 Mai – Aug: tägl. 10 –18

Zisterziensermönche vom Kloster Nydala in Småland gründeten 1164 das Kloster Roma. Es wurde nach dem Vorbild des französischen Mutterhauses errichtet und entwickelte sich zum religiösen Zentrum für den Ostseeraum. Die dreischiffige Kirche im Fontenay-Stil wurde im 13. Jahrhundert fertiggestellt. Während der Reformation wurde das Kloster 1530 aufgelöst und ging als königliches Anwesen in den Besitz der dänischen Krone über.

Als Gotland 1645 unter schwedische Herrschaft kam, war das Kloster verfallen. Der Bezirksgouverneur verwendete 1733 Materialien der Gebäude für den Bau seiner eigenen Residenz, Roma Kungsgård. Nur die Kirche blieb unangetastet – sie wurde jedoch als Stall genutzt. 1822 diente Roma Kungsgård als Armeelager der Krone.

Die Ruinen des Klosters zeugen vom Talent der Mönche als Bauherren und Handwerker. Die schönen Gewölbedecken erinnern an römische Aquädukte.

↓ *Die schöne mittelalterliche Kirche Bro Kyrka*

Gotland-Ponys rund um Lojsta Hed ↑

Im Sommer werden im Romateatern innerhalb der Ruinen Stücke von William Shakespeare aufgeführt.

9

Lojsta

F6 15 km südl. von Visby 120 Donnerska Huset, Donners Plats 1; +46 498 201 700 Gotland-Pony-Schau (Ende Juli)

Wie so viele von Gotlands Kirchen wurde auch die Lojsta Kyrka Mitte des 13. Jahrhunderts erbaut. Chor und Schiff sind bemalt, die Figuren über dem Triumphbogen schuf ein Meister, der Mitte des 14. Jahrhunderts als »Ägyptikus« bekannt war.

Auf Lojsta Hed, einem Wald- und Heidegebiet nördlich der Kirche, lebt eine Herde halbwilder Gotland-Ponys *(russ)*. Sie gehören Bauern und Gotlands Läns Hushållningssällskap. Diese Organisation richtet Veranstaltungen wie die Hengstkörung Anfang Juli und die Gotland-Pony-Schau Ende Juli aus.

Zweieinhalb Kilometer außerhalb, an der Straße Richtung Etelhem, steht ein großes Gebäude mit Reetdach: die Lojstahallen – eine sehr gelungene Rekonstruktion eines Hallenbaus der späten Eisenzeit. Daneben befindet sich die Festung Lojsta Slott.

10

Ljugarn

F6 40 km südwestl. von Visby 300 Donnerska Huset, Donners Plats 1; +46 498 201 700

Gotlands ältester Badeort ist eine gute Basis für Ausflüge im Südosten der Insel. Lange bevor russische Truppen – die 1714–18 unterwegs waren, um Schwedens Ostküste zu verwüsten – Ljugarn plünderten, hatte es hier einen Hafen gegeben. Schon seit 1900 kommt man gern in dieses Dorf mit Sandstrand.

Südlich von Ljugarn steht die Lau Kyrka (13./14. Jh.), eine der größten Kirchen der Insel mit einem Kreuz aus dem 13. Jahrhundert.

Die Festung Torsburgen nordwestlich von Ljugarn stammt aus dem 3. oder 4. Jahrhundert. Sie ist von steilen Hängen und einer sieben Meter hohen, teils 24 Meter breiten Mauer umgeben. Nehmen Sie die Waldstraße Richtung Östergarn, die zwei Kilometer östlich von der Kräklingbo-Kirche von der Straße 146 abzweigt.

Das bronzezeitliche Gräberfeld mit sieben aus Steinen aufgeschichteten Schiffen in Guffride, rund sechs Kilometer südlich von Ljugarn, ist das größte Gotlands.

Varpa

Das Spiel stammt aus der Wikingerzeit und hat in Gotland überlebt. Sein Konzept ähnelt Boule, außer dass es mit einem flachen, schweren Gegenstand gespielt wird, der »Varpa« genannt wird. Ziel des Spiels ist es, den Varpa so nah wie möglich an einen Stock zu werfen. »Varpa« ist ein altes Wort für »werfen«.

Vögel auf den Felsen in Stora Karlsös Naturreservat ↑

⑪

Gotska Sandön

G5 · 40 km nördl. von Fårö · von Nynäshamn und Fårösund · Donnerska Huset, Donners Plats 1, +46 498 201 700; Buchung: +46 498 240 450

Gotska Sandön, die abgelegenste Insel der Ostsee, gehört zu Schwedens Nationalparks und bietet eine einzigartige Szenerie aus Stränden und Dünen, Kiefernwäldern und einer reichen Flora. Dort leben Zugvögel und seltsame Käfer, aber nur ein Säugetier: der Hase.

Gotska Sandön war praktisch seit Beginn der Zivilisation bewohnt, die Siedlungen waren jedoch niemals groß. Robbenkolonien lockten Jäger auf die Insel, wegen der rauen See zog es Wrackplünderer hierher. Im 17. und 18. Jahrhundert hielt man Schafe, später baute man Getreide an. Noch in den 1950er Jahren lebten auf der Insel ein paar Leuchtturmwärter mit ihren Familien sowie eine Lehrerin. Heute werden die Leuchttürme automatisch betrieben, der einzige ständige Bewohner ist der Hausmeister.

Es gibt keinen Hafen, Boote von Fårösund und Nynäshamn fahren nur unregelmäßig hierher – abhängig auch vom Wetter. Man kann auf der Insel zelten oder in einfachen Unterkünften in Mehrbettzimmern schlafen, die man vorab reservieren sollte.

⑫

Karlsöarna

F6 · Gotland · Stora Karlsö: von Klintehamn (nur im Sommer); Lilla Karlsö: von Klintehamn · Donnerska Huset, Donners Plats 1; +46 498 201 700 oder +46 498 240 500

Um Stora und Lilla Karlsö, die Felseninseln 6,5 Kilometer vor Gotlands Westküste, ranken sich einige Sagen.

Das 2,5 Quadratkilometer große Stora Karlsö ist ein Naturschutzgebiet mit steilen Klippen, Höhlen wie Stora Förvar, Mooren und Schluchten sowie seltenen Blumen und Vögeln. Hier blühen im Mai und Juni zwischen bloßem Fels die Orchideenarten *Adam och Eva (Dactylorhiza sambucina)* und *Sankt Pers nycklar (Orchis mascula)*. Man sieht Seevögel wie Möwen, Eiderenten und Alkenvögel. Tordalken legen ihre Eier zwischen die Steine am Strand, Trottellummen bevorzugen die Klippen.

Im Preis der mehrstündigen Führungen ist eine Bootsfahrt inbegriffen. In Norderhamn gibt es auch ein Museum.

Wie Stora Karlsö ist auch Lilla Karlsö Naturschutzgebiet. Seit der Bronzezeit gra-

Schon gewusst?

Stora Karlsö ist das zweitälteste Naturschutzgebiet der Welt nach dem Yellowstone-Nationalpark.

sen Schafe auf dieser Insel, auf der auch Trottellummen, Tordalken, Kormorane und Möwen zu Hause sind. Hier nisten zudem Eiderenten, Küstensee- und Brandseeschwalben sowie Samtenten. Die schwedische Gesellschaft für Umweltschutz organisiert Touren. Es gibt eine Jugendherberge auf der Insel – Schlafplätze muss man im Voraus buchen.

13

Fröjel Kyrka

F6 40 km südl. von Visby +46 498 240 005 tägl.

In beeindruckender Lage hoch über dem Meer steht die Fröjel Kyrka aus dem 12./13. Jahrhundert mit Satteldach. Das imposante Kreuz im Inneren schuf der Meister, der auch den Lettner der Öja-Kirche fertigte. Das uralte Labyrinth im Kirchhof belegt, dass die Stätte schon lang vor der Christianisierung genutzt wurde.

Nördlich der Kirche liegt das Gannarve Skeppssättning (Gannarve-Schiffshügelgrab), eines der besten Gotlands. Es ist 30 Meter lang und fünf Meter breit. Seine Entstehung wird von Wissenschaftlern auf die späte Bronzezeit (1000 – 300 v. Chr.) datiert.

14

Petes

F6 Gotland Gotlands Museum (Mitte Juni – Mitte Aug: tägl. 11:30 – 14:30); +46 498 292 700

Im Südwesten Gotlands, kurz vor der Hablingbo-Kirche an der Küstenstraße 140, führt eine Abzweigung ins Küstendorf Petes. Hier sieht man gut erhaltene Häuser in der typischen Gotland-Architektur des 18. und 19. Jahrhunderts.

Nicht nur für junge Besucher zeigt Barnens Petes klassisches Spielzeug wie Stelzen, Schaukelpferde, Reife und Puppen.

15

Hoburgen

F6 80 km südl. von Visby

Ganz im Süden erhebt sich Hoburgen, ein 35 Meter hohes Kliff aus fossilienreichem Kalkstein mit Lagen aus rotem Marmor. Oben auf der Klippe steht ein Leuchtturm von 1846. Von hier sind es 176 Kilometer zum nördlichsten Leuchtturm Gotlands auf der Insel Fårö.

Unterhalb des Leuchtturms bewacht Schwedens berühmtester Meeresfelsen, Hoburgsgubben (Alter Mann von Hoburg), die Höhlen Skattkammaren (Schatzkammer) und Sängkammaren (Schlafkammer).

Hoburgen ist ein überaus beliebtes Ziel von Ornithologen, denn Gotlands südlichster Punkt eignet sich hervorragend, um die vielen Vogelarten zu studieren, die hier das ganze Jahr vorbeikommen. Das nahe Restaurant hat nur im Sommer geöffnet.

→ *Der Leuchtturm Hoburgen an der Südspitze von Gotland*

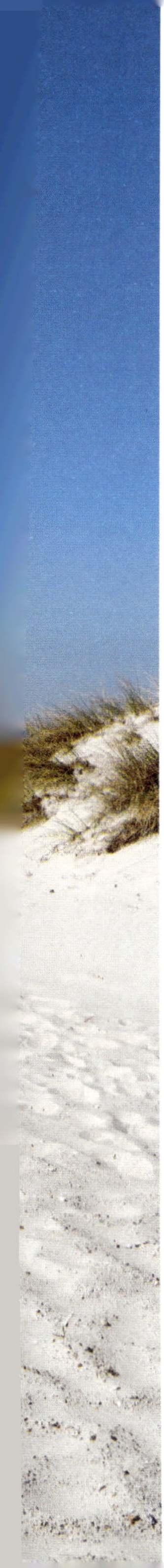

Rettungsturm an einem Strand in Falsterbo, Skåne (siehe S. 220f)

Süd-Götaland

Schwedens südlichste Regionen, Skåne und Blekinge, bilden zusammen Süd-Götaland. Die Region Skåne steht zu Unrecht im Ruf, völlig flach zu sein, denn abgesehen von der Söderslätt-Ebene ist das Land hier eher hügelig. Die felsigen Erhebungen Söderåsen, Linderödsåsen und Romeleåsen durchziehen die Region, im Nordwesten wird sie vom imposanten Hallandsåsen-Kamm begrenzt.

Blekinge mit seinen vielen Flüssen und Seen gilt als der Garten Schwedens. Die Provinz hat ihren eigenen Archipel mit geschützten Häfen, die bei Freizeitkapitänen beliebt sind. Im Norden Blekinges, Richtung Småland, herrscht Wald vor.

In ganz Süd-Götaland spürt man noch den dänischen Einfluss der Zeit vor 1645, nicht zuletzt in der Architektur, die sich vom restlichen Schweden deutlich unterscheidet. Im ländlichen Skåne sieht man häufig traditionelle Fachwerk-Bauernhäuser mit Strohdächern und gepflastertem Innenhof. Schlösser und herrschaftliche Anwesen, die zum Teil von dänischen Adligen erbaut wurden, sind ebenfalls ein gewohnter Anblick. In den Küstenorten wohnen in den ehemaligen Fischerhäuschen inzwischen Sommerfrischler.

Schweden und Dänemark sind heute, nachdem sie sich vor langer Zeit immer wieder bekämpft hatten, durch die Öresund-Brücke zwischen Malmö und Kopenhagen verbunden. Beide Länder arbeiten inzwischen zusammen an der Schaffung der schwedisch-dänischen Region Öresund.

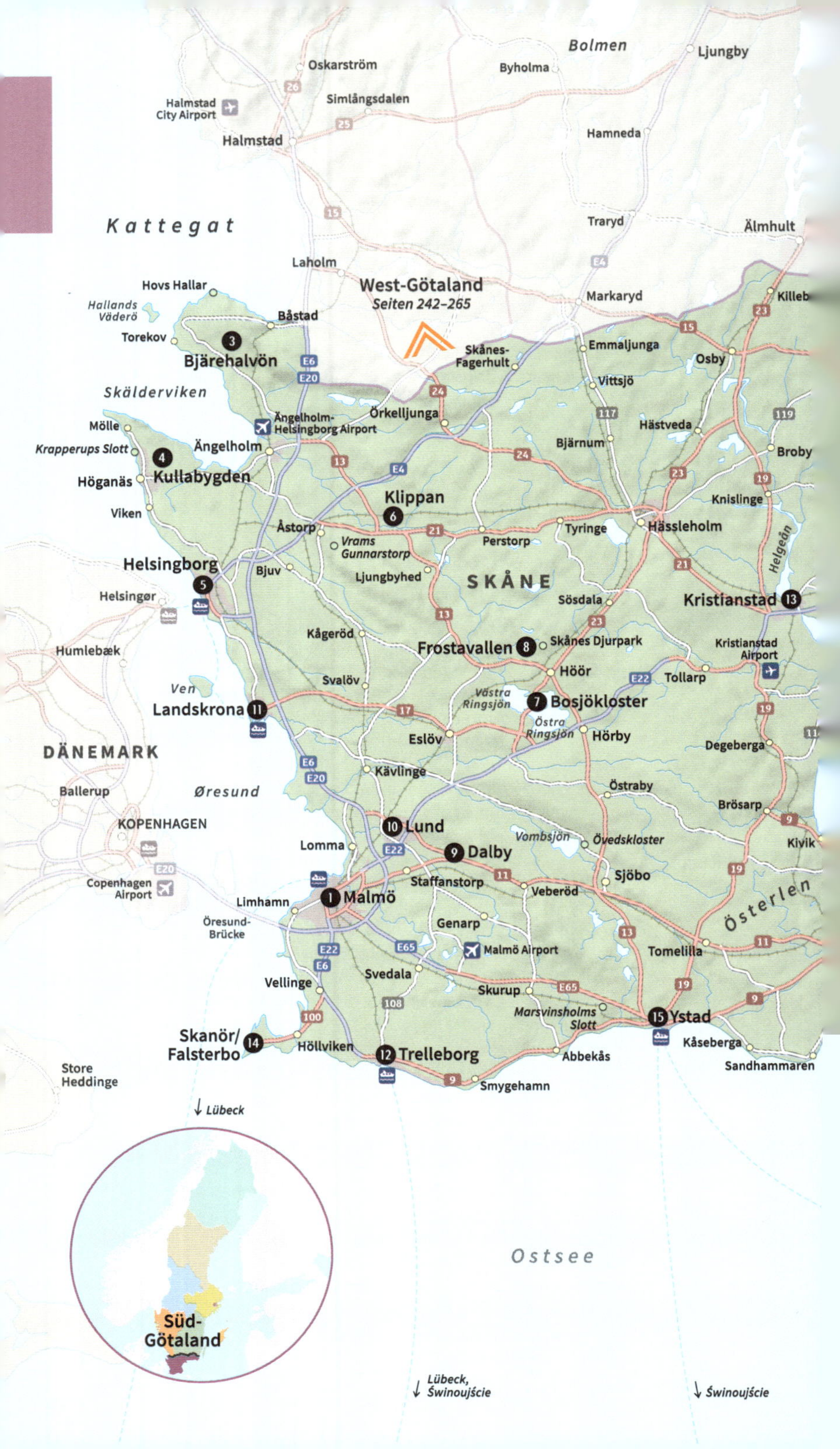

Bolmen
Ljungby
Oskarström
Byholma
Halmstad City Airport
Simlångsdalen
Halmstad
Hamneda
Kattegat
Traryd
Älmhult
Laholm
Hovs Hallar
West-Götaland
Seiten 242–265
Markaryd
Killeb
Hallands Väderö
Båstad
Torekov
3 Bjärehalvön
Skånes-Fagerhult
Emmaljunga
Osby
Vittsjö
Skälderviken
Mölle
Ängelholm-Helsingborg Airport
Örkelljunga
Hästveda
Krapperups Slott
Ängelholm
Bjärnum
Broby
4 Kullabygden
Höganäs
Viken
Klippan
6
Knislinge
Åstorp
Vrams Gunnarstorp
Perstorp
Tyringe
Hässleholm
Helgeån
Helsingborg
5
Bjuv
Ljungbyhed
SKÅNE
Helsingør
Sösdala
Kristianstad 13
Kågeröd
Frostavallen 8
Skånes Djurpark
Kristianstad Airport
Humlebæk
Höör
Tollarp
Svalöv
Ven
Västra Ringsjön
7 Bosjökloster
Landskrona 11
Östra Ringsjön
Hörby
Eslöv
DÄNEMARK
Degeberga
Kävlinge
Ballerup
Øresund
Östraby
Brösarp
KOPENHAGEN
10 Lund
Vombsjön
Övedskloster
Kivik
Lomma
9 Dalby
Copenhagen Airport
Staffanstorp
Sjöbo
Limhamn
1 Malmö
Veberöd
Österlen
Öresund-Brücke
Genarp
Malmö Airport
Tomelilla
Svedala
Vellinge
Skurup
Marsvinsholms Slott
15 Ystad
Skanör/ Falsterbo 14
Höllviken
12 Trelleborg
Abbekås
Kåseberga
Sandhammaren
Store Heddinge
Smygehamn
↓ Lübeck
Ostsee
Süd-Götaland
↓ Lübeck, Świnoujście
↓ Świnoujście

Süd-Götaland

Highlights

1 Malmö
2 Karlskrona

Sehenswürdigkeiten

3 Bjärehalvön
4 Kullabygden
5 Helsingborg
6 Klippan
7 Bosjökloster
8 Frostavallen
9 Dalby
10 Lund
11 Landskrona
12 Trelleborg
13 Kristianstad
14 Skanör/Falsterbo
15 Ystad
16 Sölvesborg
17 Kristianopel
18 Karlshamn
19 Ronneby

Kajakfahrer auf einem kristallklaren Kanal im Zentrum von Malmö ↑

❶

Malmö

D7 · Skåne · 305 000 · 30 km östl. des Stadtzentrums · Skeppsbron · Skeppsbron 10 · Carlsgatan 4A; Malmö-Festival (Aug), Malmö City Horse Show (Mitte Aug) · malmotown.com

Malmö, Schwedens Tor zu Europa, ist die drittgrößte Stadt des Landes. Sie wurde Mitte des 13. Jahrhunderts gegründet. Unter den Dänen (1397–1658) war Malmö eine bedeutende Stadt. Heute ist Malmö ein Kunst- und Designzentrum. Die Altstadt erstreckt sich um den Platz Stortorget.

①

Rådhuset

Stortorget
für Besucher

Malmös zentraler Platz ist der in den 1530er Jahren angelegte Stortorget. Das Rådhuset, das 1546 im Stil der niederländischen Renaissance erbaut wurde, prägt den Platz. Vom mittelalterlichen Gebäude, das als Gefängnis und Gasthof fungierte, blieb der Keller erhalten. In den 1860er Jahren renovierte Helgo Zettervall das Rathaus und verlieh ihm ein völlig neues Aussehen. Auch der Keller wurde umgestaltet. Der Gasthof ist heute eine der populärsten Bars.

②

Jörgen Kocks Hus

Stortorget
für Besucher

Jörgen Kocks Hus, ein sechsstöckiges Gebäude mit Stufengiebel, wurde 1525 erbaut. Jörgen Kock war 1518 zum Münzmeister für Dänemark ernannt worden. Vier Jahre später wählte man ihn zum Bürgermeister, er wurde einer der mächtigsten Männer Malmös.

Kock war in die Revolte gegen die dänische Thronfolge involviert, wurde gefangen genommen und zum Tod verurteilt, konnte aber fliehen und erhielt 1540 sein Bürgermeisteramt wieder.

③

Residenset

Stortorget
für Besucher

Mitte des 18. Jahrhunderts verband man das Kungshuset mit dem Gyllenpalmska Huset, um dem neuen Gouverneur eine Residenz zu schaffen. Rund 100 Jahre später verlieh der Architekt F. W. Scholander dem Bauwerk eine neue Fassade. Heute ist es Wohnsitz des Regierungspräsidenten.

④

St. Petri Kyrka

Göran Olsgatan 4
+46 40 27 9056 · tägl.
svenskakyrkanmalmo.se

In einer Straße hinter dem Stortorget steht die St. Petri Kyrka. Sie wurde im 12. Jahrhundert nach dem Vorbild der Lübecker Marienkirche gebaut. Der hohe Turm, der im späten 19. Jahrhundert errichtet wurde, nachdem zwei Türme aus dem 15. Jahrhundert eingestürzt waren, prägt die Skyline.

Der Dom ist voller Schätze aus dem 16. und 17. Jahrhundert. Der 15 Meter hohe Renaissance-Hochaltar ist schön verziert, bemalt und vergoldet. Die Kanzel von 1599 besteht aus Sand- und schwarzem Kalkstein. Jüngeren Datums ist der Orgellettner (1785). Die Originalorgel aus dem Mittelalter soll die älteste noch funktionierende Orgel der Welt sein. Sie steht im Malmö Museum.

⑤

Turning Torso

Lila Varvsgatan 14
für Besucher
skyhighmeetings.com

Der Turning Torso, ein futuristisches Wohnhochhaus, ist das höchste Gebäude Skandinaviens. Der vom Architekten Santiago Calatrava entworfene Bau basiert auf einer seiner früheren Skulpturen, *The Twisting Torso*, einem Marmorstück, das die Form eines sich drehenden Menschen hat. Der 2005 fertiggestellte Wolkenkratzer mit 54 Stockwerken ist 190 Meter hoch und macht eine 90-Grad-Drehung. Gruppenführungen in die obersten Stockwerke können gebucht werden.

⑥

Malmö Museum

Malmöhusvägen 6
+46 40 344 400 **tägl. 10–17** **1. Jan, 1. Mai, Mittsommer, 24., 25., 31. Dez**

Die 1434 errichtete Festung Malmöhus wurde in Kriegen größtenteils zerstört. 1537 wurde sie wieder aufgebaut und gilt als älteste erhaltene Renaissance-Burg in der nordischen Region.

Im Aquarium vom Malmö Museum kann man das maritime Leben erkunden – sowohl die Gewässer Südschwedens als auch der Tropen.

Nach umfangreichen Restaurierungsarbeiten 1932 zog das Malmö Museum ein, das sich den Themen Archäologie, Volkskunde, Kunst und Kunsthandwerk sowie Zoologie widmet. Das Stadsmuseet dokumentiert die Geschichte Malmös und Skånes anhand von alten Werkzeugen, Waffen und Haushaltsgeräten.

Im Aquarium kann man das maritime Leben erkunden – sowohl die Gewässer Südschwedens als auch der Tropen. Darüber hinaus sind ein Aquarium mit Quallen, ein Terrarium mit Schlangen und eine Nachthalle mit Fledermäusen zu sehen.

Malmös kleinstes Museum, **Ebbas Hus**, ist ein kleines Terrassenhaus, das so erhalten geblieben ist wie im frühen 20. Jahrhundert.

Ebbas Hus
Snapperupsgatan 10
Mi

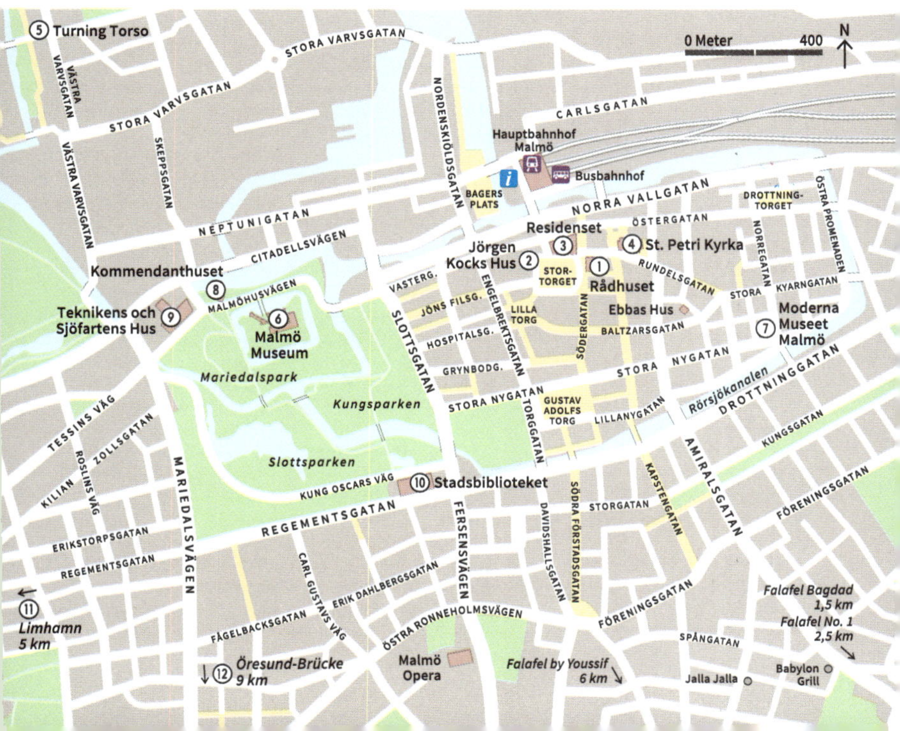

Restaurants

Malmö ist die schwedische Stadt der Falafel. Die frittierten Kugeln aus gemahlenen Kichererbsen oder Favabohnen mit Kräutern sind ein leckerer Snack. Falafelstände gibt es überall, hier einige der besten.

Falafel Baghdad
Annelundsgatan 57
Kr

Falafel No. 1
Västra Kattarpsvägen 41
Kr

Falafel by Youssif
Stenyxegatan 24
Sa, So
Kr

Jalla Jalla
Bergsgatan 16
Kr

Babylon Grill
Amiralsgatan 33
Kr

⑦

Moderna Museet Malmö

Ola Billgrens Plats 2–4
+46 40 685 7937 Di–Fr 11–18, Sa, So 11–17
Feiertage modernamuseet.se/malmo

Das Moderna Museet gilt als eines der führenden Museen für moderne und zeitgenössische Kunst in Europa. Nördlich von Amsterdam gibt es keine vergleichbar umfangreiche Sammlung zur Kunst des 20. Jahrhunderts. Das Museum liegt in einem alten Kraftwerk (1900). Architektonisch interessant ist die Kombination aus alten und neuen Stilen. Hier finden Ausstellungen statt von russischer Avantgarde bis zu zeitgenössischer schwedischer Kunst.

↑ *Die interessante Fassade des Moderna Museet Malmö, früher ein Kraftwerk*

⑧

Kommendanthuset

Malmöhusvägen
+46 40 344 400 tägl.
1. Jan, 1. Mai, Mittsommer, 24., 25., 31. Dez

Mitte des 18. Jahrhunderts waren die Lagergebäude im Hof des Malmöhus verfallen, Gustav III. ordnete daher die Errichtung eines neuen Zeughauses an. Man erbaute es außerhalb der Festung in der Bastion Banér, 1794 wurde es fertiggestellt. 1814 waren die militärischen Tage der Festung vorüber, und man widmete sie in ein Gefängnis um. Im Kommendanthuset waren zunächst der Arzt und der Priester des Gefängnisses untergebracht, dann der Gefängnisdirektor.

Im 20. Jahrhundert übernahm die Stadt das Gebäude, restaurierte es nach Originalplänen und gliederte es ins Malmö Museum ein. Heute ist hier Fotografins Rum, eine Ausstellungshalle für Fotokunst. Es gibt etliche Veranstaltungen und Aktivitäten.

⑨

Teknikens och Sjöfartens Hus

Malmöhusvägen
+46 40 344 438 tägl.
1. Jan, 1. Mai, Mittsommer, 24., 25., 31. Dez

Das Technik- und Seefahrtmuseum gehört ebenfalls zum Malmö Museum. Seine Ausstellungen decken wirklich jeden Aspekt ab, der mit technischen Erfindungen oder der Seefahrt zu tun hat. Themen sind etwa die Geschichte des Straßenbaus und der Luftfahrt sowie Maschinen, vor allem Dampfmaschinen. Zu den Exponaten gehört das Kampfflugzeug *J35 Draken* aus den 1960ern. Neugierige können im interaktiven Versuchslabor *kunskapstivoli* experimentieren.

Das Museum erzählt auch Skånes Industrie- und Seefahrtgeschichte. Hier sieht man z. B. das U-Boot *U3* und den Dampfer *Schebo*. Wer noch nie die Enge eines U-Boots erlebt hat, hat hier die Möglichkeit dazu.

Weitere Themen des Museums sind Schiffbau- und Schifffahrtsgewerbe, die Entwicklung der Häfen seit dem 17. Jahrhundert und der für Skåne so wichtige Fährverkehr. Es gibt auch einen interaktiven Wissenspark, wo man selbst wissenschaftliche Experimente durchführen kann.

⑩
Stadsbiblioteket

Kung Oscars Väg 11
+46 40 660 8500
tägl. Feiertage

Die Stadtbibliothek zog 1946 in die »Burg« am Kung Oscars Väg um. 1999 öffnete die neue, moderne Bibliothek ihre Pforten. Der dänische Architekt Henning Larsen renovierte und erweiterte das alte Gebäude und schuf die helle Lichtkalender-Halle.

Die Bibliothek ist mit modernster Technik ausgestattet und bietet Internetanschlüsse sowie Computer. Im Lernzentrum kann man scannen und ausdrucken. Die Bibliothek hält Veranstaltungen für alle Altersgruppen ab und zieht jedes Jahr fast eine Million Besucher an.

⑪
Limhamn

5 km südwestl. des Stadtzentrums Malmö Turistbyrå; +46 40 34 1200

Am südlichen Stadtrand von Malmö liegt Limhamn, seit dem 16. Jahrhundert Verladehafen für Kalk. Heute ist Limhamn einer der größten Häfen im Süden Schwedens mit fantastischem Blick über die Öresund-Brücke.

Eine der interessantesten Sehenswürdigkeiten ist der stillgelegte Kalksteinbruch, ein riesiges Loch, das zum Naturschutzgebiet erklärt wurde.

⑫
Öresund-Brücke

E20, 6 km südwestl. des Stadtzentrums

Über 100 Jahre lang wurde über eine Brücke zwischen Schweden und Dänemark diskutiert, im Juli 2000 wurde die acht Kilometer lange Öresund-Brücke zwischen dem schwedischen Lernacken (südwestlich von Malmö) und der vier Kilometer langen künstlichen dänischen Insel Peberholm (südlich von Saltholm) eingeweiht. Ihr höchster Punkt sitzt auf vier 204 Meter hohen Pylonen, die Straße ist rund 30 Meter breit. Die E20 verläuft auf der oberen Ebene, die Bahngleise auf der unteren.

»Die Brücke«

Diese Krimi-TV-Serie handelt sowohl in Schweden als auch in Dänemark. Wird eine Leiche auf der Öresund-Brücke gefunden, müssen die Polizeikräfte beider Nationen zusammenarbeiten, um das Verbrechen aufzuklären. Die Fans finden viele der Filmorte in der ganzen Stadt, darunter den Stadtteil Västra Hamnen.

←

Viele Regale mit Büchern in der hellen Stadsbiblioteket und das beeindruckende Glasgebäude von außen (oben)

Typische schwedische Häuschen säumen das Ufer von Karlskrona

❷

Karlskrona

E7 · Blekinge · 64 000 · 25 km westl. des Stadtzentrums · Järnvägsstationsgatan · Verkö (Gdynia) · Stortorget 2; +46 455 30 3490 · visitkarlskrona.se

Die Marinestadt Karlskrona verteilt sich auf mehrere Inseln des Blekinge-Archipels. Mittelpunkte bilden zwei Plätze: der Stortorget auf der Insel Trossö sowie der Amiralitetstorget. Karlskrona wartet mit einigen herausragenden Sehenswürdigkeiten aus Schwedens Zeit als Großmacht (1632–1718) auf und gehört aufgrund seiner Marinearchitektur zum UNESCO-Welterbe.

①

Grevagården/ Blekinge Museum

Borgmästaregatan 21 · +46 455 30 4960 · Juni–Aug: tägl.; sonst Di–So · Feiertage · blekingemuseum.se

Grevagården ist das Hauptgebäude des Blekinge Museum. Das Bauwerk aus dem frühen 18. Jahrhundert war früher die Residenz des Admiralgenerals Hans Wachtmeister – in seiner Küche befindet sich heute ein Café. Das Museum widmet sich Blekinges und Karlskronas Glanzzeit. Es gibt auch einen kleinen Barockgarten.

②

Stortorget

Der imposante Platz gilt als der größte in Nordeuropa und ist von zwei Kirchen flankiert. Fredrikskyrkan ist eine große, 1744 geweihte Basilika, die von der Vorliebe für die barocken Linien des 17. Jahrhunderts gekennzeichnet ist. Ihre 35 Glocken schlagen dreimal am Tag. Heliga Trefaldighetskyrkan (1709) heißt auch Deutsche Kirche – nach dem Admiralgeneral Hans Wachtmeister, der den Bau veranlasste und in der Krypta bestattet ist.

Das alte Rathaus wurde 1798 vollendet, aber mehrmals umgestaltet. Heute dient es als Sitz des Kreisgerichts von Karlskrona.

Der Wasserturm Vattenborgen wurde 1863 gebaut, um Trossö mit Süßwasser zu versorgen.

③

Marinmuseum

Stumholmen · +46 455 359 302 · Jan–Apr, Okt–Dez: Di–So; Mai–Sep: tägl. · Feiertage · marinmuseum.se

Das faszinierende Marinemuseum steht am Hafen der Insel Stumholmen, die seit fast 300 Jahren zum Hauptstützpunkt der schwedischen Flotte gehört. Ursprünglich war es 1752 von König Adolf Fredrik gegründet worden, um See-

Statue von Hans Wachtmeister auf Alamedan, von 1930

fahrtobjekte zu archivieren. Die Sammlung von Galionsfiguren, Waffen und Uniformen ist besonders beeindruckend. Von einem Glaskorridor unter Wasser kann man das Wrack eines Schiffs aus dem 18. Jahrhundert auf dem Meeresboden sehen.

Am Kai liegen die *Jarramas*, ein ehemaliges Schulschiff für Marinematrosen, das Minensuchschiff *Bremön* und das Torpedoboot *T38*.

In der Schaluppen- und Langboothalle sind Schiffe zu besichtigen, die noch in Betrieb sind. Außerdem kann man bei der Restaurierung alter Holzboote zusehen.

(4)

Gamla Örlogsvarvet

Högvakten, Amiralitetstorget 1 +46 455 30 3490
Juni – Aug: tägl.
orlogsstadenkarlskrona.se

Die Karlskrona-Werft von 1679 entwickelte sich zu Schwedens führender Marinewerft. Hier werden Kriegsschiffe gebaut, ausgerüstet und gewartet. Den riesigen Marinehafen mit seinen Gebäuden und Werkstätten aus dem 18. Jahrhundert kann man nur im Rahmen einer Führung besichtigen. Zu den interessantesten Sehenswürdigkeiten von Gamla Örlogsvarvet gehören die 300 Meter lange Seilerbahn, an der die Takelage der Flotte gefertigt wurde, die Wasa-Halle, das Polhem-Dock auf Lindholmen und der alte Schiffskran im westlichen Teil der Werft. Diesen Gebäuden und der Tatsache, dass Karlskrona ein so gut erhaltenes Beispiel eines Flottenstützpunkts aus dem 17. Jahrhundert ist, verdankt die Stadt ihren Status als UNESCO-Welterbe.

(5)

Festung Kungsholm

+46 455 30 3490; Buchung über Touristeninformation

Die kreisförmige Festung auf einer kleinen Insel des Blekinge-Archipels bewachte mehr als 300 Jahre lang den Eingang nach Karlskrona vom Meer aus. Sie war Teil der umfangreichen Befestigungen, zu welchen auch die Zitadelle Drottningskär, Türme und Pulvermagazine gehörten.

Highlight

Restaurants

Bourbon - Burgers Cigars and Lounge
Hier werden exzellente Burger serviert zu Musik von den Beatles bis Guns n' Roses.

Ronnebygatan 21
+46 455 350 350
So, Mo

Nya Skafferiet
Bekannt für die Mittagsgerichte aus saisonalen Zutaten.

Rådhusgatan 9
So
nyaskafferiet.se

Vinberga Vinkiosk
Kleine Weinbar mit einfachen Gerichten.

Borgmästaregatan 19 So – Di
vinberga vinkiosk.com

3

Bjärehalvön

D6 Skåne, Straße 105 Båstads Turistbyrå: Köpmansgatan 1, +46 431 750 45; Torekovs Turistbyrå: Hamnplanen 2; +46 431 36 3180 Kammermusikfest Båstad (Ende Juni), Tennis Open (Juli) bastad.com

Auf der Halbinsel Bjärehalvön zwischen den Buchten Skälderviken und Laholmsbukten gibt es einige Badeorte. Die mittelalterliche Stadt Båstad hat alte Häuser und herrliche Strände.

Zehn Kilometer westlich liegt das Fischerdorf Torekov. Bootsausflüge führen ins Naturschutzgebiet Hallands Väderö, einen Überrest des Hügelkamms Hallandsåsen, der jetzt drei Kilometer vor der Küste im Meer liegt. Besondere Beachtung verdient das Erlenmoor.

An der Nordspitze der Halbinsel liegt Hovs Hallar, ein geologisch interessantes, bei Ornithologen und Wanderern beliebtes Naturschutzgebiet mit beeindruckenden Felsen und Höhlen. Hovs Hallar ist das westliche Ende des Hallandsåsen-Kamms, der Grenze zwischen Bjärehalvön und Halland.

Westlich von Båstad zieht sich ein Paradies für Gartenliebhaber an der Küste entlang: **Norrvikens Trädgårdar**, das der Architekt Rudolf Abelin Anfang des 20. Jahrhunderts schuf.

Ängelholm zwischen Bjärehalvön und Kullahalvön am Ende der Skälderviken-Bucht hat einen langen Strand. Früher war die Stadt für ihr Töpfergewerbe bekannt, noch heute werden hier Tonkuckucke, die Wahrzeichen der Stadt, hergestellt.

Norrvikens Trädgårdar

5 km westl. von Båstad Mai – Aug: tägl.

4

Kullabygden

D7 Skåne, Straße 111/112 Centralgatan 20, Höganäs; +46 42337 774 Markt in Jonstorp (Juli)

Die Halbinsel Kullen ist seit der Bronzezeit besiedelt. Heute sind die Fischerdörfer Arild, Mölle, Höganäs und Viken populäre Ferienorte. In Höganäs werden schöne Keramikwaren hergestellt.

Krapperups Slott nördlich von Höganäs wurde Mitte des 16. Jahrhunderts erbaut. Heute beherbergt es eine Galerie und ein Museum.

Krapperups Slott

7 km nördl. von Höganäs +46 42 34 4190 Schloss: nach Vereinb.; Galerie und Museum: Apr, Mai: Sa, So; Juni – Mitte Aug: tägl. krapperup.se

5 Helsingborg

D7 · Skåne, E4 · 130 000 · Kungsgatan 11; +46 42 10 4350 · Helsingborg-Fest (Juli), Antiquitäten (Juli) · visithelsingborg.com

Helsingborg, die »Perle des Sunds«, ist eine quirlige Stadt am Öresund-Ufer, in Sichtweite der dänischen Küste. Wegen der strategisch günstigen Lage an der engsten Stelle des Sunds blickt die Stadt auf eine bewegte Vergangenheit zurück. Der 34 Meter hohe Turm **Kärnan** ist alles, was von der Festung (12. Jh.) übrig ist. Auch der Backsteinturm des Rathauses (1897) bestimmt die Skyline. Die Glasmalereien von Gustav Cederström lohnen einen genaueren Blick.

Schon gewusst?

In Båstad auf Bjärehalvön finden jedes Jahr die schwedischen Tennis Open statt.

Das moderne Dunkers Kulturhus in Helsingborg

Jacob Hansens Fachwerkhaus (1641) ist das älteste Haus Helsingborgs. Das neue **Dunkers Kulturhus** von Kim Utzon bietet ein Museum, eine Kunstgalerie und ein Theater. Das **Fredriksdal Friluftsmuseum** präsentiert historische Gebäude und einen botanischen Garten.

Fünf Kilometer südöstlich ist Ramlösa Brunn für das Quellwasser bekannt, das im Wasserpavillon angeboten wird. Das Schloss von **Sofiero** vermachte Gustav VI. Adolf der Stadt. Der Schlosspark ist berühmt für seinen Königlichen Garten mit mehr als 300 Rhododendronarten.

Kärnan
Slottshagen · +46 42 105 000 · tägl.

Dunkers Kulturhus
Kungsgatan 11 · +46 42 107 400 · Di–So

Fredriksdals Friluftsmuseum
Gisela Trapps Väg 1 · +46 42 104 500 · tägl.

Sofiero
Sofierovägen 131, 5 km nördl. von Helsingborg · +46 42 10 2500 · Mitte Apr – Mitte Sep: tägl. 10–18; sonst nur Park

Felsen bei Hovs Hallar auf der Halbinsel Bjärehalvön

6 Klippan

D7 · Skåne, Straße 21 · 8000 · Trädgårdsgatan 12; +46 435 281 76 · Åby-Markt (Juni), Ljungbyhed-Nostaliemarkt (Aug)

Klippan auf dem Söderåsen-Kamm ist für Schwedens älteste noch betriebene Papierfabrik aus dem 16. Jahrhundert bekannt.

Der Söderåsen-Nationalpark hat Wälder, Geröllhalden und Bäche. Kopparhatten und Hjortsprånget bieten eine tolle Aussicht. Der Skåneleden-Weg führt durch den Park.

Vrams Gunnarstorp (17. Jh.) zehn Kilometer westlich von Klippan ist im Stil der niederländischen Renaissance erbaut. Der Park ist für Besuche offen.

Schöne Aussicht
Kullaberg

Bei Molle auf der Halbinsel Kullabygden bietet das Naturschutzgebiet Kullaberg einen beeindruckenden Blick auf steile Klippen, die sich aus dem Meer erheben, die felsigen Grate darüber, den Öresund und das Kattegat.

7 Bosjökloster

D7 Skåne, Straße 23 +46 413 250 48 tägl. 10–17 (Mai–Sep: tägl. 8–18) Jagdfest (Ende Aug) bosjokloster.se

Auf einer Halbinsel zwischen den Seen Östra und Västra Ringsjön steht eines der eindrucksvollsten Anwesen ganz Schwedens. Bosjökloster entstand um 1080 als Konvent und entwickelte sich zu einem der reichsten in Skåne. Wohlhabende Familien investierten viel, um ihren Töchtern einen Platz im Kloster zu sichern. Nach der dänischen Reformation von 1536 ging das Anwesen jedoch in Privatbesitz über. 1875–79 wurde Bosjökloster nach Plänen von Helgo Zettervall umgebaut – ein Musterbeispiel für sein Können bei der Renovierung schwedischer Häuser. Anfang des 20. Jahrhunderts kaufte Graf Philip Bonde Bosjökloster. Heute ist sein Enkel Besitzer. Die Familie machte 1962 das Haus mit Gärten, Restaurant, Café, Minizoo, Bootsverleih und Angelmöglichkeit öffentlich zugänglich. Im Park steht eine 100-jährige Eiche. Im ältesten Raum des Hauses, im Stensalen, wird Kunsthandwerk ausgestellt.

←
Blick auf Bosjökloster durch einen Mauerbogen

8 Frostavallen

D7 Skåne 3 km nördl. von Höör an der Straße 21 nach Höör Höör Turistbyrå; +46 413 275 75 visitmittskane.se

Die schöne Landschaft um Höör in Zentral-Skåne bietet Gelegenheit zum Wandern, Schwimmen, Kanufahren und Angeln. Restaurants, Cafés, Hotels, Hütten und Zeltplätze machen Frostavallen zum idealen Ort für Ausflüge und Urlaub.

In der Nähe liegt der Zoo **Skånes Djurpark**, der sich auf nordische Tiere spezialisiert hat (über 1000 Wild- und Haustiere).

Ein Erlebnis der anderen Art bietet **Höörs Stenåldersby**, wo das Leben in einem Steinzeitdorf vorgeführt wird. Hier kann man sich u. a. im Bogenbau beweisen.

Skånes Djurpark
Frostavallen tägl. skanesdjurpark.se

Höörs Stenåldersby
neben Skånes Djurpark +46 413 553 270 Juli nach Vereinbarung

9 Dalby

D7 Skåne Lund Turistbyrå, Bangatan 1 visitlund.se

Dalby ist am bekanntesten als Heimat der ältesten erhaltenen Steinkirche Skandinaviens. Die Kirche des Heiligen Kreuzes wurde 1060 geweiht, als Dänemark in neun Diözesen aufgeteilt wurde.

Ein weiteres Highlight ist der Nationalpark Söderskog nordwestlich von Dalby. Im Frühjahr kann man hier Wildblumen sehen und Vögel beobachten. Östlich der Stadt liegt der alte Steinbruch Stenbrottet, ein beliebter Badeort.

Schon gewusst?

Der Dialekt im Süden ist *skånska*. Ob es Schwedisch, Dänisch oder eine separate Sprache ist, ist ein Rätsel.

10 Lund

D7 Skåne, E22 85 000 Sturup Bangatan 1 Walpurgisnacht (30. Apr), Kulturabend (Ende Sep) visitlund.se

Die Universitätsstadt Lund, die König Sven Tveskägg vor über 1000 Jahren gründete, war einst Hauptstadt Dänemarks. Im Mittelalter war Lund religiöses, politisches und kulturelles Zentrum und Domstadt. **Lunds Domkyrka** wurde 1145 geweiht und mehrmals umgebaut, zuletzt 1860–80 von Helgo Zettervall. Achten Sie auf die astronomische Uhr (14. Jh.) und in der Krypta auf eine Skulptur des Riesen Finn, die das Gewölbe stützt.

Die Universität Lund wurde 1666 auf dem Gelände des Bischofspalais Lundagård gegründet. Inzwischen ist die Hochschule in Lund mit rund 47 000 Studenten die zweitgrößte Lehranstalt Schwedens.

Im Herzen des zum Teil mittelalterlichen Zentrums liegt das Freilichtmuseum **Kulturen** mit hervorragend erhaltenen Straßen, Hütten und Häusern. Kulturen besitzt auch große historische Sammlungen. Die Laurentiikapellet (14. Jh.) im Zentrum Lunds war vermutlich einst

Besucher bewundern das beeindruckende Kirchenschiff der Lund Domkyrka ↑

die Bibliothek des Klosters St. Laurenz.

Das **Historiska Museet**, eines der größten archäologischen Museen Schwedens, zeigt u. a. anschaulich die Geschichte des Doms. Die von Klas Anshelm entworfene **Lunds Konsthall** präsentiert moderne Kunst, das **Skizzen-Museum** widmet sich der Entwicklung des kreativen Prozesses anhand von mehreren Originalskizzen und Modellen.

Lunds Domkyrka
Kyrkogatan
+46 46 71 8700 tägl.

Kulturen
Tegnérplatsen 6 Di – So (Mai – Aug: tägl.) kulturen.com

Historiska Museet
Krafts Torg 1
Di – So 12 – 17 (Do bis 20)
historiskamuseet.lu.se

Lunds Konsthall
Mårtenstorget 3 siehe Website
lundskonsthall.se

Skizzen-Museum
Finngatan 2
Di – So skissernas museum.lu.se

Tycho Brahe

Der Astronom Tycho Brahe wurde 1546 in Skåne geboren. Durch eine Sonnenfinsternis im Jahr 1560 inspiriert, entschied er sich für Astronomie. Er hielt die alten Methoden zur Bestimmung der Planetenpositionen für ungenau und entwarf ein neues System. Seine Leistungen ebneten den Weg zu einer neuen Sicht auf das Universum. Brahe starb 1601 in Prag.

11 Landskrona

D7 Skåne 27 000
Drottninggatan 7; +46 418 47 3000 Vallåkraträffen (Autoschau, Mitte Aug), Gartenfestival (Aug)

1549 ließ der dänische König Christian III. hier die Zitadelle **Landskrona Slott Citadellet** zum Schutz vor den Schweden erbauen. Die Festung mit Burggraben dominiert noch immer die Stadt. Die meisten Attraktionen liegen in der Nähe, darunter das **Landskrona Museum** mit einer Sammlung zur Lokalgeschichte und die Konsthallen, zu der ein Skulpturenpark gehört.

Im Sund zwischen Schweden und Dänemark liegt die Insel Ven, auf der Tycho Brahe sein Observatorium baute. Das Tycho Brahe Museum zeigt Multimedia-Schauen.

Landskrona Slott Citadellet
Slottsgatan tägl.
citadellet.com

Landskrona Museum
Slottsgatan Di – So 12 – 17 landskrona.se

Bunte Strandhäuschen in Skanö/Falsterbo; der Leuchtturm Falsterbo (unten) *auf dem Festland*

12 Trelleborg

D7 Skåne, E22
43 000 Kontinentgatan 2; +46 410 733 320 Wikingerkampf (Juli), Jazzfestival (Juli), Michaelmas-Markt (Sep)
visittrelleborg.se

Seine Blütezeit hatte Trelleborg im Mittelalter, als deutsche Händler Salz gegen Heringe tauschten. In der Altstadt rund um Gamla Torg stehen noch einige Skåne-Häuser. In Klostergränden steht die Ruine eines Franziskanerklosters (13. Jh.). Der Stadsparken mit Rosengarten lohnt einen Abstecher.

Trelleborgen ist die Rekonstruktion einer Wikingerfestung. Man erbaute sie an der Stelle der Originalfeste, die wohl von König Harald Blauzahn errichtet wurde. Sehenswert sind auch **Trelleborgs Museum** zur Stadtgeschichte, **Trelleborgs Sjöfartsmuseet** und **Axel Ebbes Konsthall** mit einer Sammlung von Skulpturen des Künstlers Axel Ebbe.

Trelleborgen
Västra Vallgatan 6 siehe Website
trelleborg.se

Trelleborgs Museum
Stortorget 1
+46 410 733 045 Di – So

Trelleborgs Sjöfartsmuseum
Gråbrödersgatan 12
Apr – Nov: Sa, So trelleborgssjofartsmuseum.se

Axel Ebbes Konsthall
Hesekillegatan 1
+46 410 733 045 Sa, So (Juni –Aug: Di – So)

13 Kristianstad

D7 Skåne, E22
36 000
Västra Storgatan 12
kristianstad.se/turism

Der Dänenkönig Christian IV. ließ Kristianstad im frühen 17. Jahrhundert bauen. Die frühere Anlage ist noch immer zu erkennen. Hauptattraktion ist die Heliga Trefaldighetskyrkan aus der gleichen Zeit, ein hervorragendes Beispiel der Renaissance-Architektur. Eine modernere Sehenswürdigkeit ist das Biosphären-Schutzgebiet **Naturum Vattenriket**, ein 35 Kilometer langes Feuchtbiotop am Fluss Helgeån. Am besten ist es im Rahmen einer Bootsführung zu besichtigen. Angelgenehmigungen kann man kaufen.

Naturum Vattenriket
Naturumsvägen 2 tägl.
vattenriket.kristianstad.se/naturum

14 Skanör/Falsterbo

D7 Skåne, Straße 100
7000 Sturup Falsterbo Strandbad Turistcenter Wikingerwoche (Juni), Sandburgen-Wettkampf (Juli) visitskane.com

Heute sind die Zwillingsstädte auf Skånes südwestlicher Spitze Badeorte, ihre Entste-

hung im Mittelalter verdanken sie jedoch der lukrativen Heringsindustrie. Zu sehen gibt es das Falsterbo Museum zur Lokalgeschichte und die Falsterbo Konsthall. Auf der Landspitze steht der nach wie vor aktive Falsterbo-Leuchtturm von 1793. Skanörs Rathaus ist von 1777, die Kirche stammt aus dem 13. Jahrhundert.

Im **Bärnstensmuseet** beim Erdwall Kämpinge Vall aus der Wikingerzeit sind Bernsteinfunde ausgestellt.

Bärnstensmuseet
Kämpinge, 10 km östl. von Falsterbo siehe Website brost.se

15
Ystad

D7 Skåne, E65
29 000 St Knuts Torg; +46 411 57 7681
visitystadosterlen.se

In Ystad spürt man noch den Einfluss der dänischen Herrscher und der deutschen Hanse, auch die Kirchen- und Klostergemeinden des Mittelalters haben ihre Spuren hinterlassen. Einer der vielen alten Bauten ist die St. Mariakyrkan (13. Jh.), in deren Turm jede Nacht der Wächter mit dem Blasen seines Horns anzeigt, dass alles in Ordnung ist. In Karl XII. Hus an der Stora Västergatan soll der Krieg führende König 1715 die Nacht nach seiner Rückkehr aus der Türkei verbracht haben.

Ystad besitzt mehrere interessante Museen, etwa das **Ystads Konstmuseum**. Das schöne Theater am Hafen offeriert ein breites Repertoire von Oper bis zu Comedy.

Umgebung: Hoch über dem Dorf Kåseberga steht das Steinschiff **Ales Stenar**. Das 67 Meter hohe Monument besteht aus 59 Steinen.

Sandhammaren ist für seine Strände bekannt. Früher war es bei Seeleuten gefürchtet, da sich um die Landspitze ständig neue Riffe bildeten. Der Leuchtturm stammt von 1862.

Marsvinsholms Slott aus dem 17. Jahrhundert kann man zwar nicht besichtigen, im Sommer jedoch im Park picknicken oder ein Theaterstück auf der im Open-Air-Bühne ansehen.

Expertentipp
Spa-Tag

Gönnen Sie sich einen Spa-Tag im Saltsjöbad (www.ysb.se) oder eine traditionelle Sauna und ein Meeresbad. Hotel und Spa befinden sich an der Ostsee in Ystad. Sie können für morgens, nachmittags oder für einen Tag buchen.

Ystads Konstmuseum
St Knuts Torg
Di – So Feiertage
konstmuseet.ystad.se

Ales Stenar
Kåseberga, Straße 9, 20 km östl. von Ystad
+46 411 577 681 tägl.

Marsvinsholms Slott
an der E65, 12 km nordwestl. von Ystad
Park: im Sommer tägl. marsvinsholm.se

Das Steinschiff Ales Stenar im Sonnenuntergang

Typisches rotes Holzhaus an einem idyllischen Ufer bei Kristianopel ↑

16

Sölvesborg

E7 · Blekinge, E22 · 17 000 · Repslagaregatan 1; +46 456 100 88 · solvesborg.se

Im Mittelalter war Sölvesborg an der Spitze des Listerlandet ein bedeutendes Handelszentrum, das von einer Burg bewacht wurde. Die Kleinstadt hat dänisches Flair und mittelalterlichen Charme. **Sölvesborgs Museum** in einem alten Kornspeicher mit Brennerei widmet sich der Geschichte von Lister. Älteste Gebäude ist die Nicolai Kyrka (12./13. Jh.).

Umgebung: Südöstlich von Sölvesborg, am anderen Ende der Landspitze, liegt Hällevik mit traditionellen Holzhäusern, einem Fischer- und einem Jachthafen sowie einem Fischereimuseum.

Von Nogersund verkehren Fähren zur Insel Hanö in der Hanöbukten. Während der Napoleonischen Kriege diente die Insel als englischer Marinestützpunkt.

Sölvesborgs Museum
Skeppsbrogatan 3
+46 456 81 6181 · Mitte Juni – Mitte Aug: Di – So; sonst nach Vereinbarung

17

Kristianopel

E6 · Blekinge, E22 · 1500 · Stortorget 2, Karlskrona; +46 455 30 3490 · kristianopel.se

Kristianopel liegt auf einer Insel im Kalmarsund und hat sich zum beliebten Ferienort entwickelt. Der Dänenkönig Christian IV. ließ die Siedlung bauen, Stadtrecht erhielt sie 1600. Mit dem Friedensvertrag von Roskilde wurde Kristianopel 1658 schwedisch.

Umgebung: Brömsebro liegt acht Kilometer nördlich von Kristianopel im Inland. Hier, an der Grenze zwischen Blekinge und Småland, wurde 1645 der Friede mit Dänemark verkündet. Damit wurden Jämtland, Härjedalen und Gotland wieder schwedisch. Die Verhandlungen fanden auf einer Insel im Fluss Brömsebäcken statt. Ein Stein (1915) erinnert daran. An der Mündung liegt die Ruine der Festung Brömsehus, die von dem schwedischen Rebellen Engelbrekt 1436 eingenommen wurde.

18

Karlshamn

E7 · Blekinge, E22 · 19 000 · Pirgatan 2; +46 454 812 03 · Ostsee-Fest (Juli) · karlshamn.se

Die 1664 gegründete Stadt war als Marinebasis geplant, das Kastellet auf der Insel Frisholmen entstand zu de-

Expertentipp
Sweden Rock

Das Hardrock-Festival (www.swedenrock.com) findet Anfang Juni in Norje nördlich von Sölvesborg statt. Zu den Bands, die hier bereits aufgetreten sind, gehören Black Sabbath, Iron Maiden, Aerosmith und Guns n' Roses.

ren Schutz. Nachdem Karlskrona *(siehe S. 214f)* die Rolle als Marinehafen übernommen hatte, entwickelte sich Karlshamn zum Handelszentrum, bekannt für die Punschherstellung. Ein Nachbau der Fabrik, in der der »Flaggpunsch« entstand, bildet heute einen Teil von **Karlshamns Museum**.

Sehenswert ist auch Skottsbergska Gården, ein Kaufmannshaus (1763), in dem Privaträume und Tabakladen so wie im 18. Jahrhundert gestaltet sind. **Kreativum** ist ein faszinierendes Wissenschaftszentrum für alle Altersgruppen. Asschierska Huset am Stortorget war Karlshamns erstes Rathaus. Der Lachsfluss Mörrumsån fließt durch die Stadt.

Umgebung: 15 Kilometer östlich liegt Eriksbergs Vilt- och Naturpark, Heimat von Adlern und Rothirschen.

Karlshamns Museum
Vinkelgatan 8
Mo–Fr 13–16 (Mitte Juni – Mitte Aug: Di–So 13–17)
karlshamnsmuseum.se

Kreativum
Strömmavägen 28
Sa, So 10–16; tägl. während Schulferien
kreativum.se

19

Ronneby

E7 Blekinge, E22
19 000 Västra Torggatan 1; +46 457 61 7570
Tosia-Bonnadan-Markt (Mitte Juli) ronneby.se

Das im 13. Jahrhundert gegründete Ronneby wurde erst 1658 schwedisch. Damals war es die größte Stadt von Blekinge und Handelszentrum. 1564, während des Siebenjährigen Kriegs gegen die Dänen, wurde es von der Armee Eriks XIV. überfallen und abgebrannt. Etwa 3000 Einwohner – ein Großteil der Bevölkerung – wurden im Blutbad von Ronneby regelrecht abgeschlachtet. Anfang des 19. Jahrhunderts wurde der Stadt dank der Kockums-Gießerei, der Emailwerke in Kallinge und des Kurbads Ronneby Brunn neues Leben eingehaucht.

In Bergslagen und um Brunnskällan stehen noch ein paar alte Gebäude. Der Kurpark sieht heute wieder so aus wie im 18. Jahrhundert. Er bietet Grünflächen, Wasserspiele, Naturwald und Themengärten. Besucher können das Heilwasser aus der alten Quelle probieren.

Umgebung: Östlich steht Edestads Kyrka (13. Jh.), die einst als Festung diente. Sieben Kilometer östlich liegt der vier Meter hohe Runenstein Björketorpsstenen aus dem 8. Jahrhundert. Die Inschrift ist ein Fluch.

Der Hjortsberga-Friedhof auf der Johannishus-Anhöhe umfasst 120 Grabhügel. Zwölf Kilometer nordöstlich von Ronneby erstreckt sich inmitten von Weideland das Naturschutzgebiet Johannishus Åsar.

Lachsfischen in Mörrumsån

Jedes Jahr kommen Angler aus aller Welt an den Fluss Mörrumsån zum Lachsfischen. Geangelt wird hier bereits seit dem 13. Jahrhundert, als der König noch das ausschließliche Fischereirecht besaß. Der Fluss verläuft vom Vrången-See im Norden via Helgasjön- und Åsnen-See durch eine wunderschöne Landschaft, ehe er in Elleholm ins Meer mündet. Die Angellizenz kostet zwischen 200 und 1200 Kronen am Tag. In der Saison 2003 wurden hier 1160 Lachse gefangen, der größte wog 18,36 Kilogramm. Im Laxens Hus in Mörrum wird alles zusammengetragen, was mit Fischerei zu tun hat. Es präsentiert Ausstellungen über die Tierwelt des Flusses und über die Geschichte des Angelsports.

Fahrt durch Österlen

Länge 80 km **Rasten** In den meisten Städten gibt es Cafés und Restaurants

Österlen, »Land im Osten«, bezeichnet Skånes südöstliche Ecke von Ravlunda bis Ystad im Süden und die Linderödsåsen-Anhöhe im Westen. Das Terrain ist das fruchtbarste Schwedens. Über die Hügel und Ebenen verteilen sich viele alte Monumente, die großartigsten Schlösser und Festungen und die ältesten Kirchen des Landes. An der Küste reihen sich malerische Fischerdörfer aneinander. Die ganze Region ist ein Paradies für Maler und Schriftsteller.

Zur Orientierung
Siehe Karte S. 208f

Im Naturschutzgebiet **Brösarps Backar** wachsen seltene Blumen. Spektakulär ist die Blüte der Anemonen und Schlüsselblumen im Frühling.

Tomelilla ist ein guter Ausgangspunkt für eine Tour durch Skånes hügelige Landschaft. Die Stadt ist auch bekannt für ihr Kunstmuseum.

Kivik, ein Fischerdorf mit Fachwerkhäusern, ist für den jährlichen Markt und seine Apfelbaumanlagen bekannt.

Alte, niedrige Häuser prägen **Simrishamn**. Die Handwerker lebten einst um den Platz Lilla Torg, die Fischer in Hafennähe.

Das gespenstische Ritterhaus **Glimmingehus** (16. Jh.) bietet Geisterführungen, außerdem kann man hier wie im Mittelalter tafeln.

← *Tosterups Slott liegt idyllisch südlich von Tomelilla*

↑ *Traditionelle Stadthäuser säumen die Kopfsteinpflasterstraßen in Simrishamn*

Kajakfahrer auf dem Fluss Mölndalsån in Göteborg

Göteborg

Die Bewohner Göteborgs nennen ihre Stadt auch »das Gesicht Schwedens«. Die maritime Metropole ist seit Jahrhunderten eines der Tore Schwedens zur Welt. Einst war der Fluss Göta Älv die einzige Öffnung Schwedens nach Westen hin – die Überreste der Festungen und Wälle zeugen bis heute von dieser Position als befestigter Außenposten. Die zweitgrößte Stadt Schwedens ist nach wie vor der wichtigste Handelshafen des Landes und stolz auf ihr maritimes Erbe.

Vor dem modernen Göteborg gab es vier frühere Siedlungen am Göta Älv. Sie lagen in einer Zeit ständiger Konflikte zwischen Schweden und Dänemark immer wieder an vorderster Front. Niederländer siedelten Anfang des 17. Jahrhunderts auf der Insel Hisingen, doch die Siedlung wurde von Dänen niedergebrannt. Gustav II. Adolf gründete 1619 eine Stadt in der Gegend der heutigen Vororte Vallgraven und Nordstaden. Im 17. Jahrhundert schuf der Baumeister und Feldmarschall Erik Dahlbergh hier eine befestigte Stadt, im 18. Jahrhundert wurde Göteborg dank deutscher, englischer und schottischer Einwanderer kosmopolitisch.

Mit der Einführung dampfbetriebener Motoren Mitte des 19. Jahrhunderts blühte die Schiffsindustrie auf, die Stadt entwickelte sich zum wichtigen Schiffbau- und Handelszentrum. Die Werften sind inzwischen zwar großteils verschwunden, aber noch immer ist Göteborg eine bedeutende Industriestadt und Sitz des Automobilherstellers Volvo.

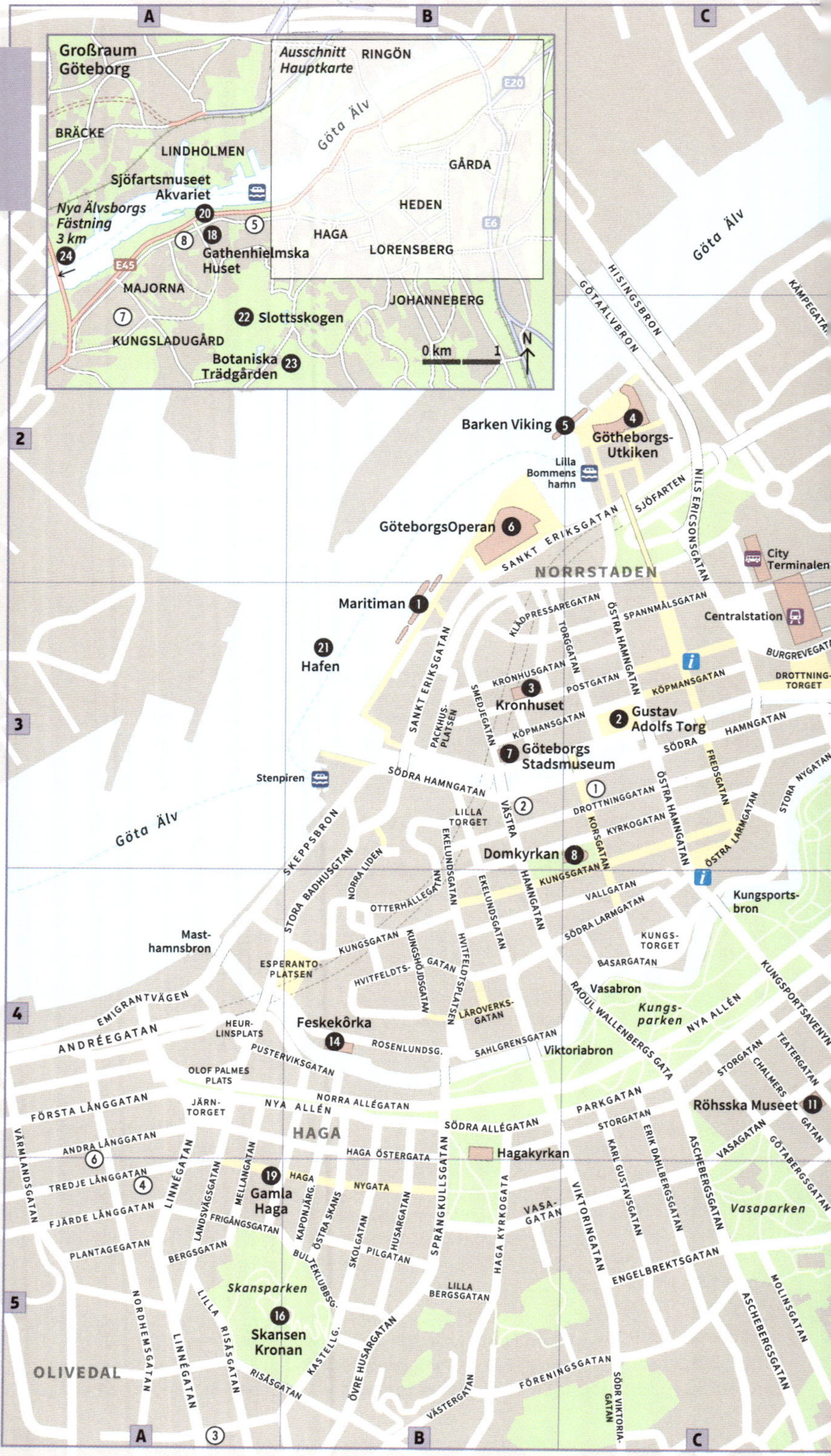

Großraum Göteborg
Ausschnitt Hauptkarte
RINGÖN
BRÄCKE
LINDHOLMEN
Göta Älv
GÅRDA
Sjöfartsmuseet Akvariet
Nya Älvsborgs Fästning 3 km
HEDEN
HAGA
LORENSBERG
Gathenhielmska Huset
MAJORNA
JOHANNEBERG
Slottsskogen
KUNGSLADUGÅRD
Botaniska Trädgården
0 km 1
N
Barken Viking
Götheborgs-Utkiken
Lilla Bommens hamn
GöteborgsOperan
HISINGSBRON
GÖTAÄLVBRON
KÄMPEGATAN
SANKT ERIKSGATAN
SJÖFARTEN
NILS ERICSONSGATAN
NORRSTADEN
City Terminalen
Maritiman
Centralstation
Hafen
KLÄDPRESSAREGATAN
SPANNMÅLSGATAN
BURGREVEGATAN
DROTTNING-TORGET
KRONHUSGATAN
POSTGATAN
KÖPMANSGATAN
Kronhuset
Gustav Adolfs Torg
Göteborgs Stadsmuseum
SÖDRA HAMNGATAN
Stenpiren
LILLA TORGET
DROTTNINGGATAN
KYRKOGATAN
ÖSTRA LARMGATAN
STORA NYGATAN
Domkyrkan
KUNGSGATAN
VALLGATAN
SÖDRA LARMGATAN
Kungsportsbron
SKEPPSBRON
STORA BADHUSGATAN
NORRA LIDEN
OTTERHÄLLEGATAN
EKELUNDSGATAN
Masthamnsbron
ESPERANTO-PLATSEN
HVITFELDTSGATAN
KUNGSHÖJDSGATAN
HVITFELDTSPLATSEN
KUNGSTORGET
BASARGATAN
Vasabron
EMIGRANTVÄGEN
ANDRÉEGATAN
HEURLINSPLATS
Feskekôrka
ROSENLUNDSG.
LÄROVERKSGATAN
SAHLGRENSGATAN
Viktoriabron
RAOUL WALLENBERGS GATA
Kungsparken
NYA ALLÉN
KUNGSPORTSAVENYN
PUSTERVIKSGATAN
OLOF PALMES PLATS
JÄRNTORGET
NORRA ALLÉGATAN
FÖRSTA LÅNGGATAN
ANDRA LÅNGGATAN
TREDJE LÅNGGATAN
FJÄRDE LÅNGGATAN
PLANTAGEGATAN
HAGA
SÖDRA ALLÉGATAN
HAGA ÖSTERGATA
Hagakyrkan
PARKGATAN
STORGATAN
Röhsska Museet
TEATERGATAN
CHALMERSGATAN
VASAGATAN
GÖTABERGSGATAN
Vasaparken
Gamla Haga
HAGA NYGATA
LINNÉGATAN
LANDSVÄGSGATAN
MELLANGATAN
FRIGÅNGSGATAN
BERGSGATAN
KAPONJÄRG.
ÖSTRA SKANS
SKOLGATAN
HUSARGATAN
PILGATAN
SPRÅNGKULLSGATAN
HAGA KYRKOGATA
KARL GUSTAVSGATAN
ERIK DAHLBERGSGATAN
ASCHEBERGSGATAN
VIKTORIAGATAN
ENGELBREKTSGATAN
MOLINSGATAN
Skansparken
BULTEKLUBBSG.
LILLA BERGSGATAN
Skansen Kronan
NORDHEMSGATAN
LILLA RISÅSGATAN
KASTELLG.
ÖVRE HUSARGATAN
FÖRENINGSGATAN
SÖDR VIKTORIAGATAN
VÄSTERGATAN
RISÅSGATAN
OLIVEDAL
VÄRMLANDSGATAN

Göteborg

Sehenswürdigkeiten

1. Maritiman
2. Gustav Adolfs Torg
3. Kronhuset
4. GötheborgsUtkiken
5. Barken Viking
6. GöteborgsOperan
7. Göteborgs Stadsmuseum
8. Domkyrkan
9. Ullevi
10. Trädgårdsföreningen
11. Röhsska Museet
12. Liseberg
13. Universeum
14. Feskekôrka
15. Världskulturmuseet
16. Skansen Kronan
17. Götaplatsen
18. Gathenhielmska Huset
19. Gamla Haga
20. Sjöfartsmuseet Akvariet
21. Hafen
22. Slottsskogen
23. Botaniska Trädgården
24. Nya Älvsborgs Fästning

Restaurants

① Ahlströms Konditori
② Brogyllen
③ Doktor Glas

Bars

④ Brewers Beer Bar
⑤ Haket
⑥ The Rover

Shopping

⑦ Välkommen Åter, Antikt Retro Design
⑧ Café Asti
⑨ Holmen's Marknad

SEHENSWÜRDIGKEITEN

1 Maritiman

B3 Packhusplatsen 12 +46 31 10 5950 Apr: Sa, So 11–16; Mai, Sep: tägl. 11–16; Juni–Aug: tägl. 10–18 maritiman.se

Nachdem der Hafen weiter zur See hinaus verlegt worden war, lag der innere Hafenbereich lange Zeit brach. Deshalb entstand hier 1987 Göteborgs Maritiman: Das schwimmende Museum besteht aus 13 Schiffen, Booten und Kähnen und ist eines der weltweit größten Schifffahrtsmuseen. Zu den Highlights gehören der Zerstörer *Småland*, der 1952 in der Eriksberg-Werft am anderen Flussufer gefertigt wurde, das U-Boot *Nordkaparen* (1962) und das Panzerschiff *Sölve* (1875). Außerdem liegen hier historische Feuerschiffe, Löschboote und Schlepper.

2 Gustav Adolfs Torg

C3

Göteborgs Gründer, König Gustav II. Adolf, verlieh dem Hauptplatz der Stadt seinen Namen. Seit 1854 blickt Bengt Erland Fogelbergs Statue des »Heldenkönigs« gebieterisch auf den Platz und auf Rådhuset, Börsen und Stadshuset.

Das Rådhuset bei der Norra Hamngatan wurde im Jahr 1673 nach Plänen von Nicodemus Tessin d. Ä. errichtet. Den funktionalistischen Anbau entwarf Gunnar Asplund *(siehe S. 94)* 1937.

Sowohl das Stadshuset aus dem 18. Jahrhundert als auch die Wenngrenska Villa an der Nordseite des Platzes werden von der Stadtverwaltung genutzt. Das Gebäude der Börsen, das P. J. Ekman 1849 gestaltete, ist häufig Schauplatz von offiziellen Empfängen und Ratsversammlungen.

Am 16. November, dem Tag, an dem der König 1632 in der Schlacht bei Lützen ums Leben kam, wird in der Stadt zu seinen Ehren ein Marzipankuchen hergestellt. Diesen krönt ein Schokoladenstück in der Form des königlichen Kopfes.

3 Kronhuset

B3 Kronhusgatan 1D +46 31 368 4000

Das Kronhuset, ein hoher Ziegelbau im niederländischen Stil, wurde 1643–55 erbaut und ist Göteborgs ältestes weltliches Gebäude. In diesem Stadtteil hatte früher die Artillerie ihre Lagerräume. Das Erdgeschoss baute man später für den Reichstag von 1660 um. Heute finden in dem Gebäude Veranstaltungen wie Konzerte und Ausstellungen statt.

Den Platz säumen etliche kleine Häuser, die malerische Kronhusbodarna (Kronhus-Häuserzeilen), in denen sich Handwerker niedergelassen haben. Hier werden Töpfer-, Glas- und Lederwaren sowie Uhren und Süßigkeiten hergestellt. Es gibt auch einen altmodischen Laden mit einem schönen Café.

← *Statue von Gustav II. Adolf auf dem gleichnamigen Platz*

↑ *Die* Viking *spiegelt sich im Wasser in der Nähe von GöthebørgsUtkiken*

4 GötheborgsUtkiken

C2 Lilla Bommen 2 +46 31156 147 tägl. 11–15 (Juli, Aug: 10–16); Aufzug fährt jede Stunde

Das rot-weiße Hochhaus Utkiken dominiert seit 1989 das Hafengebiet Lilla Bommen. Das gewagte Gebäude der Architekten Ralph Erskine und Heikki Särg tauften die humorvollen Göteborger schon bald »Lippenstift«. Von ganz oben hat man eine tolle Aussicht über den Hafen.

5 Barken Viking

C2 Gullbergskajen +46 31 63 5800 tägl. 22.–31. Dez barkenviking.com

Einer der wenigen Viermaster aus der großen Zeit der Segelschifffahrt liegt in Göteborg vor Anker. Die *Viking*

wurde im Jahr 1906 in der Kopenhagener Werft Burmeister & Wain gebaut. Sie segelte auf der Weizenroute nach Australien und transportierte Guano von Chile nach Europa. Das schnelle, schöne Schiff fuhr 1909 die Rekordgeschwindigkeit von 15,5 Knoten. 1948 endete die Zeit der *Viking* als Handelsschiff, zwei Jahre später wurde sie Schulschiff.

Heute ist die *Viking* der ungewöhnliche Ort für ein Hotel und Konferenzzentrum. Im Sommer verwandelt sich das 97 Meter lange Deck in eine Terrasse mit Café, Restaurant und Bar – mit geradezu turbulenter Atmosphäre.

6

GöteborgsOperan

B2 Christina Nilssons Gata +46 31 13 1300 zu Aufführungen; siehe Website Karfreitag, 1. Mai, 24., 25. Dez opera.se

Die Eröffnung des Opernhauses mit seiner imposanten Fassade am Göta Älv im Jahr 1994 war von Westschwedens Musikliebhabern ungeduldig erwartet worden. Dies beweist die riesige Wand, auf der die Namen von 6000 Personen stehen, die für den Bau gespendet haben.

Das Theater für Opern-, Musical- und Ballettaufführungen, das sich im Wasser des Flusses Göta Älv spiegelt, ist in jeder Hinsicht großartig. Der achteckige Zuschauerraum fasst mehr als 1300 Besucher, die alle die exzellente Akustik genießen können. Die Hauptbühne ist 500 Quadratmeter groß, daneben liegen vier riesige Bereiche zur Lagerung von Kulissen. Mithilfe modernster Technik kann man schnell zwischen verschiedenen Produktionen wechseln, auch zwischen Oper, Operette, Musical und Aufführung von modernem Tanz.

Der Architekt Jan Izikowitz ließ sich von der Lage am Hafen mit den Schiffen, Rümpfen, Segeln, Brücken und Kränen inspirieren. Als Ziel hatte er ein Gebäude im Sinn, »dessen Leichtigkeit die Gedanken frei fliegen und in den Lüften kreisen lässt wie die Flügel einer Möwe über dieser wunderbaren Flusslandschaft«.

Shopping

Välkommen Åter, Antikt Retro Design
Antiquitäten und viel Dinge in Retrodesign.
A2 Älvsborgsgatan 50 So, Mo

Café Asti
Bekannt für hervorragenden Kaffee, Antiquitäten und New-Age-Artikel.
A1 Karl Johansgatan 36A Sa, So

Holmen's Marknad
Hier findet man alles von antiken Kristallgläsern über alte Geräte bis zu Kleidung.
D1 Ryttmästaregatan 3 So holmensmarknad.se

Restaurants

Ahlströms Konditori
Entspannen Sie im Innenhof und genießen Sie frische Backwaren.
C3 Korsgatan 2 ahlstromskonditori.se
Kr Kr Kr

Brogyllen
Probieren Sie das frisch gebackene Brot oder den traditionellen Prinzessinkuchen.
B3 Västra Hamngatan 2 brogyllen.se
Kr Kr Kr

Doktor Glas
Gute Auswahl an Gerichten, Backwaren und Smoothies.
A5 Linnégatan 56 doktorglaslinnegatan.se
Kr Kr Kr

7

Göteborgs Stadsmuseum

B3 Norra Hamngatan 12 +46 31 368 3600 Di – So 10 – 17 (Mi bis 20) Feiertage stadsmuseum.goteborg.se

Das Stadtmuseum ist im historischen Ostindiska Huset (Ostindien-Haus) untergebracht. Das Gebäude wurde 1747 – 62 nach Entwürfen von Bengt Wilhelm Carlberg und Carl Hårleman als Verwaltung, Auktionsraum und Lager der Ostindien-Kompanie gebaut. Anfang des 19. Jahrhunderts nutzte man es als naturgeschichtliches Museum, im Jahr 1861 wurde das Stadtmuseum gegründet.

Die Dauerausstellungen zeigen die Frühgeschichte Westschwedens und die Bedeutung des Flusses Göta Älv als Route nach Europa – angefangen bei den Wikingern. Weitere Themen sind die Geschichte der ersten Einwohner Göteborgs, die Industrialisierung, die gesellschaftlichen Unruhen im 20. Jahrhundert sowie die Ostindien-Kompanie und ihr Handel mit exotischen Waren wie chinesischem Porzellan, Seide und Lackarbeiten.

8

Domkyrkan

C3 Kyrkogatan 28 +46 31 731 6130 tägl.

Die Gustavi Domkyrka wurde von C. W. Carlberg 1815 – 25 im Stil des Klassizismus gestaltet. Zwei Vorgängerkirchen an derselben Stelle wurden Opfer von Bränden. Das Kirchenschiff wird von

Das elegant vergoldete Interieur hinter der neoklassizistischen Fassade der Domkyrkan (rechts)

einem beeindruckenden vergoldeten Altarbild dominiert.

Auf dem Domkyrkoplan vor dem Dom steht eine der besterhaltenen Tränken der Stadt: Ab dem 18. Jahrhundert wurde Wasser in ausgehöhlten Eichenstämmen vom Brunnen in Gustafs Källa in den Süden der Stadt geschafft.

9

Ullevi

E3 Skånegatan
+46 31 368 4500
bei Veranstaltungen

Schwedens größte Arena, Ullevi, wurde zur Fußballweltmeisterschaft 1958 eröffnet und richtete seither viele internationale Wettkämpfe aus. Die elegante, wellenförmige Ellipse von Architekt Fritz Jaenecke wurde schon mehrfach renoviert und modernisiert. In der Arena finden bei Sportveranstaltungen etwa 43 000 Zuschauer Platz, bei Konzerten sogar bis zu 75 000 Besucher.

Vor der Arena erinnert eine Statue an den schwedischen Boxer Ingemar »Ingo« Johansson (1932–2009).

10

Trädgårdsföreningen

D3 Slussgatan 1
+46 31 365 5858 1–5, 7, 9–11, 13 tägl. 7–18 (Mai–Sep: bis 20) 24., 25., 31. Dez tradgardsforeningen.se

Unter Göteborgs zahlreichen Parks ist Trädgårdsföreningen eine Klasse für sich. 1842 begann man, ein Moorgebiet südlich von Vallgraven in einen Park für die Bürger der Stadt zu verwandeln.

In dem wunderschönen **Palmhuset** (1878) wachsen Pflanzen von fünf Kontinenten: u. a. Kamelien, Bambus, Orchideen, Palmen. Das Vattenhuset (Wasserhaus) überwuchern die gewundenen Wurzeln von Mangrovenbäumen und die zwei Meter breiten Blätter der Riesenseerose. Die Sammlung des Rosariums aus mehr als 1900 Rosenarten ist einzigartig.

Im Park befinden sich Cafés und Trädgår'n, ein Restaurant mit Nachtclub, das im 19. Jahrhundert gegründet wurde. Inzwischen hat das Lokal ein neues Gebäude mit Terrasse bekommen.

Palmhuset
+46 31 365 5858 tägl. 10–16 (Juni–Aug: bis 20)

↑ *Feuerwerk über der Arena Ullevi bei einer Veranstaltung*

11

Röhsska Museet

C4 Vasagatan 37–39
+46 31 61 3850 3, 4, 5, 7, 10 Di, Mi 11–18, Do 11–20, Fr–So 11–17 Feiertage rohsska.se

Das Röhsska Museet ist Schwedens führendes Museum für Design und angewandte Kunst. Es beherbergt eine wunderbare Sammlung skandinavischer Haushalts- und Dekorationsobjekte aus dem 20. Jahrhundert. Andere Abteilungen widmen sich europäischem Design sowie Antiquitäten aus Europa, Japan und China. Aus Platzgründen ist immer nur ein Teil der insgesamt mehr als 50 000 Objekte zu sehen, zudem finden häufig Sonderausstellungen statt.

Das Museum entstand aus den Stiftungen der Finanziers Wilhelm und August Röhss. 1916 wurde es als Röhss-Museum für Handwerk in dem Backsteingebäude des Architekten Carl Westman eröffnet und seitdem erweitert. Neben dem Museum befindet sich die Hochschule für Kunsthandwerk und Design.

Eingang zum Vergnügungspark Liseberg mit vielen Fahrgeschäften (rechts) ↑

12

Liseberg

E5 Örgrytevägen 5
+46 31 400 100 siehe Website Mo, Feiertage
liseberg.se

Die Göteborger sind zu Recht stolz auf ihren Vergnügungspark, der Besuchermassen anlockt. Hier findet man modernste Fahrgeschäfte und ein vielfältiges Unterhaltungsprogramm. Die Grünanlagen sind wunderbar gestaltet.

Der Finanzier Johan Anders Lamberg erwarb das Land im 18. Jahrhundert und ließ bis 1753 das erste prachtvolle Haus, Landeriet, errichten. Lamberg hatte zwei Leidenschaften: die Gartenarbeit und seine Frau Lisa, nach der er auch das neue Haus auf dem Hügel benannte – Liseberg.

Göteborg kaufte das Gelände für die Göteborg-Ausstellung 1923 und schuf mit der Errichtung einer beeindruckenden Achterbahn aus Holz den Rummelplatz. Es folgten weitere Fahrgeschäfte, die in 80 Jahren insgesamt 140 Millionen Gäste verzeichnen konnten. Die Achterbahn »Balder« ist die größte ihrer Art in Skandinavien. Ihre Holzbauweise erinnert an das erste Fahrgeschäft des Parks. Von oben (36 Meter hoch) erreicht sie eine Geschwindigkeit von 90 km/h. Neue Technologien ermöglichten Fahrgeschäfte, die Bisheriges in den Schatten stellen. »Helix« beschleunigt auf 4,3 G, bei »Valkyria« geht es vertikal abwärts. Weniger adrenalingeladene Fahrten sind für Kinder geeignet, wo sie ihr eigenes Wikingerschiff steuern oder auf der Wildwasserbahn nass werden können.

13

Universeum

E5 Södra Vägen 50
+46 31 335 6450
tägl. 10–18
universeum.se

Am Fluss Mölndalsån, unweit der Kungsportsavenyn, liegt ein Areal, in dem sich mehrere Attraktionen und Veranstaltungsorte konzentrieren, etwa Liseberg, Ullevi und Universeum, das größte Wissenschaftszentrum in Skandinavien.

Ziel von Universeum ist es, bei Kindern und Jugendlichen das Interesse an Wis-

> **Im Vergnügungspark Liseberg findet man modernste Fahrgeschäfte und ein vielfältiges Unterhaltungsprogramm. Die Grünanlagen sind wunderbar gestaltet.**

senschaft und Technik wachzurufen. Das Zentrum wartet mit viel Wissenswertem für die ganze Familie auf. Es wurde größtenteils aus recycelten oder umweltfreundlichen Materialien gebaut.

Viele Exponate sind interaktiv, etwa ein tropischer Regenwald, der von Schlangen und Fröschen bewohnt ist, ein großes Aquarium, ein Wassertank mit heimischen Fischen oder eine Weltraumstation, wo man mehr über das Leben von Astronauten im Weltraum erfahren kann.

14 Feskekôrka

B4 · Fisktorget 4
+46 46 31 4681
Di – Fr 10 – 18, Sa 10 – 15
Feiertage

Warum die Göteborger den Fischmarkt Feskekôrka (Fischkirche) tauften, ist leicht zu erkennen. Victor von Gegerfelt ließ sich von gotischen Kirchen inspirieren, als er 1874 die Markthalle entwarf, die ein steiles Dach und große Erkerfenster erhielt.

Der Fang aus der Nordsee wird direkt hierhergebracht. Heutzutage stehen hier mehr als nur einfache Fischstände, die Halle bildet die farbenfrohe Kulisse für Tische, an denen die Seafood-Spezialitäten auch gleich verzehrt werden können.

15 Världskulturmuseet

E5 · Södra Vägen 54
+46 10 456 1200
Di – Fr 12 – 17 (Mi bis 20), Sa, So 11–17 (Mitte Juni – Mitte Aug: Di – So 11–18)
Feiertage
varldskulturmuseet.se

Die Londoner Architekten Cécile Brisac und Edgar Gonzalez entwarfen das eiswürfelähnliche Världskulturmuseet (Museum der Weltkulturen), das 2005 eröffnet wurde. Die Exponate sind wie das Gebäude alles andere als traditionell. Sie sollen überraschen, provozieren und Vorurteile gegen fremde Kulturen infrage stellen. Hier finden auch Konzerte, Filme, Tanzvorführungen und Literaturlesungen statt.

Bars

Brewers Beer Bar
Hier gibt es viele Biere und dazu eine leckere Sauerteigpizza.
A5 · Tredje Långgatan 8
brewersbeerbar.se

Haket
Große Bierauswahl und schöner Außenbereich für Sommerabende.
A1 · Första Långgatan 32 · So
linnestaden.nu/Haket

The Rover
Hier hat man die Qual der Wahl zwischen 32 Biersorten.
A4 · Andra Långgatan 12
therover.se

Groß Auswahl an Fisch und Meeresfrüchten im Fischmarkt Feskekôrka

16

Skansen Kronan

B5 Skansberget
+46 31 711 3033
Di – Fr 10 – 15 Feiertage
skansenkronan.se

Eine Goldkrone ziert die achteckige Festung Skansen Kronan aus Schwedens Zeit als Großmacht. Skansen Kronan thront auf dem Skansberget. Wie ihr Gegenstück Skansen Lejonet in Bahnhofsnähe gehört sie zu den besterhaltenen Befestigungsanlagen von Erik Dahlbergh. Sie wurde 1687 gebaut, um die Stadt vor Angriffen aus dem Süden zu schützen. In den 1850er Jahren diente sie als Unterkunft für Obdachlose und auch als Gefängnis.

Expertentipp
Bootsfahrt

Göteborgs Lage am Meer nutzt man am besten, indem man ein Boot mietet und damit an einem sonnigen Tag den ruhigen Archipel erkundet. Unter www.boatcharter-sweden.com findet man weitere Informationen.

17

Götaplatsen

D5

Götaplatsen ist Göteborgs Hauptplatz. In der Mitte umplätschert Wasser Milles' riesige Poseidon-Statue, die zu einem Wahrzeichen Göteborgs wurde. Der Platz wurde für die Göteborg-Ausstellung 1923 angelegt.

Breite Stufen führen von der Südostecke des Platzes hoch zum **Konstmuseum**. Das Bau von Sigfrid Ericson wurde 1925 Museum. Zu seiner umfangreichen Sammlung nordischer Kunst gehören Schlüsselwerke von Carl Larsson und den Göteborger Koloristen. Ebenfalls vertreten sind Werke aus der dänischen Blütezeit, niederländische Gemälde sowie französische Modernisten. Der Stolz ist die Furstenbergska Galleriet, ein Nachbau der Galerie, die der Kunstmäzen Ende des 19. Jahrhunderts in seinem Palais hatte.

Die benachbarte **Konsthallen** zeigt regelmäßig Wechselausstellungen. Der Bronzelöwe an der Fassade ist ein Werk des Bildhauers Palle Pernevi.

Das **Konserthuset** an der südwestlichen Seite entstand nach Entwürfen von Nils Einar Eriksson und wurde 1935 eröffnet. Im Foyer sind Gemälde von Prinz Eugen *(Grab der Erinnerungen)* und Otte Sköld *(Volkslied)*.

Konstmuseum
Di – So 11–17 (Di, So bis 18, Mi bis 20)
1. Jan, Karfreitag, 1. Mai, Mittsommer, 6. Juni, 24., 25., 31. Dez goteborgs konstmuseum.se

Konsthallen
♿ 🕒 Di–So 11–17 (Di, So bis 18, Mi bis 20)
W konsthallen.goteborg.se

Konserthuset
🕒 bei Konzerten
W gso.se/konserthuset

18

Gathenhielmska Huset

A1 Stigbergstorget 7 🚋 für Besucher

An der Westseite des Stigberget befand sich früher die Werft Amiralitetsvarvet. Hier bekam Anfang des 18. Jahrhunderts der Freibeuter Kapitän Lars Gathenhielm von Karl XII. Land zugesprochen. Seine Witwe ließ 1740 ein Herrenhaus bauen, eines der besten Beispiele eines Holzhauses, das wie aus massivem Stein gebaut aussieht.

Das Freilichtmuseum mit kleinen Holzhäusern nebenan zeigt, wie um 1800 ein Göteborger Vorort aussah.

↓ *Die achteckige Festung Skansen Kronen mit der Goldkrone*

19

Gamla Haga

A5 🚋

Das frühere Arbeiterviertel südlich von Vallgraven ist einer der wenigen Orte, wo man noch das alte Göteborg spürt. In den Holzhäusern leben und arbeiten Handwerker. Es gibt kleine Läden, Cafés und Lokale.

Haga war im 17. Jahrhundert Göteborgs erster Vorort, in dem hauptsächlich Hafenarbeiter wohnten. Zur Zeit der Industrialisierung im 19. Jahrhundert entstand hier eine Hüttenstadt, das Viertel füllte sich mit Arbeitsuchenden vom Land.

In den 1960er und 1970er Jahren verwahrloste Haga zunehmend, man dachte bereits an den Abriss des Viertels. Öffentlicher Protest auf breiter Front vereitelte diese Pläne jedoch, stattdessen wurde sichergestellt, dass wichtige Teile von Haga erhalten blieben, die Häuser wurden renoviert. Einige der für Haga typischen *landshövdingehusen* (»Häuser des Landesheerführers«) kann man besichtigen. Sie entstanden in den 1880ern, als das Gesetz von 1854, das Holzhäuser mit mehr als zwei Etagen im Zentrum verbot, umgangen wurde. Wenn das Erdgeschoss aus Stein war, konnte das Haus zwei hölzerne Etagen haben, ohne ein Brandrisiko darzustellen.

20

Sjöfartsmuseet Akvariet

A1 Karl Johansgatan 1–3 ☎ +46 31 368 3550 🚋 🕒 wegen Renovierung bis 2021 W sjofartsmuseet akvariet.se

Die maritime Geschichte Göteborgs und Bohusläns ist ein Thema des Sjöfartsmuseet (Seefahrtsmuseum). Die Schiffbauerfamilie Broström gründete das Museum 1933

↑ *Straßencafé in Gamla Haga*

auf dem Stigberget über dem Fluss Göta Älv. Ausstellungsgegenstand ist auch die manchmal komplexe Beziehung zwischen Mensch und Meer. Des Weiteren wird gezeigt, wie sich die Häfen verändert haben.

Wer mehr über Meeresflora und -fauna erfahren will, sollte das Akvariet (Aquarium) besuchen. In 25 Wassertanks wird sowohl das Leben in nordischen als auch in tropischen Gewässern nachgestellt. Man sieht, wie Krabben, Seesterne und Seeanemonen 40 Meter unter der Meeresoberfläche leben. Manche der Tiere können berührt werden.

Nach umfangreicher Renovierung und Erweiterung werden Museum und Aquarium im Herbst 2021 wiedereröffnet. Der Gamla Varvsparken mit mehreren Büsten erhält ein neues Café und zusätzliche Grünflächen.

Den Turm Sjömanstornet vor dem Museum krönt Ivar Johanssons Skulptur *Frau am Meer* von 1933, die der westschwedischen Seemänner gedenkt, die im Ersten Weltkrieg ums Leben kamen. Oben ist eine Aussichtsplattform.

Die Hängebrücke Älvsborgsbron überspannt den Fluss Göta Älv

21 Hafen

B3 nördl. des Zentrums zwischen Götaälvbron und Älvsborgsbron von Lilla Bommen oder Paddan-Ausflugsboote von Kungsportsplatsen, bis zu dreimal pro Stunde stromma.com/de-se/gothenburg

Die Seefahrt ist für Göteborg seit je von immenser Bedeutung. Hafen und Werft prägten lange Zeit das Stadtgebiet den Fluss Göta Älv entlang. Heute spielt der Schiffbau nur noch eine geringe Rolle. Die meisten Hafenaktivitäten – außer dem Fährverkehr – wurden an die Flussmündung verlegt. So kann man in der Stadt nur noch selten beim Be- und Entladen von Schiffen zusehen, obwohl heute dreimal mehr Güter verschifft werden als in den 1960er Jahren.

Der innere Hafen und die Werft westlich der imposanten Älvsborgsbron wurden umgebaut, heute findet man hier Wohn- und Bürobauten sowie Forschungs- und Bildungsinstitute. Doch man kann den Geist der Seefahrt noch spüren: auf einer Fähre von Lilla Bommen zur Werft Eriksbergsvarvet oder auf einem der weißen Paddan-Boote, die von der Kungsportsplatsen-Brücke auf dem Fluss zum inneren Hafen fahren. Die Rundfahrt dauert etwa 50 Minuten. Viele der Sehenswürdigkeiten wirken vom Wasser aus am schönsten.

Die Werft von Eriksberg auf Hisingen ist der Heimathafen des Ostindien-Schiffs *Götheborg*, das noch heute um die Welt segelt. Angeboten werden auch Touren zur Insel Hisingen und dem äußeren Hafen sowie hinaus auf die Schären des Archipels. Im Fischereihafen findet dienstags bis freitags um 6.30 Uhr morgens eine Fischauktion statt.

22 Slottsskogen

A2 Museivägen 10

Seit den 1870er Jahren ist Slottsskogen eine der schönsten Grünflächen der Stadt. Der Park ist von Wegen durchzogen, es gibt schöne Anpflanzungen, Teiche, einen Zoo und viele Unterhaltungsangebote. Im Frühling ist das Azaleental ein Blütenmeer. 1999 pflanzte man die – damals weltweit längste – Rabatte mit mehr als 90 000 Blumen.

In Slottsskogen stehen mehrere alte Holzhäuser aus Westschweden. Eine der Sportanlagen ist Slottsskogsvallen. Im Park gibt es mehrere Cafés und Restaurants.

Das älteste Museum der Stadt, **Naturhistoriska Museet**, liegt im nördlichen Teil des Parks. Das Museum von 1833 wurde 1923 hierherverlegt. Zu seiner riesigen Sammlung mit über zehn Millionen Exponaten gehören ausgestopfte Tiere aus

Die Seefahrt ist für Göteborg seit je von immenser Bedeutung. Hafen und Werft prägten lange Zeit das Stadtgebiet den Fluss Göta Älv entlang.

aller Welt. Das berühmteste Tier ist zweifellos der Malmska Valen, ein 16 Meter langer Blauwal, der 1865 in Askimviken an Land gespült wurde. Heute darf der Blauwal nur noch zu besonderen Anlässen »betreten« werden.

Naturhistoriska Museet
+46 10 441 4400 Di – So 11–17 (Do bis 20) Feiertage gnm.se

23
Botaniska Trädgården
A2 Carl Skottsbergs Gata 22 A +46 31 741 1100 24 Std. tägl. botaniska.se

Mit 1 750 000 Quadratmeter Fläche und 16 000 Spezies gehört Göteborgs Botanischer Garten zu den größten in Europa. Nur knapp ein Fünftel des Areals bedecken angelegte Gärten, der Rest ist ein Naturschutzgebiet mit ursprünglichem, uraltem Wald. Im Jahr 1916 begann man, die Gärten anzulegen, die seither kontinuierlich erweitert werden.

Das Rhododendrontal bietet alljährlich im Spätfrühling einen Teppich aus farbenfrohen Blüten. Im Felsengarten in einem alten Steinbruch wachsen 5000 Gebirgspflanzen aus allen Erdteilen. Im Frühsommer ist die Japanische Lichtung mit ihren duftenden Magnolien eine wahre Freude, im Herbst herrscht hier eine orientalische Farbenorgie.

In großen gläsernen Gewächshäusern sind die Pflanzen vor dem zuweilen unfreundlichen Klima Schwedens geschützt. Die kontrollierten und temperierten Bedingungen im Inneren schaffen verschiedenste Lebensräume, von der Wüste bis zum schwülen Dschungel. Die Bambus- und Bananenpflanzen im Tropenhaus erreichen teilweise eine Höhe von zehn Metern.

1500
Orchideen wachsen in den Gewächshäusern des Botaniska Trädgården.

24
Nya Älvsborgs Fästning
A1 8 km westl. des Zentrums +46 31 158 151 von Lilla Bommen Juli – Mitte Aug

Die verfallene Älvsborg wurde 1660 durch eine neue Festung auf Kyrkogårdsholmen ersetzt, um Schwedens Tor zur Nordsee zu verteidigen. 1717 und 1719 wurde sie von Dänen belagert, aber nie eingenommen. Im 18. Jahrhundert nutzte man sie als Gefängnis. Heute ist sie eine beliebte Sommerattraktion.

↑ *Blühende Blumen vor einem gläsernen Gewächshaus im Botaniska Trädgården und innen wachsende Palmen* (links)

Spaziergang durch Västra Nordstan

Länge 2 km **Zug** Hauptbahnhof Göteborg
Zeit 25 Min.

Dieser Teil Göteborgs ist das Zentrum der Hafenstadt mit fast 400-jähriger Geschichte. Am Ufer des Göta Älv ist alles von der Seefahrt geprägt: Museumsschiffe liegen vor Anker, es herrscht ein reges Treiben ein- und auslaufender Fähren und Boote. Spektakuläre moderne Gebäude wie GöteborgsOperan und Utkiken kontrastieren mit historischen Bauwerken wie dem Gebäude der Ostindien-Kompanie am Stora Hamnkanalen, das den holländischen Einfluss auf Göteborgs Architektur widerspiegelt, und dem Kronhuset, dem ältesten weltlichen Gebäude der Stadt. Shoppen kann man gut im nahen Nordstan mit seinen vielen Kaufhäusern, kleinen Läden und Galerien.

Spenden ermöglichten den Bau der lang ersehnten **Göteborgs-Operan** *(siehe S. 231)*, die schließlich 1994 eröffnet wurde.

Maritiman *(siehe S. 230)* ist eines der weltweit größten schwimmenden Schiffsmuseen. Sowohl den Zerstörer *Småland* von 1952 als auch das U-Boot *Nordkaparen* von 1962 kann man betreten.

↑ *Die beeindruckende GöteborgsOperan*

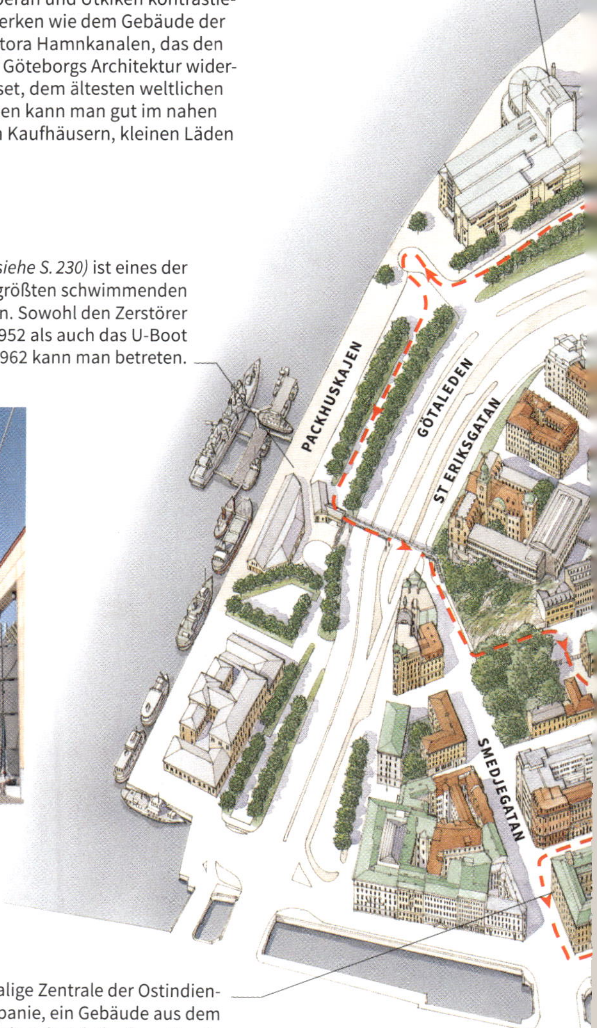

Die ehemalige Zentrale der Ostindien-Kompanie, ein Gebäude aus dem 18. Jahrhundert, beherbergt heute **Göteborgs Stadsmuseum** *(siehe S. 232)*.

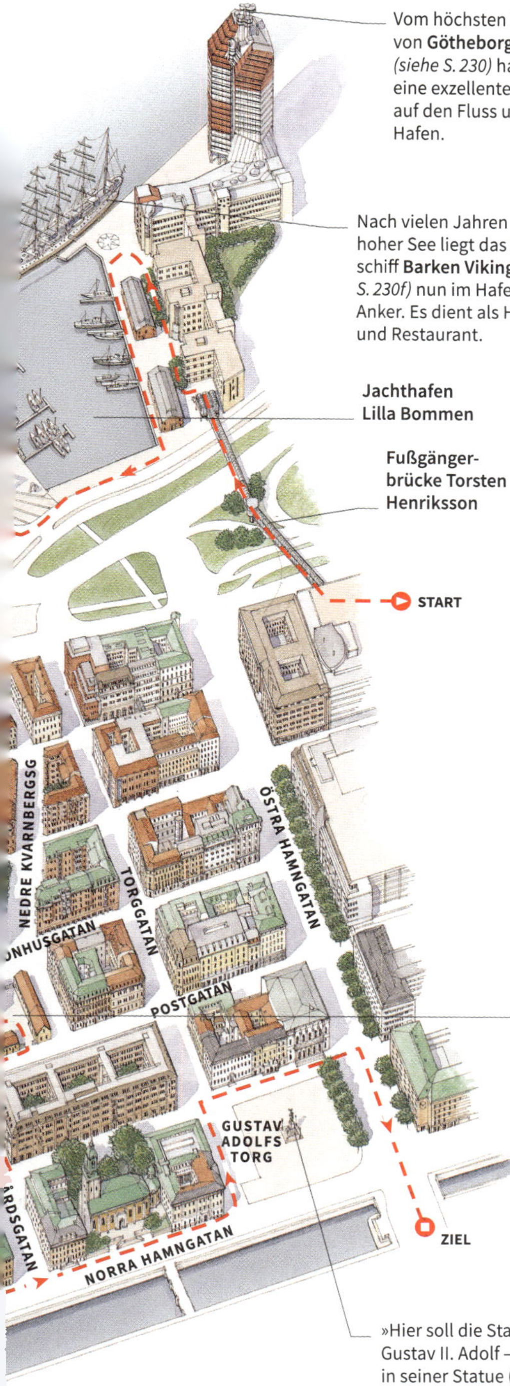

Vom höchsten Punkt von **GöteborgsUtkiken** *(siehe S. 230)* hat man eine exzellente Sicht auf den Fluss und den Hafen.

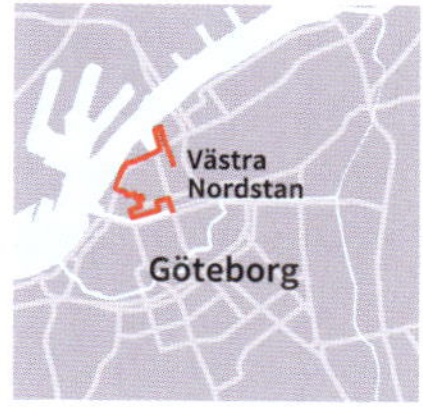

Zur Orientierung
Siehe Karte S. 228f

Nach vielen Jahren auf hoher See liegt das Segelschiff **Barken Viking** *(siehe S. 230f)* nun im Hafen vor Anker. Es dient als Hotel und Restaurant.

Jachthafen Lilla Bommen

Fußgängerbrücke Torsten Henriksson

↑ *Der Jachthafen Lilla Bommen mit GöteborgsUtkiken im Hintergrund*

Neben dem **Kronhuset** aus dem 17. Jahrhundert *(siehe S. 230)* residieren in den Kronhusbodarna-Häuschen heute Kunsthandwerker und Restaurants.

»Hier soll die Stadt sein«, verfügte König Gustav II. Adolf – Bengt Erland Fogelberg fing in seiner Statue (1854) diese Geste ein. Der Todestag des Königs wird alljährlich am **Gustav Adolfs Torg** *(siehe S. 230)* begangen.

Ein Holzpier führt zum Kallbadhuset in Varberg (siehe S. 263)

West-Götaland

Vier Landschaften – Dalsland, Bohuslän, Västergötland und Halland – bilden diesen vielfältigen Teil Schwedens, der im Nordwesten an Norwegen und im Norden an die großen Wälder grenzt. Im Osten erstreckt er sich bis zum Vättern-See. Mittendrin liegt Schwedens größter See, der Vänern.

Dalsland im Nordwesten von West-Götaland ist eine der kleinsten historischen »Landschaften« des Landes. Die Gegend ist hügelig, man sagt, hier beginne die Grenze zu Norrland mit dem Kroppefjäll-Gebirge als dessen südwestlichstem Vorposten. Von den Ebenen des Agrarlands Dalsland erhebt sich diese Grenze im Westen wie eine Wand aus dunklem Wald, während im Osten der blaue Vänern-See glitzert.

Im Südwesten grenzt Dalsland an Bohuslän, eine Küstenregion mit bunten kleinen Holzhäuschen zwischen blanken Felsen. Hier bildeten Fischerei und Bergbau seit dem Mittelalter das Rückgrat der Wirtschaft, heute hat ihnen der Fremdenverkehr den Rang abgelaufen.

Västergötland liegt zwischen dem Vänern- und dem Vättern-See. Die Region ist seit der Antike bewohnt, es gibt viele Überreste aus prähistorischer Zeit. In der Gegend, der ersten in Schweden, in der sich das Christentum ausbreitete, stehen viele alte Kirchen. Der erste christliche König des Landes, Olof Skötkonung, soll im Jahr 1008 in Husaby getauft worden sein, zudem hatten zwei der königlichen Dynastien des Mittelalters ihre Wurzeln in Västergötland.

Halland, die Küstenlandschaft südlich von Göteborg, ist ein Sommerparadies mit langen Sandstränden. Dort liegen mehrere interessante Burgen und Herrenhäuser.

NORWEGEN
Fredrikstad
Sandefjord
Halden
Segmon
Säffle
3 Åmål
Bengtsfors
Strömstad 2
Koster-Inseln 4
Ed
Vassbotten
DALSLAND
Köpmannebro
Tanumshede
Tanum 6
Mellerud
Läckö Slott 21
Högsäter
Fjällbacka 5
Hällevadsholm
Brålanda
Gerlesborg
Munkedal
Lidköping 20
Nordens Ark 7
Hunnebostrand
Vänersborg
Uddevalla
Smögen 9
Kungshamn
8
18
Trollhättan-Vänersborg Airport
Kungajaktmuseet Älgens Berg
Lysekil 10
Skaftö 11
12 Bassholmen
19 Trollhättan
Vara
Henån
Gullholmen 13
16
Orust
Nossebro
Lilla Edet
VÄSTERGÖTLAND
Mollösund
Stenungsund
Herrljunga
Anten
Skärhamn
15 Tjörn
Vårgårda
BOHUSLÄN
Göta Älv
32 Alingsås
Mjörn
Marstrand 17
14
Kungälv
Nääs Slott
Fristad
Floda
Skagen
Sandared
30 Borås
Göteborg
Viskafors
31
1
Göteborg Landvetter Airport
Gunnebo Slott
Fritsla
Torpa Stenhus
Tranemo
Kungsbacka 33
Kinna
Svenljunga
Frederikshavn
Onsala
Tjolöholms Slott
Syvsten
Læsø
Viskan
Ätran
Bua
Veddige
Rolfstorp
Ullared
Varberg 37
Kattegat
Hals
HALLAND
Vessigebro
Torup
Falkenberg 38
Getinge
Nissan
Oskarström
Halmstad City Airport
Halmstad 36
Laholms-bukten
Veinge
West-Götaland
Grenå
Mellbystrand
35 Laholm
Båstad
Kiel
SKÅNE

West-Götaland

Highlight

1. Gunnebo Slott

Sehenswürdigkeiten

2. Strömstad
3. Åmål
4. Koster-Inseln
5. Fjällbacka
6. Tanum
7. Nordens Ark
8. Uddevalla
9. Smögen
10. Lysekil
11. Skaftö
12. Bassholmen
13. Gullholmen
14. Kungälv
15. Tjörn
16. Orust
17. Marstrand
18. Vänersborg
19. Trollhättan
20. Lidköping
21. Läckö Slott
22. Tivedens Nationalpark
23. Kinnekulle
24. Karlsborg
25. Mariestad
26. Falköping
27. Hjo
28. Skara
29. Skövde
30. Borås
31. Torpa Stenhus
32. Alingsås
33. Kungsbacka
34. Ulricehamn
35. Laholm
36. Halmstad
37. Varberg
38. Falkenberg

1

Gunnebo Slott

C5 · 15 km südöstl. von Göteborg; E6/E20, dann Gunnebogatan · +46 31 334 1600 · Mölndal · nur Führungen, siehe Website; Garten: tägl. · gunneboslott.se

Das wunderschöne neoklassizistische Landhaus mit seinen angrenzenden Landschaftsgärten, umgeben von üppigen Hügeln und zwei Seen, bietet eine entspannende Pause vom Trubel des Alltags.

Um 1780 beauftragte John Hall, in jener Zeit einer der reichsten Männer Schwedens, den Stadtbaumeister Carl Wilhelm Carlberg aus Göteborg, eine Sommervilla und einen Park für Gunnebo zu entwerfen. Carlbergs 1796 vollendeter Bau zählt zu den schönsten und stilistisch reinsten Beispielen des schwedischen Klassizismus. In den französischen Gärten rund um das Haus sowie im Park im englischen Stil kann man wunderbar spazieren gehen. Durch den benachbarten Hof war man auf dem Anwesen Selbstversorger.

Schon gewusst?

Angeblich zahlte Hall 38 Fässer Gold für den Herrensitz.

↑ *Die wunderbare neoklassizistische Fassade des Herrenhauses*

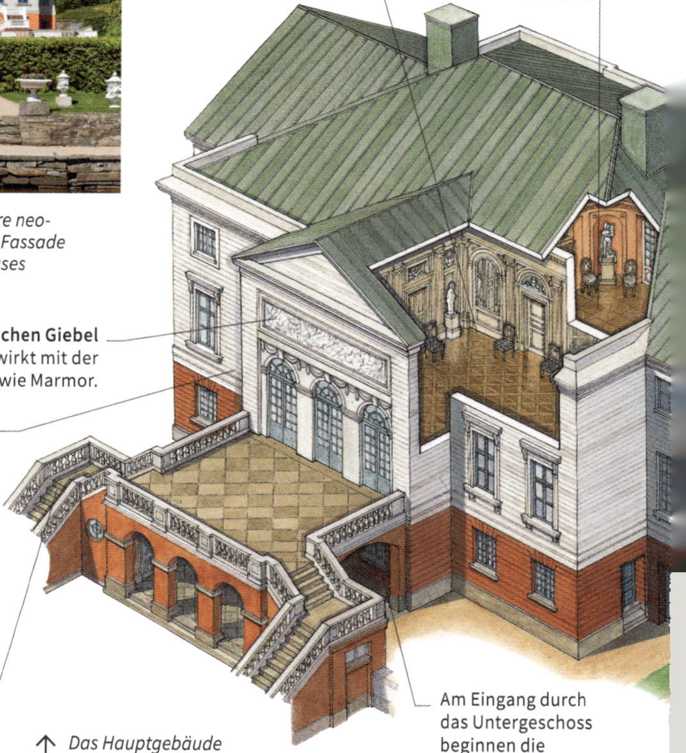

↑ *Das Hauptgebäude des Anwesens*

Highlight

Restaurant

Kaffehus och Krog
In einem der Dienstgebäude von Gunnebo Slott werden fantastisches Mittagessen und Kaffee serviert. Die Lebensmittel sind nachhaltig und saisonal, es gibt sogar eine eigene Bäckerei, die Kekse, Schokoladenmuffins und Beerenkuchen verkauft.

W gunneboslott.se/inlagg/kaffehusoch krog

Kr Kr Kr

Schöne Gebäude an der Uferfront des Ferienorts Strömstad

SEHENSWÜRDIGKEITEN

Ionische Säulen säumen die **Terrasse der Nordfassade**, die zum Garten mit den ordentlich gestutzten Bäumen führt.

2

Strömstad

C4 Bohuslän, E6 12 000 von Rygge, Norwegen von Sandefjord, Norwegen Norra Hamnen; +46 526 623 30 Winter World Festival (März), Sommermusik (Juli) W vastsverige.com

Das ehemalige Fischerdorf entwickelte sich bereits 1676 als strategischer Gegenpart zu den norwegischen Städten Halden und Fredrikstad zur Stadt. Mitte des 19. Jahrhunderts kamen Badeferien in Mode, seitdem ist Strömstad einer der beliebtesten Urlaubsorte Schwedens.

Strömstads Museum widmet sich der Lokalgeschichte, im **Friluftsmuseet Fiskartorpet** werden Fischerhütten und Anglergerät präsentiert. Der Hafen mit Bars und Läden bildet das Zentrum. Von hier fahren Boote auf die Inseln.

Strömstads Museum
Södra Hamngatan 26 +46 526 102 75 Mo–Fr 10–16 Feiertage

Friluftsmuseet Fiskartorpet
Östra Klevgatan 9 +46 526 190 00 Sommer: tägl.

3

Åmål

D4 Dalsland, Straße 45 12 000 Karlstad Marinan, Hamngatan 3 Bluesfestival (Juli) W vastsverige.com/amal

Dank der strategisch günstigen Lage am Vänern-See entwickelte sich Åmål zu einem wichtigen Marktplatz und kontrollierte den Holzexport nach Norwegen. Nach Bränden im 17. Jahrhundert und 1901 legte man am Nordufer des Flusses Åmålsån eine neue Stadt an. Das Heimatmuseum, **Åmåls Hembygdsmuseum**, in dem u. a. eine Zahnarztpraxis und eine Wohnung aus den 1920ern zu sehen sind, findet man im Snarhögsgården.

Åmåls Hembygdsmuseum
Hamngatan 7 +46 532 158 20 Mo–Fr (Mitte Juni–Aug: tägl.)

4

Koster-Inseln

C4 Bohuslän 300 von Strömstad (ca. 45 Min.) Norra Hamnen, Strömstad; +46 526 623 30

Die Koster-Inseln sind für ihre landschaftliche Schönheit und Pflanzenwelt bekannt und bilden zusammen ein Naturschutzgebiet. Sie sind die am weitesten westlich gelegenen bewohnten Inseln Schwedens. Sydkoster, die größte Insel der Gruppe, ist grüner als Nordkoster und ideal für Radtouren.

Die Höhepunkte im Kalender sind das Kammermusikfest im Juli und das Hummerfest im Herbst, bei dem man als Besucher auch mitfischen kann.

Expertentipp

Kajakfahren an der Westküste

August ist die beste Zeit, um die malerischen Koster-Inseln zu erkunden, da das Wetter gut ist und nur wenig Menschen unterwegs sind. Einige Inseln können zum Schutz von Vögeln und Robben gelegentlich gesperrt sein, deshalb sollte man vorab seine Route mit einem Reiseveranstalter vor Ort absprechen.

5

Fjällbacka

C5 Bohuslän, E6/Straße 163 850 nach Tanum, dann Bus Ingrid Bergmans Torg (Sommer) Weltmeisterschaft im Makrelenfischen (Ende Aug) vastsverige.com/tanum

An der Küste zwischen Strömstad und Uddevalla liegt das malerische Dorf Fjällbacka. Seit dem 17. Jahrhundert gab es hier eine Siedlung, die wie viele andere an dieser Küste vom Heringsfang und von der Seefahrt lebte. Heute kommen Urlauber hierher, um zu baden und Boot zu fahren.

Schöne, niedrige Holzhäuser und Läden säumen die engen Straßen, das Herz des Dorfs bildet der Hafen. Fjällbacka liegt wunderbar: Vor der Küste gruppieren sich Schären, hinter dem Dorf bildet der 70 Meter hohe Vetteberget eine imposante Kulisse für den Platz Ingrid Bergmans Torg. Die Schauspielerin Ingrid Bergman verbrachte so manchen Sommer in Fjällbacka, nach ihrem Tod benannte man den Platz nach ihr. Eine 1983 von Gudmar Olovson geschaffene Büste erinnert an sie. Fjällbacka ist ebenfalls bekannt als Handlungsort der weltweit millionenfach verkauften Krimireihe von Camilla Läckberg, die hier geboren wurde.

Den Vetteberget teilt eine riesige Schlucht, die Kungsklyfta, benannt nach König Oscar II., der Fjällbacka im Jahr 1887 besuchte und seinen Namen am Klufteingang eingravieren ließ. Der Ort diente auch als dramatische Location und Kulisse für die Verfilmung von Astrid Lindgrens Kinderbuch *Ronja Rövardotter (Ronja Räubertochter)*.

Fjällbackas beliebte Uferrestaurants sind immer voll ↑

6

Tanum

C5 Bohuslän E6 12 000 Tanumshede, Apoteksvägen 6; +46 525 183 80 vastsverige.com/tanum

Tanums Gemarkung hat sage und schreibe 525 Kilometer Küste, denn Fjorde und Buchten graben sich tief ins Land. Die Küste reicht von Gerlesborg im Süden bis Resö im Norden und wird von vielen Schären und Inseln geschützt.

Tanum ist vor allem für seine Felsritzungen aus der Bronzezeit bekannt, die ältesten stammen von etwa 1000 v. Chr. Die bildhaften Darstellungen sind so zahlreich und ihre Bedeutung für das Verständnis der bronzezeitlichen Kultur ist so hoch, dass die UNESCO sie 1994 zum Welterbe erklärte. In das weiche Gestein sind Menschen, Tiere, Boote, Waffen u. a. geritzt.

Die mit 200 Quadratmetern größte Ritzung ist in Vitlycke zu sehen. Das **Vitlycke Museum** bietet einen faszinierenden Einblick in diese Form der Felsenkunst. Ausgestellt sind Exponate und ein rekonstruierter Bauernhof aus der Bronzezeit. Bei abendlichen Führungen sind im Fackelschein Bilder zu erkennen, die bei Tageslicht unsichtbar sind. Ritzungen von Jagdszenen sieht man in Fossum, östlich von Tanumshede, in Tegneby Schiffsdarstellungen und in Asberget Tiere und Pflüge.

Fjällbackas Holzhäuser drängen sich um den Hafen ↓

Vitlycke Museum

3 km südl. von Tanumshede Mitte Apr – Nov vitlyckemuseum.se

7

Nordens Ark

C5 Hunnebostrand, 20 km nördl. von Smögen tägl.; siehe Website nordensark.se

Der Naturpark und Zoo kümmert sich um bedrohte Tierarten. Im Park in Åby Säteri leben Tiere aus allen Ecken der Welt, darunter alte schwedische Arten wie Gotland-Schafe und Bergkühe, nordische Wildtiere wie Wölfe und Bärenmarder sowie exotische Tiere wie Amur-Leoparden und Papageienarten. Viele Tiere sind Teil spezieller Programme, die sie vor dem Aussterben bewahren sollen.

Um die Tiere aus der Nähe zu sehen, folgen Sie dem Rundweg – nehmen Sie ein Fernglas mit, um die Vögel zu beobachten. Die Route führt auf Holzbrücken und Kieswegen zwischen den Gehegen entlang. Im Sommer beinhaltet der Eintritt auch eine Führung, die Brut- und Quarantänebereiche sind jedoch nicht zugänglich.

Nordens Ark bietet sich vor allem für Familien an, da im ganzen Park immer wieder speziell Kinder angesprochen werden. Sie können herausfinden, wie sich Tiere an Nahrung, Feinde und die Umwelt anpassen, können selbst Sachen ausprobieren und spielen. Man kann im Park auch übernachten.

Bronzezeitliche Felsritzungen

Die Felsritzungen in Tanum stellen einen Höhepunkt in der künstlerischen Ausdruckskraft der Bilder und Symbole dar, die die Menschen der Bronzezeit vor über 3000 Jahren verwendeten. Die Darstellungen erzählen vom Alltag, von verlorenen und gewonnenen Kämpfen, von Waffen und der Jagd. Auch Fruchtbarkeit, Geschlechtsverkehr und das Leben nach dem Tod wurden thematisiert. Auf die Bedeutung des Meers gehen die vielen Schiffe und Fischerszenen ein. Die Ritzungen hatten Ritualcharakter, Tierdarstellungen könnten auch als Kalender gedient haben. Felsritzungen findet man überall auf der Welt, die ältesten stammen von 20 000 v. Chr. Jene in Schweden sind jünger, da das Land erst 6500 v. Chr. eisfrei war.

Die Schrägseilbrücke Uddevalla führt über den Sunninge-Sund ↑

8 Uddevalla

C5 Bohuslän, E6/Straße 44 36 000 Trollhättan Södra Hamnen 2; +46 522 69 8470 Motocross-Weltmeisterschaft (Anf. Juli), Tanzfestival (Mitte Juli), Uddevallakalaset (Juli) uddevalla.com

Uddevalla war eine berühmte Schiffbauerstadt, bis in den 1980er Jahren die Werft aufgrund einer Wirtschaftskrise geschlossen werden musste. Uddevallas Geschichte geht auf das Jahr 1498 zurück, als es Stadtrechte erhielt. Die strategisch günstige Lage trug dazu bei, dass der Handel blühte, machte die Stadt aber auch zum Angriffsziel. Im Friedensvertrag von Roskilde wurde sie 1658 schwedisch, wie die Statuen von Karl X. Gustav und Erik Dahlbergh vor dem alten Rathaus bezeugen.

Das **Bohusläns Museum** widmet sich der Kultur- und Naturgeschichte der Region. Die Konsthallen präsentiert zeitgenössische Kunst. Uddevalla hat darüber hinaus eine schöne Uferpromenade. Naturliebhaber mögen die einzigartigen Muschelbänke und das ihnen gewidmete Museum **Skalbanksmuseet** in Kuröd bei Uddevalla.

Bohusläns Museum
Museigatan 1 tägl. Feiertage bohuslansmuseum.se

Skalbanksmuseet
5 km östl. von Uddevalla +46 522 138 91 Juni–Aug: tägl. 11–17

9 Smögen

C5 Bohuslän, E6/Straße 174 1500 Sotenäs Turistbyrå, Kungshamn; +46 523 66 5550 Hering-Fest (Juli), Tradjazz (Aug) vastsverige.com/sotenas

Smögen, eines der größten Fischerdörfer Schwedens, ist ein angenehmer Ferienort mit Krabbenkuttern und einer unterhaltsamen täglichen Fischauktion. Besonders lebhaft wird am Holzkai gehandelt.

Fähren setzen zur Insel Hållö über, einem Naturschutzgebiet südlich von Smögen. Der Leuchtturm Hållö Fyr weist seit 1842 Seefahrern den Weg.

Der in den 1930ern angelegte Sotenkanalen verbindet Smögen und Hunnebostrand. Er ist sechs Kilometer lang und wird von Ausflugsbooten befahren. Hunnebostrand ist ein typischer Ferienort an der Westküste und Sitz der Svenska Hummerakademien.

10 Lysekil

C5 Bohuslän, E6/Straße 162 7500 von Fiskebäckskil Strandvägen 9; +46 523 130 50 Motor-Festival (Aug) lysekil.se

Als Lysekil 1903 Stadtrecht erhielt, war es bereits ein renommierter Ferienort. Einige Gebäude in Gamlestan, dem alten Teil, sind über 200 Jahre alt. Bei einem Bummel über die Strandgatan lässt

Schon gewusst?

In Lysekil ist eines der wenigen Weingüter, die einen eigenen Wein produzieren: Chateaux Luna.

sich der Charme der Altstadt am besten erleben.

Der Badebereich (19. Jh.) wurde schön restauriert und umfasst ein Kaltbadehaus und die Curmanska-Villen im nordischen Stil. Die große neogotische Granitkirche von 1901 ragt über der Stadt auf.

Lysekil liegt am Ende der Halbinsel Stångenäset. Im Süden erstreckt sich der Gullmarsfjorden – Schwedens einziger richtiger Fjord im norwegischen Sinn –, im Norden der Brofjorden. Das Meer spielte hier schon immer eine wichtige Rolle. Das Aquarium der Stadt, **Havets Hus**, widmet sich den Tieren und Pflanzen vor Bohusläns Küste. Um die 100 verschiedenen Fischarten schwimmen hier in naturgetreuer Umgebung. Es gibt ein Aquarium mit Tunnel und ein Multimedia-Zentrum. Lysekils Fischereitradition kann man auch auf dem Motor-Festival im August erleben.

Havets Hus

Strandvägen 9 tägl. 10–16 (Juli–Mitte Aug: bis 18) havetshus.se

11 Skaftö

C5 Bohuslän, Straße 161 Richtung Fiskebäckskil Lysekil Turistbyrå; +46 523 130 50 skafto.com

Die Insel Skaftö erkundet man am besten zu Fuß oder mit dem Fahrrad. Die Szenerie wechselt zwischen fruchtbarem Ackerland, Kiefernwäldern und kahlen Hügeln. Skaftös Kartoffeln und Erdbeeren sind zu Recht berühmt. Im Zentrum der Insel liegt Gunnesbo, wo es einen Minizoo gibt. Kinder können hier auch auf Ponys reiten.

Ganz im Süden, wo die Hänge zum Meer hin abfallen, liegen Rågårdsvik mit Blick über den Ellösefjorden und das Dorf Ellöse, Sitz der international bekannten Hallberg-Rassy-Werft. Das Rågårdsvik Pensionat bietet exzellente Regionalküche.

Der Sänger Evert Taube *(siehe S. 76)* machte die schmale Malö-Meerenge zwischen Skaftölandet und Orust bekannt. Das schöne Snäckedjupet trennt Skaftö vom Festland.

Fiskebäckskil am Gullmarsfjorden ist eine Seefahrergemeinde aus dem 19. Jahrhundert mit einem Kapitänshaus, verzierten Holzhäuschen und romantischen Gärten. Hier befindet sich auch die Meeresforschungsstation Kristineberg.

Grundsund wurde im 17. Jahrhundert gegründet. Ein Kanal verläuft an den eng beieinanderstehenden roten Fischerhütten am Kai vorbei, die so typisch für die Westküste sind. Die kleine Holzkirche von 1799 lohnt eine nähere Betrachtung. Köstliches frisches Seafood bekommt man im Gasthof am Hafen.

12 Bassholmen

C5 Bohuslän, Straße 161 Richtung Fiskebäckskil von Uddevalla tägl. Uddevalla onbassholmen.com/sv

Das Naturschutzgebiet auf der Insel Bassholmen zwischen Orust und Skaftö gehört zu den Attraktionen im Bohuslän-Archipel. Die Landschaft ist ideal für Wanderungen, sie bietet Täler, Wiesen und Kiefernwälder. Mitten auf der Insel steht ein Bauernhof.

Auf Bassholmen befinden sich darüber hinaus mehrere traditionelle Schiffswerften, die von Föreningen Allmoge Båtar gepflegt werden, einer Gesellschaft, die sich der Erhaltung und Reparatur von Bohusläns traditionellen Holzbooten verschrieben hat. Viele können in einem Museum besichtigt werden.

Im Sommer treffen sich Freizeitkapitäne auf der Insel und lassen sich das Handwerk zeigen. In der alten Werft gibt es auch einen Hafen für Gäste. Im Sommer verkehren Boote zwischen Bassholmen und Uddevalla.

Das schneebedeckte Dorf Fiskebäckskil auf der Insel Skaftö

13

Gullholmen

C5 Bohuslän 150
von Tuvesvik, Orust
Henåns Turistbyrå; +46 304 33 4494
sodrabohuslan.com

Das 1585 gegründete Gullholmen ist eine der ältesten Fischersiedlungen in Bohuslän. Mitte des 19. Jahrhunderts entstand hier eine der ersten Konservenfabriken des Landes. Die Fischerei auf der Dogger-Bank in der Nordsee verbuchte gute Erträge, 1910 besaß Gullholmen eine Fischereiflotte mit mehr als 50 Kuttern. Als jedoch das Fischereigewerbe zurückging, passierte das Gleiche mit der Bevölkerungszahl – heute haben Sommerfrischler viele Häuser übernommen. Gullholmen ist ein typisches Sommerparadies der Westküste. Zu sehen gibt es etwa die 1799 geweihte Kirche und einen Lotsenausguck, der 1916 abgerissen, jetzt aber wiederaufgebaut wurde.

Südlich von Gullholmen liegt die vegetationslose Insel Käringön. Die malerischen Häuser werden hauptsächlich von Urlaubern bewohnt, in der Saison ist der Gästehafen voller Leben. In einem Fischerhäuschen hat man ein Museum eingerichtet. Die Insel erreicht man mit dem Boot von Hällevikstrand oder mit der Fähre von Tuvesvik.

14

Kungälv

C5 Bohuslän E6
21 000 Landvetter
nach Ytterby, dann Bus
+46 303 109 00 Mittelalterfestival (Mitte Juli)
vastsverige.com

Kungälv liegt strategisch günstig zwischen den Flüssen Nordre Älv und Göta Älv an der Stelle, wo sich im 10. Jahrhundert die Wikingersiedlung Kongahälla befand. Die Ruine der **Bohus Fästning**, die der norwegische König Håkon Magnusson 1308 bauen ließ, wacht über die Stadt. Die Festung stand in den Kriegen zwischen Schweden, Norwegen und Dänemark an der Frontlinie. 1658 wurde sie mit dem Frieden von Roskilde schwedisch, dennoch erlebte sie noch 14 Belagerungen – ohne jemals eingenommen zu werden. 1678 standen 9000 Norweger und 7000 deutsche Söldner 900 Schweden gegenüber, doch die Festung hielt stand. Im 18. Jahrhundert nutzte man sie als Gefängnis, 1789 wurden alle Türme (außer dem »Fars Hatt«) zerstört. Die Kungälv-Kirche am Marktplatz stammt von 1679.

Schon gewusst?

Käringön südlich von Gullholmen ist so kahl, dass die Erde für den Friedhof aus Orust stammt.

Bohus Fästning
siehe Website
Mittsommer
bohusfastning.com

15

Tjörn

C5 Bohuslän 15 000
Tjörns Turistbyrå; +46 304 60 1016 Segelregatta (3. Sa im Aug) tjorn.se
sodrabohuslan.com

Zu Tjörn gehören sechs bewohnte Inseln. Hier lebt man von Fischerei, Bootsbau und Kleinindustrie. Im Sommer verdoppeln Urlauber die Bevölkerungszahl.

Die Tjörn-Brücke von 1960 bietet eine fantastische Sicht

Die uneinnehmbare Bohus Fästning in Kungälv ↑

←

Badende im klaren Wasser rund um Tjörn

über Land und Meer. Die Straße Tjörnbroleden, die Tjörn und Orust mit dem Festland verbindet, überquert die Brücken Stenungsöbron, Källosundsbron und Tjörnbron über den Askeröfjorden. 1980 stieß bei Nebel ein Schiff gegen die Tjörnbron, die zusammenstürzte. Im Jahr danach wurde eine neue Brücke eröffnet.

Im Westen liegt der Hauptort Skärhamn mit Gästehafen, Restaurants und Hotel. Zu sehen gibt es hier das Sjöfartsmuseum (Seefahrtsmuseum) und das populäre **Nordiska Akvarellmuseet** (Nordisches Aquarellmuseum), ein auffälliges Gebäude mit Ausstellungen und Kursen für Hobbymaler.

Pilane Gravfält mit über 100 eisenzeitlichen Grabhügeln, Steinkreisen und Monolithen findet man im Nordwesten. Fahren Sie auf der Straße Richtung Kyrkesund, und biegen Sie links nach Hällene ab.

Nordiska Akvarellmuseet
Södra Hamnen 6, Skärhamn tägl. 11–18 Feiertage akvarellmuseet.org

16

Orust

C5 Bohuslän 15 000 Hamntorget 18; +46 0304 33 4494 Tage der offenen Bootswerft (Aug) orust.se sodrabohuslan.com

Orust, eine der größten Inseln Schwedens, war schon immer von der Heringsfischerei abhängig. Das Dorf Mollösund an der Südwestküste wurde im 16. Jahrhundert gegründet, zur Blütezeit dieses Gewerbes. Als der Heringsbestand zurückging, verarmte die Insel, doch mit der Rückkehr der Heringe in den 1750er Jahren stieg die Bevölkerungszahl wieder an. In der Folge öffneten Gasthöfe und Raffinerien zur Herstellung von Fischtran. Die kahlen Felsen Bohusläns erinnern an diese Zeit: Die Tran-Raffinerien benötigten viel Holz, die Küste wurde praktisch entwaldet.

Zu den meisten Häusern gehörte eine Fischerhütte am Hafen, noch heute stehen sie dicht an dicht. Überall riecht es nach Stockfisch, der an der Luft getrocknet wird, um an Weihnachten *Lutfisk* zu haben.

Orust ist ein Zentrum für die Herstellung von Freizeitbooten. Bei den »Öppna-Varv«-Tagen zeigen die Bootsbauer ihr Handwerk.

17

Marstrand

C5 Bohuslän, Straße 168 1400 Swedish Match Cup (Juli), Regatta (Juli) marstrand.se vastsverige.com

Sonne, Segeln, Salzwasser – das ist Marstrand. Das Städtchen hat seine Wurzeln im Heringsgeschäft Mitte des 16. Jahrhunderts. Aber erst Mitte des 19. Jahrhunderts erwachte Marstrand als angesagter Badeort zum Leben.

Über dem Ort thront **Carlstens Fästning** (1666–73). Einst war sie ein Gefängnis. Auf Führungen gewinnt man einen Eindruck vom Leben in der Festung und von ihren Insassen im 18. Jahrhundert. Im Sommer finden Theateraufführungen und Feste statt.

Carlstens Fästning
siehe Website carlsten.se

Heute kombiniert Trollhättan Hightech-Betriebe mit einer blühenden Filmindustrie, die der Stadt den Spitznamen »Trollywood« einbrachte.

18 Vänersborg

C5 Västergötland, Straße E45 4700
Kungsgatan 9 Weihnachtsmarkt (Dez)
visittv.se

Vänersborg bekam nach den Gedichten von Birger Sjöberg (1885–1929) auch den Beinamen »Klein-Paris«. Eine Statue von Frida, der Muse des Dichters, steht im Skräckleparken am Flussufer. Die Rekonstruktion seines Hauses ist in **Vänersborgs Museum** zu besichtigen. Andere Museen im Ort widmen sich Puppen, der Medizin und der Welt des Sports.

Umgebung: Gut fünf Kilometer östlich erheben sich die steilen Hügel Halleberg und Hunneberg. Ihre Wälder sind Naturschutzgebiet, Heimat einer großen Elchpopulation. Auf dem Hunneberg wird im **Kungajaktmuseet Älgens Berg** (Königliches Jagdmuseum) mit interaktiven Exponaten der »König des Waldes« vorgestellt.

Vänersborgs Museum

Do–So 12–16 (Juni–Aug: auch Mi)
vanersborgsmuseum.se

Kungajaktmuseet Älgens Berg

Hunneberg 121, an der Straße 44
siehe Website
algensberg.com

→

Läckö Slott am See Vänern und Kunst im Schloss (oben)

19 Trollhättan

C5 Västergötland, Straße E45 56 000
Åkerssjövägen 10; +46 520 135 09 Fallens Dagar (Ende Juli)

Die Einweihung des Trollhättan-Kanals, der den Vänern-See mit der Nordsee verbindet, markierte 1800 die Geburt Trollhättans als Industriestadt. Heute kombiniert Trollhättan erfolgreich Hightech-Betriebe mit einer blühenden Filmindustrie, die der Stadt den Spitznamen »Trollywood« einbrachte.

Hauptattraktion der Stadt ist das Gelände, wo vier Kanalschleusen den einst wild tosenden, 32 Meter hohen Wasserfall bändigen. Im Sommer werden die Schleusen mehrmals pro Woche geöffnet, um die Wassermassen rauschen zu lassen.

Das Technologiezentrum **Innovatum Science Center** (ISC) präsentiert Multimedia-Ausstellungen über Trollhättans Werdegang. Von hier befördert eine Seilbahn die Besucher ans andere Ufer. Ein kurzer Fußweg führt zum Kanalmuseum.

Innovatum Science Center (ISC)

Åkerssjövägen 16 Di–So 11–16 (Mitte Juni–Mitte Aug: tägl.) innovatum.se

20 Lidköping

D5 Västergötland, Straße 44 25 000
Gamla Rådhuset på Nya Stadens Torg; +46 510 200 20 vastsverige.com

Lidköping liegt in der Mitte des Gebiets, das als Wiege des Kö-

nigreichs Svea gilt. Wie in vielen Städten mit Holzbauten tobte hier 1849 ein zerstörerischer Brand, den aber rund um den Platz Limtorget einige Häuser aus dem 17. Jahrhundert überstanden.

Der Fluss Lidan teilt Alt- und Neustadt, deren Hauptplätze sich an beiden Ufern gegenüberliegen. Am Nya Stadens Torg in der Neustadt steht ein ehemaliges Jagdhaus, das der Gründer der Neustadt, Magnus Gabriel de la Gardie, zum Rathaus umfunktionierte.

In Lidköping befindet sich die bekannte Porzellanmanufaktur Rörstrand, in **Rörstrands Museum** kann man deren Prunkstücke bewundern. Im **Vänermuseet** mit paläogeologischem Zentrum ist Interaktivität Trumpf.

Rörstrands Museum
Fabriksgatan 4 Mo–Sa 10–18 (Sa bis 16), So 11–15 Feiertage rorstrandcenter.se

Vänermuseet
Framnäsvägen 2 Mo–Fr 10–17, Sa, So 11–16 Feiertage vanermuseet.se

21

Läckö Slott

D5 Västergötland, 25 km nördl. von Lidköping +46 510 48 4660 tägl. 10–18 lackoslott.se

Läckö Slott ist an drei Seiten von Wasser umgeben und wurde 2001 zum schönsten Schloss Schwedens gekürt. Das im 13. Jahrhundert errichtete Bauwerk wurde im 17. Jahrhundert umgebaut. 1681 fiel Läckö an Karl XI., der ehemaliges kroneigenes Land vom Adel zurückforderte. Die Interieurs wurden in alle Winde verstreut.

Restaurationsarbeiten erstreckten sich auf über 200 Räume, darunter das Gemach von Prinzessin Marie Euphrosyne, Gattin von Magnus de la Gardie, und der Königssaal mit Malereien zum Dreißigjährigen Krieg.

Restaurants

Hvita Hjorten
Hier werden Speisen aus Zutaten aus den Schlossgärten und von Fischern, Bauern und Jägern zubereitet.

D5 Läckö Slott, Lidköping Okt–Nov: Mo–Fr lackoslott.se

Kr Kr Kr

Skärets Krog
Kleine Teller mit kalten und warmen Gerichten sowie Desserts – alles aus besten Zutaten.

C5 Hamnen 1, Smögen Winter skaretskrog.se

Kr Kr Kr

22 Tivedens Nationalpark

D5 Västergötland, Straße 49 Tivedens National Park Visitor Centre, Stenkälla nationalparksofsweden.se

An der Grenze von Närke und Västergötland bietet der Tivedens Nationalpark unberührte Natur und raue Wildnis. 1983 wurde er zum Schutz der Primärwälder und der Seen gegründet. So ist der Fagertärn-See der Lebensraum für die Rote Seerose.

Das bergige Gebiet ist für Wanderer eine Herausforderung. Infos über Wege, Parkplätze und Sehenswertes im Park bietet das Besucherzentrum in Stenkälla.

Riesige, bis zu zehn Meter hohe Felsen aus der Eiszeit sprenkeln den Wald rund um Trollkyrka, der östlich der Straße beim Besucherzentrum aufragt. Angeblich entstand der Name des Bergs, weil die Einheimischen nach dem Verbot von Messen außerhalb von Kirchen im Jahr 1726 zum Gottesdienst im Freien hierherkamen.

23 Kinnekulle

D5 Västergötland, Straße 44 Gamla Rådhuset på Nya Stadens Torg, Lidköping; +46 510 200 20 vastsverige.com

Der 306 Meter hohe Kinnekulle in Västergötland trägt den Beinamen »Blühender Berg«. Hier wachsen Wildblumen, stehen Laub- und Nadelwälder, erstrecken sich Wiesen und Weiden. Auf dem Tafelberg finden sich blanker Kalkstein und ein 20 Meter hoher Aussichtsturm. Hier wird seit dem 12. Jahrhundert Kalk abgebaut. Im Sommer kann man im alten Steinbruch sehen, wie hier früher gearbeitet wurde. Interessant sind zudem die zahlreichen Stätten aus der Eisen- und Bronzezeit.

Berühmte Steinreliefs zieren Forshems Kyrka aus dem 12. Jahrhundert im Osten. Zwei Kilometer nördlich von Götene stehen im Hof der Kirche von Kinne-Vedum (12. Jh.) mehrere für die Region typische Steine mit Liliendekor.

Expertentipp
Kinnekulle

Wenn Sie nicht zum Aussichtsturm auf der Spitze des Kinnekulle klettern wollen, können Sie die Aussicht auch vom Restaurant (www.kinnekullegarden.com) auf der Spitze des Hügels genießen.

Wälder und Seen in Tivedens Nationalpark sowie das Besucherzentrum (oben) *bei Stenkälla* ↑

→ *Die Getreidemühle bei Forsvisk Bruk nahe Karlsborg*

24 Karlsborg

D5 Västergötland, Straße 49 7000 Festung: +46 505 173 50 tel. erfragen Karlsborgs Turistbyrå, Storgatan 65; +46 505 173 50 karlsborgsturism.se

König Karl XIV. Johann ließ ab 1819 in Vanås am Ufer des Vättern-Sees die Festung Karlsborg bauen. Sie sollte im Fall eines Kriegs als Asyl der Königsfamilie, Staatsbank und Regierungssitz dienen. Da ihr Bau 90 Jahre dauerte, war die Festung bei Fertigstellung nutzlos geworden, heute ist sie eine beliebte Sehenswürdigkeit.

Die »Stadt« innerhalb des fünf Kilometer langen Mauerrings erkundet man am besten im Rahmen von Führungen, die im Sommer täglich stattfinden. Für Actionfans ist *Fästningsäventyret* interessant, eine Aufführung über das Leben in der Festung in der zweiten Hälfte des 19. Jahrhunderts, mit Stuntmen und Spezialeffekten. Nach dem Rundgang bietet das Museum weitere Informationen über das Leben hinter diesen Mauern.

Außerhalb der Festung fließt der Göta-Kanal auf seinem Weg zum Vänern-See an **Forsviks Bruk** vorbei. Die dortige Schmiede, eine Säge- und eine Getreidemühle (noch in Betrieb) bieten einen guten Einblick in Schwedens Industriegeschichte.

Forsviks Bruk

8 km nördl. des Zentrums Mitte Mai – Mitte Sep: tägl. 12–18 (Juni, Juli: ab 10) forsviksbruk.se

25 Mariestad

D5 Västergötland, E20 15 000 Lidköping Esplanaden 5 Schwimmen im Göta-Kanal (Ende Juli) vastsverige.com

Als Herzog Karl die hübsche Stadt im Jahr 1583 gründete, nannte er sie Mariestad – nach seiner Frau, Maria von der Pfalz. Karl ließ zudem eine üppige Barockkathedrale erbauen. Schöne Häuser aus dem 18. und 19. Jahrhundert säumen die kleinen Straßen des interessanten Viertels rund um die große Kirche.

1660 wurde Mariestad die Hauptstadt von Skaraborg. Der Gouverneur residierte im ehemaligen königlichen Herrenhaus Marieholm auf einer Insel in der Mündung des Tidan in den Vänern-See. Es beherbergt heute **Mariestads Industrimuseum** und das **Vadsbo Museum**.

Mariestad ist dank seiner Lage am Vänern und dem Fluss Tidan im Sommer besonders idyllisch. Am Göta-Kanal *(siehe S. 178f)*, der die Stadt durchfließt, befindet sich im nahen, nördlich gelegenen Sjötorp das **Kanalmuseet**.

Ebenfalls sehr schön ist das rekonstruierte Dorf Klockarbolet in Odensåker mit Häusern aus dem 17. und 18. Jahrhundert.

Mariestads Industrimuseum und Vadsbo Museum

Marieholmsbron 3 +45 501 755 830 Mi; sonst nach Vereinbarung

Kanalmuseet

Slussvägen 112, Sjötorp (bei Straße Rv 26) Mai – Sep: tägl. gotakanal.se

TOP 4

Aktivitäten in Hjo

Kajak
Mieten Sie an der Hjo Turistinformation ein Kajak oder ein Stand-up Paddle Board.

Schifffahrt
Machen Sie eine Rundfahrt mit einem Dampfschiff von 1892 auf dem See.

Sauna
Die holzbefeuerte schwimmende Sauna im Kai ist perfekt zum Entspannen.

Schwimmen
Der Sandstrand unterhalb des Stadtparks von Hjo neben dem Hafen ist ein Genuss.

26

Falköping

D5 Västergötland, Straße 46 15 000
Stora Torget 11
falkoping.nu

Die alte Stadt zwischen den Bergen Mösseberget und Ålleberg wartet mit Holzhäusern und dem Stadtplatz Stora Torget auf, den Ivar Tengboms Venus-Statue von 1931 ziert. Über die Lokalgeschichte informiert **Falbygdens Museum**.

Umgebung: 15 Kilometer nördlich liegen die Grabstätten Ekornavallen aus Stein-, Eisen- und Bronzezeit. Das **Dalénmuseet** in Stenstorp informiert über Leben und Werk von Gustaf Dalén, der 1912 den Nobelpreis für Physik bekam.

Falbygdens Museum
St Olofsgatan 23 +46 515 885 050 Di–Fr, So Feiertage

Dalénmuseet
Järnväfsgatan 27, 10 km nördl. des Zentrums Mitte März–Aug: Di–Fr 10–18, Sa, So 12–16 (Juli: auch Mo) Mittsommer dalenmuseet.se

27

Hjo

D5 Västergötland, Straße 193/194 6000
Bangatan 1B Handwerkermarkt (Mitte Juli), Radrennen (Juni) hjo.se

Bei dem Namen Hjo denken die meisten Schweden sofort an die schönen Holzhäuser aus dem späten 19. Jahrhundert mit den verzierten Veranden. Der Stadsparken am Ufer des Vättern-Sees wurde Ende des 19. Jahrhunderts zur Gründung der Kuranstalt von Hjo angelegt. In der Villa Svea, dem ehemaligen Kurhaus im Park, ist das **Hjo Stadsmuseum** zu finden. Sehenswert ist dort die Kalenderuhr Hjouret. Im Park stehen außerdem das Schmetterlingsmuseum Fjärilsmuseum und das Aquarium Vätternakvarium.

Wie die Stadt stammt der Hafen aus dem Mittelalter, die heutige Anlage entstand Mitte des 19. Jahrhunderts nach dem Bau des Göta-Kanals. Im Sommer kann man täglich außer montags mit der Touristenbahn Lok-Hjo-Motivet vom Hafen durch die Stadt fahren. Der Dampfer SS *Trafik* (1892) fährt sonntags nach Visingö und bietet Jazzfahrten nach Vadstena *(siehe S. 182)* an.

Westlich von Hjo rauschen im vier Kilometer langen Flusstal des Hjoån zwischen den Seen Vättern und Mullsjön schöne Wasserfälle.

Vogelbeobachter am See Hornborgasjön und tanzende Kraniche (rechts) ↑

← *Falköping zwischen den schneebedeckten Bergen Mösseberget und Ålleberg*

Hjo Stadsmuseum
♿ ⌂ Villa Svea, Stadsparken ☎ +46 503 352 55
🕒 Mai – Aug

28
Skara

D5 ⌂ Västergötland, E20 11 000 ℹ Biblioteksgatan 3; +46 511 325 80 Naturum Trandansen (März) W skara.se/turism

Der wichtige Bildungs- und Bischofssitz zählt zu den ältesten Städten Schwedens. Ein Netz aus Gassen, die im Mittelalter angelegt wurden, umgibt die Kathedrale (11. Jh.). Der Krönikebrunnen am Stora Torget ist mit Beschreibungen von wichtigen Begebenheiten aus der Geschichte von Skara und von Schweden versehen. Im Stadsparken informiert Västergötlands Museum über die Lokalgeschichte. Im Freilichtmuseum Fornbyn mit Bauernhäusern wird die Vergangenheit lebendig.

Umgebung: Acht Kilometer entfernt liegt an der Straße 49 in Axvall der größte Freizeitpark Skandinaviens, **Skara Sommarland**, mit Wasserpark, Gokart-Bahn, Zeltplatz und Bungalows.

20 Kilometer östlich von Skara ist der See **Hornborgasjön** (mit Beobachtungsturm und zwei Informationszentren) ein beliebter Rastplatz für Vögel, im März und April vor allem für Kraniche.

Skara Sommarland
⌂ Axvall, Straße 49 nach Skövde 🕒 siehe Website W sommarland.se

Hornborgasjön
⌂ Naturum Hornborgasjön, Straße 189 🕒 März, Apr: tägl. W hornborga.com

29
Skövde

D5 ⌂ Västergötland, Straße 48/49 33 000 ℹ Stationsgatan 3B Gastronomie-Fest (Aug), Filmfest (Nov) W vastsverige.com/skovde

Skövde liegt zwischen den zwei größten Seen Schwedens: Vänern und Vättern. Nach einer alten Überlieferung war der Ort bereits im 12. Jahrhundert ein Handelszentrum, da Pilger hierherkamen, um Schwedens erste Heilige, St. Elin oder Helena, zu ehren. Skövde wurde mehrmals durch Brände zerstört, das einzige Gebäude, das die Feuer überstand, war **Helénsstugan** aus dem 17. Jahrhundert, das heute zum Stadsmuseum gehört.

Im **Kulturhuset**, das 1964 von Hans-Erland Heineman gebaut wurde, sind eine Bibliothek, eine Galerie, ein Kino und ein Theater, in dem oft populäre schwedische Musiker und Comedians auftreten, untergebracht. Die Stadt hat ein lebendiges Zentrum mit vielen kleinen Läden und einigen großen Einkaufszentren.

Westlich von Skövde liegt das 300 Meter hohe Plateau Billingen. Das beliebte Erholungsgebiet bietet alles von Wanderwegen bis zu Langlaufloipen.

Helénsstugan
⌂ Helénsparken, Skövde Stadsmuseum ☎ +46 500 498 000 🕒 Sommer: nach Vereinbarung

Kulturhuset
⌂ Trädgårdsgatan 9 ☎ +46 500 498 099

30
Borås

D5 Västergötland, Straße 40 105 000 Österlanggatan 17 Kulturnacht (Mai), Erntedank (Sep) boras.com

Als König Gustav II. Adolf 1620 beschloss, dass die fliegenden Stoffhändler aus Knallebygden ihre eigene Stadt haben sollten, schlug die Geburtsstunde von Borås. Textilfabriken stehen auch heute noch am Viskan, der die Stadt durchfließt. Borås ist eine grüne Stadt mit schönen Parks, etwa dem beliebten Stadsparken oder Ramnaparken mit dem Freilichtmuseum Borås. Ebenfalls im Zentrum liegt der Zoo **Borås Djurpark** mit über 80 Tierarten aus allen Ecken der Welt. Mit seinen großen Gehegen und attraktiven Anlagen ist er ein angenehmer Familienpark.

Das **Textilmuseet** im Textile Fashion Center in Simonsland zeigt die Geschichte der industriellen Herstellung und moderne Textilien.

Borås Djurpark
Boråsparken siehe Website borasdjurpark.se

Textilmuseet
Skaraborgsvägen 3A, Simonsland Di – So 12 –17 (Sa, So bis 16) textilmuseet.se

31
Torpa Stenhus

D5 Västergötland 30 km südöstl. von Borås siehe Website torpastenhus.se

Die mittelalterliche Burg Torpa Stenhus auf einer Landzunge am Südende des Sees Åsunden gehörte einst der Familie Stenbock und war vom 14. bis zum 17. Jahrhundert eine bedeutende Festung gegen Angriffe der Dänen.

Im Sommer finden im Torpa Slottsteater Open-Air-Theateraufführungen in wundervoller Umgebung statt.

32
Alingsås

D5 Västergötland, E20 25 000 Estrad, Bryggaregatan 2; +46 322 61 6200 Kartoffelfest (Juni), Ljus i Alingsås (Okt) alingsas.se

Der Unternehmer Jonas Alströmer gründete hier im frühen 18. Jahrhundert eine Textilfabrik und baute das Herrenhaus Nolhaga Slott, zu dem heute ein Zoo und ein Vogelpark gehören. Das **Alingsås Kulturhus** bietet eine Galerie, eine Bibliothek und Veranstaltungen.

Umgebung: An der Straße nach Göteborg wartet **Nääs Slott** (17. Jh.) mit einer beeindruckenden Ausstattung aus dem 19. Jahrhundert auf. Hier werden Handwerkstraditionen durch Veranstaltungen gepflegt.

Alingsås Kulturhus
Södra Ringgatan 3 siehe Website Feiertage alingsaskulturhus.se

Skulptur von Jaume Plensa vor dem Textilmuseet in Borås

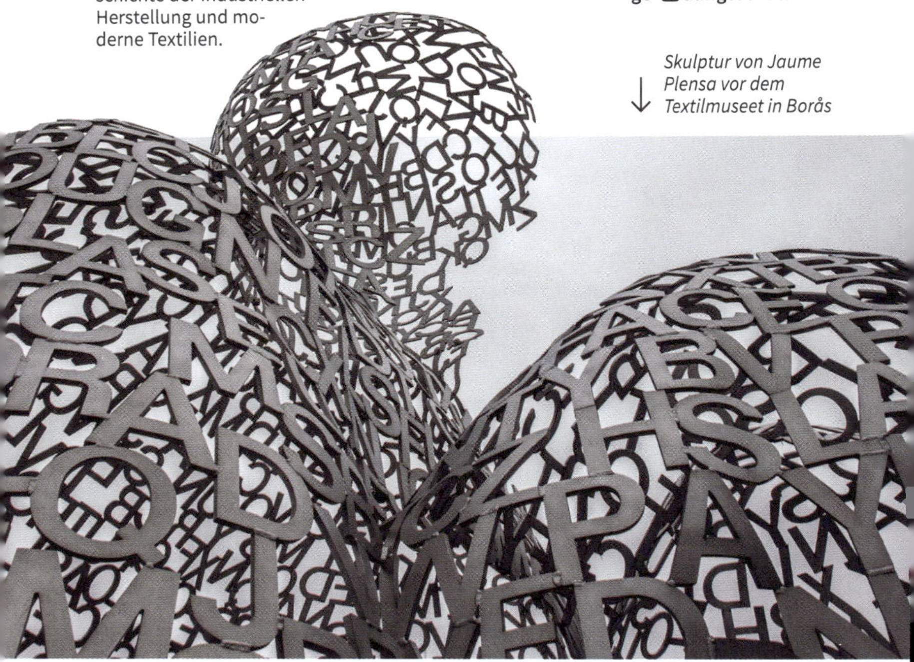

Expertentipp
Radrundweg

Der Sjuhärad-Rundweg ist ein 150 Kilometer langer, asphaltierter Fahrradweg, der Sie durch die wunderschöne hügelige Landschaft führt. Die Route umfasst die Städte Borås, Ulricehamn, Tranemo und Svenljunga.

Nääs Slott
Floda, E20, 30 km nördl. von Göteborg Winter: Mo–Fr; Sommer: tägl. naas.se

33
Kungsbacka

C6 Halland, E6/E20 17 000 Borgmästaregatan 6 Kammermusikfestival (Anf. Aug) visitkungsbacka.se

Im 13. Jahrhundert war Kungsbacka ein Handelszentrum, doch von der alten Stadt mit den Holzbauten ist nichts geblieben. Nur zwei Häuser überstanden 1846 einen verheerenden Brand: ein rotes Haus in der Norra Torggatan und das Bürgermeisterhaus in der Östergatan 10. Rund um den Platz stehen hübsche Holzhäuser aus dem späten 19. Jahrhundert.

Umgebung: Tjolöholms Slott liegt 15 Kilometer südlich von Kungsbacka. Das Herrenhaus im englischen Tudorstil wurde 1904 für einen schottischen Kaufmann erbaut. Es war hochmodern mit Staubsaugern, Duschen und Heißluftheizung. Zum prächtigen Haus gehört ein schöner, weitläufiger Park.

Tjolöholms Slott
10 km südl. des Zentrums, E6/E20 Ausfahrt Fjärås, dann Straße 939 Feb–Nov: Sa, So (Mitte Juni–Aug: tägl.); Park: tägl. tjoloholm.se

Charmantes Haus in der schönen Umgebung von Ulricehamn

34
Ulricehamn

D5 Västergötland, Straße 40 9000 Järnvägsgatan 2B; +46 321 59 5959 ulricehamnsturistbyra.se

Ulricehamn liegt am Åsunden-See in einem an historischen Monumenten reichen Gebiet. Die ursprünglich als Bogesund bekannte Siedlung bestand bereits im 14. Jahrhundert. Die alte Überlandstrecke durch Västergötland nach Halland verlief über die Hauptstraße der Stadt.

Textilunternehmen sind ein wichtiger Wirtschaftsfaktor. In Gällstad südlich der Stadt sind die Strickwarenläden täglich geöffnet.

Umgebung: Im Gehöft Bystad, 30 Kilometer südlich von Ulricehamn, befindet sich eine der ältesten Wolfsfallen Schwedens, eine fünf Meter weite und über 3,50 Meter tiefe Grube.

Das Anwesen Näs Gård liegt an der Straße nach Mullsjö. In den sechs historischen roten Gebäuden aus dem 17., 18. und 19. Jahrhundert residieren heute ein Kulturzentrum und eine Kunstgalerie. Hier finden Konzerte und Kulturveranstaltungen statt.

Die mittelalterliche Södra Vings Kyrka stammt teilweise aus dem 12. Jahrhundert. Zum üppigen Dekor gehören Malereien aus dem 15. Jahrhundert. Das prächtige Rokoko-Pult wurde 1748 geschnitzt.

← *Das frühere Schulschiff* Najaden *vor Halmstad Slott*

35
Laholm

D6 Halland, Straße 24 6000 Teckningsmuseet, Hästtorget; +46 430 154 50 Lachsfest (Mitte Sep) visitlaholm.se

Die kleine Stadt ist vor allem wegen ihrer langen Sandstrände an der Laholmsbukten bekannt. Der sechs Kilometer westlich gelegene Mellbystrand ist im Sommer ein beliebtes Urlaubsziel.

Verwinkelte Straßen und niedrige Häuser aus der Zeit der Dänenherrschaft vor 1645 kennzeichnen Laholm. Besonders schön ist das alte Rådhuset. In der alten Feuerwache befindet sich das Teckningsmuseet.

36
Halmstad

D6 Halland, E6/E20 90 000 von Grenå Fattighuset, Köpmansgatan 20; +46 35 12 0200 Straßentheaterfestival (Aug) destination halmstad.se

Halmstad an der Mündung des Nissan in die Laholmsbukten war im Mittelalter die größte Stadt an der Westküste. Der mittelalterliche Stadtkern mit schönen Fachwerkhäusern steht unter Denkmalschutz. Kirsten Munks Haus (17. Jh.) in der Storgatan ist aus grün glasierten holländischen Ziegeln. Handwerker kann man im ehemaligen Armenhaus **Fattighuset** (1859) am Lilla Torg bei der Arbeit beobachten.

Das Stadtbild prägen auch moderne Kunstwerke: der Europa-Brunnen von Carl Milles am Stora Torg und Pablo Picassos Skulptur eines Frauenkopfs zwischen den Brücken über den Nissan.

Halmstad Slott (17. Jh.) wurde vom dänischen König Christian IV. erbaut. **Hallands Konstmuseum** präsentiert eine breite kunst- und kulturhistorische Sammlung.

Äventyrslandet neun Kilometer westlich ist ein Vergnügungspark.

Fattighuset
Lilla Torg +46 35 120 200 Mo – Sa

Hallands Konstmuseum
Tollsgatan Di – So hallands konstmuseum.se

Äventyrslandet
Gamla Tylösandsvägen 1 siehe Website aventyrslandet.se

Das Badehaus im maurischen Stil in Varberg steht auf Pfählen ↓

37 Varberg

C6 · Halland, E6/E20
25 000 · von Grenå
Västra Vallgatan 39
visitvarberg.se

Die Küstenstadt ist seit dem 19. Jahrhundert ein bekannter Badeort im doppelten Sinn: Hier kann man sich einer Kur unterziehen oder vor Felsen und Sandstränden schwimmen. Die Stadt wurde im 13. Jahrhundert gegründet, doch sind nur wenige Bauten aus dieser Zeit erhalten.

Sehenswert sind das Hafenviertel und das Kallbadhuset, ein Kaltbadehaus im maurischen Stil mit getrennten Abteilungen für Männer und Frauen. Orientalisch gibt sich auch das Societetshuset. Es wurde um 1880 erbaut, als Varberg als Kurstadt boomte. Heute sind hier ein Restaurant und ein Minigolfplatz.

Über den Seeweg zur Stadt wacht Varbergs Fästning. Die Festung stammt hauptsächlich aus dem 17., in Teilen aus dem 13. Jahrhundert. Heute ist hier **Hallands Kulturhistoriska Museum** zu Hause. Größte Attraktion des Museums zur Geschichte von Halland ist der Bocksten-Mann aus dem 14. Jahrhundert, eine Moorleiche in vollständig erhaltener Kleidung. Zu sehen ist auch die Kugel, die König Karl XII. 1718 tötete.

Hallands Kulturhistoriska Museum
Varbergs Fästning
Mo–Fr 10–18, Sa, So 12–16 · museumhalland.se

38 Falkenberg

D6 · Halland E6/E20
19 000 · Holgersgatan 11; +46 346 88 6100
Songfestival (Anf. Juli)
visitfalkenberg.se

Die mittelalterliche Stadt liegt an der Mündung des Flusses Ätran. In den ältesten Stadtteilen von Falkenberg stehen noch Holzbauten, darunter die St. Laurentii Kyrka. Teile stammen aus dem 14. Jahrhundert.

Die Töpferei **Törngrens Krukmakeri** (1789) ist heute in siebter Generation noch immer in Betrieb. **RIAN designmusesum** zeigt in einem Fachwerkspeicher in Söderbron die getreue Nachbildung einer Wohnung aus den 1950er Jahren.

Törngrens Krukmakeri
Krukmakaregatan 4
+46 346 103 54 · tägl.

RIAN designmuseum
Skepparesträtet 2
Di–Do, Sa (Juni–Aug: Di–So) · riandesign.se

Restaurant

Umai Söndrum
Das Restaurant serviert fantastisches Sushi und Sashimi.
D6 · Lars Montins Väg 29, Halmstad
umaisondrum.se
Kr

Hotel

Best Western Varbergs Stadshotell
Angenehmes Hotel in einem alten Gebäude mit einem asiatisch inspirierten Spa.
C68 · Kungsgatan 24–26, Varberg
varbergsstadshotell.com
Kr Kr

Ausflugsboot auf dem Dalsland-Kanal beim Håverud-Aquädukt ↑

Bootsfahrt auf dem Dalsland-Kanal

Dauer 5,5 Std. **Route** von Bengtsfors nach Köpmannabro oder umgekehrt

Von Bengtsfors aus verläuft der Dalsland-Kanal nach Süden Richtung Köpmannebro am Vänern-See. 19 Schleusen gleichen die 45 Meter Höhenunterschied aus. Man passiert nahezu unberührte Landschaften, moderne Ortschaften, alte Eisenhütten und Herrenhäuser. Der beeindruckende Aquädukt in Håverud besteht aus Stahlplatten, die mit 33 000 Bolzen verbunden sind. Eine Eisenbahn- und eine Autobrücke führen über die Schlucht. Den Kanal gestaltete Nils Ericsson in den 1860er Jahren.

Zur Orientierung
Siehe Karte S. 244f

In **Bengtsfors** beginnt oder endet die Kanaltour. Besuchen Sie das Freilichtmuseum Gammelgården mit Holzhütten und Lagerhäusern.

Högsbyn mit Bildern, die vor 3000 Jahren in Stein gemeißelt wurden, erreicht man per Boot von Håverud oder mit dem Auto.

Das Herrenhaus **Baldersnäs Herrgård** auf einer Landzunge im Laxsjö-See am Dalsland-Kanal steht in einem Park mit Wegen, Höhlen und künstlichen Inseln.

Um eine Schlucht und einen neun Meter hohen Wasserfall zu überqueren, baute man vier Schleusen und den **Håverud-Aquädukt**, dahinter folgt eine weitere Schleuse.

0 Kilometer 8

N

Wanderer auf einem gewundenen Pfad in der Nähe von Idre (siehe S. 281)

West-Svealand

Värmland, Närke und Dalarna sind mit ihren reichen Bauern- und Hirtentraditionen, farbenprächtigen Trachten und roten Holzhäusern schon lange ein beliebtes Reiseziel. Die Region von den Ebenen von Närke bis zu den Bergen Dalarnas ist für ihre Mittsommerfeste bekannt, für den Wasalauf, aber auch für ihre auf Bergbau und Waldwirtschaft basierende Industriegeschichte.

Große Gewässer prägen alle drei historischen »Landschaften«. Im südlichen Värmland liegt der riesige Vänern-See, in den der Fluss Klarälven mündet. Die schönen Fryken-Seen inspirierten Selma Lagerlöf, die berühmte Schriftstellerin Schwedens. Ihr Familiensitz Mårbacka lag in der Region, viele ihrer Erzählungen sind hier angesiedelt.

Das kleine Närke, der südliche Teil der Provinz Örebro län, erstreckt sich zwischen den Seen Hjälmaren und Vättern. Im Zentrum liegen fruchtbare, von Waldland umgebene Ebenen. Zu den Waldgebieten gehört im Süden auch der einst gefürchtete Tiveden, den Banditen unsicher machten. Mit typischem Kleinstadtcharme bezaubert Örebro, die größte Stadt in West-Svealand.

Dalarna kann mit dem Siljan-See und dem Fluss Dalälven mit seinen Zuflüssen in den Bergen aufwarten. Besonders abwechslungsreiche Landschaften kennzeichnen die Region, sie reichen vom Ackerland rund um den Siljan bis zum gebirgigen Norden. Im März nehmen hier über 15 000 Ski-Langläufer am *Vasaloppet* (Wasalauf) von Sälen nach Mora teil. Typisch für Dalarna sind die Mittsommerfeste am Siljan. Dort wetteifern die Dörfer untereinander um den schönsten Maibaum, die virtuosesten Musiker und die besten Volkstänzer.

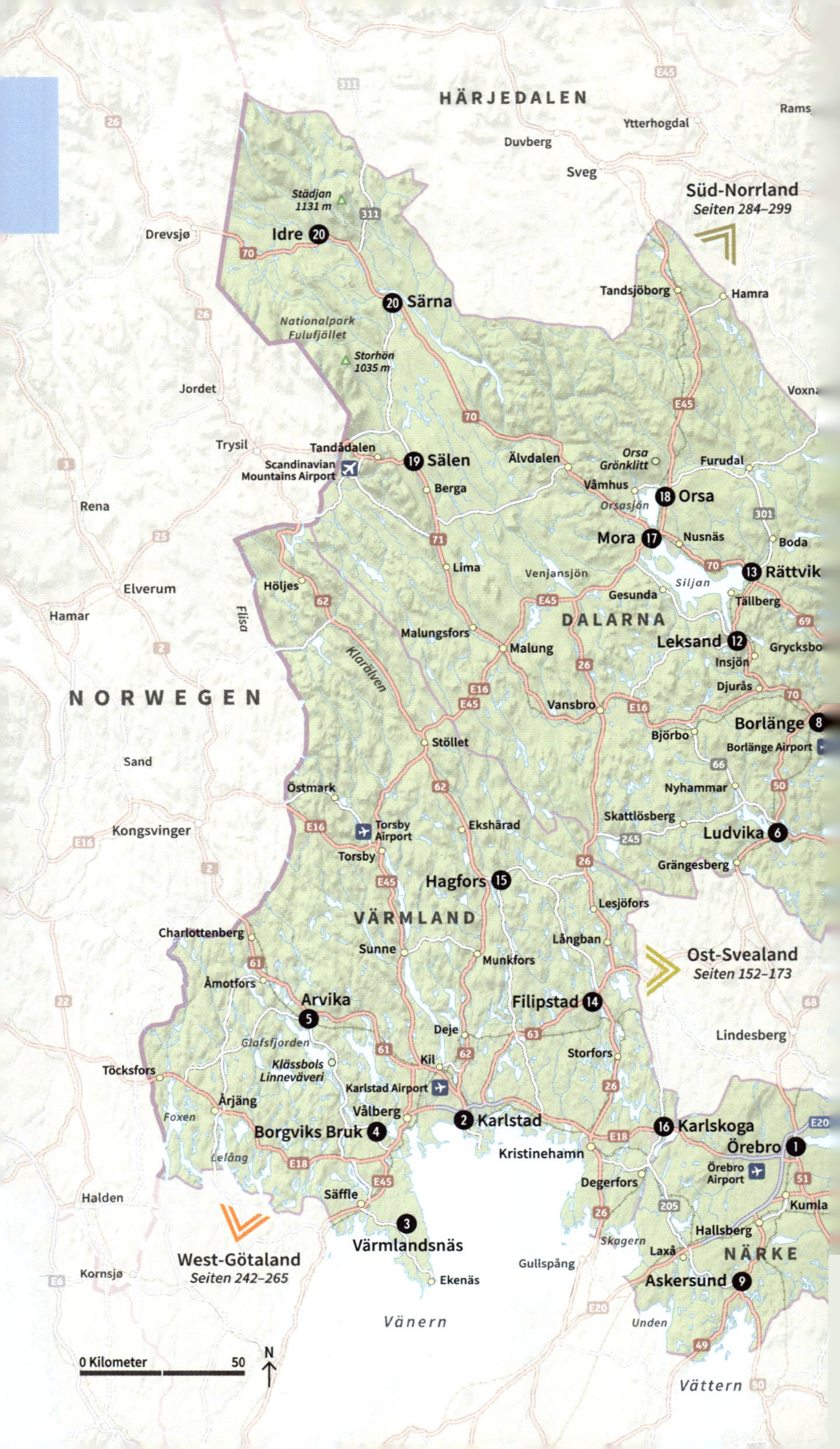

HÄRJEDALEN
Süd-Norrland
Seiten 284–299
Ytterhogdal
Duvberg
Sveg
Städjan
1131 m
Drevsjø
Idre
Särna
Nationalpark
Fulufjället
Storhön
1035 m
Tandsjöborg
Hamra
Jordet
Trysil
Tandådalen
Scandinavian
Mountains Airport
Sälen
Berga
Älvdalen
Orsa
Grönklitt
Vâmhus
Orsasjön
Orsa
Furudal
Mora
Nusnäs
Boda
Rättvik
Siljan
Rena
Lima
Venjansjön
Gesunda
Tällberg
Elverum
Höljes
Hamar
Flisa
DALARNA
Malungsfors
Malung
Leksand
Insjön
Gryckbo
Klarälven
Djurås
NORWEGEN
Vansbro
Borlänge
Björbo
Borlänge Airport
Stöllet
Sand
Nyhammar
Östmark
Skattlösberg
Kongsvinger
Torsby
Airport
Ekshärad
Ludvika
Torsby
Grängesberg
Hagfors
VÄRMLAND
Lesjöfors
Charlottenberg
Långban
Sunne
Munkfors
Ost-Svealand
Seiten 152–173
Åmotfors
Arvika
Filipstad
Lindesberg
Deje
Glafsfjorden
Klässbols
Linneväveri
Kil
Storfors
Töcksfors
Karlstad Airport
Årjäng
Vålberg
Karlstad
Karlskoga
Foxen
Borgviks Bruk
Örebro
Kristinehamn
Lelång
Örebro
Airport
Degerfors
Halden
Säffle
Kumla
West-Götaland
Seiten 242–265
Värmlandsnäs
Skagern
Hallsberg
Laxå
NÄRKE
Gullspång
Kornsjø
Askersund
Ekenäs
Vänern
Unden
0 Kilometer 50
N
Vättern

West-Svealand

Highlight

❶ Örebro

Sehenswürdigkeiten

❷ Karlstad
❸ Värmlandsnäs
❹ Borgviks Bruk
❺ Arvika
❻ Ludvika
❼ Hedemora
❽ Borlänge
❾ Askersund
❿ Sundborn
⓫ Falun
⓬ Leksand
⓭ Rättvik
⓮ Filipstad
⓯ Hagfors
⓰ Karlskoga
⓱ Mora
⓲ Orsa
⓳ Sälen
⓴ Idre und Särna

Örebro Slott mit Reflexion im Fluss Svartån an einem schönen Tag

1

Örebro

E4 · Närke · 140 000 · 12 km westl. des Stadtzentrums · Örebrokompaniet, Olof Palmes Torg; +46 19 21 2121 · Hjalmars Revue (Frühjahr/Herbst), Handwerksmesse (Apr, Dez), Käse- und Weinmesse (Apr, Okt), Krebsfischen im Svartån (Aug), Weihnachtsmarkt Wadköping (Dez) · visitorebro.se

Das Zentrum der 750 Jahre alten Stadt wurde 1854 durch einen Brand zerstört. In der neuen Anlage am Fluss Svartån entstanden elegante Bauten, die sich mit dem Schloss und der St. Nicolai Kyrka zu einem schönen Stadtbild ergänzen. Örebro hat auch seine grünen Seiten: Eine Promenade führt am Fluss entlang nach Wadköping und Karlslund. Der Svartån lässt sich zu Fuß, mit dem Rad oder dem Boot erkunden.

(1)

Örebro Slott

Kansligatan 1 · +46 19 21 2121 · Mo–Sa; Nordwestturm: Sa, So (Sommer: tägl.) · orebroslott.se

Seit Verleihung des Stadtrechts im 13. Jahrhundert prägt Örebro Slott das Stadtbild. 1347 berief hier König Magnus Eriksson eine gesetzgebende Versammlung ein. Im späten 16. Jahrhundert baute König Karl IX. die Burg zu einem Renaissance-Schloss um, sein heutiges Aussehen mit den mächtigen Rundtürmen erhielt es bei einer Generalrenovierung kurz vor 1900.

Örebro Slott war Schauplatz etlicher historischer Ereignisse wie der Annahme der schwedischen Reichsordnung im Jahr 1617 und der Wahl des französischen Marschalls Jean-Baptiste Bernadotte zum schwedischen Thronfolger 1810. Die heutige offizielle Gouverneursresidenz beherbergt auch eine kleine Touristeninformation. Eine Ausstellung im Nordwestturm beschäftigt sich mit der Geschichte des Schlosses.

(2)

Örebro Läns Museum

Engelbrektsgatan 3 · wegen Renovierung · olm.se

Das um 1850 gegründete Museum zählt zu den ältesten Schwedens. Die Sammlung mit über 100 000 Objekten aus dem ganzen Land wird in einem Bau aus den 1960er Jahren ausgestellt. Die wertvollsten Artefakte, darunter Wikingersilber, sind in der Schatzkammer ausgestellt.

(3)

Rådhuset

Stortorget · für Besucher

Das 1858–63 errichtete neogotische Rathaus war zu sei-

Schöne Aussicht
Svampen

Nur zwei Kilometer nördlich des Zentrums steht der Wasserturm Svampen. Von der Aussichtsplattform hat man einen tollen Blick auf Örebro, die umliegende Landschaft und den See Hjälmaren.

Highlight

ner Zeit eine Art Paradebau. Heute passt nur ein Teil von Örebros Stadtverwaltung ins Rathaus.

④
Stadsparken

Floragatan 1
+46 19 211 000 **tägl.**

Der Park, der zu Schwedens schönstem Stadtpark gewählt wurde, wartet mit einigen Themengärten auf, darunter ein Rosen-, ein Magnolien- und ein Kräutergarten. Im Park befinden sich auch Theater und eine Kinderinsel mit Bahn und Streichelzoo.

⑤
St. Nicolai Kyrka

Nikolaigatan 8
+46 19 154 500 **tägl.**

Die Kirche hat ihre Ursprünge im 13. Jahrhundert, wurde aber mehrmals umgebaut. Vom Originalbau sind die Eingänge an Nord- und Südseite. Der restliche Bau präsentiert sich neogotisch.

⑥
Wadköping

am Fluss Svartån, 1 km östl. des Stadtzentrums
Di – So
orebro.se/wadkoping

Die wunderschöne Flusspromenade am Svartån führt durch den Stadsparken zu den Holzhäusern von Wadköping, einer lebendigen Gemeinde mit Handwerkern und kleinen Läden. Das älteste Gebäude ist die Kungsstugan (Königshütte) aus dem frühen 16. Jahrhundert. Weitere Gebäude sind Hamiltonska Huset (1844) und Cajsa Warg's Hus (17. Jh.). Im Sommer finden Konzerte und Theateraufführungen statt.

⑦
Oset och Rynningeviken Naturreservat

3 km östl. des Stadtzentrums, Oljevägen 15

Das Naturschutzgebiet liegt in der Nähe des Zentrums und ist mit dem Rad in wenigen Minuten erreichbar. Das Gebiet war einst eine Müllhalde, wurde aber in einen malerischen Ort verwandelt, der heute reich an Vogelwelt und Fauna ist. Durch das Naturschutzgebiet verläuft ein breiter Rad- und Fußweg. Es gibt mehrere Grill- und Picknickplätze.

> **Die wunderschöne Flusspromenade am Svartån führt durch den Stadsparken zu den Holzhäusern von Wadköping.**

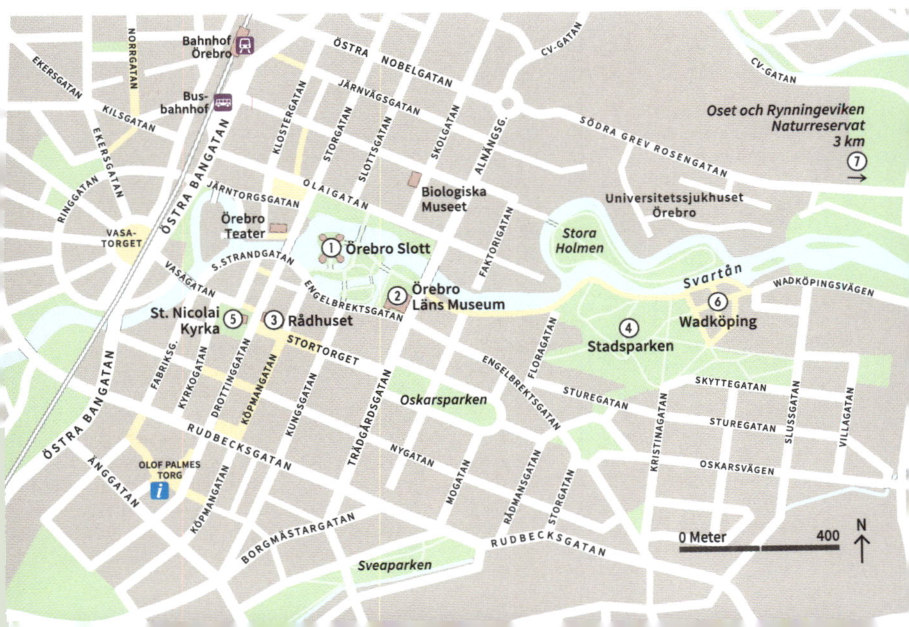

SEHENSWÜRDIGKEITEN

2 Karlstad

D4 Värmland, E18 69 000 Gustaf Lovéns Gata 30 Schweden-Rallye (Feb), Musikfestival (Juli) visitkarlstad.se

Karlstad im Mündungsdelta des Klarälven in den Vänern-See war im Mittelalter ein Markt und erhielt 1584 von König Karl IX. das Stadtrecht und ihren Namen. Die Aufforderung »Sola i Karlsta« (»Genieße die Sonne in Karlstad«) lockt Besucher in Värmlands Metropole. Die Verheißung geht auf eine Kellnerin im Stadtgasthof zurück, die im 19. Jahrhundert die Stimmung ihrer Gäste aufzuheitern verstand. Ihre Statue steht vor dem Stadshotell.

Karlstad brannte mehrmals ab. Das Feuer überstanden die Holzhäuser im Viertel Almen und das Bischofspalais von 1781. Die Außenbauten der Kathedrale mussten neu errichtet werden.

Sehenswert ist auch die zwölfbogige Brücke Östra Bron von 1811. Einen guten Einblick in Värmlands Geschichte und Kultur bietet **Värmlands Museum** am Fluss. Die Galerie **Sandgrund Lars Lerin** ist Lars Lerin, einem der bekanntesten Künstler Schwedens, gewidmet. **Alsters Herrgård**, Geburtshaus des Dichters Gustaf Fröding (1860–1911), steht acht Kilometer östlich von Karlstad und zeigt Erinnerungsstücke von ihm und anderen Autoren.

Värmlands Museum
Sandgrundsudden tägl. varmlandsmuseum.se

Sandgrund Lars Lerin
Vastra Torggatan 28 Di–So sandgrund.org

Alsters Herrgård
8 km östl. von Karlstad Mai–Aug: tägl.; Sep: Sa, So karlstad.se/Alstersherrgard

3 Värmlandsnäs

D4 Värmland, 5 km südl. von Säffle

Die große Halbinsel im Vänern-See ist für ihren sehr fruchtbaren Ackerboden sowie für die mittelalterlichen Kirchen von Botilsäter und Millesvik bekannt. Vom südlichsten Punkt Ekenäs' kann man abseits der üblichen Touristenpfade Lurö erkunden, Schwedens größten Binnenarchipel. Die Bootsfahrt zur Hauptinsel von Lurö dauert etwa eine Stunde.

4 Borgviks Bruk

D4 Värmland, 35 km westl. von Karlstad, Straße 45 400 +46 555 740 81 Juni–Aug

Die Eisenhütte in Borgvik war von 1600 bis 1925 in Betrieb. Dank der Ruinen (Gießerei, Eisenwerk, Herren-

Schon gewusst?

Der Vänern-See ist mit über 22 000 Inseln Europas größter Süßwasser-Archipel.

haus, Kirche) zählt Borgvik zu den besterhaltenen Zeugnissen Värmlands vergangener industrieller Zeit.

Bei Västra Smedbyn liegt das eindrucksvolle Herrenhaus **von Echstedtska Gården** (um 1760).

von Echstedtska Gården
Västra Smedbyn, 20 km nordwestl. von Säffle +46 533 630 74 Mitte Mai – Mitte Aug: Di – So 11–18

5

Arvika

D4 Värmland, Straße 61 26 000 Storgatan 22; +46 570 817 90 Gammelvala (Ende Juli), Arvika Hamnfest (Anf. Aug) visitarvika.se

Die Menschen aus Värmland sind in Schweden für ihren Witz bekannt. Das gilt vor allem für Jösse und dessen Hauptort Arvika. Die Stadt liegt auf einem Hügel über der Bucht von Kyrkviken, die durch eine schmale Wasserstraße mit dem Glafsfjorden-See verbunden ist.

↑ *Eine Messerschmitt KR 200 von 1957 im Arvika Fordonsmuseum*

↓ *Die abends schön beleuchtete Östra Bron in Karlstad*

Das **Arvika Fordonsmuseum** neben der Feuerwehr präsentiert eine Sammlung von Oldtimern, Hunderte Autos, Motorräder und Wagen.

Dass in dem Gebiet seit Langem Handwerker und Künstler ansässig sind, zeigt das **Rackstadmuseet** in Taserud am Stadtrand. Hier hatte der Bildhauer Christian Eriksson ab 1895 sein Atelier Oppstuhage. Jahrelang fanden sich hier Künstler ein, die von der Natur Värmlands fasziniert waren.

20 Kilometer südlich von Arvika liegt **Klässbols Linneväveri**, die einzige nordische Damastweberei. Hier werden die Tischdecken für die Nobelpreisbankette oder die Textilien für die königliche Familie angefertigt.

Arvika Fordonsmuseum
Thermiavägen 2 +46 570 803 90 tägl.

Rackstadmuseet
Kungsvägen 11 Di – So 11–16 (Juni – Aug: tägl. 11–17) rackstadmuseet.se

Klässbols Linneväveri
Damastvägen 5, 20 km südl. von Arvika Mai – Sep: tägl.; Okt – Apr: Mo – Sa klassbols.se

Selma Lagerlöf

1909 erhielt Selma Lagerlöf (1858 – 1940) als erste Frau den Nobelpreis für Literatur. Obwohl seit der Veröffentlichung ihres ersten Meisterwerks über ein Jahrhundert vergangen ist, bleibt das Interesse an den faszinierenden Erzählungen der Schriftstellerin ungebrochen. Mit ihrem im Jahr 1891 erschienenen Debütroman *Gösta Berling* setzte Lagerlöf Värmlands Landschaften rund um die Fryken-Seen sowie den Familiensitz Mårbacka auf die literarische Weltkarte. Zahlreiche Werke wurden für Kino und Fernsehen verfilmt. Noch bemerkenswerter war der Erfolg von *Die wunderbare Reise des kleinen Nils Holgersson mit den Wildgänsen.* Der Roman wurde in zahlreiche Sprachen übersetzt.

Traditionelle Häuser am Seeufer von Hedemora ↑

6

Ludvika

E3 Dalarna, Straße 50 14 000 Bergslagsgatan 10; +46 771 62 6262 Dan-Andersson-Woche (Juli), Drachenbootfest (Mai/Juni), Festen (Juni) visitsodradalarna.se

Der Westteil von Bergslagen ist mit Gießereien, Bergwerken und Herrenhäusern förmlich übersät. Die Industrie hat auch in Ludvika ihre Spuren hinterlassen. Das **Ludvika Gammelgård och Gruvmuseum** zeigt anschaulich, wie die Bergwerksarbeit in vergangenen Zeiten vonstattenging.

> Entdeckertipp
> **Von Mårtens nach Kullens**
> In der Nähe von Ludvika liegt der 30 Kilometer lange alte Weg zwischen zwei altfinnischen Dörfern, der mit orangefarbenen Markierungen auf Baumstämmen gekennzeichnet ist.

Umgebung: 16 Kilometer südwestlich war die Mine Grängesberg jahrelang das größte Eisenerzbergwerk in Zentralschweden. Die Erzadern verliefen auch unter der Siedlung, sodass für den Abbau einige Häuser geräumt werden mussten. Im **Grängesbergs Lokmuseum** steht die weltweit einzige noch funktionierende Dampfturbinenlokomotive.

Ludvika Gammelgård och Gruvmuseum
Ludvika +46 240 100 19 1.–15. Juni, 18.–31. Aug: Mo–Fr; 16. Juni–17. Aug: tägl.

Grängesbergs Lokmuseum
Grängesberg +46 240 207 35 Mitte Juni–Mitte Aug: tägl. 10–16

7

Hedemora

E3 Dalarna, Straße 70 16 000 Hökargatan 6; +46 771 626 262 Markt (Mitte Mai)

Hedemora erhielt als erste Stadt in Dalarna 1446 das Stadtrecht. 1849 überstanden hier nur wenige Gebäude einen Brand, darunter die Kirche (13. Jh.), die Apotheke (1779) sowie der **Theaterladan**. Er wurde um 1820 von einem Kaufmann über einem Kornspeicher eingerichtet. Hier befindet sich heute ein Museum, im Theater werden Stücke im Stil des 19. Jahrhunderts aufgeführt.

Umgebung: Nördlich von Hedemora führt ab Husby eine 60 Kilometer lange Rundfahrt über Land und zu Kulturstätten. Höhepunkt ist die Bergbausiedlung Stjärnsund, wo Christopher Polhem, arbeitete. Das **Polhemsmuseet** zeigt seine Arbeiten, etwa die Stjärnsund-Uhr und das geniale Polhem-Schloss.

Theaterladan
Gussarvsgatan 10 siehe Website teaterladanhedemora.se

Polhemsmuseet
Stjärnsund, 15 km südl. von Hedemora +46 225 801 31 Mitte Juni–4. Aug: Di–So 12–16

8 Borlänge

E3 · Dalarna, Straße 50/ E16 · 49 000 · Sveagatan 1; +46 771 626 262 · Dalecarlia Cup (Anf. Juli) · visitsodradalarna.se

Dalarnas größte Stadt wurde in den 1870er Jahren durch Eisenhütten und als Knotenpunkt mehrerer Eisenbahnlinien bekannt. Seit wenigen Jahren ergänzt eine Hochschule die Eisen- und Papierindustrie. Das **Jussi Björlingmuseet** widmet sich dem berühmtesten Sohn der Stadt, dem bekannten Tenor Jussi Björling (1911–1960).

In **Ornässtugan** soll im 16. Jahrhundert der spätere König Gustav I. Wasa vor dänischen Rittern über den Abort geflohen sein.

Jussi Björlingmuseet
Borganäsvägen 25 · +46 243 742 40 · tel. erfragen

Ornässtugan
8 km nordöstl. von Borlänge · +46 243 648 35 · Mai: vorab buchen; Juni–Aug: Di–So

9 Askersund

E4 · Närke · 4000 · Hamngatan 4 · Trad Jazz Festival (Juni), Golfwoche (Juli), Car and Bike Meet (Juli) · visitaskersund.se

Askersund liegt am Nordufer des Vättern, ist das Zentrum im südlichen Närke und das Tor zu den Wäldern von Tiveden und den Inseln im See. 1776 brannte Askersund zwar ab, doch haben viele später errichtete Holzhäuser die Zeit überdauert.

Die 1670 von Jean de la Vallé gebaute Landskyrkan überstand den Brand. Mit Barockkanzel und Altarbild zählt sie zu den großartigen Sakralbauten aus Schwedens großer Zeit. In der von Erik Dahlbergh entworfenen Oxenstierna-Soopska-Kapelle steht ein Zinnsarkophag.

Umgebung: Zum nördlichen Archipel des Vättern zählen rund 50 Inseln, die meisten stehen unter Naturschutz. Sie sind mit dem Boot von Askersund aus erreichbar. Regelmäßige Fährdienste verrichtet seit 1895 die SS *Motala Express*. Sie heißt auch »Gefangene vom Vättern«, weil sie zu groß ist, um den See über den Göta-Kanal zu verlassen.

Vier Kilometer südlich von Askersund lebte im **Stjernsunds Slott** der Liederschreiber und »singende Prinz« Gustaf (1827–1852), Sohn von König Oscar I. Das aufwendig verzierte Schloss birgt wunderbare Interieurs aus der Mitte des 19. Jahrhunderts.

Stjernsunds Slott
4 km südl. von Askersund · +46 583 100 04 · Haus: Mitte Mai–Ende Aug: tägl., sonst nach Vereinbarung; Park: tägl.

10 Sundborn

E3 · Dalarna, 12 km nordöstl. von Falun · 800 · +46 23 600 53

Die Hauptattraktion des Dorfs ist das Haus Lilla Hyttnäs des Künstlers Carl Larsson (1853–1919), **Carl Larssongården**. Larssons Holzmöbel und die traditionellen schwedischen Textilien zeigen Arts-and-Crafts- sowie Jugendstileinflüsse. Malereien von Larsson schmücken die Holzschindelkirche aus dem Jahr 1755, das Grab seiner Familie liegt auf dem Friedhof der Kirche.

Carl Larssongården
Jan–Sep: tägl. 10–17; sonst nach Vereinbarung · Feiertage · carllarsson.se

→ *Kleiner Keramikladen im Dorf Sundborn*

11 Falun

E3 Dalarna, Straße 50/ E16 37 000 Trotzgatan 10–12; +46 771 626 262 Weihnachtsmarkt (Dez) visitdalarna.se

Falun hat in ganz Schweden eine farbige Spur hinterlassen – die im typischen Falun Rödfärg (Falunrot) gestrichenen Holzhäuser sieht man überall im Land.

Die Farbe wird seit dem 17. Jahrhundert aus pulverisiertem Erz gewonnen, das Ferrosulfat enthält und aus der **Falu Gruva** (Falu-Kupfermine) bei Falun stammt. Die Falu Gruva war die Schatztruhe des Landes: Zu den besten Zeiten gewann man hier zwei Drittel des weltweit produzierten Kupfers.

Das ganze Gebiet einschließlich Stora Stöten (die durch einen Einsturz 1687 entstandene Große Grube), Faluns historische und industrielle Bauten sowie die äußeren Siedlungen wurden 2001 von der UNESCO zum Welterbe erklärt. Führungen bringen Sie unter die Erde, warme Kleidung wird empfohlen, da es dort unten eiskalt ist. Auch oberirdisch gibt es viel zu entdecken. Das Minenmuseum bietet unterhaltsame interaktive Ausstellungen, die Galerie für Minenkunst zeigt Ausstellungen. Werfen Sie einen Blick auf den Uhu in der Großen Grube mit dem Fernglas am Aussichtspunkt.

Dalarnas Museum vermittelt mit einer großen Sammlung von Trachten, Bildern und traditionellem Handwerk einen Überblick über die Kulturgeschichte von Dalarna. Dalarna ist der Ursprung des Dala-Pferds. Das Museum beherbergt die weltweit größte Sammlung dieser bunt bemalten, handgeschnitzten Holzfiguren, darunter auch die kleinste – man braucht eine Lupe, um die Details zu sehen.

Falu Gruva
1 km südl. von Falun siehe Website falugruva.se

Dalarnas Museum
Stigaregatan Di–So 10–17 (Sa, So ab 12) dalarnasmuseum.se

12 Leksand

E3 Dalarna, Straße 70 16 000 Norsgatan 28 Musik am Siljan-See (Juli), Ruderregatta (Juli) siljan.se

Die Traumlandschaft um den Siljan-See zeigt sich bei Leksand von ihrer besten Seite. Besonders interessant ist eine Reise zum See Anfang Juli, wenn die Kirchenboote um die Wette rudern.

Das sehenswerte Himlaspelet wurde 1941 uraufgeführt und zählt zu Schwedens ältesten ländlichen Festspielen. Rune Lindströms Stück über den Weg zum Himmel und zur Hölle handelt von den Hexenprozessen der 1670er Jahre.

Die Zwiebelkuppel der Barockkirche (18. Jh.) ist weithin sichtbar. Teile der Kirche stammen aus dem 13. Jahrhundert.

Umgebung: Jüngere Besucher lockt das **Äventyret Sommarland**, zu dem drei Vergnügungsparks am Ufer des Siljan-Sees gehören: Waterland, Motorland und Summerland. Zu den Angeboten gehören Hochseilgärten, BMX-Strecken, Trampoline, Gokarts und ein Wasserpark. Es gibt verschiedene Essens- und Getränkestände und einen Picknickplatz, auf dem man selbst Mitgebrachtes verspeisen kann.

Acht Kilometer südlich von Leksand wurde in Insjön 1899 Schwedens erstes Versandgeschäft von Åhlén & Holms gegründet. Die Ver-

←
Die Kristine-Kirche in Falun im typischen Falunrot

↑ *Besucher genießen ein Konzert im Dalhalla-Amphitheater in Rättvik*

Die Traumlandschaft um den Siljan-See zeigt sich bei Leksand von ihrer besten Seite. Besonders interessant ist eine Reise zum See im Juli, wenn die Kirchenboote um die Wette rudern.

sandtradition setzt Clas Ohlson fort. Sein Laden zieht so viele Do-it-yourself-Begeisterte an, dass Insjön zur meistbesuchten Attraktion in Dalarna aufgestiegen ist.

Äventyret Sommarland
Mitte Juni – Mitte Aug: tägl. 10–17 Mittsommer leksandresort.se/sommarland

13 Rättvik

E3 Dalarna, Straße 70 4500 Vasagatan 6 Musik am Siljan-See (Juli), Oldtimer-Woche (Ende Juli) siljan.se

Rättviks Wahrzeichen, der Långbryggan-Pier, ist unübersehbar. Nach ihrer Ankunft am Pier müssen die Passagiere der MS *Gustaf Wasa* noch 628 Meter bis zum Festland zurücklegen. Der Steg wurde 1895 gebaut, damit die Dampfer nahe dem flachen Ufer ankern konnten. Rättvik besitzt eine mittelalterliche Kirche in schöner Lage auf einer Landzunge. Der älteste der früheren Kirchenställe stammt aus den 1470er Jahren.

Umgebung: Alte Dalarna-Häuser, Dorfleben und Malereien findet man 35 Kilometer nördlich in Gammelstan. Die alten Häuser an der Dorfstraße stammen zum Teil aus dem 17. Jahrhundert.

Zwölf Kilometer südlich stehen in Tällberg viele Holzhäuser im klassischen Dalarna-Stil. Der Ort ist für seine erstklassigen Hotels und Gasthäuser bekannt, eines ist das renommierte Åkerblads mit exzellentem Restaurant. Im oberen Dorfteil verkaufen im Holens Gammelgård Werkstätten traditionelle Handwerksobjekte.

Sieben Kilometer nördlich von Rättvik hat man in **Dalhalla** einen Kalksteinbruch in ein Amphitheater verwandelt. Die Akustik hier wird von den besten Opernsängern der Welt gelobt. Im Sommer finden Konzerte und tagsüber Führungen statt. Das Gebiet entstand vor 360 Millionen Jahren durch einen Meteoriteneinschlag, dessen Krater sich über die ganze Siljan-Region erstreckt.

Dalhalla
7 km nordwestl. von Rättvik, Straße 70 für Aufführungen und Führungen dalhalla.se

Schon gewusst?

Dalhalla bei Rättvik ist einer von drei Orten, an denen man einen Meteoriteneinschlag sehen kann.

Der Erfinder John Ericsson

Das schwedisch-amerikanische Multitalent John Ericsson (1803–1889) wurde in Långban geboren. Mit 13 arbeitete er mit seinem Bruder Nils (1802–1870) am Bau des Göta-Kanals *(siehe S. 178f)*. Ericsson entwickelte eine Dampfmaschine und ging mit Anfang 20 nach England, um seine Erfindung zu verwerten. Seine 1829 konstruierte bahnbrechende Maschine wurde beim Manchester-Liverpool-Rennen in der Lokomotive *Novelty* nur knapp von George Stephensons *Rocket* geschlagen. Seinen größten Triumph feierte Ericsson im Amerikanischen Bürgerkrieg mit dem gepanzerten Kriegsschiff *Monitor* (mit rotierendem Kanonenturm).

14 Filipstad

D4 Värmland, Straße 63 6500 Viktoriagatan 8; +46 590 613 54 Oxhälja-Markt (Anf. Sep) visitfilipstad.se

Karl IX. gründete Filipstad 1611 und benannte es nach seinem Sohn Karl Filip. In dem Städtchen blühten einst Bergbau und Eisenverarbeitung, heute dominiert eine ganz andere Industrie: In Filipstad steht die größte Knäckebrot-Bäckerei der Welt. Führungen durch das Brotmuseum von Wasabröd und die Backanlagen finden von Montag bis Samstag statt.

An zwei große Söhne der Stadt erinnern Denkmäler: Die Skulptur von K. G. Bejemark zeigt den Dichter und Liederschreiber Nils Ferlin (1898–1961) mit Zylinder und Frack auf einer Parkbank. Am Daglösen-See steht das Mausoleum von John Ericsson, flankiert von zwei *Monitor*-Kanonen. John Ericsson wuchs mit seinem ebenso berühmten Bruder Nils in der Bergbaugemeinde **Långban**, 20 Kilometer nördlich von Filipstad, auf. Die Gemeinde hat sich bis heute erhalten, inklusive der Gießerei und der Fördergebäude. Mineraliensucher haben aus den Schlacken eine Sammlung von 312 Mineralien zusammenstellen können.

Långban

20 km nördl. von Filipstad +46 590 221 81 Mitte Juni–Mitte Aug: tägl.

15 Hagfors

D3 Värmland, Straße 62 6500 Dalavägen 10 Schweden-Rallye (Feb), Klarälvsmässan (Aug) visithagfors.se

Das Städtchen liegt am Klarälven mitten in Värmland und war lange ein Zentrum der Stahl- und Holzindustrie. Hagfors ist ein guter Ausgangspunkt für Ausflüge in das Klarälvental. Flussauf-

Sonnenaufgang über einem See in der schönen Landschaft bei Filipstad ↓

wärts kann man an einigen Orten zu mehrtägigen Floßfahrten aufbrechen.

20 Kilometer nördlich bietet Ekshärad eine Kirche (1686). Im Kirchhof stehen an die 300 Eisenkreuze, in deren »Blättern« der Wind spielt.

Südwestlich liegt Uddeholm, ein Dorf mit einer Mühle aus den 1940ern, in der ein Museum und die Galerie **Stjärnsfors Kwarn** untergebracht sind. Besucher können auf einem Rundkurs in einem Prüfwagen von der Mühle nach Hagfors fahren.

Stjärnsfors Kvarn
Uddeholm +46 563 234 00; Fahrten: +46 563 187 50 Juni–Aug: tägl.; Sep–Mai: nach Vereinb.

16
Karlskoga

D4 Värmland, E18 29 000 Kungsvägen 34 visitkarlslogadegerfors.se

Eisenerz wurde hier ab dem 13. Jahrhundert abgebaut und verarbeitet, doch erst als Alfred Nobel *(siehe S. 91)* die Eisenwerke und die Kanonenfabrik Bofors kaufte, boomte Karlskoga. Bofors wurde im 20. Jahrhundert zu einem der weltweit wichtigsten Waffenproduzenten.

Das **Nobelmuseet** im Herrenhaus Björkborns, wo Nobel zuletzt lebte, zeigt die Entwicklung von Bofors und bietet einen Einblick in das Leben des Erfinders. Sein Labor wurde seit seinem Tod nicht verändert. In dem Stall, wo einst Nobels russische Hengste standen, präsentiert ein Industriemuseum die Geschichte der Eisenhütten.

15 Kilometer südlich von Karlskoga floss am Ende der Eiszeit das Wasser aus einem See bei Sveafallen nahe Degerfors. Die so entstandene Landschaft sieht man im Domedagsdalen (»Tal des Jüngsten Gerichts«) und auf Wanderwegen.

Nobelmuseet
2 km nördl. von Karlskoga Di–So (Juni–Aug: tägl.) Feiertage nobelkarlskoga.se

Schon gewusst?
In Nusnäs südlich von Mora wird das schwedische Nationalsymbol, das Dala-Pferd, hergestellt.

17
Mora

D3 Dalarna, Straße 70 11 000 Mora Tourist Information, Köpmannagatan 3A Vasaloppet (März) siljan.se

Mora zwischen Orsasjön- und Siljan-See wird vor allem mit König Gustav I. Wasa (1496–1560) und dem Künstler Anders Zorn (1860–1920) in Verbindung gebracht. Gustav Wasas Reisen 1520 in Dalarna haben viele Spuren hinterlassen. An der Ziellinie des Wasalaufs erinnert eine Statue an den König, das nahe **Vasaloppsmuseet** dokumentiert die Geschichte des berühmten Skirennens.

Anders Zorn sammelte Handwerksobjekte. In **Zorngården** schwelgte er in einer nationalromantischen Welt. Auf dem Anwesen stehen einige Häuser, die hierherverlegt wurden, etwa ein Backhaus (12. Jh.), das ihm als Atelier diente.

In **Tomteland** in Gesunda lebt der Weihnachtsmann. Hier werden im Sommer die Geschenke produziert.

Vasaloppsmuseet
Vasaloppets Hus Mo–Fr (Mitte Juni–Mitte Aug: tägl.) Feiertage vasaloppet.se

Zorngården
Vasaloppsspäret 36 tägl. zorn.se

Tomteland
Gesundaberget, 12 km südl. von Mora siehe Website tomteland.se

18 Orsa

E3 Dalarna, Straße Rv 45 5000 Dalagatan 1; +46 248 79 7200 Musikfestival (Juli) siljan.se

Die Region Orsa reicht von der sanften bäuerlichen Landschaft um den Orsasjön-See bis zur menschenleeren Finnmark im Norden.

Früher war hier die Fertigung von Schleifsteinen ein wichtiger Nebenverdienst. Mehr dazu erfährt man zwölf Kilometer nordöstlich von Orsa im **Slipstensmuseet**.

In diesem Teil Schwedens führt man das Vieh noch auf die Sommerweiden. Bei Djurberga, Fryksås und Hallberg kann man sehen, wie Sennerinnen in früheren Zeiten lebten und Butter und Käse produzierten.

In Våmhus am Westufer des Orsasjön werden zwei Handwerke ausgeführt, die früher eine Hauptverdienstquelle waren: Korbflechten und die Anfertigung von Schmuck aus Haaren. Verkaufsreisen führten die Frauen aus Våmhus einst bis nach St. Petersburg.

14 Kilometer nördlich liegt **Orsa Grönklitt**, das Hauptgebiet für Outdoor-Spaß in der Region. Im Orsa Björnpark (Bärenpark) spaziert man auf Wegen und Rampen, Auge in Auge mit Bären, Wölfen, Luchsen und Vielfraßen.

Slipstensmuseet

Mässbacken
+46 250 550 255
Sommer: tel. erfragen

Orsa Grönklitt

Grönklitt, 15 km nordwestl. von Orsa
tägl. orsagronklitt.se

19 Sälen

D3 Dalarna, Straße 71 1200 Centrumhuset; +46 280 187 00 Snowboard-Weltcup, Speed-Skiing-Weltcup (Mai), Vasaloppet (März) salenfjallen.se

Wie die meisten Bergzüge in Dalarna sind auch die Transtrandsfjällen mit dem zentral gelegenen Sälen sanft gerundet und geben sich weniger dramatisch als die Berge weiter im Norden. Der höchste Gipfel, Östra Granfjället, ragt 949 Meter auf. Die Region bietet exzellente Möglichkeiten zum Alpinskifahren und Langlaufen. Da Schwedens größere Städte nicht allzu weit entfernt sind, hat sich die Gegend zu einem der beliebtesten Wintersportgebiete entwickelt.

In Sälen hat man die Wahl zwischen schwarz markierten Pisten für fortgeschrittene Skifahrer, für Kinder geeignete Familienabfahrten sowie Halfpipes und Jumps für Snowboarder. Insgesamt gibt es 200 Kilometer markierte Loipen und Wanderwege.

Berga südlich von Sälen ist der

> Expertentipp
> **Husky-Tour**
> Es gibt keine bessere Möglichkeit, die verschneiten Berge zu erleben, als bei einer Husky-Tour. Sälen, Idre und Orsa bieten Hundeschlittenfahrten und die Möglichkeit, diese unglaublichen Hunde zu treffen.

↓ *Landschaft am See Orsasjön mit kleinen Häusern*

Startpunkt für den 90 Kilometer langen Wasalauf nach Mora.

20

Idre und Särna

D2 Dalarna, Straße 70 1500 Framgårdsvägen 1, Idre; Högenvägen 2, Särna, +46 771 99 8800 Orientierungslauf (Juni), Bergfest (Juli) visitidre.se

Das nördliche Dalarna mit den Städten Idre und Särna gehörte bis 1644 zu Norwegen, weshalb der hier gesprochene Dialekt norwegisch klingt. In dieser Bergregion kann man herrliche Ausblicke genießen. In den Nipfjället-Bergen führt eine Straße auf 1000 Meter, wo sich ein grandioser Blick auf den 1131 Meter hohen Städjan öffnet. Idealer Ausgangspunkt für Bergtouren ist die STF-Bergstation von Grövelsjön am Långfjället.

Idrefjäll, ein Urlaubsort am Idresjön-See, bietet exzellente Loipen und Lifte im Winter und eine große Auswahl an Aktivitäten im Sommer. Särna wartet mit einer schönen Holzkirche aus dem 17. Jahrhundert und dem Bauernmuseum von Buskgården auf.

Im Fulufjällets Nationalpark rauscht Schwedens höchster Wasserfall: der Njupeskär (90 m). Noch immer sieht man die Folgen eines Sturms, der hier 1997 wütete. Innerhalb von 24 Stunden fielen 400 Millimeter Regen, Bäche wurden zu reißenden Fluten, die mit umgestürzten Bäumen breite Schneisen in den Wald zogen.

Wettkämpfer am Start des legendären Langlaufrennens Vasaloppet

Vasaloppet (Wasalauf)

Das längste und älteste Skirennen der Welt begann 1922 mit 122 Läufern, heute stellen sich jeden ersten Sonntag im März über 15 000 der 90 Kilometer langen Strecke von Sälen nach Mora. Noch mehr nehmen am Wochenende zuvor am offenen Rennen oder an Spezialwettbewerben wie dem Frauenrennen *Tjejvasan* (30 km) oder dem *Halvvasan* (halbe Strecke) teil. 3000 Helfer geben Blaubeersuppe aus, wachsen Skier und versorgen Blasen mit Pflastern.

Erster Wasalauf

Weihnachten 1520 floh Gustav Wasa vor den dänischen Truppen von Mora Richtung Norwegen. In Lima bei Sälen erreichten ihn Männer aus der Umgebung und überredeten den zukünftigen König zur Umkehr. Seit 1922 haben fast 750 000 Langläufer die Strecke in entgegengesetzter Richtung bewältigt.

Berga

In Berga südlich von Sälen werden über 15 000 Starter im Morgengrauen gruppenweise auf die Strecke geschickt, die Spitzenläufer zuerst.

Evertsberg

Evertsberg liegt auf halbem Weg zwischen Sälen und Mora. Hier und an anderen Streckenposten kann man sich mit Blaubeersuppe stärken. Wer nur die halbe Strecke läuft, kann das Rennen hier beenden.

Mora

Mora ist das Ziel des Rennens. Die Siegerzeit liegt in der Regel bei etwas über vier Stunden, manche Läufer brauchen zehn Stunden. Über der Ziellinie steht: »Auf den Spuren unserer Vorfahren für die Siege von morgen.«

Sunne liegt schön zwischen dem Övre Fryken und Mellanfryken ↑

Fahrt um die Fryken-Seen

Länge 90 km **Rasten** Tosseberg, 20 km nördlich von Sunne an der Straße nach Torsby

Selma Lagerlöf *(siehe S. 273)* bezeichnete die Fryken-Seen als »die lächelnden Blätter«. Die Landschaft der glitzernden Seen, blühenden Wiesen und dunklen Wälder übt eine starke Faszination aus. Den Geist der Schriftstellerin verspürt man vor allem in Rottneros, den sie als Herrenhof Ekeby in *Gösta Berling* verewigte, und am anderen Ufer in ihrem Heimathof Mårbacka. Am besten erkundet man die Seen auf dem alten Dampfer *Freja af Fryken*, per Fahrrad oder mit dem Auto von Sunne aus.

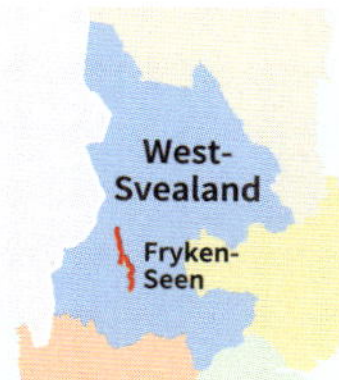

Zur Orientierung
Siehe Karte S. 268f

Sahlströmsgården, das Haus der Künstlergeschwister Sahlström in Utterbyn birgt Erinnerungsstücke an Künstler des frühen 20. Jahrhunderts.

Sunne ist der Zentralort des Fryksdal. Die reiche Folklore des Gebiets wird in historischen Zentren und bei zahlreichen Veranstaltungen gepflegt.

Mårbacka, das Haus der Nobelpreisträgerin Selma Lagerlöf, wurde seit ihrem Tod 1940 nicht verändert. Im Sommer finden Ausstellungen zum Werk der Schriftstellerin statt.

Das Anwesen **Rottneros** bietet einen herrlichen Park, eine große Skulpturensammlung und für Kinder den Abenteuerpark Nils Holgersson.

1896 kenterte die Königin der Fryken-Seen, die **SS *Freja af Fryken***, 98 Jahre danach wurde sie aus dem See geborgen. Heute wird sie wieder von der Originalmaschine von 1868 angetrieben.

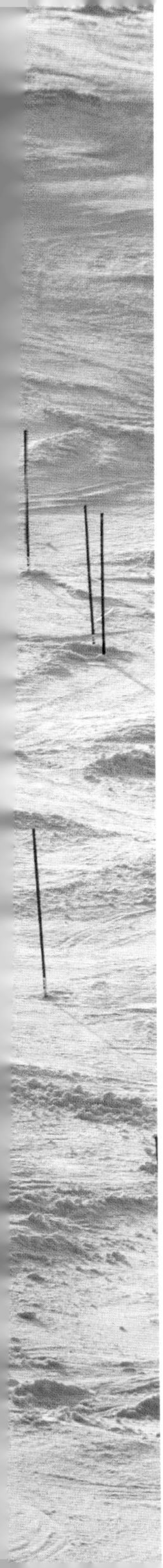

Rennläufer auf einem Hang bei Sundsvall (siehe S. 296)

Süd-Norrland

Die sechs historischen »Landschaften« Süd-Norrlands umfassen fast ein Viertel des schwedischen Territoriums. Die südöstliche Region Gästrikland gehörte im Mittelalter zu Svealand und scheint mit ihrem sanften Hügelland eher zum benachbarten Uppland als zu Norrland zu passen. Ein Teil des Berglagener Bergbaugebiets erstreckt sich bis hierher, Eisenhütten bildeten die Grundlage für die heutige Industrie. Der Handelshafen Gävle war lange Zeit das Tor zu Norrland.

Ein weiterer Weg in den Norden und die Berglandschaft von Norrland führt über den Pass zwischen Kölberget und Digerberget in Hälsingland. Hier stehen prächtige hölzerne Herrenhäuser mit schön verzierten Veranden und exquisiten Interieurs. Diese Villen zeugen vom erfolgreichen Handel mit dem grünen Gold der hiesigen Wälder, die 80 Prozent des Territoriums bedecken.

Sogar noch tiefere Spuren hinterließ die Holzwirtschaft in den Regionen Medelpad und Ångermanland, wo die Holzbarone von Sundsvall und Ådalen Ende des 19. Jahrhunderts riesige Vermögen anhäuften. Noch heute nimmt in diesen Gebieten die Papier- und Zellstoffindustrie eine Schlüsselstellung ein. Überwältigend ist bisweilen der Schwefelgeruch.

Die historischen »Landschaften« Jämtland und Härjedalen kamen erst 1645 zu Schweden. Die Berge im Westen locken mit Skigebieten und im Hochland mit wildreicher, unverfälschter Natur.

Holm
Steinåmoen
Klimpfjäll
Foldereid
Kongsmoen
Stalon
Trones
Jormvattnet
Malgovik
Namsos
Overhalla
Gäddede
Namsos Airport
Grong
Eidet
Osen
Fågelberget
Namdalseid
Hoting
Valsjöbyn
Flåsjon
Årnes
Steinkjer
Sösjöfjällen 1246 m
Dragan
Rossön
Strömsund
Verdalsøra
JÄMTLAND
Levanger
Kallsjön
Lillholmsjö
Hammerdal
Åreskutan 1420 m
Stjørdal
Meråker
Storlien
Järpen
Krokom
Häggenås
Åre
Handöl
Storsjön
Åre Östersund Airport
Östersund
Hammarstrand
Støren
Almås
Brunflo
Kälarne
Myrviken
Helagsfjället 1797 m
Ålen
NORWEGEN
Ljungan
Bräcke
Mittådalen
Svenstavik
Härjedalens Berge
Os
Funäsdalen
Storhågna
Ånge
Alby
Fränsta
Tännäs
Vemdalen
Rätan
Hede
Rogen
Tynset
Alvdal
HÄRJEDALEN
Femunden
Ytterhogdal
Ramsjö
Lofsdalen
Duvberg
Sveg Airport
Sveg
Drevsjø
Idre
Lassekrog
Lillhärdal
Ljusdal
Särna
HÄLSINGLAND
Koppang
West-Svealand
Seiten 266–283
Tretten
Voxna
Scandinavian Mountains Airport
Alfta
Sälen
Lima
Mora
DALARNA
Siljan
Rättvik
Süd-Norrland
Malung
Vansbro
Borlänge
Stöllet
Borlänge Airport
Torsby Airport
VÄRMLAND
Torsby
Ludvika

Süd-Norrland

Highlights

1. Höga Kusten
2. Härjedalens Berge

Sehenswürdigkeiten

3. Gävle
4. Dalälven Delta
5. Sandviken
6. Söderhamn
7. Bollnäs
8. Hudiksvall
9. Ljusdal
10. Ljungadalen
11. Sundsvall
12. Örnsköldsvik
13. Härnösand
14. Ådalen
15. Indalsälven
16. Östersund
17. Sveg
18. Åre
19. Storlien

↑ *Blick von der Högakustenbron über den Fluss Ångermanälven*

❶

Höga Kusten

F1 Ångermanland Örnsköldsviks Turistbyrå, +46 660 881 00; Kramfors Turistbyrå, +46 612 800 00; Härnösands Turistbyrå, +46 611 204 50 Skule Song-Festival (Anf. Juli) hogakusten.com

Die einzigartige Höga Kusten (Hohe Küste) ist am schönsten an hellen Sommerabenden, wenn sich Wälder und Hügel im ruhigen Wasser der Buchten spiegeln, oder am Kai von Ulvöhamn während der *Surströmming*-Saison *(siehe S. 297)* im August. Ideales Fortbewegungsmittel ist das Boot, regelmäßiger Fährverkehr besteht zu vielen Häfen. Die Brücke Högakustenbron erleichtert die Anfahrt. Hauptattraktion ist die 2000 von der UNESCO zum Welterbe erklärte Landschaft, die sich seit dem Rückgang des Eises vor 9600 Jahren 300 Meter angehoben hat.

Höga-Kusten-Weg

Der Höga-Kusten-Weg erstreckt sich 130 Kilometer von Hornöberget im Süden bis Örnsköldsvik im Norden und umfasst eine Mischung aus Wald und Küste mit entsprechender Flora und Fauna. Genießen Sie die Aussicht auf die Bergspitze, die Sandstrände und die unberührte Natur. Es gibt Abschnitte für erfahrene Wanderer und Anfänger.

①

Skuleskogens Nationalpark

Naturum Höga Kusten
varldsarvethogakusten.se
sverigesnationalparker.se

Skuleskogens Nationalpark, der vom Hügel Skuleberget bewacht wird, erstreckt sich über 30 Quadratkilometer Wildnis. Wanderwegen führen durch magische alte Wälder und über Klippen entlang der Küste. Es ist ein straßenloser, wilder und imposanter Abschnitt der Höga Kusten mit Blick auf dichte Wälder und Meer, schöne Seen und üppige Täler.

Die faszinierenden geologischen Phänomene, die hier walteten, machen mehr als irgendwo sonst in Schweden klar, dass Teile des Landes vollständig aus dem Meer heraus entstanden sind.

②

Högakustenbron

Högakustenbron überquert man auf der Hauptstraße E4. Die 1997 fertiggestellte, 1800 Meter lange Brücke, die an 180 Meter hohen Masten aufgehängt ist, bietet einen atemberaubenden Blick. Sie ist Schwedens längste Hängebrücke und wurde nach dem Vorbild der Golden Gate Bridge von San Francisco gebaut.

Highlight

③ Högbonden

Der 100 Jahre alte Leuchtturm auf der Insel Högbonden warnte früher Schiffe vor der Felsküste und ist heute eine Jugendherberge, die man mit der Fähre von Barsta oder Bönhamn aus erreicht. In beiden ursprünglichen Fischerdörfern sollte man Spezialitäten wie frischen Lachs, Renken oder – unausweichlich – *surströmming* (vergorenen Hering) probieren. Die ganze Insel ist ein Naturschutzgebiet mit vielen Wanderpfaden. Die kargen Klippen, die sich hoch aus dem Meer erheben, sind ideale Aussichtspunkte.

④ Nordingrå

Häggvik 109 +46 613 202 90 Apr – Sep

Reisende kannten das »Schöne Nordingrå« schon lange, bevor der Begriff »Hohe Küste« geprägt wurde. Straßen, die von steilen Hügeln gesäumt sind, führen durch eine atemberaubende Landschaft. Viele besuchen Nordingrå, um Ruhe zu finden – beim Sonnenbaden an den Hängen von Rotsidan oder beim Besteigen eines der Gipfel. Besuchen Sie das Museum Mannaminne, das voller Überraschungen steckt.

↓ *Trysundas Holzkapelle mit Wandmalereien*

⑤ Ulvöhamn

Im Heimatort der Fischspezialität *surströmming* liegt Norrlands größte Fischereiflotte im geschützten Hafen zwischen Norra und Södra Ulvön.

Das malerische Fischerdorf bietet unberührte Natur und steile Klippen, die direkt ins Meer eintauchen. Machen Sie einen Spaziergang entlang der Hafenstraße, wo es viele traditionell rote Fischerbuden gibt. Die Boote fahren ganzjährig von Köpmanholmen und im Sommer auch von Docksta, Ullånger und Mjällomslandet aus. Die Kapelle stammt aus dem Jahr 1622.

⑥ Trysunda

Viele halten Trysunda für Schwedens schönste Insel und eines der am besten erhaltenen Dörfer. Auf der kleinen Insel gibt es keine Straßen oder Fahrzeuge, man umrundet sie in einer Stunde. Nehmen Sie den Weg hinauf zum Kapellberget und bewundern Sie die Kontraste zwischen dem bergigen Festland und dem Fischerdorf. An einem sonnigen Tag sollte man Björnviken mit seinem schönen Strand besuchen.

Auch die kleine Fischer-Kapelle aus dem 17. Jahrhundert, die reich mit Fresken geschmückt ist, ist einen Besuch wert. Ein Teil der Insel ist ein Naturschutzgebiet.

⑦ Ullångersfjärden

Die Bucht Ullångersfjärden mit ihren hohen Klippen ist einer der tiefsten Fjorde Schwedens. Der Fäberget ist ideal für einen Ausflug, da die Wanderung kurz ist. Die Aussicht vom Gipfel auf den Ullångersfjärden weiter unten ist magisch.

2

Härjedalens Berge

D1 Härjedalen, Straße 84 Sveg oder Östersund nach Ljusdal oder Östersund, dann Bus Lofsdalen, +46 680 412 33; Funäsdalen, +46 684 155 80; Vemdalen, +46 684 301 80 Funäsdalen-Bergmarkt (Mi) jht.se

Diese Region bietet das ganze Jahr über Abenteuer und landschaftliche Schönheit. Besuchen Sie Härjedalens Berge im Sommer zum Wandern, Angeln, Radfahren und Golfen mit den Gipfel im Hintergrund als majestätische Kulisse. Im Winter sind sie ein Paradies für Skifahrer und bieten Alpinski und Langlaufloipen. Erhöhen Sie Ihren Adrenalinspiegel beim Hundeschlittenfahren, auf einer Schneemobilsafari oder einer Rentierschlittenfahrt, während Sie die atemberaubende Landschaft genießen.

Die Baumgrenze liegt in Härjedalen bei 900 Metern, sogar im bewaldeten Tiefland ragen kahle Gipfel wie der Sånfjället und Vemdalsfjällen auf. Die mächtigsten Massive erstrecken sich im Westen Richtung Norwegen und Jämtland, darunter der mit 1797 Meter höchste Gipfel Helagsfjället. Vom Hauptort Funäsdalen führt im Sommer Schwedens höchste Straße zum Samendorf Mittådalen und über das Flatruet-Plateau nach Ljungdalen. Die Kultur der Samen spielt in der Region eine wichtige Rolle. In Jämtland Härjedalen gibt es zwölf samische Dörfer und rund 44 000 Rentiere. Der Storsjön ist der fünftgrößte See des Landes. In ihm soll laut einer Legende aus dem Jahr 1635 das Storsjö-Monster leben, das bis heute über 200 Mal gesichtet wurde.

Expertentipp
Autofahren
Die Straße Z531 über den Flatruetvägen ist bei schlechtem Wetter und im Winter von 22 bis 6 Uhr geschlossen. Beachten Sie, dass die Straße auf 100 Kilometern unbefestigt ist.

TOP 4 Tolle Skipisten

Åre
Hier wurden schon viele Weltcup-Rennen ausgetragen *(siehe S. 299)*.

Funäsfjällen
Skandinaviens größtes Skigebiet umfasst sechs Skiorte.

Lofsdalen
Mehrere Loipen von über zehn Kilometer Länge und eine beleuchtete Piste.

Vemdalsfjällen
Skiparadies mit einem gemeinsamen Liftsystem für die wichtigsten Skiorte: Klövsjö, Vemdalskalet, Björnrike und Storhågna.

1 *Das Naturreservat rund um Härjedalens größtes Seengebiet wartet mit einer ungewöhnlichen Flora und Fauna auf.*

2 *Zum Samendorf Mittådalen gehören Rentierweiden in den westlichen Bergen.*

3 *Skitouren sind in Härjedalens Bergen überaus beliebt.*

↑ *Die Berge, Wälder und Seen von Härjedalen sind sommers wie winters beliebt*

SEHENSWÜRDIGKEITEN

3

Gävle

F3 Gästrikland
96 000 Södra Skeppsbron 15
visitgavle.se

Da die Mündung des Gävleån einen idealen Hafen bildet, ließen sich hier Händler nieder. Davon zeugen die Lagerhäuser am Skeppsbron. Gävle ist noch immer einer der größten Häfen Schwedens, der Betrieb hat sich nur weiter in die Bucht verlagert.

Gävle hat schöne Häuser aus dem 19. Jahrhundert und breite Alleen. Ein Juwel ist das 1878 erbaute Theater an der Rådhusesplanaden. Im Stadtpark Boulognerskogen steht Carl Milles' Skulptur *Fünf musizierende Engel*.

Südlich des Flusses steht Gävle Slott (16. Jh.). Hier liegt auch die Altstadt Gamla Gefle. In den von Holzhäusern (18. Jh.) gesäumten Straßen haben sich Künstler und Handwerker niedergelassen. Joe Hill Gården in der Nedre Bergsgatan 28 ist das Geburtshaus des schwedisch-amerikanischen Gewerkschaftsführers und heute ein Museum.

Die große Sammlung des **Länsmuseet Gävleborg** beschäftigt sich mit Gästriklands Geschichte. Alte Lokomotiven und Waggons – von Titanen aus dem Bergbau bis zu Schmalspurwagen – bietet **Sveriges Järnvägsmuseum**. Das kleine **Fängelsemuseet** in einer Gefängniszelle aus dem 17. Jahrhundert vermittelt einen Eindruck vom Gefängnisleben in jener Zeit.

Länsmuseet Gävleborg
Södra Strandgatan 20 Di–So Feiertage
lansmuseetgavleborg.se

Sveriges Järnvägsmuseum
Rälsgatan 1
siehe Website
jarnvagsmuseet.se

Schon gewusst?

Im Dezember wird auf Gävles Slottstorget eine riesige Weihnachtsziege aus Stroh errichtet.

Fängelsemuseet
Hamiltongatan 1
Mi–So 12–16 sverigesfangelsemuseum.se

4

Dalälven Delta

F3 Gästrikland, Uppland Gavle Tourist Office
Stauwehrtag in Älvkarleby (So vor Mittsommer)
visitgavle.se

Bevor der Dalälven ins Meer mündet, bildet er ein weites Delta mit Hunderten von kleinen Inseln, auf denen eine reiche Tier- und Pflan-

zenwelt gedeiht. Hier liegen einige der besten Angelplätze in Schweden. Von Forst- und Landwirtschaft am wenigsten berührt ist das Gebiet bei Färnebofjärden, das 1998 teilweise zum Nationalpark deklariert wurde. Zur Vogelwelt gehören über 100 Arten, darunter viele bedrohte Specht- und Eulenarten.

Ein guter Ausgangspunkt für Ausflüge ist Gysinge an der Rv 67, 38 Kilometer südlich von Gävle. Dank der Wasserfälle zwischen Färnebofjärden und Hedesundafjärden begann man hier Ende des 17. Jahrhunderts mit der Eisenverhüttung. Der gut erhaltene Industrieort hat eine Hauptstraße aus den 1770er Jahren und ein Herrenhaus von 1840. Im **Dalälvarnas Flottningsmuseum** wird die Bedeutung des Flusses für den Holztransport veranschaulicht.

Der Dalälven ist auch ein wichtiger Stromlieferant, wie das flussabwärts gelegene Kraftwerk Älvkarleby von 1915 zeigt. Es beeindruckt am meisten am Stauwehrtag, wenn das Wasser mit voller Kraft abgelassen wird.

Dalälvarnas Flottningsmuseum
Gysinge Bruk
+46 291 210 00 Mitte Mai – Mitte Aug: tägl.

5 Sandviken

E3 Gästrikland
23 000 Folkets Hus, Köpmangatan 5 – 7; +46 26 24 1380 Jazzfestival (Juni), Kammermusik (Juli)
sandviken.se

Sandviken entwickelte sich, als 1860 eine Eisenhütte am Ufer des Storsjön-Sees gebaut wurde. Die Stadt wurde bald für ihren Stahl berühmt, den man mit dem damals bahnbrechenden Bessemer-Verfahren produzierte. In den 1920ern begann man, rostfreien Stahl herzustellen, ab den 1940ern war Sandviken der größte Produzent von Stahl für Werkzeuge.

Sandvikens »eiserne« Wurzeln sieht man in Högbo. In Kungsgården steht in **Rosenlöfs Tryckerimuseum** eine noch funktionierende Druckerpresse aus den 1890ern.

← *Am Gävleån in Gävle stehen elegante Gebäude (19. Jh.)*

↑ *Wanderer genießen den Blick über den See Storsjön von einem Platz oberhalb der Stadt Sandviken*

Rosenlöfs Tryckerimuseum
Kungsgården, 10 km westl. von Sandviken
Juli – Ende Aug: Di – Fr
rosenlofsvanner.se

6 Söderhamn

F2 Hälsingland
13 000 Norra Hamngatan Heringsspiele (Aug)
visitsoderhamn.se

Schwedens Machtansprüche und sein Waffenbedarf führten 1620 zur Gründung von Söderhamn. Waffenschmiede aus ganz Hälsingland arbeiteten hier. In der Gewehrfabrik (1748) befindet sich heute das **Söderhamns Stadsmuseum**.

Mehrere Parks bilden ein grünes Muster in der Innenstadt. Wahrzeichen ist der Turm Oscarsborg, der stolz auf dem Östra Berget aufragt. Die Mühen des 125 Stufen hohen Aufstiegs belohnt ein atemberaubender Blick auf die Stadt und die Inseln. Heute ist Söderhamn eine florierende Küstengemeinde mit vielen Freizeitangeboten.

Umgebung: An der langen Bucht Söderhamnsfjärden standen während der industriellen Blüte mit Dampfkraft betriebene Sägemühlen. Mehr dazu erfährt man in **Bergviks Industrimuseum**.

Söderhamns Stadsmuseum
Oxtorgsgatan 5 +46 70 327 69 14 nach Vereinbarung

Bergviks Industrimuseum
15 km westl. von Söderhamn +46 70 692 23 76 nach Vereinbarung

7

Bollnäs

E2 Hälsingland 13 000 Kulturhuset, Odengatan 17B; +46 278 258 80 Stadsfest (Anf. Juli) bollnas.se/turism

Bollnäs im Herzen von Hälsinglands reichem Agrarland ist das Tor zu den Flusstälern von Voxnan und Ljusnan. Im halbmodernen Zentrum stehen hölzerne Villen, in der Kirche (um 1460) sieht man mittelalterliche Steinmetzarbeiten. Das **Bollnäs Museum** (1929) ist einen Besuch wert, ebenso das Kulturhuset nebenan, in dem ein Saal der nahen eisenzeitlichen Siedlung Onbacken gewidmet ist. Im Freilichtmuseum Kämpen kann man in einem Bauernhof (16. Jh.) die Regionalkultur kennenlernen.

Umgebung: Hälsingland war im 18. Jahrhundert Hauptanbaugebiet für Flachs. Die Grundbesitzer demonstrierten ihren Reichtum mit üppig dekorierten Holzvillen, die zum UNESCO-Welterbe gehören. Einige der schönsten Güter und Höfe befinden sich bei Alfta, das etwa 20 Kilometer taleinwärts im Voxnadalen-Tal liegt. Zu Alftas Freilichtmuseum Löka in Gundbo gehören drei Bauernhäuser mit teils schönen Wandmalereien. Die Wandbehänge im Hof Hansers stammen aus dem 15. Jahrhundert.

Bollnäs Museum
Odengatan 17 +46 278 253 26 bei Ausstellungen Di – Sa

8

Hudiksvall

E/F2 Hälsingland 17 000 Storgatan 33; +46 650 191 00 Delsbo-Festival (Anf. Juli) visitgladahudik.se

Fischfang, Seefahrt und Handel waren 400 Jahre lang die wirtschaftlichen Säulen von Hudiksvall. Als Ende des 19. Jahrhunderts die Holzindustrie blühte, nannte man die Stadt wegen ihres hohen Lebensstandards »Glada Hudik« (Glückliches Hudik).

Ihren besonderen Charme verdankt die Stadt einigen älteren Gebäuden. Der Sundskanal im Zentrum verbindet die Meeresarme Lillfjärden und Hudiksvallsfjärden. Ihn säumen rote Hütten und Lagerhäuser von Kaufleuten aus der Mitte des 19. Jahrhunderts.

Östlich der Bucht liegt die Fiskarstan (Fischerstadt) – zum Teil noch mit Holzhäusern aus dem 19. Jahrhundert. In der Hamngatan sieht man einige schöne Häuser in der eleganten Holzarchitektur jener Zeit. Sie warten an der Uferseite mit Terrassen und in der Parallelstraße zur Storgatan mit Läden auf. Ein gutes Beispiel ist die Apotheke Bruns Gård mit dem verzierten Ladeneingang in der Storgatan und dem mit Flügeln versehenen Haus mit Terrassen in der Hamngatan.

Über der Stadt ragt die St. Jakobs Kyrka (17./18. Jh.) mit ihrer Zwiebelkuppel von 1888 auf. **Hälsinglands Museum** in einem ehemaligen Bankgebäude dokumentiert die Geschichte des Gebiets.

Zur Gemeinde Hudiksvall gehört ein großes Gebiet in Nord-Hälsingland, hinzu kommen Delsbo sowie die Dellensjö-Seen im Westen.

Hälsinglands Museum
Storgatan 31 +46 650 196 01 Mo – Sa Feiertage

↑ *Schöne Lagerhäuser säumen den Sundskanal in Hudiksvall*

↑ *Blick über Järvsö südlich von Ljusdal durch schneebedeckte Bäume*

❾
Ljusdal

E2 Hälsingland
Lill-Babs Torg, Järvsö
ljusdal.se

Ljusdal liegt am Ljusnan. Das fruchtbare Tal zog schon vor langer Zeit Siedler an, deren Geschichte das **Ljusdalsbygdens Museum** dokumentiert.

Südlich von Ljusdal kann man in Järvsö im **Järvzoo Djurpark** und im benachbarten Rovdjurscentret (Raubtierzentrum) Tiere des Nordens bewundern. In Järvsö steht zudem Schwedens größte Provinzkirche (1838) mit Platz für 2400 Menschen. Hier befindet sich auch der **Järvsö Bergscykel Park** mit Mountainbike-Strecken.

Ljusdalsbygdens Museum
Bostallsgatan 5,
Mo–Mi, So ljm.se

Järvzoo Djurpark
1 km südl. von Järvsö tägl.
jarvzoo.se

Järvso Bergscykel Park
Vallmovägen 20
Juni–Sep: tägl.
jarvsobergscykelpark.se

❿
Ljungadalen

E2 Medelpad, E14
Sundsvalls Turistbyrå;
+46 60 658 5800

Der 350 Kilometer lange Ljungan fließt vom Helagsfjällen-Berg südlich von Sundsvall in den Bottnischen Meerbusen. Die E14 folgt dem Fluss und eröffnet schöne Ausblicke. Der Ljungan war eine wichtige Transportstrecke für das Holz aus den Wäldern Norrlands.

40 Kilometer westlich von Sundsvall dokumentiert das Freilichtmuseum Huberget die Geschichte der Stöde Kyrkby am Stödesjön-See.

40 Kilometer flussaufwärts steht in Borgsjö eine Rokoko-Kirche (1768) mit einem Glockenturm von 1782. Der Gasthof Jämtkrogen im Freilichtmuseum wurde vom Grenzgebiet zum Jämtland hierher verlegt.

Der Eisenbahnknotenpunkt Ånge, 100 Kilometer westlich von Sundsvall, ist ein guter Ausgangspunkt zur Erkundung der Region. Im Westen erstreckt sich die Landschaft von Haverö um die Seen Havern und Holmsjön. An den acht Kilometer langen Stromschnellen des Haverö Strömmar liegen alte Dämme, Mühlen und Hütten.

Hotels

Quality Hotel Statt
Das schön restaurierte Gebäude (19. Jh.) ist heute ein Tagungshotel mit Spa, Fitnessstudio und Pool.
E/F2 Storgatan 36, Hudiksvall
nordicchoicehotels.se
Kr Kr Kr

Best Western Hotel Baltic
Das umweltfreundliche Hotel liegt in der Nähe der Hauptstraße. Entspannen Sie in der Sauna oder genießen Sie ein Essen im Mamma Augustas Kök.
F2 Sjögatan 5, Sundsvall
baltichotell.com
Kr Kr Kr

Die schöne Treppe im Elite Hotel Knaust in Sundsvall

11 Sundsvall

F2 Medelpad 50 000 Midlanda Stora Torget; +46 60 658 5800 Straßenfest (Juli), Drachenbootfest (Aug), Markt (Aug) visitsundsvall.se

Die Gipfel von Norra und Södra Stadsberget erlauben einen Blick auf Sundsvall, das sich zwischen den Flüssen Ljungan und Indalsälven erstreckt. Die Buchten zogen schon im 6. Jahrhundert Händler an, wie der Friedhof Högom bei Selånger zeigt. Von St. Olofs Hamn an der Selånger-Kirche (12. Jh.) starteten die Wallfahrten nach Nidaros (Trondheim).

Sundsvall erlebte ab Mitte des 19. Jahrhunderts einen Aufschwung mit dem Bau dampfgetriebener Sägemühlen. 1888 zerstörte ein Brand große Teile des Zentrums, der Bahnhof blieb erhalten. Der Holzbau ist heute ein Casino. Sundsvall wurde als »Stadt aus Stein« wieder aufgebaut. Am Stora Torget stehen das Rathaus und das Hirschska Huset mit extravaganten Türmen. Bemerkenswert ist in der Storgatan das Hotel Knaust von 1890 mit eleganter Marmortreppe. **Sundsvalls Stadspark** am Norra Stadsberget wartet mit Häusern aus Medelpad und Aussichtsturm auf. Das Freizeitzentrum am Södra Stadsberget bietet einen Abenteuerpfad für Kinder.

Expertentipp
Sicherheit

Wandern in Südschweden ist ein Genuss, aber halten Sie sich an die Wege und buchen Sie einen Guide, wenn Sie keine Erfahrung haben. Waten Sie nicht im Wasser, da sich die Bedingungen schnell ändern.

Sundsvalls Stadspark

Norra Stadsberget tägl. vor Feiertagen sundsvallsstadspark.se

12 Örnsköldsvik

F1 Ångermanland nach Sundsvall oder Mellansel, dann Bus/Taxi Jarnvägsgatan 11 Hafenfest (Juli), Drachenbootfest (Aug) ornskoldsvik.se

Die Stadt Örnsköldsvik (»Ö-vik«) wurde im Jahr 1842 gegründet und nach dem früheren Gouverneur Per Abraham Örnsköld (1720–1791) benannt. Viele ältere Gebäude fielen der Moderne zum Opfer. Ausnahmen bilden das Rathaus, das dank Ö-viks großer Künstlerkolonie heute als Ausstellungsraum genutzt wird. In der renovierten Oberschule hat das **Örnsköldsviks Museum** zur Geschichte von Nolaskogs seinen Sitz.

Attraktive neue Architektur entstand in Örnsköldsvik durch den Ausbau des inneren Hafens vor der Kulisse des Arken, eines Zentrums mit diversen Büro- und Universitätsgebäuden sowie einer Bibliothek. Das Hans Hedberg Museum zeigt in einem glasüberdachten Innenhof Werke des bekannten schwedischen Bildhauers (1917–2007).

Örnsköldsviks Museum

Läroverksgatan 1 +46 660 886 00 Di–Sa (Mittsommer–Aug: tägl.)

Der bunte Apartmentblock Ting1 in Örnsköldsvik

13 Härnösand

F1 Ångermanland 18 000 Höga Kusten Turistservice Mittsommer, Härnösandskalaset (Juli), Parkfest (Mitte Juli) hogakusten.com

Die Hauptstadt der Provinz Västernorrlands län lädt zum Spazieren ein. Nach russischen Plünderungen 1721 baute man eine neue hölzerne Stadt auf, hübsche Viertel wie Östanbäcken und Norrstan sind bis heute erhalten geblieben. Sehenswert sind die Gouverneursresidenz und die alte Oberschule.

Västernorrlands Museum zeigt Gebäude aus dem 18. Jahrhundert. Das Freilichtmuseum widmet sich mit Bauernhöfen, Schmiede, Sägemühle und einem Norrlander Kirchendorf auch der bäuerlichen Kultur.

Västernorrlands Museum
Murberget
tägl. 11–17 (Do bis 20)
vnmuseum.se

14 Ådalen

F1 Ångermanland, Straße 90 Höga Kusten Turistservice Kramfors Stadtfest (1 Woche vor Mittsommer) hogakusten.com

Zur Hochblüte der Holzindustrie wurde das nach Junsele führende Flusstal Ådalen zum »Roten Ådalen«, dem Zentrum der Gewerkschaftsbewegung. Während der Weltwirtschaftskrise 1931 schossen Soldaten in Lunde blind in eine Streikdemonstration und töteten fünf Menschen. An das Drama erinnert Lenny Clarhälls Skulptur neben der Sandöbron.

Bereits Mitte des 18. Jahrhunderts befand sich Christoffer Kramms von Wasserkraft getriebene Sägemühle dort, wo 1947 Kramfors stehen sollte. Da Frachtschiffe 50 Kilometer flussaufwärts fahren konnten, zog das untere Tal die Holzindustrie magnetisch an. Heute sind fast alle Sägewerke verschwunden. Weiter flussaufwärts stehen noch zahlreiche Wasserwerke. Besonders sehenswert ist Nämforsen: Dort können Besucher im Sommer das Kraftwerk besichtigen und gelegentlich sogar die mächtigen Wasserfälle sehen. Auf den Inseln in den Wasserfällen finden sich fantastische Felsritzungen, die Jäger von 4000 bis 2500 v. Chr. schufen.

Fischdelikatesse »Surströmming«

Die Küste von Süd-Norrland kennt eine Spezialität, die viele als höchsten Genuss ansehen. Es handelt sich dabei um *surströmming*, Hering, der etwa acht Wochen vergoren und dann eingedost wird. Beim Öffnen der Büchse entweicht ein – milde gesagt – typischer Geruch, den nur Eingeweihte als göttlich empfinden. Fischerdörfer wie Ulvöhamn an der Höga Kusten *(siehe S. 289)* sind Produktionszentren.

Vildhussen und Toter Wasserfall

Am 6. Juni 1796 ereignete sich in Ragunda am Indalsälven eine Katastrophe. Der Sundsvaller Kaufmann Magnus Huss (»Vildhussen«) hatte einen künstlichen Wasserlauf um den Storforsen-Wasserfall angelegt. Doch der Wasserlauf barst bei einer Springflut. Der 27 Kilometer lange See entleerte sich in nur vier Stunden, dabei riss das Wasser so viele Ablagerungen mit sich, dass sich an der Flussmündung das größte Delta Schwedens bildete. Der Storforsen-Wasserfall aber war zum Döda Fallet (Toter Wasserfall) geworden.

15 Indalsälven

E1 Jämtland/Medelpad, Straße 86 nach Sundsvall, dann Bus Ragundas Turistbyrå; +46 696 68 1090 Vildhussen-Fest (Juli) ragundadalen.se

Der Indalsälven fließt von Norwegens Bergen 430 Kilometer bis zur Mündung in den Klingerfjärden nördlich von Sundsvall. Im unteren Teil ab Ragunda in Jämtland liegt der Döda Fallet (Tote Wasserfall). Er entstand 1796 durch Vildhussens Versuch, den Fluss umzuleiten.

In Utanede erinnert das **König-Chulalongkorn-Denkmal** an die Flussfahrt des Königs von Siam 1897. Die Zierelemente des Pavillons wurden von Thai-Handwerkern gefertigt. Im Inneren steht eine lebensgroße Bronzestatue des Königs.

König-Chulalongkorn-Denkmal

Utanede, Straße 86, 7 km südl. von Bispgården Mitte Mai – Mitte Sep: tägl. thaipaviljongen.se

16 Östersund

E1 Jämtland 44 000 Rådhusgatan 44; +46 63 14 4001 Storsjöyran-Fest (Juli), Arnljot-Spiele (Juli) visitostersund.se

Die 1786 am Ufer des Sees Storsjön gegründete Stadt liegt gegenüber von Jämtlands altem Zentrum Frösön. Das Provinzmuseum **Jamtli** mit dem Historieland bietet Einblicke in das Leben rund um den Storsjön. Wie in einer Zeitmaschine versetzt es die Besucher in Szenen aus dem 18. und 19. Jahrhundert. Glanzstücke sind die ältesten erhaltenen *Överhogdal*-Teppiche der Wikinger. Das 2018 eröffnete Nationalmuseum Jamtli zeigt Kunst und Design.

Eine kurze Brücke führt zur grünen, hügeligen Insel Frösön. Ihr östlicher Teil wirkt eher städtisch, doch wegen des Blicks über den Storsjön bis zum Gipfel des Oviksfjällen baute hier der Komponist Wilhelm Peterson-Berger 1914 sein einzigartiges Haus **Sommarhagen.** Das Haus ist heute ein Museum mit dekorativen Malereien von Paul Jonze. Im Sommer wird Peterson-Bergers Drama *Arnljot* über Frösös Wikinger auf einem nahen Feld aufgeführt.

Umgebung: Den Storsjön erkundet man am besten auf einem Dampfer wie der SS *Thomeé* von 1875, Schwedens ältestem einsatzfähigem Dampfer. Unterwegs hält man Ausschau nach dem Storsjö-Monster,

Wunderschöner Blick vom Berg Åreskutan über dem Dorf Åre

Der Thai-Pavillon in Utanede erinnert an den Besuch des Königs von Siam 1897

Schwedens Antwort auf »Nessie« vom Loch Ness.

Jamtli
Museiplan 2 +46 63 150 100 tägl. 11–17; Historieland: Mitte Juni – Mitte Aug 24., 25., 31. Dez

Sommarhagen
Frösön, 9 km von Östersund Mitte Juni – Mitte Aug: tägl.; sonst nach Vereinbarung sommarhagen.com

17 Sveg

D2 Härjedalen 2700 Inlandsbanan (Sommer) oder nach Mora oder Ljusdal, dann Bus Ljusnegatan 1; +46 70 622 0500 Bären-Fest (Juli)

Härjedalens Hauptort ist auch das Tor zu den Bergen. Wälder bedecken das Land, in den zahllosen Bächen kann man angeln und Kanu fahren.

Rund um Sveg glänzen Dörfer wie Duvberg, Ytterberg, Överberg und Äggen mit Häusern aus dem 18. Jahrhundert. 15 Kilometer nördlich steht das üppig ausgestattete Gammel-Remsgården, ein typisches Herrenhaus (18. Jh.).

18 Åre

D1 Jämtland, E14 1000 Östersund Sankt Olavs Väg 33; +46 647 177 20 St. Olavsloppet (Ende Juni), Jämtland-Tour (Aug) are360.com

Der Åreskutan ist Schwedens meistbesuchter Berg, zum 1420 Meter hohen Gipfel gelangen Besucher mit der Seilbahn. Schwedens führendes Skigebiet bietet 100 Pisten. Ein prominenter Gast war Winston Churchill, der hier zum Fliegenfischen und auf Elchjagd ging. Heute gönnen sich Besucher Motor- und Hundeschlittensafaris, Paraskiing, Eisklettern und Mountainbiken.

19 Storlien

D1 Jämtland Östersund SP Livs & Bensin, Vintergatan 25; +46 647 700 20 storlienturistbyra.se

Die Eröffnung der Bahnstrecke nach Trondheim in den 1880er Jahren förderte den wirtschaftlichen Aufschwung des Orts nahe der norwegischen Grenze. Storlien liegt nur 60 Kilometer vom Trondheim Fjord entfernt, durch den Pass zwischen Stenfjället und Skurdalshöjden weht der milde Wind vom Atlantik. Die Luft lockte Kurgäste in ein Bergsanatorium, Anfang des 20. Jahrhunderts kamen die ersten Sporturlauber.

Heute ist Storlien ein klassisches Skigebiet für Langläufer und Alpinskifahrer und Ausgangsort für Wanderungen in den Jämtland-Bergen. Die Berge sind über Enafors an der E14 und mit dem Zug erreichbar.

Am See Ånnsjön befinden sich eine Vogelstation und ein Schutzgebiet. In Handöl am Westufer wurde schon im Spätmittelalter Speckstein abgebaut. Hier sammelten sich die Truppen 1799 nach General Carl Gustaf Armfelts Rückzug aus Norwegen. Ein Monument am Ufer gedenkt der 3700 Männer, die in den Bergen erfroren.

Schöne Aussicht
Åreskutan

Mit 1420 Meter Höhe ist der Gipfel des Åreskutan der perfekte Aussichtspunkt. Die Fahrt mit der Seilbahn zum Gipfel dauert 7 Minuten, aber Sie müssen nicht warten, bis Sie dort sind, um die herrliche Aussicht zu genießen.

Nordlichter über den Bergen auf dem Kungsleden-Weg (siehe S. 304f)

Nord-Norrland

Zu Schwedens nördlichster Region gehören die historischen »Landschaften« Västerbotten, Norrbotten und Lappland. Västerbotten liegt im Süden am Bottnischen Meerbusen, wo bereits vor Jahrhunderten an der Küste und in den Flusstälern blühende Siedlungen gegründet wurden. Heute konzentriert sich der Handel in Zentren wie der Universitätsstadt Umeå und der »Goldstadt« Skellefteå, die in der Nähe der zwei größten Goldstätten Europas liegt. Im Hinterland regiert die Wildnis, hier erstrecken sich riesige Wälder und Sümpfe.

Nördlich von Västerbotten findet sich an Norrbottens Küste bäuerliche Kultur, etwa im Kirchendorf Gammelstad. Norrbottens Inselwelt gilt als Schwedens Sonnenregion. Dort locken Badeorte Urlauber an. Auch wenn hier am Fluss Torne die Grenze zu Finnland verläuft, so trifft doch der Spruch »zwei Länder, ein Volk« in Norrbotten genau ins Schwarze.

Offiziell grenzt Lappland an Norwegen im Westen und Finnland im Norden, für die Samen jedoch, deren Kultur noch immer Rentierhaltung, Jagd und Fischfang prägen, erstreckt sich ihr Territorium jenseits nationaler Grenzen über Berge und Wälder bis zur Küste. Das als UNESCO-Welterbestätte deklarierte Gebiet wird Laponia genannt. Die Hauptorte Kiruna und Gällivare im nördlichen Lappland entstanden durch den Bergbau.

Nord-Norrland

Highlight

1. Kungsleden-Weg

Sehenswürdigkeiten

2. Umeå
3. Holmöarna
4. Lövånger
5. Blå Vägen
6. Skellefteå
7. Boliden
8. Luleå
9. Piteå
10. Storforsen
11. Tornedalen
12. Kalix
13. Boden
14. Kiruna
15. Arvidsjaur
16. Gällivare
17. Jokkmokk
18. Arjeplog

Finnsnes
Øvergård
Andselv
Kilpisjärvi
Kautokeino
Setermoen
E6
Könkämäälven
21
93
Kaaresuvanto
Riksgränsen
Karesuando
Abisko
Hetta
Pokka
Torneträsk
E45
99
Övre Soppero
E10
Muonio
Kebnekaise 2096 m
Muodoslompolo
Kiruna
14
Esrange
79
Nikkaluokta
Jukkasjärvi
Nationalpark Stora Sjöfallet
Kiruna Airport
Kittilä
Vittangi
Vakkotavere
395
Kaukonen
E45
Fjällåsen
Junosuando
80
Sarektjåkkå 2056 m
E10
Skaulo
99
Kolari
FINNLAND
Pajala
Lulevatten
Malmberget
Tärendö
Sieppijärvi
Gällivare
16
394
Torne
Meltaus
Kvikkjokk
392
Porjus
Hakkas
Korpilombolo
79
Pello
E45
E10
Nattavaara
Turtola
Lansjärv
Rovaniemi
Tornedalen
11
LAPPLAND
17
Jokkmokk
Övertorneå
Muurola
930
Vuollerim
Överkalix
Ylitornio
E75
97
Lakaträsk
Hornavan
NORRBOTTEN
99
Tervola
Karunki
Kåbdalis
Harads
Morjärv
Kalixälven
Karungi
18
Arjeplog
356
E10
E45
Haparanda
Tornio
Uddjaure
Luleälven
Töre
12
Storforsen
10
Vidsel
13
Boden
E4
Kemi
Kalix
374
Arvidsjaur Airport
97
Storavan
94
Gammelstaden
Simo
Älvsbyn
8
Luleå
15
Arvidsjaur
Piteälven
Olhava
Slagnäs
Storsund
Luleå Airport
E8
Rosvik
Abborrträsk
Långträsk
373
9
Piteå
Haukipudas
Glommersträsk
370
95
Jävre
Jörn
Bottnischer Meerbusen
365
Björksele
Byske
E4
Limінka
Norsjö
Boliden
7
Umeälven
Raahe
6
Skellefteå
E8
Bastuträsk
Bureå
Lycksele
Lycksele Airport
VÄSTER-BOTTEN
Pyhäjoki
Ekträsk
365
4
Lövånger
Oulainen
Kalajoki
5
Blå Vägen
Botsmark
27
Robertsfors
Ylivieska
92
364
Fredrika
E8
E12
E4
Kokkola
Kannus
Sävar
Vännäs
Norrfjärden
Umeå
2
3
Holmöarna
Umeå Airport
0 Kilometer 60
N
Holmsund
ÅNGERMANLAND
Vaasa

❶

Kungsleden-Weg

A2–B1 Lappland, E12 nach Hemavan, E10 nach Kiruna und Abisko Storuman oder Kiruna, dann Bus nach Kiruna und Abisko Kiruna Turistbyrå, +46 980 188 80, Abisko Turiststation, +46 980 402 00, Tärnaby Turistbyrå, +46 954 104 50 svenskaturistforeningen.se

Der »Königsweg« bietet weite offene Flächen, Seen und Bäche und einige der höchsten Berge Schwedens. Hier können Sie Moltebeeren pflücken, einen Elch oder sogar einen Bären sehen und die unberührte Natur im Zelt oder in einer Hütte genießen.

Am eindrucksvollsten kann man die herrliche Bergwelt Schwedens während einer Wanderung auf dem Kungsleden erleben. Im Jahr 1900 entwickelte der schwedische Wanderverein (Svenska Turistföreningen, STF) Pläne für ein Netz von markierten Wanderwegen und Hütten für Übernachtungen, das von den Bergen Lapplands bis in den Süden zum See Grövelsjön in Dalarna reichen sollte. Heute führt der 440 Kilometer lange Kungsleden von der Fjällstation in Abisko an der Bahnlinie Malmbanan im Norden bis nach Hemavan im südlichen Lappland. Den Weg entlang bieten Bergstationen und Biwakhütten, die die einfachen Hütten ersetzten, Wanderern Übernachtungsmöglichkeiten, Schutz bei schlechtem Wetter sowie zum Teil auch Fährdienste an.

TOP 5 Abschnitte des Wegs

Abisko – Nikkaluokta
Hohe Gipfel und weite, offene Ebenen, Seen und schnell fließende Gewässer.

Nikkaluokta – Vakkotavare
Nach einem Vogelwald kommen steile Hügel mit Blick in die Täler.

Saltoluokta – Kvikkjokk
Wanderung durch alpine Faulbäume, Weiden und Bergbirken.

Kvikkjokk – Ammarnäs
Selten bewanderter Teil, der aufgrund der Steigungen anspruchsvoller ist.

Ammarnäs – Hemavan
Die Aussicht wird durch dramatische Täler, steile Hänge und hohe Gipfel unterbrochen.

1 *Elche sieht man oft im Nationalpark Sarek, vielleicht der schönste des Landes.*

2 *Die gut markierten Bergwege sind bei Wanderern sehr beliebt.*

3 *Im Nationalpark Sarek kann man auch spektakuläre Polarlichter bewundern.*

Highlight

Schöne Aussicht
Skierfe

Einige der schönsten Teile des Kungsleden befinden sich im Nationalpark Sarek. Wandern Sie zum Gipfel der Skierfe und genießen Sie den vielleicht schönsten Panoramablick Schwedens.

Die Berge auf dem Kungsleden-Weg sind oft von Schnee bedeckt ↑

SEHENSWÜRDIGKEITEN

2 Umeå

B3 Västerbotten 110 000 von Vasa, Finnland Renmarkstorget 15; +46 90 16 1616 Filmfest (Sep), Jazz (Okt) visitumea.se

An den Straßen Umeås stehen 3000 Birken. Umeå wurde im 16. Jahrhundert gegründet und ein wichtiges Handels- und Verwaltungszentrum. In der nach einem Großbrand 1888 wiederaufgebauten »Birkenstadt« sollten Alleen und Parks verhindern, dass sich Brände ausbreiten können. Sehenswerte, nach den Feuersbrünsten entstandene Gebäude sind Ragnar Östbergs Scharinska Villa in der Storgatan und Umeås prächtigste Holzbaronvilla Moritska Gården. Die neogotische Kirche wurde 1894 errichtet.

Als 1965 eine Universität ihre Pforten öffnete, wuchs Umeå zu Norrlands einziger Stadt an. 40 000 Studenten und Lehrende geben Umeå ein junges Gesicht. Das **Bildmuseet** auf dem Kunstcampus ist eine gute Ausstellungshalle für zeitgenössische Kunst und Design.

Zehn Gehminuten vom Zentrum entfernt steht in Gammlia das exzellente **Västerbottens Museum**, das die Geschichte von Umeå und Västerbotten dokumentiert. Dazu gehören auch das Svenska Skidmuseet zur Geschichte des Skifahrens und das maritime Fiske- och Sjöfartsmuseet. Im Sommer kann man im Gammlia Friluftsmuseum historische Bauernhäuser mit Tieren besichtigen. Das Museum bietet auch Aktivitäten für Kinder.

Bildmuseet

Umeå Arts Campus, Östra Strandgatan 30B Di – So bildmuseet.umu.se

Västerbottens Museum

Helena Elisabeths Väg, Gammlia Di – So (Mitte Mai – Mitte Aug: tägl.); Gammlia Friluftsmuseum: Mitte Mai – Mitte Aug: tägl. vbm.se

3 Holmöarna

B3 Västerbotten 90 Umeås Turistbyrå; +46 90 16 1616 Seajazz-Festival (Mitte Juli) visit.umea.se

Die Fähre braucht von Norrfjärden 45 Minuten bis zum Holmö-Archipel mit den Hauptinseln Holmön, Grossgrundet, Angesön und Holmögadd sowie vielen kleineren Inseln. Der Großteil des Archipels bildet Schwedens größtes Insel-Naturschutzgebiet. Hier findet man interessante geologische Formationen und riesige Geröllfelder, ideal zum Radfahren, Baden oder Angeln.

←

Mehmet Ali Uysalats Skulptur vor dem Bildmuseet in Umeå

Schon gewusst?

Der Wald von Holmöarna ist Lebensraum für 130 Vogelarten und viele Pflanzen.

Vom Leben der Fischer, Robbenjäger und Bauern auf den seit dem 14. Jahrhundert besiedelten Inseln erzählt **Holmöns Båtmuseum**.

Holmöns Båtmuseum

am Fährsteg Mitte Juni – Mitte Aug: tägl. holmonsbatmuseum.se

4 Lövånger

B2 Västerbotten, E4 2400 Lövångers Kyrkstad; +46 913 103 95 lovangerkyrkstad.se

Das Kirchendorf in Lövånger zählt mit 117 Holzhäusern zu den größten in Schweden. Es bestand schon im Mittelalter, der älteste erhaltene Holzbau stammt aus dem Jahr 1746. Das Kirchendorf bot Kirchgängern aus entlegenen

↑ *Wunderbares Polarlicht über Umeå, der größten Stadt Västerbottens*

Gebieten in den umliegenden Hütten, Ställen und Vorratshäusern eine Unterkunft bei Kirchenfesten. Die der hl. Anna geweihte Granitkirche aus dem 16. Jahrhundert zieren mittelalterliche Skulpturen.

Nördlich der Kirche kann man im **Sockenmuseet** erfahren, wie die Menschen in Lövånger im 19. Jahrhundert lebten.

Sockenmuseet
Kungsvägen 31
+46 913 100 40
tel. erfragen

❺
Blå Vägen

B2/3 Västerbotten, Lappland, E12 Umeås Turistbyrå; +46 90 16 1616 visit.umea.se

Vom Onega-See in Russland bis Träna an Norwegens Atlantikküste überwindet die E12, der Blå Vägen (Blaue Straße), insgesamt 1700 Kilometer. Die Teilstrecke durch Schweden führt ab Umeå den Fluss Umeälven entlang durch die Städte Lycksele, Storuman und Hemavan.

In Klabböle bei Umeå steht das älteste Kraftwerk am Fluss. Der Bau aus dem Jahr 1899 ist heute Sitz des sehenswerten Museums **Umeå Energicentrum**. Hier findet sich für jeden Interessantes, Kinder mögen vor allem die Ausstellung »Mit Energie spielen« und die vielen Baumstämme zum balancieren.

26 Kilometer von Umeå entfernt mündet bei Vännäs der unberührte Vindelälven in den Umeälven. Hier lohnt ein Abstecher zum mächtigen Mårdsele-Wasserfall, wo man an Stromschnellen Lachse, Lachsforellen und Äschen angeln kann.

Lycksele ist 123 Kilometer von Umeå entfernt. Im Zoo der einzigen Stadt Lapplands, **Lycksele Djurpark**, leben Tiere des hohen Nordens.

Umeå Energicentrum
10 km westl. von Umeå +46 90 160 020 (Winter: +46 90 160 000) 2. Juni-Woche – 3. Aug-Woche: tägl. 10 –17

Lycksele Djurpark
Brännbergsvägen siehe Website lyckseledjurpark.com

200 Jahre Frieden in Schweden

Schweden genießt schon seit über 200 Jahren Frieden. Die letzten Schlachten fanden im August 1809 nördlich von Umeå statt. Nach russischen Plünderungen landeten schwedische Streitkräfte im Hafen von Ratan, um die russischen Truppen von hinten anzugreifen. Die Schweden erlitten eine Niederlage und zogen sich nach Ratan zurück. In der Schlacht am folgenden Tag konnten sich die Schweden zwar behaupten, gleichwohl fielen 1000 Mann.

Die älteste Holzbrücke Schwedens überspannt den Fluss bei Skellefteå ↑

6
Skellefteå

B2 Västerbotten, E4 35 000 nach Bastuträsk, dann Bus Nygatan 49; +46 910 45 2500 Trästockfestivalen (Juli) visitskelleftea.se

Skellefteå, Nord-Västerbottens erste Stadt, entstand 1845. Ihr Aufstieg kam mit dem Bergbauboom in den 1920er Jahren und wurde durch die riesige Schmelzhütte an der Mündung des Skellefteälven unterstützt.

Im Stadtpark Nordanå Kulturcentrum am Nordufer des Flusses stehen eine Kunstgalerie und das **Skellefteå Museum**.

Skellefteå Museum

Ernst Westerlunds Alle Di–So skellefteamuseum.se

7
Boliden

B2 Västerbotten, E4/ Straße 95 Skellefteå, dann Bus Skellefteås Turistbyrå; +46 910 45 2500 Geologiefest (Ende Aug)

Skellefteås Erzlager, das »Goldene Königreich«, erstreckt sich mit Boliden im Zentrum von Bottenviken bis Nord-Västerbotten in Richtung Lapplands Berge. Europas zwei größte Goldlager werden hier abgebaut. Im alten Bergwerksbüro **Bergrum Boliden** wird die Geschichte der Schwefelerze über 4600 Millionen Jahre von ihrer Bildung bis zu ihrem Abbau nachvollzogen.

Aus dem Zweiten Weltkrieg stammt die längste Seilbahn der Welt, die das Erz 96 Kilometer von den Gruben in Kristineberg transportierte. Besucher können damit die 13 Kilometer von Örträsk nach Mensträsk zurücklegen.

Bergrum Boliden

1 km nordwestl. von Boliden +46 910 600 60 Juni–Aug: tägl. Mittsommer

8
Luleå

B2 Norrbotten, E4 45 000 Skeppsbrogatan 17 Hafenfest (Mitte Juli) visitlulea.se

Luleå liegt von Wasser umgeben im Mündungsgebiet des Luleälven – mit glitzernden Buchten und einer grünen Inselwelt. Die Stadt entstand Mitte des 17. Jahrhunderts an einem Hafen, nachdem der ursprüngliche flussaufwärts zu flach geworden war.

Das Kirchendorf **Gammelstads Kyrkstad** und die Nederluleå Kyrka bilden ein einzigartiges Baudenkmal und gehören zum UNESCO-Welterbe. Der Granitbau aus dem 15. Jahrhundert ist mit seiner Schutzmauer Norrlands größte mittelalterliche Kirche. Ihr weißer Turm überragt die 408 kleinen roten Kirchenhütten, in denen früher die Kirchgänger aus den entlegenen Gebieten übernachteten und ihre Pferde unterstellten. Das Altarbild von 1520 stammt aus Antwerpen.

Luleås wirtschaftliche Säulen sind der Hafen für die Erzausfuhr und das SSAB-Stahlwerk. Sie prägen auch das Wissenschaftsmuseum **Teknikens Hus**, in dem man Technik bei Experimenten – etwa einen Stollen bohren – hautnah erleben kann.

Gammelstads Kyrkstad

10 km nordwestl. von Luleå siehe Website visitgammelstad.se

→

Traditionelle rote Hütten (oben) *im Kirchendorf Luleå*

Teknikens Hus
Teknikens Hus Väg 2 Di–So
teknikenshus.se

9

Piteå

B2 Norrbotten, E4
42 000 Luleå
Bryggargatan 14; +46 911 933 90 Sommerspiele (Juni) visitpitea.se

Piteå lag früher bei Öjebyn, wurde nach einem Brand an die Mündung des Piteälven verlegt und 1721 von russischen Truppen niedergebrannt. In der wiederaufgebauten Stadt stehen am Rådhustorget malerische Holzhäuser (19. Jh.) sowie das Rathaus (1830). Hauptattraktion ist aber die Küste. Die »Nordische Riviera« hat Sandstrände und ist Schwedens sonnigster Landstrich.

10

Storforsen

B2 Norrbotten, 80 km nordwestl. von Piteå, Straße 374 Älvsbyn Turistbyrå; +46 929 108 60
alvsbyn.se/visit

Europas ursprünglichstes Wildwasser rauscht 40 Kilometer nördlich von Älvsbyn. Auf einer Länge von fünf Kilometern überwinden die Stromschnellen einen Höhenunterschied von 82 Metern. Der Versuch, die Stromschnellen zu kanalisieren, endete in der Katastrophe des Döda Fallet *(siehe S. 298)*. An die früheren Holzflöße erinnert das **Skogs- och Flottningsmuseet**.

Skogs- och Flottningsmuseet
Storforsen +46 70 296 68 88 Mai–Aug: tägl.

Hotels

Clarion Collection Hotel Uman
Zentrales Hotel in Umeå mit Sauna.
B3 Storgatan 52
nordicchoicehotels.se
Kr Kr Kr

Mansion of Filipsborg
Zimmer in zwei Gebäuden, gutes Frühstück.
C2 195 Nyborgsvägen, Kalix
filipsborg.se
Kr Kr Kr

Piteå Stadshotell
Vier-Sterne-Hotel in Piteå mit Restaurant.
B2 Olof Palmes Gata 1
simlochotell.se
Kr Kr Kr

11

Tornedalen

C1/2 Norrbotten, Straße 99 Krannikatu 5, Travel Center Pajala-Markt (Juni), Renkenfest, Kukkola (Juli) kukkolaforsen.se

Der Torne und sein Nebenfluss Muonio bilden die Grenze zu Finnland, doch kulturell ist das Gebiet eine Einheit. Die Ortsnamen sind finnisch, viele Einheimische sprechen einen lokalen finnischen Dialekt.

Haparanda entstand als Grenzstadt an der Flussmündung, als Torneå 1809 an Finnland fiel. Die durch eine Brücke verbundenen Städte haben ein gemeinsames Fremdenverkehrsbüro. Der unverhältnismäßig große Bahnhof ist ein Erbe aus Tornedalens Zeit als russische Grenzregion.

Fischfang spielt am Torne eine bedeutende Rolle. Schon seit dem 13. Jahrhundert fängt man 15 Kilometer flussaufwärts in den Kukkola-Stromschnellen Renken mit an Stegen befestigten Netzen.

70 Kilometer nördlich von Haparanda liegt das Gartenbaugebiet Övertorneå. Dort entwickeln Beeren und Gemüse dank der hellen Sommernächte ein außergewöhnliches Aroma. Attraktionen sind die Kirche (17. Jh.) und der Blick vom Luppioberget.

Pajala im Zentrum von Tornedalen bietet gute Möglichkeiten zum Angeln und Campen. Beliebt sind die Stromschnellen des Torne und des Tärendö. **Laestadius Pörte** ist Ziel der Anhänger des »Apostels der Lappen« und Botanikers Lars Levi Laestadius (1800–1861).

Laestadius Pörte

Karesuando
+46 981 202 05
Mai–Aug: Mo–Sa

Der Kalixälven fließt durch die Region Kalix ↓

12

Kalix

C2 Norrbotten, E4, 50 km westl. von Haparanda Kallax Strandgatan 10; +46 923 129 79 Tag der Äsche (Juli), Flussfest (Aug) heartoflapland.se

Das Gebiet nördlich des Bottnischen Meerbusens war schon in der Steinzeit besiedelt. Nederkalix wurde im 15. Jahrhundert Pfarrgemeinde. Die Kirche überstand eine wechselvolle Geschichte mit Brandkatastrophen und russischen Plünderungen. Im Krieg von 1809 diente sie den Russen als Pferdestall. Wunderschöne Norrlander Holzarchitektur bietet der denkmalgeschützte Englundsgården.

Der völlig unregulierte Kalixälven, der durch Kalix fließt, garantiert Anglern exzellente Fänge (Lachse und Lachsforellen).

Schon gewusst?

In Luppioberget nördlich von Tornedalen soll der Weihnachtsmann leben.

13

Boden

B2 Norrbotten, 35 km nordwestl. von Luleå, Straße 97 Kallax Kungsgatan 40; +46 921 624 10 Erntefest (Aug) upplevboden.nu

Dank seiner strategischen Lage an zwei wichtigen Bahnlinien stieg Boden zum Verteidigungszentrum des schwedischen Nordens auf. Es war es die größte Garnisonsstadt des Landes, in der viele junge Männer ihren Militärdienst ableisteten. Fünf Artilleriefestungen waren rund um die Stadt platziert, der Atombunker tief unter der Erde war bis vor wenigen Jahren noch top secret. Heute ist **Rödbergsfortet** ein Baudenkmal, in dem Besucher das Leben in der Festung kennenlernen und sogar in aus dem Fels gehauenen Räumen übernachten.

Einen Besuch lohnen im zentralen Gebiet Björknäs die historischen Norrbottener Bauernhöfe sowie das Schwimmbad.

Rödbergsfortet

5 km westl. von Boden Ende Juni–Anf. Aug; sonst nach Vereinbarung fastningsguiden.com

↑ *Das Icehotel in Jukkasjärvi*

14

Kiruna

B1 Lappland, E10 19 000 Kiruna Lappland Tourist Office, Folkets Hus, Lars Janssons gatan 17; +46 980 188 80 Schneefest (Jan), Fest (Juni) kirunalapland.se

Auf dem riesigen Gemeindegebiet von Kiruna ragt Schwedens höchstes Bergmassiv Kebnekaise auf: Vom 2104 Meter hohen Gipfel ist an klaren Tagen ein Elftel der Landesfläche zu sehen. Im Sommer geht hier die Sonne 50 Tage lang nicht unter, im Winter 20 Tage lang nicht auf. Kiruna ist einer der besten Plätze in der Welt, um das Polarlicht zu sehen.

Kiruna entwickelte sich vor allem wegen der hiesigen Eisenerzvorkommen. Eines der älteren Gebäude ist die 1912 von der Bergbaufirma gestiftete Kirche. Ihre Architektur erinnert an eine Samenhütte, im Inneren wurde sie von Künstlern jener Zeit – Prinz Eugen, Christian Eriksson und Ossian Elgström – üppig ausgeschmückt.

Die Kirunavaara-Grube kann mit einer Führung besichtigt werden. **LKAB Visitor Centre** zeigt in 540 Meter Tiefe die Entwicklung des Bergbaus in der Region. Da die Arbeit in der Kirunavaara-Mine sowohl in Kiruna als auch in Malmberget zu einer gefährlichen Bodenabsenkung führte, wurden beide Städte an sicherere Plätze verlegt.

Umgebung: 40 Kilometer östlich von Kiruna wurde im Raumfahrtzentrum Esrange 1966 die erste Rakete gestartet. Seitdem ist es ein wichtiger Teil des europäischen Raumfahrtprogramms ESA.

In dem alten Samendorf Jukkasjärvi, 17 Kilometer östlich von Kiruna, steht Lapplands älteste Kirche (1607). Bror Hjorths hölzernes Altarbild zeigt den Prediger Lars Levi Laestadius, der im 19. Jahrhundert bei den Samen und schwedischen Pionieren tätig war.

Bekannter ist heute jedoch Jukkasjärvis **Icehotel**, das jeden November aus Eis und Schnee gebaut wird. Die Gäste schlafen in Pelze gehüllt bei Außentemperaturen von bis zu – 40 °C auf Eisbetten. Ende April schmilzt dann die ganze Pracht. 2016 wurde das solarbetriebene Icehotel 365 mit Bar, Galerie und Luxussuiten, die alle von Künstlern gestaltet wurden, eröffnet. Hier können Gäste das ganze Jahr über ein Eiserlebnis unter null erleben, wildwasserraften, mountainbiken, angeln und Eisskulpturen herstellen.

Kirunas weite Bergwelt durchquert der Kungsleden-Weg *(siehe S. 304f)*.

Auf dem riesigen Gemeindegebiet von Kiruna ragt Schwedens höchstes Bergmassiv auf: der Kebnekaise mit 2104 Meter Höhe.

LKAB Visitor Centre
tägl.; Buchungen online kirunalapland.se

Icehotel
17 km östl. von Kiruna tägl. 10–18 icehotel.com

↑ *Gällivares schöne Kirche (Ende 18. Jh.)*

15

Arvidsjaur

B2 Lappland, Straße 94 und 45 4700 nach Jörn, dann Bus Östra Skolgatan 13; +46 960 175 00 Samenfest (Aug) visitarvidsjaur.se

Die Gemeinde in Zentral-Lappland entstand Anfang des 17. Jahrhunderts, als König Karl IX. eine Kirche erbauen ließ, um die Samen zu christianisieren. Das Kirchendorf umfasst 80 Hütten.

In Glommersträsk südöstlich von Arvidsjaur liegt das Anwesen **Hängengården** mit zwölf Gebäuden (um 1800). Es dient heute als kulturgeschichtliches Museum.

Im Sommer fährt ein Zug mit Dampflok auf der Inlandsbanan-Linie zum **Rallarmuseet** in Moskosel, das den Eisenbahnpionieren gewidmet ist.

Hängengården

Glommersträsk, 45 km südöstl. von Arvidsjaur, Straße Rv 95 +46 70 607 6420 Anf. Juni – Mitte Aug: nur nach Buchung

Rallarmuseet

Stationsvägen 16, Moskosel, 40 km nördl. von Arvidsjaur, Straße Rv 45 +46 70 339 8353 Mitte Juni – Mitte Aug: tägl. 11–17

16

Gällivare

B1 Lappland, E10 8500 Bahnhof, Centralplan 4 Wintermarkt (Mitte März), Laponia-Festival (Anf. Juli) welcometogallivare.com

Die Doppelgemeinde Gällivare-Malmberget wuchs ab dem späten 19. Jahrhundert so schnell wie die Bergbauindustrie. Eine Siedlung gab es an der Stelle jedoch schon früher: Im 17. Jahrhundert stand hier eine Samenkapelle, die Samenkirche am Vassaraälven wurde 1751 geweiht. Eine größere Kirche wurde im 19. Jahrhundert erbaut. Es lohnt sich, einen Blick hineinzuwerfen. Die holzverkleidete Decke und das Atrium sind beeindruckend, über dem Altar sorgt ein Wandteppich mit der Bergpredigt für Farbe im meist weißen Innenraum.

Der Anschluss an die Eisenbahn 1888 löste einen »Eisenerzrausch« aus, den man in Kåkstan in Malmberget und in 1000 Meter Tiefe in der LKAB-Eisenerzmine hautnah nachvollziehen kann (Informationen beim Tourismusbüro Gällivare). Das LKABs Gruvmuseum bringt Besuchern 250 Jahre Bergbaugeschichte näher.

Das Gemeindegebiet von Gällivare erstreckt sich bis zur norwegischen Grenze und ist Teil der UNESCO-Welterbestätte Laponia.

17

Jokkmokk

B2 Lappland, Straße 97 und 45 3500 Stortorget 4; +46 971 222 50 Wintermarkt (Feb) destinationjokkmokk.se

Die Stadt ist vor allem durch ihren Wintermarkt im Februar bekannt. Statt Dunkelheit und Kälte herrschen an diesen Tagen Licht, Wärme und funkelnde Farben vor, wenn über 30 000 Menschen zwischen 500 Marktbuden flanieren und an den Festlichkeiten teilnehmen. Darüber

→ *Der beliebte Jokkmokk-Wintermarkt*

Das jährliche Rentierrennen durch Jokkmokk verursacht meist ein Chaos. Noch schneller geht es beim Rennen auf dem zugefrorenen Talvatissjön-See zu.

hinaus finden viele Tanzveranstaltungen und Konzerte statt.

Das jährliche Rentierrennen durch die Stadt verursacht meist ein Chaos. Noch schneller geht es beim Rennen auf dem zugefrorenen Talvatissjön-See zur Sache.

Das Leben der Samen und schwedischen Siedler zeigt das **Ájtte Svenskt Fjäll- och Samemuseum.** Die Samenkirche von 1753 brannte 1972 leider ab. Die neue Kirche sieht außen wie ihre Vorgängerin aus, innen ist sie modern gestaltet.

Umgebung: Zum Gemeindegebiet gehören die grandiosen Nationalparks Padjelanta, Sarek, Stora Sjöfallet und teilweise Muddus, der wiederum zur UNESCO-Welterbestätte Laponia zählt.

40 Kilometer nördlich steht Schwedens erstes großes hydroelektrisches Kraftwerk Porjus (1910–15). Anfang der 1970er Jahre wurde ein neues Kraftwerk gebaut, die alten Gebäude blieben jedoch erhalten. Deren Geschichte erzählt **Porjus Expo** mit einem 50 Meter tief gelegenen Kraftwerksmuseum.

In Vuollerim wurden 43 Kilometer südlich von Jokkmokk am Fluss Stora Luleälv Steinzeitsiedlungen ausgegraben. Im Museum Vuollerim 6000 År können Besucher erfahren, wie das Leben in der Steinzeit war.

Ájtte Svenskt Fjäll- och Samemuseum
Kyrkogatan 3
Di–Sa (Juni–Aug: tägl.)
ajtte.com

Porjus Expo
Porjus, 40 km nördl. von Jokkmokk, Straße 45 **+46 20820 000**
tel. erfragen

18 Arjeplog

B2 **Lappland, Straße 95**
3100 **Arvidsjaur**
Torget 1; +46 961 145 20
Samen-Kulturwoche (Okt) **visitarjeplog.se**

In Arjeplog an der »Silberstraße« zwischen Hornavan und Uddjaur steht das **Silvermuseet.** Es wurde von dem »Lappland-Doktor« Einar Wallquist (1896–1985) gegründet, dessen Haus Doktorsgården im Juli besichtigt werden kann. Das Museum zeigt Samen-Silberarbeiten, darunter Halsbänder und Gürtel, die über Generationen hinweg weitergegeben wurden, und illustriert das Leben der Samen und frühen Siedler.

Das Gebiet ist ein Mekka für Angler und Jäger.

Silvermuseeet
Torget
Juni–Mitte Aug: tägl. 9–17; sonst siehe Website
silvermuseet.se

REISE-INFOS

Trambahnen in Gothenburg

8
Ej i
Fölet
303
303
350
Ulrika Knape
323

SCHWEDEN REISEPLANUNG

Mit etwas Planung sind die Vorbereitungen für die Reise schnell zu erledigen. Die folgenden Seiten bieten Ihnen Tipps und Hinweise für alle Eventualitäten.

Auf einen Blick

Währung

Schwedische Krone (SEK)

Kr

Ausgaben pro Tag

Sparsam	Preisbewusst	Luxus
600 Kr	1200 Kr	2500 Kr

Mineralwasser	Kaffee	Bier	Dinner für zwei
25 Kr	40 Kr	80 Kr	400 Kr

Wichtige Redewendungen

Hallo	Hej
Danke	Tack
Bitte	Snälla
Auf Wiedersehen	Hej Då
Sprechen Sie Englisch?	Pratar du Engelska?
Ich verstehe Sie nicht	Vad kostar den?

Strom

Die Stromspannung beträgt 230 Volt Wechselstrom. Die meisten Steckdosen passen für runde Stecker. Flache Zwei-Pin-Stecker passen immer.

Einreise

Deutsche, Österreicher und Schweizer benötigen zur Einreise einen gültigen Reisepass oder Personalausweis. Da viele Behörden und Banken den Personalausweis nicht anerkennen, empfiehlt sich immer der Pass – zumal Schweden wieder Grenzkontrollen eingeführt hat. Jedes Kind benötigt ein eigenes Ausweisdokument. Für einen Aufenthalt bis zu drei Monaten benötigt man kein Visum.

Sicherheitshinweise

Über die aktuelle Sicherheitslage in Schweden informieren das Auswärtige Amt bzw. die entsprechenden Ämter in Österreich und der Schweiz auf ihren Websites.

Deutschland
W auswaertiges-amt.de
Österreich
W bmeia.gv.at
Schweiz
W eda.admin.ch

Zoll

Besucher aus EU-Mitgliedsstaaten dürfen Waren für den persönlichen Gebrauch zollfrei einführen. Personen, die jünger als 20 Jahre alt sind, dürfen keinen Alkohol, Personen, die jünger als 18 Jahre alt sind, dürfen keinen Tabak nach Schweden einführen. Zur Abgrenzung zwischen privater und gewerblicher Verwendung gelten die folgenden Richtmengen:
Tabakwaren: 200 Zigaretten oder 100 Zigarillos oder 50 Zigarren oder 250 Gramm Tabak.
Alkohol: 1 Liter Spirituosen der 2 Liter Likörwein, auch Schaumwein, 4 Liter Wein und 16 Liter Bier.
Bargeld: Eine Bargeldmenge über 10 000 Euro (ca. 105 000 Kr) muss bei Ein- und Ausreise deklariert werden.
Die schwedische Zollbehörde **Tullverket** bietet auf ihrer Website aktuelle Informationen.
Tullverket
W tullverket.se

Versicherungen

Schweden-Besucher sollten entsprechende Versicherungen abschließen, die alle Eventualitäten abdecken: etwa Rechtsschutz, Diebstahl, Reisegepäck, Unfälle, Verspätungen von Flügen etc.

Schweden-Besuchern steht bei einem medizinischen Notfall eine kostenlose Behandlung zu, vorausgesetzt, der Patient ist nicht zum Zweck der Behandlung eingereist. Gesetzlich versicherte EU-Bürger erhalten aufgrund der Europäischen Krankenversicherungskarte (EHIC) die notwendige ambulante oder stationäre medizinische Versorgung. Private Krankenversicherungen ersetzen ebenfalls Arztkosten im Ausland.

Impfungen

Impfungen sind für einen Besuch Schwedens nicht erforderlich.

Bezahlen

Kredit- und Debitkarten werden in fast allen Läden und Restaurants akzeptiert. Auch kontaktloses Bezahlen ist mittlerweile sehr gängig. Geldautomaten findet man fast überall. Bargeld kommt in Schweden jedoch fast nur noch für kleine Einkäufe zum Einsatz.

Die Telefonnummer des Sperr-Notrufs bei Verlust einer Kredit- oder Debitkarte lautet: +49 116 116.

Hotels

Schweden bietet eine riesige Vielfalt an Unterkünften – von Fünf-Sterne-Hotels bis zu einfachen, abgelegenen Hütten. Die meisten Besucher buchen zwar online, aber auch die Tourismusinformationen helfen gern weiter, vor allem bei nicht gelisteten Privatunterkünften. In abgelegenen Gegenden sollte man unbedingt vorab buchen. In Schweden darf man dank des *Allemansrätten* (Jedermannsrecht) überall campen, solange man sich umsichtig verhält und keinen Müll hinterlässt.

Reisende mit besonderen Bedürfnissen

Stockholm ist stolz darauf, eine der behindertengerechtesten Hauptstädte der Welt zu sein, Schweden ist diesbezüglich vielen anderen Ländern weit voraus. Öffentliche Bereiche müssen für körperlich oder geistig behinderte Menschen sowie für Allergiker zugänglich sein. Alle neuen Gebäude verfügen über Rollstuhlrampen und geräumige Toiletten für Behinderte. In Stockholm sind auch U-Bahn-Netz und die Nahverkehrszüge für behinderte Fahrgäste angepasst.

Viele hilfreiche Informationen findet man auf der Website von **Visit Sweden**, die eine Datenbank bietet, in der man Informationen über die physische Zugänglichkeit von Läden, Restaurants und Außenbereichen abrufen kann.

Visit Sweden
W visitsweden.com/accessible-travel

Sprache

Schwedisch ist die offizielle Landessprache, offiziell anerkannt sind darüber hinaus fünf Minderheitensprachen: Finnisch, Jiddisch, Meänkieli (Tornedalfinnisch), Romani (Sprache der Roma) und Samisch. Fast jeder versteht Englisch.

Öffnungszeiten

Mittags Unter der Woche schließen einige Läden und Museen über Mittag.
Montag Museen sind montags manchmal geschlossen.
Samstag oder Sonntag Die meisten Läden und Büros sind – außer in touristischen Gegenden – sonntags geschlossen. Museen und Restaurant haben offen, Banken sind an Wochenende geschlossen.
Feiertage Alle Behörden und Banken sind geschlossen, viele Museen und Sehenswürdigkeiten bleiben offen. Informieren Sie sich vor einem Besuch.

Feiertage

1. Jan	**Nyårsdagen (Neujahr)**
März/Apr	**Långfredagen (Karfreitag)**
März/Apr	**Påskdagen (Ostersonntag)**
1. Mai	**Första Maj (Tag der Arbeit)**
Mitte/Ende Mai	**Kristi Himmelfärdsdag (Christi Himmelfahrt)**
Ende Mai	**Pingst (Pfingsten)**
6. Juni	**Nationalfeiertag**
Ende Juni	**Midsommerdagen**
1. Nov	**Alla Helgons Dag (Allerheiligen)**
25. Dez	**Juldagen (Weihnachten)**

IN SCHWEDEN UNTERWEGS

Ob Sie einen Städtetrip planen oder einen Aufenthalt im ländlichen Gebiet – hier erfahren Sie, wie Sie Ihre Wunschdestination am besten erreichen und sich im Land bewegen.

Auf einen Blick

Tickets ÖPNV

Stockholm
45 Kr
Einzelticket
Bus, Zug, Tram und U-Bahn

Göteborg
30 Kr
Einzelticket
Bus, Tram und Boot

Malmö
22 Kr
Einzelticket
Bus und Zug

Tipp
In Stockholm kostet ein Einzelticket mit der SL Access Card 32 Kronen.

Tempolimits

Autobahn
110 km/h

Innerstädtische Autobahn
70 km/h

Ländliche Städte
50 km/h

Städte
30 km/h

Anreise mit dem Flugzeug

Die meisten europäischen Großstädte bieten Direktflüge zu einem der vier Flughäfen Stockholms: Arlanda, Skavsta, Västerås und Bromma. Hauptflughafen ist Arlanda. Er liegt 40 Kilometer nördlich von Stockholm. Auch Landvetter bei Göteborg und Sturup bei Malmö haben viele internationale Verbindungen. Die skandinavischen Fluggesellschaften SAS und Norwegian sind die führenden Anbieter. Informationen zum Transport von den Stockholmer Flughäfen finden Sie in der Tabelle rechts.

Anreise mit dem Zug

Internationale Züge

Es gibt ausgezeichnete Zugverbindungen von ganz Europa zu verschiedenen Zielen in Schweden, das Netzwerk verbindet den Süden mit der Arktis. Auf vielen Strecken stehen moderne Liegewagen zur Verfügung, außerdem gibt es viele Schnellzüge. Studenten und preisbewusste Reisende mit **Eurail**- oder **Interrail**-Pässen haben Zugang zum gesamten schwedischen Zugnetz. Eurail bietet auch einen speziellen Schweden-Pass an.

Eurail
W eurail.com
Interrail
W interrail.eu

Nationale Züge

Das Zugnetz in Schweden ist gut ausgebaut und erstreckt sich von der Öresund-Brücke im Süden bis nach Riksgränsen im Norden. Die staatliche **SJ** betreibt die meisten Fernstrecken, weitere Anbieter sind **Tågkompaniet** und **MTR Express**. Zwischen den wichtigsten Städten im Süden (Stockholm, Malmö, Göteborg) gibt es täglich zwei Hochgeschwindigkeitsverbindungen, im Winter fahren Nachtzüge in die Skigebiete Åre und Vemdalen.

MTR Express
W mtrexpress.travel
SJ
W sj.se
Tågkompaniet
W tagkompaniet.se

Von den Flughäfen in die Stadt

Flughafen	Verkehrsmittel	Fahrtdauer	Taxipreis
Arlanda	Arlanda Expresszug	18 Min.	299 Kr
Arlanda	Nahverkehrszug	45 Min.	45 Kr
Arlanda	Flygbussarna Flughafenbus	45 Min.	99 Kr
Arlanda	Flixbus	40 Min.	65 Kr
Arlanda	Taxi	40 Min.	675 Kr (max.)
Bromma	Flygbussarna Flughafenbus	20 Min.	89 Kr
Skavsta	Flygbussarna Flughafenbus	80 Min.	159 Kr
Västerås	Flygbussarna Flughafenbus	80 Min.	159 Kr

Zugverbindungen in Schweden

Diese Karte, auf der die Hauptrouten mit Fahrtzeiten verzeichnet sind, ist sehr nützlich, wenn man Schwedens größere Städte mit dem Zug besuchen will. Die angegebenen Zeiten beziehen sich auf die schnellsten Routen.

Boden – Kiruna	3,5 Std.
Göteborg – Örebro	3 Std.
Malmö – Göteborg	2,5 Std.
Malmö – Karlskrona	3 Std.
Örebro – Stockholm	2 Std.
Stockholm – Göteborg	3 Std.
Stockholm – Kiruna	17 Std.
Stockholm – Malmö	4,5 Std.
Stockholm – Östersund	5,5 Std.
Stockholm – Umeå	6,5 Std.
Stockholm – Uppsala	40 Min.
Umeå – Boden	3 Std.
Uppsala – Umeå	5,5 Std.

Öffentliche Verkehrsmittel
Die umweltbewussten Schweden sind begeisterte Anhänger des öffentlichen Verkehrs. In kleineren Städten kommt man oft besser zu Fuß oder mit dem Rad zurecht als mit Bussen. Will man öfter öffentliche Verkehrsmittel nutzen, lohnt sich der Kauf einer Netzkarte.

U-Bahn
Storstockholms Lokaltrafi (SL) ist für die U-Bahn im Großraum Stockholm verantwortlich. Die von **MTR Nordic** betriebene Tunnelbana ist etwas über 100 Kilometer lang und verfügt über rund 100 Stationen. Tickets kauft man in SL-Zentren, an Automaten, Kiosken oder über die SL-App.
Storstockholms Lokaltrafik (SL)
W sl.se
MTR Nordic
W mtrnordic.se

Busse und Trambahnen
An vielen Orten sind Busse die einzigen verfügbaren öffentlichen Verkehrsmittel. Fahrpläne finden Sie auf der Website von **Samtrafiken**. In Stockholm übernimmt diesen Dienst SL. Busfahrkarten sollten online, an Kiosken oder Automaten erworben werden, da der Kauf an Bord mit einem Zuschlag verbunden ist. Tickets können für eine einzelne Fahrt in bestimmte Zonen oder für unbegrenzte Fahrten für einen Tag oder länger gekauft werden. Stockholm, Göteborg und Malmö bieten ermäßigte Stadtpässe für Besucher an.
Samtrafiken
W samtrafiken.se
SL
W sl.se

Fernbusse
Fernbusse konkurrieren auf langen Strecken mit Zügen und Fluggesellschaften. Die Fahrtdauer ist zwar länger, die Ticketpreise jedoch geringer. Viele Unternehmen organisieren in der Touristensaison spezielle Ausflüge, es werden auch Fahrten in den Süden Fjällens angeboten, wo es keine Zugverbindung gibt. **Fjällexpressen** ist ein Betreiber von Skibussen aus Stockholm und Göteborg. **Flixbus** verbindet die wichtigsten schwedischen Städte mit über 20 europäischen Ländern.
Fjällexpressen
W fjallexpressen.se
Flixbus
W flixbus.se

Taxi
Taxis sind teuer. Der Preis beginnt bei etwa 300 Kr für eine Fahrt von zehn Kilometern (ca. 15 Min.). Ein leeres Taxi (erkennbar am erleuchteten Taxischild) kann man an der Straße heranwinken, sie telefonisch rufen oder per App bestellen. **TaxiKurir** und **Taxi Stockholm** sind namhafte Unternehmen. In den Städten ist auch **Uber** beliebt.
TaxiKurir
W taxikurir.se
Taxi Stockholm
W taxistockholm.se
Uber
W uber.com

Auto
Schweden hat sichere Straßen. In den Innenstädten sind Autos aufgrund der kurzen Wege zwischen den Sehenswürdigkeiten und der hervorragenden öffentlichen Verkehrsmittel nicht wirklich notwendig. Für die Erkundung entlegenerer Gebiete ist ein Auto jedoch von Vorteil.

Mit dem Auto nach Schweden
Von Deutschland aus erreicht man Schweden über Dänemark (E47): Via Flensburg, Kolding und die Storebælt-Brücke kommt man nach Kopenhagen, von dort fährt man über die Öresund-Brücke nach Malmö. Die (einfache) Brückenbenutzung kostet 14 Euro Maut für einen Pkw. Alternativ kann man von Dänemark die 20-minütige Autofähre zwischen Helsingør und Helsingborg nehmen.

Mietwagen
Um in Schweden ein Auto zu mieten, muss man mindestens 18 Jahre alt sein, seit zwei Jahren den Führerschein besitzen und einen nationalen Führerschein vorweisen. Für Fahrer unter 25 Jahren wird oft ein Zuschlag berechnet. Mietwagen sind in Schweden teurer als im restlichen Europa.

Autofahren in Schweden
Schwedens ausgedehntes öffentliches Straßennetz umfasst über 210 000 Kilometer. Das schwedische Straßennetz umfasst *europavägar* (Europastraßen), *riksvägar* (Reichsstraßen) und *länsvägar* (Landstraßen). Bis auf die Öresund- und die Svinesund-Brücke sind alle Straßen mautfrei. In Stockholm und Göteborg wird eine Anti-Stau-Steuer erhoben, in Motala und Sundsvall ein Infrastruktursteuer. Das System wird elektronisch von **EPASS24** verwaltet, die Gebühren (die zu einem späteren Zeitpunkt in Rechnung gestellt werden) betragen je nach Tageszeit und zurückgelegter Strecke zwischen neun und 35 Kr.

Die Straßenverhältnisse im Winter variieren je nach Witterungseinflüssen und Standort. Spikereifen sind in Schweden erlaubt, und ihre Verwendung wird empfohlen, zumindest ab dem nördlichen Mittelschweden. Wer es nicht gewohnt ist, bei Schnee und Eis Auto zu fahren, sollte sich nicht herauswagen. Die Hauptstraßen sind gestreut, das Schneeräumen funktioniert im Allgemeinen gut, aber selbst in Skåne ganz im Süden können Schneestürme zu einem Verkehrschaos führen. Straßeninformationen finden Sie auf der Website von **Trafikverket**.

EPASS24
W epass24.com
Trafikverket
W trafikverket.se

Verkehrsregeln

Trotz gelegentlich dichten Verkehrs und extremer Wetterbedingungen ist die Verkehrssicherheit im Allgemeinen gut. Der häufigste Verstoß gegen die Vorschriften betrifft Geschwindigkeitsbegrenzungen. Die Bußgelder hierfür sind hoch.

Schwedische Verkehrszeichen folgen meist dem europäischen Standard. Darüber hinaus hat das Land eigene Schilder, etwa mit Symbolen für Elche, Rentiere oder Hirsche. Sie warnen vor Wildkollision. Fahren Sie deshalb in ländlichen Gebieten langsam, besonders bei Dämmerung, wenn die Sicht schlecht ist.

Die Alkoholgrenze liegt in Schweden bei 0,2 Promille. Stark betrunkenes Fahren (von 1,0 Promille) wird mit einer Freiheitsstrafe geahndet.

Bei einer Panne leisten **Assistancekåren**, **Breakdown Service Sweden** und **Falck** 24 Stunden am Tag Nothilfe.

Assistancekåren
W assistancekaren.se
Breakdown Service Sweden
W bdss.se
Falck
W falcksverige.se

Per Anhalter

Per Anhalter zu fahren, ist in Schweden keine Seltenheit, aber das Wetter und die Entfernungen erhöhen die Risiken. Daher ist Trampen nicht ratsam.

Fahrrad- und Motorradverleih

Schweden bietet viele schöne Fahrradrouten, die Website von **Visit Sweden** ist eine großartige Quelle für Radtouren.

Das Radwegenetz in Stockholm wird ständig erweitert, die Umgebung der Hauptstadt ist für den Radsport maßgeschneidert. **City Bikes** bietet ein Abomodell, mit dem Sie Räder ausleihen und an Ständen in ganz Stockholm wieder zurückgeben können.

In Göteborg oder Malmö können Sie mit **BimBimBikes** Fahrräder ausleihen.

Für längere Touren über Land kann man bei **Svensk MC-uthyrning** ein Motorrad mieten.

Visit Sweden
W visitsweden.com/enjoy-day-your-bike-sweden
City Bikes
W citybikes.se
BimBimBikes
W bimbimbikes.com
Svensk MC-uthyrning
W svensk-mc-uthyrning.se

Boote und Fähren

Eine Reihe von Fährgesellschaften bieten Direktverbindungen über die Nord- und Ostsee nach Schweden an. **Stena Line** bedient von Dänemark aus die Strecken Grenå – Varberg und Fredrikshavn – Göteborg. Von Finnland fahren regelmäßig Passagierfähren von Helsinki, Turku und Mariehamn nach Stockholm und Kapellskär. Sowohl **Viking Line** als auch **Tallink Silja Line** verfügen über Terminals in Stockholm in Stadsgarden bzw. Värtahamnen. **Wasaline** betreibt Fähren zwischen Vaasa in Finnland und Umeå in Nordschweden. Von Estland aus fährt Tallink Silja Line zwischen Tallinn und Stockholm.

Stena Line
W stenaline.nl
Tallink Silja Line
W tallinksilja.com
Viking Line
W vikingline.com
Wasaline
W wasaline.com

Kreuzfahrten

Schwedens lange Küste, die unzähligen Seen und Inseln erfordern Bootsverbindungen. Neben den regelmäßigen Fährdiensten werden im Sommer auch Ausflugsfahrten angeboten, bei denen zum Teil alte Dampfer zum Einsatz kommen. Hübsche Boote fahren auf dem Dalsland-, Strömsholm- und Kinda-Kanal, am beliebtesten ist jedoch der **Göta-Kanal**. In drei Tagen passiert man auf dem 611 Kilometer langen Wasserweg 65 Schleusen, die drei größten schwedischen Seen und einige der schönsten Landschaften.

Die Schiffsverbindungen nach Gotland werden von **Destination Gotland** betrieben. Die Schnellfähren benötigen weniger als drei Stunden entweder auf der Strecke Nynäshamn – Visby oder Oskarshamn – Visby. Im Hochsommer gibt es bis zu acht Fahrten pro Tag. Obwohl die Fähren 500 Autos pro Fahrt aufnehmen können, kann es schwierig sein, während der Ferien einen Platz zu finden, also buchen Sie im Voraus.

Göta-Kanal
W gotakanal.se
Destination Gotland
W destinationgotland.se

PRAKTISCHE HINWEISE

Ein paar wenige Kenntnisse der lokalen Gegebenheiten genügen – hier finden Sie die wichtigsten Hinweise und Tipps für Ihren Schweden-Aufenthalt.

Auf einen Blick

Notrufnummern

Allgemeiner Notruf

112

Polizei (kein Notfall)

11414

Zeit

In Schweden gilt die mitteleuropäische Zeit (MEZ) mit Sommerzeit von Ende März bis Ende Oktober.

Leitungswasser

Falls nicht anders angegeben, ist Leitungswasser in Schweden trinkbar.

Trinkgelder

Bedienung	In der Rechnung eingeschlossen
Gepäckträger im Hotel	10 Kr pro Gepäckstück
Zimmermädchen	Wird nicht erwartet
Portier	Wird nicht erwartet
Taxifahrer	10 Kr pro Gepäckstück

Persönliche Sicherheit

Schweden ist generell ein sehr sicheres Reiseland. Trotzdem können in größeren Städten Taschendiebstähle ein Problem sein. Bestimmte Bereiche der Innenstädte, etwa leere Geschäftsviertel, sollte man nachts meiden.

Die schwedische Polizei ist im Allgemeinen sehr hilfsbereit und spricht gutes Englisch. Für Ihre Versicherung benötigen Sie ein polizeiliches Verlustprotokoll.

Beim Verlust von Pass oder Personalausweis oder wenn Sie anderweitig in größeren Schwierigkeiten sind, wenden Sie sich an die Botschaft Ihres Heimatlandes.

Botschaft Deutschland
Skarpögatan 9, 115 27 Stockholm
+46 8 670 15 00
stockholm.diplo.de

Botschaft Österreich
Kommendörsgatan 35/V, 114 58 Stockholm
+46 8 665 17 70
aussenministerium.at/stockholm

Botschaft Schweiz
Valhallavägen 64, 114 27 Stockholm
+46 8 676 79 00
eda.admin.ch/stockholm

Gesundheit

Die Notfallversorgung ist für EU-Bürger kostenlos. Diese Regelung deckt allerdings nur Notmaßnahmen ab. Mit einer EHIC *(siehe S. 317)* hat man denselben Status wie Schweden. Kontaktieren Sie bei leichten Beschwerden zuerst den Gesundheitsinformationsdienst **1177 Vårdguiden**. Dort wird man auch auf Englisch beraten.

1177 Vårdguiden
1177.se

Rauchen, Alkohol und Drogen

Rauchen ist in schwedischen Bars und Restaurants verboten, zusätzliche Gesetze begrenzen das Rauchen an öffentlichen Orten, einschließlich auf Spielplätzen, Bahnhöfen und in Außenbereichen von Restaurants und Bars.

Achten Sie auf die strengen Regeln bezüglich Alkohol, Drogen und Medikamenten während Sie mit dem Auto fahren.

Der Besitz von Drogen ist illegal, die Marihuanagesetze des Landes gehören zu den strengsten in Europa. Jeglicher Besitz und Verkauf sind verboten.

Ausweispflicht

Besucher sind zwar nicht verpflichtet, Reisepässe oder Ausweise mit sich zu führen, müssen aber in der Lage sein, innerhalb von zwölf Stunden einen geeigneten Ausweis bei einer Polizeistation vorweisen zu können.

Etikette

Schweden sind in der Regel freundlich und helfen Besuchern gern weiter. Man spricht sich mit Vornamen und einem »Hej!« an. Freizeitkleidung ist fast überall akzeptabel, auch in Restaurants. Beim *skåling* (Zuprosten) erhebt man die Gläser, schaut sich in die Augen und sagt *skål*.

LGBT+-Sicherheit

Wie in ganz Westeuropa sind Vielfalt und Integration entscheidend für die schwedische Lebensweise, Schweden sind begeisterte Befürworter der LGBT+-Rechte – Gesetze verbieten Diskriminierung und Hassreden in jeder Form. Jedes Jahr findet in Schweden eine Reihe von LGBT+-Veranstaltungen statt. Im Gay Happiness Index liegt Schweden immer auf einem der vorderen Plätze.

Mobiltelefone und WLAN

Die Netzabdeckung für Mobiltelefone ist in ganz Schweden sehr hoch. Seit Juni sind sämtliche Roaming-Gebühren in der EU entfallen. Als Mobilfunkkunde zahlt man auch im Urlaub nur so viel wie in seinem Heimatland. Gegen Missbrauch gilt eine Fair-Use-Grenze.

Die meisten Läden, Hotels, Restaurants und Bars bieten freies WLAN.

Post

Kleine Poststellen gibt es in Supermärkten und an Tankstellen. Die meisten internationalen Kurierdienste wie DHL, FedEx und TNT sind in den Städten vertreten, die schwedische Post **PostNord Sverige** betreibt auch einen eigenen Kurierdienst.

Postkarten und Briefe unter 50 Gramm kosten ins Ausland 21 Kronen.

PostNord Sverige
W postnord.se

Mehrwertsteuer

Die Mehrwertsteuer beträgt 25 Prozent, die reduzierten Sätze für Lebensmittel, Bücher, Zeitschriften und andere Waren und Dienstleistungen liegen bei zwölf und sechs Prozent. Besucher aus Nicht-EU-Ländern können sich die Mehrwertsteuer bei Ausreise von einem internationalen Flughafen via **Global Blue** rückerstatten lassen.

Global Blue
W globalblue.com

Besucherpässe

Viele Reiseziele bieten einen Besucherpass oder eine Ermäßigungskarte für Veranstaltungen, Museen, Führungen, Aktivitäten und Transport. Sie sind in Tourismusbüros und vielen Hotels erhältlich. Familienkarten bieten in der Regel einen großen Kostenvorteil. Überlegen Sie vor dem Kauf, wie viele der Angebote Sie nutzen werden.

Göteborg Pass
W goteborg.com
Stockholm Pass
W stockholmpass.com

Websites und Apps

goteborg.com
Größtes Informationsportal für Schwedens zweitgrößte Stadt.

sj.se
Nützliche Website und App mit Infos über alle Zughauptrouten in Schweden.

sl.se
Hilfreiche Website und App für Stockholm-Besucher.

visitstockholm.com
Viele Informationen über Schwedens Hauptstadt.

visitsweden.com
Schwedens offizielle Tourismus-Website.

vasttrafik.se
Website und App mit Informationen über den öffentlichen Verkehr in Västergötland, auch in Göteborg.

REGISTER

Seitenzahlen in **fetter** Schrift verweisen auf Haupteinträge.

A

B

C

D

E

F

G

H

I

J

K

L

M

SPRACHFÜHRER

Aussprache

Die schwedische Aussprache der meisten Buchstaben unterscheidet sich nicht allzu sehr von der deutschen. Abweichend vom Deutschen sind folgende Ausspracheregeln zu beachten:

å	ein dunkles o, lang [oː] oder kurz [ɔ]
c	vor ä, e, i, ö, y wie stimmloses s [s], sonst wie k [k]
dj, gj, hj, lj	wie dt. j [j]
f	am Silbenende wie dt. w [v]
g	vor ä, e, i, ö, y sowie nach l, r wie dt. j [j]
k	vor ä, e, i, ö, y zwischen dt. ch in »ich« und sch [ɕ]
kj, tj	zwischen deutschem ch in »ich« und sch [ɕ]
o	teils wie lang u [uː] oder kurz [ʊ]
rd, rl, rn, rs, rt	jeweils retroflexer Laut wie im Englischen (auch über Wortgrenzen hinweg) [ɖ], [ɭ], [ɳ], [ʂ], [ʈ]
sch, sj, skj, stj	ähnlich wie sch und ch in »ach« gleichzeitig [ɧ]
sk	vor ä, e, i, ö, y wie sch und ch gleichzeitig [ɧ]
st	vor ä, e, i, ö, y wie stimmloses sch [ʃ]
-sion, -tion	in der Endung wie sch und ch gleichzeitig [ɧuːn]
u	ähnlich wie o [ɵ] oder zwischen dt. u und ü [ʉ]
v	immer wie dt. w [v]
y	wie ü, lang [yː] oder kurz [ʏ]

Anrede

Wie im Deutschen gibt es im Schwedischen zwei Formen der Anrede: *Ni* ist die Höflichkeitsform und entspricht dem deutschen »Sie«, die vertraute Anrede ist *du*. In Schweden gilt es nicht als unhöflich, auch Fremde mit *du* anzusprechen.

Im Notfall

Hilfe!	**Hjälp!**	[jɛlp]
Stopp!	**Stanna!**	[ᵛstana]
Rufen Sie einen Arzt!	**Ring efter en doktor!**	[riɲ 'ɛftər en ᵛdɔktɔr]
Rufen Sie einen Krankenwagen!	**Ring efter en ambulans!**	[riɲ 'ɛftər en ambɵ'lans]
Rufen Sie die Polizei!	**Ring polisen!**	[riɲ pu'liːsən]
Rufen Sie die Feuerwehr!	**Ring efter brandkåren!**	[riɲ 'ɛftər brandkoːrən]
Wo ist das nächste Telefon?	**Var finns närmaste telefon?**	[vɑːr fins ᵛnærmastə tele'foːn]
Wo ist das nächste Krankenhaus?	**Var finns närmaste sjukhus?**	[vɑːr fins ᵛnærmastə ʃʉːkhʉːs]

Grundwortschatz

ja	**ja**	[jɑː]
nein	**nej**	[nɛj]
bitte (Wunsch)	**var snäll och …**	[vɑː ʂnɛl ɔk …]
bitte (beim Anbieten)	**var så god**	[vɑː ʂoː guːd]
danke	**tack**	[tak]
Entschuldigung	**ursäkta**	[ᵛʉːʂɛkta]
hallo	**hej**	[hɛj]
auf Wiedersehen	**hej då / adjö**	[hɛj doː / a'jø]
gute Nacht	**god natt**	[gɔt nat]
Morgen	**morgon**	[ᵛmɔrɔn]
Nachmittag	**eftermiddag**	[ᵛɛftərmidag]
Abend	**kväll**	[kvɛl]
gestern	**igår**	[i'goːr]
heute	**idag**	[i'dɑːg]
morgen	**imorgon**	[iᵛmɔrɔn]
hier	**här**	[hæːr]
dort	**där**	[dæːr]
was?	**vad?**	[vɑːd]
wann?	**när?**	[næːr]
warum?	**varför?**	['vɑːrfœr]
wo?	**var?**	[vɑːr]

Nützliche Redewendungen

Wie geht's?	**Hur mår du?**	[hʉːr moː ɖʉː]
Sehr gut, danke.	**Mycket bra, tack.**	[ᵛmykət brɑː tak]
Erfreut, Sie zu sehen.	**Trevligt att träffas.**	[ᵛtreːvligt at ᵛtrɛfas]
Bis bald.	**Vi ses snart.**	[viː seːs snɑːrt]
Das ist gut.	**Det går bra.**	[dɛ goːr brɑː]
Wo ist/sind …?	**Var finns …?**	[vɑːr fins]
Wie weit ist es bis …?	**Hur långt är det till …?**	[hʉː ɭɔŋt ɛ ɖɛ til]
Wie komme ich nach …?	**Hur kommer jag till …?**	[hʉːr kɔmər jɑːg til]
Sprechen Sie Deutsch?	**Talar du/ni tyska?**	[ᵛtɑːlar dʉː / niː ᵛtyska]
Sprechen Sie Englisch?	**Talar du/ni engelska?**	[ᵛtɑːlar dʉː / niː 'ɛngəlska]
Ich verstehe nicht.	**Jag förstår inte.**	[jɑːg fœ'ʂtoːr 'intə]
Könnten Sie etwas langsamer sprechen, bitte?	**Kan du/ni tala långsammare, tack?**	[kɑːn dʉː / niː ᵛtɑːla 'lɔŋsamare, tak]
Tut mir leid.	**Förlåt.**	[fœ'ɭoːt]

Nützliche Wörter

groß	**stor**	[stuːr]
klein	**liten**	[ᵛliːtən]
warm	**varm**	[varm]
kalt	**kall**	[kal]
gut	**bra**	[brɑː]
schlecht	**dålig**	[ᵛdoːlig]
genug	**tillräcklig**	[ᵛtilrɛklig]
geöffnet	**öppen**	[ᵛøpən]
geschlossen	**stängd**	[stɛŋd]
links	**vänster**	['vɛnstər]
rechts	**höger**	['høːgər]
geradeaus	**rakt fram**	[rɑːkt fram]
nah	**nära**	[ᵛnæːra]
weit	**långt**	[lɔŋt]
auf/über	**upp / över**	[ɵp / 'øːvər]
unter/darunter	**ner / under**	[neːr / 'ɵndər]
früh	**tidig**	['tiːdig]
spät	**sen**	[seːn]
Eingang	**ingång**	[ᵛingɔŋ]
Ausgang	**utgång**	['ʉːtgɔŋ]
Toilette	**toalett**	[tua'lɛt]
mehr	**mer**	[meːr]
weniger	**mindre**	['mindrə]

Shopping

Wie viel kostet das?	**Hur mycket kostar den här?**	[hʉːr ᵛmykət ᵛkɔstar dɛn hæːr]
Ich möchte gern …	**Jag skulle vilja …**	[jɑːg ᵛskɵlə ᵛvilja]
Haben Sie …?	**Har du / ni …?**	[hɑː ɖʉː / niː …]
Ich schaue mich nur um, danke.	**Jag ser mig bara omkring.**	[jɑːg sɛr mɛj ᵛbɑːra ɔm'kriŋ]
Akzeptieren Sie Kreditkarten?	**Tar du / ni kreditkort?**	[tɑː ɖʉː / niː 'kreːditkuʈ]
Wann öffnen Sie?	**När öppnar ni?**	[næːr ᵛøpnar niː]
Wann schließen Sie?	**När stänger ni?**	[næːr ᵛstɛŋar niː]
dies hier	**den här**	[dɛn hæːr]
das da	**den där**	[dɛn dæːr]
teuer	**dyr**	[dyːr]
billig	**billig**	[ᵛbilig]
Kleidergröße	**storlek**	['stuːɭek]
weiß	**vit**	[viːt]
schwarz	**svart**	[svaʈ]
rot	**röd**	[røːd]
gelb	**gul**	[gʉːl]
grün	**grön**	[grøːn]
blau	**blå**	[bloː]

Läden

Antiquitätenladen	**antikvitetsaffär**	[antikvi'tɛts-aᵛfæːr]
Apotheke	**apotek**	[apu'teːk]
Bäckerei	**bageri**	[bɑːgə'riː]
Bank	**bank**	[baŋk]
Buchhandlung	**bokhandel**	['buːkhandəl]
Fischgeschäft	**fiskaffär**	['fiskaᵛfæːr]
Friseur	**frisör**	[fri'søːr]
Konditorei	**konditori**	[kɔnᵛditɔ'riː]
Lebensmittelladen	**speceriaffär**	[spesə'riːafæːr]
Markt	**marknad**	[ᵛmarknad]
Metzgerei	**slakteri**	[slaktə'riː]
Postamt	**postkontor**	['pɔstkɔnᵛtuːr]
Reisebüro	**resebyrå**	['reːsəbyːᵛroː]
Schuhgeschäft	**skoaffär**	['skuːaᵛfæːr]
Supermarkt	**snabbköp**	['snabɕøːp]
Tabakladen	**tobaksaffär**	['tuːbaksɑᵛfæːr]

Sightseeing

Bahnhof	**järnvägsstation**	[ᵛjæːɳvɛːgs-staˈɧuːn]
Bibliothek	**bibliotek**	[bibliuˈtɛk]
Busbahnhof	**busstation**	[ᵛbəssta'ɧuːn]
Garten	**trädgård**	[ˈtrɛgoːɖ]
Haus	**hus**	[hʉːs]
Info-Stelle	**informations-kontor**	[infɔrmaˈʃuːns-kɔnᵛtuːr]
Kirche	**kyrka**	[ˈɕyrka]
Kunstgalerie	**konstgalleri**	[ᵛkɔnstgaləˈriː]
Museum	**museum**	[məᵛseːəm]
Platz	**torg**	[tɔrj]
Rathaus	**stadshus**	[ᵛstatshʉːs]
Straße	**gata**	[ᵛgɑːta]
Tourismusbüro	**turistbyrå**	[tʉˈristbyːᵛroː]
Wegen Ferien geschlossen	**stängd för semester**	[stɛŋd fœːr seˈmɛstər]

Im Hotel

Haben Sie ein freies Zimmer?	**Har ni några lediga rum?**	[hɑːr niː ᵛnoːgra ᵛleːdiga rəm]
Doppelzimmer mit Doppelbett	**dubbelrum med dubbelsäng**	[ˈdəbelrəm meːd ˈdəbelsɛŋ]
mit zwei Betten	**med två sängar**	[meːd tvoː ˈsɛŋar]
Einzelzimmer	**enkelrum**	[ˈɛŋkəlrəm]
Zimmer mit Bad	**rum med bad**	[rəm meːd bɑːd]
Dusche	**dusch**	[dəʃ]
Schlüssel	**nyckel**	[ᵛnykəl]
Ich habe reserviert.	**Jag har beställt rum.**	[jɑːg hɑːr beˈstɛlt rəm]

Im Restaurant

Haben Sie einen Tisch für …?	**Har ni ett bord för …?**	[hɑːr niː et buːɖ fœːr …]
Ich möchte einen Tisch reservieren.	**Jag skulle vilja boka ett bord.**	[jɑːg ᵛskələ ᵛvilja ᵛbuːka et buːɖ]
Die Rechnung, bitte.	**Notan, tack.**	[ᵛnuːtan, tak]
Ich bin Vegetarier/in.	**Jag är vegetarian.**	[jɑːg ɛr vegətariˈɑn]
Kellnerin	**servitris**	[særviˈtriːs]
Kellner	**servitör**	[særviˈtœːr]
Speisekarte	**meny / matsedel**	[meˈnyː / ˈmɑːtseːdəl]
Fixpreismenü	**meny med fast pris**	[meˈny meːd fast priːs]
Weinkarte	**vinlista**	[ˈviːnlista]
ein Glas Wasser	**ett glas vatten**	[et glɑːs ˈvatən]
Flasche	**flaska**	[ᵛflaska]
Messer	**kniv**	[kniːv]
Gabel	**gaffel**	[ᵛgafəl]
Löffel	**sked**	[ɧeːd]
Frühstück	**frukost**	[ˈfrəkɔst]
Mittagessen	**lunch**	[lənʃ]
Abendessen	**middag**	[ˈmidag]
Hauptgericht	**huvudrätt**	[ᵛhʉːvədrɛt]
Vorspeise	**förrätt**	[ᵛfœːrɛt]
Tagesgericht	**dagens rätt**	[ᵛdɑːgənsrɛt]
Kaffee	**kaffe**	[ᵛkafə]
Tee	**te**	[te]
blutig	**blodig**	[ᵛbluːdig]
medium	**medium**	[ᵛmedium]
durchgebraten	**välstekt**	[ᵛvɛːlstekt]

Auf der Speisekarte

abborre	[ᵛabɔrə]	Barsch
ägg	[ɛg]	Ei
älg	[ɛlj]	Elch
ansjovis	[anˈɧuːvis]	Anchovis
bakelse	[ᵛbɑːkəlsə]	Gebäck, Törtchen
biff	[bif]	Rindfleisch, Steak
bröd	[brøːd]	Brot
choklad	[ʃɔkˈlɑːd]	Schokolade
citron	[siˈtruːn]	Zitrone
dessert	[deˈsæːr]	Nachspeise
fisk	[fisk]	Fisch
fläsk	[flɛsk]	Schweinefleisch
forell	[fɔˈrɛl]	Forelle
frukt	[frəkt]	Obst
glass	[glɑːs]	Eiscreme
grönsaker	[ˈgrøːnsɑːkər]	Gemüse
kallskuret	[ˈkalskərɛt]	kalter Aufschnitt
korv	[kɔrv]	Würstchen
kött	[ɕøt]	Fleisch
kräfta	[ᵛkrɛfta]	Krebs
kyckling	[ᵛɕykliŋ]	Hühnchen
lamm	[lam]	Lamm
lax	[laks]	Lachs
laxöring	[ˈlaksøriŋ]	Forelle
lök	[løːk]	Zwiebel
med / utan kolsyra	[meːd / ᵛʉːtan ᵛkoːlsyra]	mit/ohne Kohlensäure
mineralvatten	[minəˈrɑːlvatən]	Mineralwasser
mjölk	[mjølk]	Milch
nötkött	[ᵛnøːtɕøt]	Rindfleisch
nötter	[ᵛnøːtər]	Nüsse
öl	[øːl]	Bier
olja	[ᵛɔlja]	Öl
ost	[ust]	Käse
paj / kaka	[paj / ᵛkɑːka]	Tarte, Kuchen
peppar	[ᵛpepar]	Pfeffer
potatis	[puˈtɑːtis]	Kartoffeln
räkor	[ᵛrɛːkɔr]	Garnelen, Krabben
ris	[riːs]	Reis
rökt lax	[røːkt laks]	Räucherlachs
rökt skinka	[røːkt ˈɧiŋka]	Räucherschinken
rostat bröd	[ᵛrɔstad brøːd]	Toast
rött vin	[røːt viːn]	Rotwein
saft	[saft]	Limonade
salt	[salt]	Salz
sås	[soːs]	Sauce
sill	[sil]	Hering
skaldjur	[ᵛskɑːljʉːr]	Meeresfrüchte
småfranska	[smoːˈfranska]	Brötchen
smör	[smœːr]	Butter
socker	[ˈsɔkər]	Zucker
soppa	[ᵛsɔpa]	Suppe
stekt	[steːkt]	gebraten
strömming	[ᵛstrømiŋ]	Ostseehering
te	[teː]	Tee
ungsstekt	[ᵛəŋsteːkt]	gebacken, gegrillt
vinäger	[vinˈɛːgər]	Essig
vispgrädde	[vispᵛgrɛdə]	Schlagsahne
vitlök	[ᵛviːtløːk]	Knoblauch
vitt vin	[viːt viːn]	Weißwein

Zahlen

0	**noll**	[nɔl]
1	**ett**	[et]
2	**två**	[tvoː]
3	**tre**	[treː]
4	**fyra**	[ᵛfyːra]
5	**fem**	[fɛm]
6	**sex**	[sɛks]
7	**sju**	[ɧʉː]
8	**åtta**	[ᵛɔta]
9	**nio**	[ᵛniːu]
10	**tio**	[ᵛtiːu]
11	**elva**	[ᵛɛlva]
12	**tolv**	[tɔlv]
13	**tretton**	[ᵛtrɛtɔn]
14	**fjorton**	[ᵛfjuːʈɔn]
15	**femton**	[ᵛfɛmtɔn]
16	**sexton**	[ᵛsɛks tɔn]
17	**sjutton**	[ᵛɧətɔn]
18	**arton**	[ᵛɑːʈɔn]
19	**nitton**	[ᵛnitɔn]
20	**tjugo**	[ᵛɕʉːgu]
30	**trettio**	[ᵛtrɛtiu]
40	**fyrtio**	[ᵛfœʈiu]
50	**femtio**	[ᵛfɛmtiu]
60	**sextio**	[ᵛsɛkstiu]
70	**sjuttio**	[ᵛɧətiu]
80	**åttio**	[ɔtiu]
90	**nittio**	[ᵛnitiu]
100	**(ett) hundra**	[et ˈhəndra]
200	**tvåhundra**	[tvoː ˈhəndra]
1000	**(ett) tusen**	[et ˈtʉːsən]
1 000 000	**en miljon**	[en milˈjuːn]

Zeit

eine Minute	**en minut**	[en miˈnʉːt]
eine Stunde	**en timme**	[en ᵛtimə]
eine halbe Stunde	**en halvtimme**	[en ˈhalvtimə]
Montag	**måndag**	[ˈmɔndɑːg]
Dienstag	**tisdag**	[ˈtiːsdɑːg]
Mittwoch	**onsdag**	[ᵛunsdɑːg]
Donnerstag	**torsdag**	[ˈtuːʂɖɑːg]
Freitag	**fredag**	[ˈfreːdɑːg]
Samstag	**lördag**	[ᵛlœːɖɑːg]
Sonntag	**söndag**	[ˈsøndɑːg]

DANKSAGUNG

Dorling Kindersley bedankt sich bei allen Personen, die bei der Herstellung dieses Buchs mitgewirkt haben.

BILDNACHWEIS

o = oben; u = unten; m = Mitte; l = links; r = rechts

Alamy Stock Photo: Mauricio Abreu 89ur; Adventure Pictures/Marcin Jamkowski 204–205o; age fotostock/Jörgen Larsson 294–295o, /Peter Lilja 304mlu, /Nils-Johan Norenlind 179ol; AGF Srl/Algol 97ur; Archive PL 76ul, 121ol, 135um; ARCTIC IMAGES/ Ragnar Th. Sigurdsson 45mr, 276–277o: ART Collection 48o; Arterra Picture Library/Arndt Sven-Erik 200–201u, 216–217u; Auk Archive 106ul; Stuart Black 34ol, 220mro; blickwinkel/ McPHOTO/G. Streu 40ul; Paul Carstairs 137ul; Frank Chmura 146or, 248–249u; Kee Pil Cho 2–3, 189ur; Ian G Dagnall 24o, 116–117o, 170–171o, 232mr; Damkier Media Group 148–149u; Mikael Damkier 182ul; Deco Images 36u; Digital-Fotofusion Gallery 76–77o, 79ur; dleiva 104ul; DuncanImages 43ml, 305; Jakub Dvořák/Detail *House of Knowledge* (2008) von Jaume Plensa © DACS 2019 260u; E. D. Torial 311o; eFesenko 122ol; Chad Ehlers 87or, 166or, 291ol; Greg Balfour Evans 24ul; Folio Images/Calle Artmark 308ol, /Gustaf Emanuelsson 213ul, /Jonas Gunnarsson 306–307o, /Isabelle Hesselberg 20or, 242–243, /Helena Karlsson 11ur, /Werner Nystrand 92–93u, 125or, /David Schreiner 21or, 284–285, /Jonas Tulldahl 110ul; GL Archive 157ul; Manfred Gottschalk 217or; Grace Lou Images 121ur; Bjorn Grotting 249or; Jeppe Gustafsson 181u, 182–183o, 232–233u, 257or; Hamperium Photography 293or; Fredrik Hedberg 282; hemis.fr/Bertrand Gardel 22mru, 45ml, 61, 121m, 135mr, 140, 143mro, 144–145o, /Ludovic Maisant/Gemälde © Niki de Saint Phalle Charitable Art Foundation/ ADAGP, Paris und DACS, London 2019 103ol, /Jacques Pierre 261or, /Bertrand Rieger 306ul; Shawn Hempel 74o; Heritage Image Partnership Ltd/Göran Algård Collection/Historisk Bildbyrå/Mustang media 49mro; Heritage Image Partnership Ltd/Historisk Bildbyrå/ Mustang media 51mu, /Torkel Lindeberg 184ul; Stefan Holm 139ol; Ian Dagnall Commercial Collection 117ul; Image Professionals GmbH, /Sabine Lubenow 43o, /TravelCollection 26ol, 85o, 132–133u, 220–221o, 234mr: imageBROKER/Angela to Roxel 296–297u, /Robert Haasmann 10mo, 304ur, /Sonja Jordan 235ur, /Daniel Kreher 21ur, 300–301, /Olaf Krüger 184–185o, /MLNG 201or, / Thomas Robbin 70–71u, 72ur, 88–89o, 108–109u, /Tobias Veser 273or; Janzig/Europe 32ol; jbdodane 53or; jejim120 275ur; Lars Johansson 33o, 246ml, 254mr, 256ml, 258ul, 258–259o; Johner Images 41mru, 290–291u, 294ul, /Mattias J. Josefsson 233or, 310ul; Inge Johnsson 214o; Jon Arnold Images Ltd 8mlu; KI Editorials 134ul; David Kleyn 296ol; christian kober 46mro; Matus Korman 163ol; Joana Kruse 308–309u; Leslie Garland Pictures 187um; Look/Franz Marc Frei 238–239u; Johnny Madsen 203o; Martin Thomas Photography 170om; mauritius images GmbH/Julian Birbrajer 107mro, / Thomas Ebelt 205ur, /Hans-Peter Merten 230um; Henk Meijer 45o, 186–187u, 250o, 272–273u; Hercules Milas 67mro, 68ul, 78ul; Uwe Moser Moser 179or; Nature Picture Library/Wild Wonders of Europe/Unterthiner 259mlo; NJphoto 26or, 198ml, 199ur; Nathaniel Noir 10mlu, 22mr; NordicImages 298–299o; Nordicphotos/Berndt-Joel Gunnarsson 291mro; hugh nutt 30ul; Gunnar Österlund 168–169o; Panther Media GmbH/ Dagmara 222–223o; Panther Media GmbH/ Umo 27ol; Dusica Paripovic 60ol, 112–113; Kenneth Pellfolk 22o; Peter Adams Photography Ltd/Peter Adams 253ol, 312–313u; Bildapoteket Per Petersson 264; The Picture Art Collection 307mru; Pictures Colour Library 33ml, 237or; Mihai Popa – Travel 121mro; Premium Stock Photography GmbH/Dagmar Richardt 289ul; Prisma Archivo 50mr, 92ml, 117mru; Prisma by Dukas Presseagentur GmbH/Frank Chmura 6–7, 94–95o, 247or; Jaroslaw Pyrih 312ol; Realy Easy Star/Tullio Valente 106–107o; Matthias Riedinger 220ol; Robert Matton AB/Björn Andrén 230–231o; Robert Matton AB/Håkan Pettersson 298ul; robertharding/Stuart Black 241mro, /Armand Tamboly 213mru; Olle Robin 72ul; Rolf_52 28ol, 162–163u, 164–165o, 167u; Stefan Sollfors 200ml; Kumar Sriskandan 219o; Linus Strandholm 11o; Goran Strandsten 170ul; Thomasvy 291or; roger tillberg 169ul; Anders Tukler 17o, 152–153, 180–181o, 270–271o; Rohan Van Twest 24mr; Knut Ulriksson 249ml; Urbanmyth 251ur; Utterström Photography 27or; kavalenkava volha 67ol; wanderworld-images 236–237u; Westend61 GmbH 276ul, /Biederbick&Rumpf 280u; Scott Wilson 86–87o, /Åke Pallarp © DACS 2019 und Enno Hallek 39mlo; World History Archive 183ur; Yegorovnick 274–275o; Zuma Press; Inc./ Polaris/Rob Schoenbaum 22ul.

AWL Images: Marco Bottigelli 39mr.

Bridgeman Images: 48um; Calmann & King Ltd 49mu; © Look and Learn 50mu; Peter Newark American Pictures 51or.

Dreamstime.com: Allard1 28or; Almgren 190ul; Tommy Alvén 26–27mo; Anderm 4; Anikasalsera 18, 192–193; Rui Baião 13mr, 158–159o, 162ol; Bernard Bialorucki 124u; Magnus Binnerstam 178–179u; David Hjort Blindell 188o; Blojfo 187or; Panom Bounak 144ul; Ryhor Bruyeu 136o; Hans Christiansson 160mlu; Dairon655 37ml; Mikael Damkier 41ml; Dutchscenery 44ol; Kalin Eftimov 44–45u, 145ml; Stefan Holm 160–161u; Balachandra Gurumurthy Jois 238ol; Lars Ove Jonsson 288o; Kerstin700 139ur; Vichaya Kiatyingangsulee 127om; Bernhard Klug 35or; Kennerth Kullman 46mr; Nicole Langener 173or; Magnus Larsson 29or; Ingemar Magnusson 47or; Thomas Males 49or; Mariagroth 309ml; Mikhail Markovskiy 70mr; Antony Mcaulay 29ol, 224ul, 252u, 262ol, 262–263u; Sophie Mcaulay 218ul, 225; Minnystock 96ul; Multiart61 36mlo; Niklas Norberg 86ul; (null) (null) 34–35u; Olgacov 84ml; Radiokafka/La Parisienne II Ausstellung *Secret times*. Fotografin Cathleen Naundorf 134–135o; Magnus Renmyr 188mr; Rolandm 12o, 214ur, 273ur; Rolf52 172ul, 196–197o, 202u, 240mlu, 254–255u; Jonas Rönnbro 278–279u; Scanrail 16, 47mru, 54–55, 59mu, 98–99; Conny Sjostrom 47mlo; Nikolay Tsuguliev 11mr; Ganna Tugolukova 32–33u; Tupungato 238mr; Sergio Delle Vedove 69or; Ys1982 292u; Zeytun Images 73or, 103mro.

Getty Images: Marten Adolfson 13o; AFP/ Claudio Bresciani 91ur, /Hanna Franzen 53mru, /Jonathan Nackstrand 102–103u, 126mlu, 126u, /Kenneth Paulsson 46mlo, /Ulf Palm 47ol, 281m; AWL Images/Mauricio Abreu 118um, /Marco Bottigelli 74mro; Bettmann 52ul; Bloomberg/Hakam Rojder 47mro; City-Press 24mru; European/FPG 52mru; EyeEm/Lars Johansson 266–267, /Anders Wätterstam 60ur, 128–129; Folio Images/ Pernille Tofte 94mr; Gallo Images/Danita Delimont 104mlu; Gamma-Keystone/ Keystone-France 52–53o; Gamma-Rapho/ Michael Serraillier 203um; Hulton Archive/ Heritage Images/Fine Art Images 49mlu, 50o, 50–51o; Johner Images 8mlo, 19ur, 35ml, 40–41o, 46mlu, 150–151, 226–227, 304mru, 314–315; Daniel Kreher 38–39o; The LIFE Picture Collection 48mru; LightRocket/Leisa Tyler 31ml, 31mru; Lonely Planet Images/ Anders Blomqvist 120–121u, /John Freeman 212or, /Jean-Pierre Lescourret 104mru; Moment/Brian Bumby 58, 62–63, /Johan Klovsjö 17ul, 174–175; Moment Open/Thomas Janisch 256–257u; Moment Unreleased/ Henryk Sadura 210o; Per Magnus Persson 42–43u; Popperfoto 52ol, 148ul; Kristofer Samuelsson © *Kristall, vertikal accent i glas och stål* von Edvin Öhrström DACS 2019 59ol, 80–81; Michel Setboun 43ur, 103or; Sygma/ Ingrid Rossi 53ul; ullstein bild/Innerhofer 191or; Universal Images Group/Leemage 219um, /Universal History Archive 50ur, 51ul, /Werner Forman 49ol.

iStockphoto.com: Tommy Alvén 234–235o; Peter Berglund 30–31; Anna Bryukhanova 42ol, 122–123u; chemistkane 156o; E+/ AYImages 36or, /Freder 37ur, /knape 13ur; Alexander Farnsworth 147ur, 164ul; fotoVoyager 10–11u; Adam Höglund 8–9u; knape 8ml, 12mlu; leventina 143o; Mats Lindberg 36–37o; Reimphoto 179mlo; Rolf_52 46ml; RolfAasa 12–13u; Elena_Sistaliuk 19ol, 206–207; tomalv 90–91o; Martin Wahlborg 38–39u; whitemay 120mro.

Nationalmuseum, Stockholm: Melker Dahlstrand 105.

Nordiska Museet: Melker Dahlstrand 118m; Karolina Kristensson 118–119.

Postmuseum: Michal MediArt 75ur.

Robert Harding Picture Library: Jan Greune 184mro; Michael Runkel 28–29mo.

Stockholm Jazz Festival: Leo Ahmed 46mru.

Stockholmsmässan: Gustav Kaiser 47mlu.

SuperStock: HelloWorld Images/age fotostock 161or.

Umschlag
Vorderseite und Buchrücken: **Masterfile:** Christina Krutz.
Rückseite: **Alamy Stock Photo:** Kee Pil Cho m; imageBROKER/Daniel Kreher ml;
Dreamstime.com: Rolf52 or.

DK | Penguin Random House

Hauptautoren Susan Danielsson, Mike MacEacheran, Kathleen Sauret, Steve Vickers, Ulf Johansson, Mona Neppenström, Kaj Sandell
Senior Editor Alison McGill
Senior Designer Tania Da Silva Gomes
Project Editor Zoë Rutland
Designers Jordan Lambley, Kitty Glavin
Factcheck Mike MacEacheran
Editors Alice Fewery, Emma Grundy Haigh, Lydia Halliday, Jackie Staddon, Lucy Sara-Kelly
Korrektur Stephanie Smith
Register Helen Peters
Senior Picture Researcher Ellen Root
Bildredaktion Sophie Basilevitch, Susie Watters, Sumita Khatwani, Rituraj Singh, Manpreet Kaur
Illustrationen Stephen Conlin, Gary Cross, Urban Frank, Claire Littlejohn, Jan Rojmar, John Woodcock
Senior Cartographic Editor Casper Morris
Kartografie Ashutosh Ranjan Bharati, Simonetta Giori, Zafar ul-Islam Khan, Stig Söderlind
Design Umschlag Tania Da Silva Gomes, Maxine Pedliham
Bildredaktion Umschlag Susie Watters
Senior DTP Designer Jason Little
DTP-Designer Rohit Rojal
Producer Rebecca Parton
Managing Editor Rachel Fox
Art Director Maxine Pedliham
Publishing Director Georgina Dee

Zuerst erschienen 2005 in Großbritannien bei Dorling Kindersley Ltd., London

Aktualisierte Neuauflage 2020 / 2021

Programmleitung Dr. Jörg Theilacker, DK Verlag
Projektleitung Stefanie Franz, DK Verlag
Übersetzung Susanne Traub-Schweiger, Garmisch; Dr. Gabriele Rupp, München
Redaktion Dr. Gabriele Rupp, München
Schlussredaktion Philip Anton, Köln
Umschlaggestaltung Ute Berretz, München
Satz und Produktion DK Verlag, München
Druck RR Donnelley Asia Printing Solutions Ltd., China

ISBN 978-3-7342-0279-7

8 9 10 11 22 21 20 19

FSC www.fsc.org
MIX
Paper from responsible sources
FSC™ C018179

Dieser Reiseführer wird regelmäßig aktualisiert. Angaben wie Telefonnummern, Öffnungszeiten, Adressen, Preise und Fahrpläne können sich jedoch ändern. Der Verlag kann für fehlerhafte oder veraltete Angaben nicht haftbar gemacht werden. Für Hinweise, Verbesserungsvorschläge und Korrekturen ist der Verlag dankbar. Bitte richten Sie Ihr Schreiben an:

Dorling Kindersley Verlag GmbH
Redaktion Reiseführer
Arnulfstraße 124 • 80636 München
travel@dk-germany.de

A
B
C
D
1
2
3
4
5
6
7
Nordschweden
Narvik
Bognes
Karesuando
FINNLAND
Kiruna
Norwegische See
Bodø
Gällivare
Pajala
Tornedalen
NORWEGEN
Jokkmokk
Mo i Rana
Arjeplog
Storforsen
Töre
Kalix
Arvidsjaur
Arvidsjaur
Boden
Luleå
Holm
Piteå
Bottnischer Meerbusen
Boliden
Skellefteå
Verdalsøra
Dorotea
Lövånger
Strömsund
Kikkola
Umeå
Vaasa
Örnsköldsvik
Storlien
Östersund
Härnösand
Sundsvall
0 Kilometer 150
N
Åre
Järpen
Storlien
Härjedalens Berge
Svenstavik
Røros
Hede
Drevsjø
Idre
Särna
Trysil
Sälen
Elverum
Malung
Sand
Stöllet
Vansbro
Torsby
Hagfors
OSLO
Rjukan
Drammen
Haukeligrend
Arvika
Filipstad
Töcksfors
Kviteseid
Valle
Årjäng
Borgviks Bruk
Karlstad
Kristinehamn
Sandefjord
NORWEGEN
Stavanger
Langeid
Stathelle
Koster-Inseln
Strömstad
Åmål
Värmlandsnäs
Vänern
Egersund
Byglandsfjord
Tanum
Mellerud
Läckö Slott
Mariestad
Fjällbacka
Kinnekulle
Karlsbo
Hægeland
Nordens Ark
Uddevalla
Lidköping
Smögen
Vänersborg
Skara
Grimstad
Lysekil
Skaftö
Trollhättan
Kristiansand
Skagerrak
Gullholmen
Orust
Falköping
Mandal
Tjörn
Alingsås
Marstrand
Kungälv
Göteborg
Borås
Ulricehamn
Hirtshals
Gunnebo Slott
Torpa Stenhus
Frederikshavn
Kungsbacka
Tranemo
Nordsee
Gislaved
Varberg
Aalborg
DÄNEMARK
Kattegat
Falkenberg
Ljungby
Halmstad
Skive
Laholm
Holstebro
Viborg
Grenå
Bjärehalvön
Aarhus
Kullabygden
Klippan
Silkeborg
Kristianstad
Helsingborg
Kiel
Helsingör
Frostavallen
Jutland
Bosjökloster
Landskrona
KØBENHAVN (KOPENHAGEN)
Lund
Dalby
Billund
Kalundborg
Malmö
Esbjerg
Nørre Aaby
Ringsted
Ystad
Skanör/Falsterbo
Trelleborg
Funen
Lübeck
Świnoujście